Herausgegeben von
Prof. Dr. Georg Hilger und Prof. Dr. Elisabeth Reil

Arbeitshilfen

Reli 6

Erarbeitet von
Klaus König
Christofer Stock
Elisabeth Stork
Diane Weber
Stefan Wolk

Reli

**Unterrichtswerk für katholische Religionslehre
an Hauptschulen in den Klassen 5 – 9**

Herausgegeben von Prof. Dr. Georg Hilger und Prof. Dr. Elisabeth Reil

**Arbeitshilfen Reli 6
Lehrerkommentar**

Erarbeitet von Klaus König, Christofer Stock, Elisabeth Stork, Diane Weber, Stefan Wolk

ISBN 3-466-50637-9

© 2000 by Kösel-Verlag GmbH & Co., München
Printed in Germany.
Unter Berücksichtigung der Rechtschreibreform.
Alle Rechte vorbehalten. Das Werk und seine Teile sind urheberrechtlich geschützt. Jede Verwertung
in anderen als den gesetzlich zugelassenen Fällen bedarf deshalb der vorherigen schriftlichen Einwilligung
des Verlags.

Herstellung: Ute Hausleiter, Zell.
Satz: Kösel-Verlag, München.
Druck und Bindung: Kösel, Kempten.
Sachzeichnungen: Maria Ackmann, Hagen.
Notensatz: Christa Pfletschinger, München.
Umschlag: Kaselow-Design, München.

Der Kösel-Verlag ist Mitglied im »Verlagsring Religionsunterricht« (VRU).

Vorwort

Liebe Kollegin, lieber Kollege,

diese *Arbeitshilfen* zum Schülerbuch *Reli 6* wollen Ihnen eine Hilfe sein: informierend, inspirierend und entlastend.

Die *Arbeitshilfen Reli 6* **informieren** über den Aufbau und die religionsdidaktische Ausrichtung des jeweiligen Kapitels, über Verknüpfungsmöglichkeiten mit anderen Themen im Schülerbuch und über Beziehungen der Themen zu Themen anderer Fächer. Vor allem bieten sie notwendiges Hintergrundwissen zu den Einzelelementen des Schülerbuchs, seien es Bilder, Lieder, erzählende Texte oder theologische Sachinformation. Absicht der Autoren und Autorin ist es, solche Informationen zur Verfügung zu stellen, die das Konzept und die Elemente des Schülerbuchs transparent machen und die hilfreich sind, mit dem Thema und dem Schülerbuch eigenständig umzugehen.

Inspirieren und keineswegs gängeln wollen die vielen methodischen Anregungen zur Unterrichtsgestaltung mit recht unterschiedlichem Anspruch je nach Lernmöglichkeiten der Schülerinnen und Schüler des 6. Schuljahrs und mit recht unterschiedlichem Zeitbedarf. Auch hierfür, wie auch für die Elemente des Schulbuchs und die unterrichtlichen Vorschläge auf den Ideenseiten, gilt: Weniger kann mehr sein: Setzen Sie sich nicht unter Druck, möglichst allen Vorschlägen zu folgen. Wählen Sie aus und lassen Sie sich durch die Angebote in den *Arbeitshilfen Reli 6* dazu anregen, für Ihre konkrete Situation eventuell angemessenere Unterrichtsschritte zu planen. Was in der einen Klasse nicht durchführbar erscheint, kann in einer anderen Klasse sinnvoll und produktiv sein.

Entlasten wollen sowohl die komprimierten informativen Texte und Unterrichtsskizzen im Lehrerkommentar als auch die zahlreichen Kopiervorlagen für Lied-, Text- und Arbeitsblätter. Welche davon übernommen, vergrößert und modifiziert werden, das bleibt natürlich Ihre Entscheidung.

Noch ein Wort zu dem denkbar knappen und sachlichen **Titel der Schulbuchreihe: Reli**. Verlag und Herausgeber haben sich anregen lassen von einem Werbeprospekt der katholischen und der evangelischen Kirchen zur Bedeutung des Religionsunterrichts heute. Auch dieses Schulbuch will werben für einen Religionsunterricht, der seinen spezifischen Beitrag leistet zum Bildungsauftrag der Schule und der die jungen Menschen bei ihrer religiösen Entwicklung begleitet unter anderem dadurch, dass er ihre religiöse Wahrnehmungs-, Gestaltungs- und Urteilsfähigkeit stärkt.

Wir hoffen, dass das Schülerbuch *Reli 6* und die von der Autorin und den Autoren mit viel Engagement und Sorgfalt erstellten *Arbeitshilfen Reli 6* Ihnen eine echte Hilfe sind, Sie entlasten und Sie inspirieren.

Die Herausgeber von Reli und das
Schulbuchlektorat des Kösel-Verlags

Inhaltsverzeichnis

Kapitel 1: Von Gott in Bildern sprechen

Das Thema im Schülerbuch 12
Verknüpfungen mit anderen Themen im Schülerbuch 12
Verbindungen mit anderen Fächern 13

Titelseite 7: Von Gott in Bildern sprechen
    1. Hintergrund 13
    2. Einsatzmöglichkeiten im RU 14

Themenseite 8–9: Du sollst dir kein Gottesbild machen – Gott ist die Liebe
    1. Hintergrund 16
    2. Einsatzmöglichkeiten im RU 16
    3. Weiterführende Anregungen 16
    ▷ Textblatt 6.1.1: Der Mumpf 15

Ideenseite 10–11 18

Deuteseite I 12–13: Bilder von Gott, die Angst machen können
    1. Hintergrund 18
    2. Einsatzmöglichkeiten im RU 18
    ▷ Arbeitsblatt 6.1.2: Aussagen aus der Bibel über Gottes Augen .. 17
    3. Weiterführende Anregungen 18

Deuteseite II 14–15: Bilder der Nähe Gottes in der Bibel
    1. Hintergrund 20
    2. Einsatzmöglichkeiten im RU 20
    ▷ Arbeitsblatt 6.1.3: Rätsel: Wer findet sieben biblische Namen? .. 19
    ▷ Arbeitsblatt 6.1.4: Variationen zum Horeb 21
    ▷ Liedblatt 6.1.5: Gefährte in der Wüste 19
    ▷ Folienvorlage 6.1.6: Adler 23
    ▷ Textblatt 6.1.7: Wie junge Adler fliegen lernen 25
    3. Weiterführende Anregungen 24

Deuteseite III 16–17: Gott: gute Mutter, guter Vater
    1. Hintergrund 26
    ▷ Liedblatt 6.1.8: Wo ich gehe, bist du da 25
    2. Einsatzmöglichkeiten im RU 29
    ▷ Arbeitsblatt 6.1.9: Die weiblichen Seiten Gottes 29

Deuteseite IV 18–19: Der dreieinige Gott: Vater, Sohn, Heiliger Geist
    1. Hintergrund 30
    2. Einsatzmöglichkeiten im RU 33

    ➤ Arbeitsblatt 6.1.10: Ein Symbol für den dreieinigen Gott 31
    3. Weiterführende Anregungen 33

Infoseite II 20–21: Bilderverbot und Gottesbilder
    1. Hintergrund 33

Stellungnahmen 22: Du bist der ICH-BIN-DA
    1. Hintergrund 36
    2. Einsatzmöglichkeiten im RU 36
    ➤ Arbeitsblatt 6.1.11: Der Knabe mit dem Löffel und der unendliche Ozean 37

Literatur 38

Kapitel 2: Christengemeinden entstehen
    Das Thema im Schülerbuch 39
    Verknüpfungen mit anderen Themen im Schülerbuch 40
    Verbindungen mit anderen Fächern 40

Titelseite 23: Christengemeinden entstehen
    1. Hintergrund 40
    2. Einsatzmöglichkeiten im RU 40
    3. Weiterführende Anregungen 41

Themenseite 24–25
    1. Hintergrund 41
    2. Einsatzmöglichkeiten im RU 43
    3. Weiterführende Anregungen 43

Ideenseite 26–27 43

Deuteseite I 28–29: Paulus wurde Christ
    1. Hintergrund 43
    2. Einsatzmöglichkeiten im RU 46
    ➤ Arbeitsblatt 6.2.1: Kreuzworträtsel: Wer war und was tat Paulus? 47
    ➤ Arbeitsblatt 6.2.2: Caravaggio: Die Bekehrung des Paulus (Umrisszeichnung) 49
    3. Weiterführende Anregungen 51
    ➤ Landkarte 6.2.3: Paulusreisen 53
    ➤ Arbeitsblatt 6.2.4: Einen Paulus-Steckbrief vervollständigen 55

Deuteseite II 30–31: Die Priscilla-Katakombe
    1. Hintergrund 52
    2. Einsatzmöglichkeiten im RU 54
    ➤ Arbeitsblatt 6.2.5: Domino-Spiel: Katakombe (Brotbrechen, Gräbernische) 57
    ➤ Arbeitsblatt 6.2.6: Domino-Spiel: Katakombe (Schleiernahme, Grabinschrift) 59
    ➤ Arbeitsblatt 6.2.7: Notizen für meine Katakombenführung 61

Deuteseite III 32–33: Staatliche Maßnahmen gegenüber Christen im Römerreich
- 1. Hintergrund **56**
- 2. Einsatzmöglichkeiten im RU **62**
- ➢ Arbeitsblatt 6.2.8: Plinius verhört eine Christin/einen Christen vor Gericht **63**
- ➢ Textblatt 6.2.9: Karpos und Papylos vor dem Prokonsul **65**
- ➢ Arbeitsblatt 6.2.10: Veränderungen nach der Anerkennung des Christentums durch die Mailänder Vereinbarung **67**
- ➢ Textblatt 6.2.11: Endlich anerkannt! **69**

Deuteseite IV 34–35: Das Christentum kam über die Alpen
- 1. Hintergrund **66**
- 2. Einsatzmöglichkeiten im RU **72**
- ➢ Arbeitsblatt 6.2.12: Erste Spuren des Christentums bei den Germanen **71**
- ➢ Arbeitsblatt 6.2.13: Auf den Spuren unserer vorchristlichen Vergangenheit **73**
- ➢ Spielplan 6.2.14: Das Christentum kam über die Alpen – aber durch wen? **75**
- ➢ Fragekärtchen 6.2.15: zu Severin und Kilian **77**
- ➢ Fragekärtchen 6.2.16: zu Chlodwig und Rupert **79**
- ➢ Fragekärtchen 6.2.17: zu Emmeram und Korbinian **81**
- 3. Weiterführende Anregungen **74**

Deuteseite V 36–37: Vom Wirken der benediktinischen Mönche
- 1. Hintergrund **76**
- 2. Einsatzmöglichkeiten im RU **84**
- ➢ Arbeitsblatt 6.2.18: Eine Aufgabe im Kloster finden **83**
- 3. Weiterführende Anregungen **84**

Infoseite 38–39: Steckbriefe: christliche Persönlichkeiten
- 1. Hintergrund **84**
- 2. Einsatzmöglichkeiten im RU **86**
- ➢ Arbeitsblatt 6.2.19: Lückentext: Benedikt von Nursia – Leben und Wirken **85**

Stellungnahmen 40: Wenn viele gemeinsam träumen
- 1. Hintergrund **86**
- 2. Einsatzmöglichkeiten im RU **86**
- 3. Weiterführende Anregungen **87**

Literatur **87**

Kapitel 3: Zeit vertreiben – Zeit gestalten
Das Thema im Schülerbuch **88**
Verknüpfungen mit anderen Themen im Schülerbuch **89**
Verbindungen mit anderen Fächern **89**

Titelseite 41: Zeit vertreiben – Zeit gestalten
- 1. Hintergrund **89**
- 2. Einsatzmöglichkeiten im RU **90**
- ➢ Arbeitsblatt 6.3.1: Zifferblatt mit Maske **91**

Themenseite 42–43
- 1. Hintergrund **90**
- 2. Einsatzmöglichkeiten im RU **95**
- ➤ Arbeitsblatt 6.3.2: Wörter und Sprüche über die Zeit I **93**
- ➤ Arbeitsblatt 6.3.3: Wörter und Sprüche über die Zeit II **94**
- 3. Weiterführende Anregungen **98**
- ➤ Textblatt 6.3.4: Zeitgutscheine **97**
- ➤ Textblatt 6.3.5: Eine Stunde des Glücks **99**

Ideenseite 44–45 .... **100**

Deuteseite I 46–47: In der Gegenwart leben
- 1. Hintergrund **100**
- 2. Einsatzmöglichkeiten im RU **101**
- ➤ Arbeitsblatt 6.3.6: Alles hat seine Zeit **103**

Deuteseite II 48–49: Zeit und Ewigkeit
- 1. Hintergrund **102**
- 2. Einsatzmöglichkeiten im RU **106**
- ➤ Arbeitsblatt 6.3.7: Gedanken zur Zeit ent-decken **105**

Deuteseite III 50–51: Wie Medien wirken
- 1. Hintergrund **107**
- 2. Einsatzmöglichkeiten im RU **108**
- ➤ Arbeitsblatt 6.3.8: Wer fühlt was? **109**
- ➤ Arbeitsblatt 6.3.9: Wenn ich ..., dann-Spiel **111**
- 3. Weiterführende Anregungen **110**
- ➤ Textblatt 6.3.10: Ein missglückter Videoabend **113**
- ➤ Textblatt 6.3.11: Computer-Miri **114**

Deuteseite IV 52–53: Mit Medien umgehen
- 1. Hintergrund **112**
- 2. Einsatzmöglichkeiten im RU **112**
- 3. Weiterführende Anregungen **112**

Ideenseite 54–55: Freie Zeit – einmal anders
- 1. Hintergrund **116**
- 2. Einsatzmöglichkeiten im RU **116**
- ➤ Arbeitsblatt 6.3.12: Was machst du in deiner Freizeit? **117**
- ➤ Arbeitsblatt 6.3.13: Anleitung für ein Rollenspiel: Freizeitgestaltung **119**

Infoseite 56–57: Zeit messen – Zeit erleben
- 1. Hintergrund **118**
- 2. Einsatzmöglichkeiten im RU **120**

Stellungnahmen 58: Im Land der Freizeit **121**

Literatur und Adressen **121**

Kapitel 4: Geschichten der Befreiung

Das Thema im Schülerbuch 122
Verknüpfungen mit anderen Themen im Schülerbuch 123
Verbindungen mit anderen Fächern 123

Titelseite 59: Geschichten der Befreiung
    1. Hintergrund 124
    2. Einsatzmöglichkeiten im RU 124
    ▸ Arbeitsblatt 6.4.1: Ich bin die Taube 125

Themenseite 60–61: In Schuld geraten – Vergebung erfahren
    1. Hintergrund 126
    2. Einsatzmöglichkeiten im RU 126
    ▸ Textblatt 6.4.2: Sabrina Setlur: Das will ich sehen 127
    ▸ Arbeitsblatt 6.4.3: Ein Mensch droht zu versinken 129
    3. Weiterführende Anregungen 128
    ▸ Arbeitsblatt 6.4.4: Auszug aus Ägypten in das Gelobte Land 131

Ideenseite 62–63 130

Deuteseite I 64–65: Vergiss nicht, was er dir Gutes getan hat
    1. Hintergrund 130
    2. Einsatzmöglichkeiten im RU 130
    ▸ Arbeitsblatt 6.4.5: Die symbolischen Speisen am Sederabend 133

Deuteseite II 66–67: Von einer Rettung erzählen
    1. Hintergrund 132
    2. Einsatzmöglichkeiten im RU 134
    ▸ Arbeitsblatt 6.4.6: Mirjam, die Prophetin, und _____ tanzen 135
    3. Weiterführende Anregungen 136

Deuteseite III 68–69: Die Befreiungsgeschichte wird weitererzählt ...
und ist noch nicht zu Ende
    1. Hintergrund 137
    2. Einsatzmöglichkeiten im RU 140
    ▸ Arbeitsblatt 6.4.7: Ein gefährlicher See 139
    ▸ Liedblatt 6.4.8: Oh, Mary, don't you weep 141
    3. Weiterführende Anregungen 140
    ▸ Arbeitsblatt 6.4.9: Aus dem babylonischen Weltschöpfungsmythos 145

Infoseite 70–71: Der Bund mit Gott
    1. Hintergrund 140
    2. Einsatzmöglichkeiten im RU 143
    ▸ Arbeitsblatt 6.4.10: Der Bund mit Gott in der Bibel 147
    3. Weiterführende Anregungen 144

Stellungnahmen 72: Eine Befreiungsgeschichte aus unserem Jahrhundert
    1. Hintergrund 146

2. Einsatzmöglichkeiten im RU	**146**
➤ Arbeitsblatt 6.4.11: Ich habe einen Traum	**139**
3. Weiterführende Anregung	**148**

Literatur **148**

Kapitel 5: Orientierung finden

Das Thema im Schülerbuch **149**
Verknüpfungen mit anderen Themen im Schülerbuch **150**
Verbindungen mit anderen Fächern **150**

Titelseite 73: Orientierung finden
    1. Hintergrund **150**
    2. Einsatzmöglichkeiten im RU **151**
    ➤ Liedblatt 6.5.9: Lass uns in deinem Namen **167**
    3. Weiterführende Anregungen **152**

Themenseite 74–75: Frei-Räume finden
    1. Hintergrund **152**
    2. Einsatzmöglichkeiten im RU **153**
    ➤ Arbeitsblatt 6.5.1: Regeln sind nicht alle gleich! **155**
    ➤ Arbeitsblatt 6.5.2: Regeln und Gesetze – ihre Aufgaben, ihre Grenzen **157**
    3. Weiterführende Anregungen **156**
    ➤ Arbeitsblatt 6.5.3: Welche Spielregeln führen zum Ziel? **159**

Ideenseiten 76–76 .... **156**

Deuteseite I 78–79: Rollen annehmen und gestalten
    1. Hintergrund **158**
    2. Einsatzmöglichkeiten im RU **160**
    ➤ Arbeitsblatt 6.5.4: Meine Rollen **161**
    ➤ Arbeitsblatt 6.5.5: Wie im richtigen Leben? **163**
    3. Weiterführende Anregungen **162**

Deuteseite II 80–81: Wege, die die Bibel weist
    1. Hintergrund **162**
    2. Einsatzmöglichkeiten im RU **166**
    ➤ Arbeitsblatt 6.5.6: Gott lieben **165**
    3. Weiterführende Anregungen **166**
    ➤ Arbeitsblatt 6.5.7: Goldene Regel **165**
    ➤ Liedblatt 6.5.8: Herr, gib du uns Augen, die den Nachbarn sehen **167**

Deuteseite III 82–83: Gewissen – eine Gewissheit, die frei macht
    1. Hintergrund **169**
    2. Einsatzmöglichkeiten im RU **170**
    ➤ Arbeitsblatt 6.5.10: Was soll Judith tun? **173**

3. Weiterführende Anregungen **172**
▸ Textblatt 6.5.11: Du gehörst doch zur Bande, oder? **176**

Infoseite 84–85: Das Gewissen bilden
1. Hintergrund **174**
2. Einsatzmöglichkeiten im RU **174**
▸ Arbeitsblatt 6.5.12: Freiheit und Gesetze **179**
3. Weiterführende Anregungen **175**

Stellungnahmen 86: Damit ich frei bin
1. Hintergrund **175**
2. Einsatzmöglichkeiten im RU **175**
▸ Arbeitsblatt 6.5.13: Freiheit von – Freiheit zu **161**

Literatur **178**

Kapitel 6: In Symbolen Welt und Gott entdecken

Das Thema im Schülerbuch **180**
Verknüpfungen mit anderen Themen im Schülerbuch **182**
Verbindungen mit anderen Fächern **182**

Titelseite 87: In Symbolen Welt und Gott entdecken
1. Hintergrund **182**
2. Einsatzmöglichkeiten im RU **183**
▸ Arbeitsblatt 6.6.1: Die Schulglocke **181**

Themenseite 88–89: Symbole wahrnehmen
1. Hintergrund **184**
2. Einsatzmöglichkeiten im RU **184**
▸ Arbeitsblatt 6.6.2: Eine Karikatur **185**
▸ Textblatt 6.6.3: Die Legende von den Steinen **187**

Ideenseite 90 .... **186**

Deuteseite I 92–93: Offen werden für Gott
1. Hintergrund **186**
2. Einsatzmöglichkeiten im RU **188**
3. Weiterführende Anregungen **188**

Deuteseite II 94–95: Wasser macht lebendig
1. Hintergrund **189**
2. Einsatzmöglichkeiten im RU **190**
▸ Liedblatt 6.6.4: Frisches Wasser flutet **191**
▸ Arbeitsblatt 6.6.5: Spiralrätsel **193**

Deuteseite III 96–97: Wir brauchen Brot zum Leben
1. Hintergrund **192**

  2. Einsatzmöglichkeiten im RU **194**
  ➢ Textblatt 6.6.6: Das Fest kann nicht stattfinden **195**
  ➢ Arbeitsblatt 6.6.7: Bildvergleich zum Abendmahl **197**
  3. Weiterführende Anregungen **196**

Deuteseite IV 98–99: Unterwegs sein
  1. Hintergrund **196**
  2. Einsatzmöglichkeiten im RU **196**
  ➢ Arbeitsblatt 6.6.8: Schneckenhauslinie **199**
  ➢ Arbeitsblatt 6.6.9: Labyrinth **199**

Stellungnahmen 104: Symbole sprechen an
  ➢ Arbeitsblatt 6.6.10: Symbol-Puzzle **198**

Literatur **200**

Projekttag: Gemeinsam Werte ins Bild rücken
  1. Hintergrund **202**
  2. Einsatzmöglichkeiten im RU **204**
  ➢ Arbeitsblatt 6.7.1: Eine Talkshow vorbereiten **207**
  3. Weitere Projektideen zu anderen Themen des Schülerbuches **206**

Literatur **206**

Quellenverzeichnis **208**

1 Von Gott in Bildern sprechen

Das Thema im Schülerbuch

Schon im ersten Kapitel wird das Leitmotiv der 6. Jahrgangsstufe »Interessen – eigene Fähigkeiten entdecken und entfalten« aufgegriffen. Sch beginnen ihren Kinderglauben zu hinterfragen. Das Kapitel will zum einen Hilfe anbieten, eine dem Alter entsprechende Beziehung zu Gott aufzubauen und zum anderen religiöses Wissen vermitteln. Das *Titelbild* (7) zeigt ein abstraktes Bild. Es macht deutlich, wie schwer es ist, von Gott zu sprechen. Außerdem regt es zu der Frage an, inwiefern Bilder uns bei dem Versuch, von Gott zu sprechen, helfen können. Die Leere in der Mitte des Kreises kann vielleicht im Laufe des Kapitels mit neuen Erfahrungen gefüllt werden oder bewusst als eine Weise der Gotteserfahrung offen gehalten werden.

Die *Themenseite* (8–9) geht auf verschiedene Aspekte und Erfahrungen der Sch ein. Diese werden in Sprech- und Gedankenblasen aufgegriffen. Die Geschichte verdeutlicht besonders gut, wie unsere Gottesbilder entstehen können. Die Bibelzitate wollen bereits hier anklingen lassen, dass es um eine Vertiefung bzw. ein Hinterfragen der bisher geprägten Gottesbilder geht. Über der Doppelseite steht als bogenförmige Überschrift das Gebot »Du sollst dir kein Gottesbild machen« (Ex 20,4). Es verdeutlicht die Intention des Kapitels, sich nicht festzulegen auf ein von Menschen gemachtes Bild. Die obere Überschrift korrespondiert mit der unteren »Gott ist die Liebe« (1 Joh 4,8). Hier liegt die Spur, mehr von Gott zu erfahren, nämlich in dem, was Jesus von Gott geoffenbart hat.

Auf der *Ideenseite* (10–11) werden Anregungen, die einzelnen Seiten handlungsorientiert zu bearbeiten, und weiterführende Impulse gegeben.

Die *Deuteseite I* (12–13) macht in Text und Bild bewusst, welche Gottesbilder den Sch Angst machen können. Die Zeichnung lädt ein, Ängste wahrzunehmen, anzusprechen und zu bearbeiten.

Deuteseite II (14–15) konzentriert sich auf den Aspekt der Nähe und Zuwendung des biblischen Gottes. Dies wird besonders in der Geschichte des Propheten Elija verdeutlicht und durch Bilder der Nähe Gottes aus dem Neuen Testament erweitert. So bietet sie viele Möglichkeiten, einen vertieften Zugang zu Gott zu bekommen. Sch können heilende bzw. tröstende Erfahrungen auf ihr eigenes Leben übertragen.

Deuteseite III (16–17) erweitert das traditionell vermittelte männliche Gottesbild um biblische weibliche Vorstellungen. In Text und Bild werden so genannte weibliche und männliche Eigenschaften Gottes thematisiert. Sch sollen angeregt werden, sich mit dem für sie vielleicht überraschenden Aspekt der Weiblichkeit Gottes auseinander zu setzen.

Deuteseite IV (18–19) ermöglicht Zugänge (Informationstext, Skulptur, Gebetstext) zum dreieinen Gott. Sie setzt sich mit einer künstlerischen Darstellung auseinander, zeigt aber auch, dass Sch bereits im Gebet mit diesem dreieinen Gott in Berührung gekommen sind.

Die *Infoseite* (20–21) fasst die Entwicklungsgeschichte des Bilderverbotes zusammen und informiert über Jahwe und die Herkunft des Gottesnamens. Des Weiteren gibt sie Hintergrundwissen zu Baal und Elija und zur hl. Hildegard.

Die *Stellungnahmen* (22) regen Sch an, das Kapitel reflektierend zu betrachten und sich selbst eine Orientierungsmöglichkeit zu suchen.

Verknüpfungen mit anderen Themen im Schülerbuch

Kap. 2 Christengemeinden entstehen: Die Wort- und Bildzeugnisse des Glaubens aus der Glaubensgeschichte können für Sch hilfreich sein bei ihrer Suche nach dem eigenen Gottesbild. Die Glaubenszeugnisse anderer Menschen regen an, sich mit ihnen und ihrer Vorbild- und Suchfunktion für den Glauben auseinander zu setzen (28–31 und 34–37).

Kap. 4 Geschichten der Befreiung: Die Exoduserzählung ermöglicht den Gott der Beziehung, den Gott der Nähe kennen zu lernen. Die Erfahrung des Volkes Israel mag die Sehnsucht nach einer Gotteserfahrung wecken oder mag ein Zeichen der Zuwendung Gottes sein. Er erwies sich als ein Gott mit und für die Menschen (71). Das Kapitel zeigt auch die Wurzeln des Jahweglaubens, die auch die Wurzeln des Christentums sind (64–65).

Kap. 5 Orientierung finden: Nicht nur das gesellschaftliche, sondern auch das religiöse Leben braucht Regeln bzw. Rituale (75). Dies ist ein Teilaspekt des Kapitels, das zu einem gelingenden Leben im Sinne des christlichen Glaubens anleiten will (80–82).

Kap. 6 Mit Symbolen meine Welt entdecken: Die Sakramente zeigen in besonderer Weise die Nähe Gottes. Sie vermitteln spürbar, dass Gott die Menschen liebt und durch ihr Leben begleitet, wenn sie das wollen (92–99).

Verbindungen mit anderen Fächern

Evangelische Religionslehre: Da bei diesem Thema keine konfessionsspezifischen Unterschiede zu erwarten sind, ergibt sich eine Vielzahl von Anknüpfungspunkten zu gemeinsamen oder aufeinander abgestimmten Unterrichtseinheiten.

Kunsterziehung: Die intensive Auseinandersetzung mit den Bildern von Gott aus der darstellenden Kunst legt eine Zusammenarbeit nahe. Es kann z.B. ein gemeinsames künstlerisches Werk entstehen (Mosaik, Seidenmalerei...)

Ethik: Es könnte ein Austauschforum mit den bekenntnislosen bzw. andersgläubigen Sch entstehen. Was erfahren sie über die Person des Jesus von Nazaret und über Gottesbilder?
Gibt es Gottesbilder bzw. Erfahrungen von Menschen mit Gott aus anderen Religionen, die christlichen Gottesbildern bzw. Erfahrungen ganz nahe sind?

Von Gott in Bildern sprechen   Titelseite 7

1. Hintergrund

Rupprecht Geiger: 598/70
Das Ölbild des Münchner Künstlers Rupprecht Geiger (geb. 1908) vermittelt eine Atmosphäre von Erhabenheit und unzugänglichem Geheimnis. Dazu passt die Tatsache, dass es anstelle eines Titels nur lapidar eine Nummer trägt – ein namenloses, nicht festgelegtes Werk. Der Künstler arbeitet seit 1965 vor allem mit Leuchtfarben, die er mit der Spritzpistole aufträgt. Bei Entwurfsarbeiten zu einer Reihe von Kirchen beschreibt er seine künstlerische Intention damit, dass »das Erlebnis der Farbe, ihres Verlaufs, ihrer Steigerung zum Gotteserlebnis führen sollte.«
Das Frappierende – oder soll man sagen: Irritierende? – an diesem Bild ist, dass es auf den ersten Blick wie ein Kreis erscheint, aber doch kein Kreis ist; denn der Kreisbogen wird an vier Seiten leicht gestaucht, so als würde er sich gerade in ein Quadrat verwandeln wollen. Wird hier die Quadratur des Kreises versucht? Als dieser Kreis, der kein Kreis ist, bzw. als dieses Quadrat, das keines ist, entzieht es sich einer exakten Bestimmung, lässt sich nicht festlegen auf eine bestimmte Form. Der Künstler selbst sagt dazu, dass er »eine schwebende, gerundete, ruhige Form« gesucht hat, »die in sich gerichtet ist«. In ihrer schwebenden Unbestimmtheit korrespondiert sie mit Aussagen, deren sich Mystiker bedient haben, wenn sie die Unaussprechlichkeit ins Wort zu bringen suchten, wie etwa Meister Eckhart: »Gott ist weder dies noch das. Wer da glaubt, dass er Gott erkannt habe, und dabei irgendetwas erkennen würde, der erkennte (sic!) Gott nicht« (Deutsche Predigten und Traktate, Zürich 1979, S. 196). Ähnliches geschieht in der Farbgebung des Bildes. Das leuchtende Gelb erinnert an die Sonne, aber das, was eine Sonne ausmacht – ihr feuriger Ball, ist auf einen Ring reduziert. Das Zentrum der Sonne ist durch ein schlichtes Grau ersetzt. Es erinnert ein wenig an eine Sonnenfinsternis, die nur den gleißenden Schimmer der Sonnenkorona freigibt. Auch in dieser Hinsicht setzt das Bild etwas frei und nimmt es sofort wieder zurück. – Inszenierung des Göttlichen und gleichzeitig Bilderverbot? Freigabe und gleichzeitig Zensur eines Gottesbildes? So gesehen stellt das Bild ein ständiges Korrektiv seiner selbst dar und fordert damit zu einer permanenten Korrektur aller von Menschen gemachten Gottesbilder heraus.

Grundlegendes zur Bildbetrachtung: vier Schritte
Bilder erfordern im Allgemeinen keine besondere Motivation; denn ihre Visualität fordert heraus, die Gedanken und Gefühle, die sie hervorrufen, zu äußern. Dennoch bedarf es bei der Bildbetrachtung einiger Rituale, damit die sorg-

fältige Beschreibung und die symbolische Deutung nicht ineinander verschwimmen:

1. Erstbegegnung mit dem Bild und immanente Beschreibung
- Das Bild wird in Ruhe betrachtet. Sch sollen sich öffnen für die Farben, Formen, Gesten, Personen, Symbole, die dargestellt sind, sowie für die Bildstruktur.
- Dann wechselt man von der Stille in die verbale Austauschphase. Ein Sch teilt den anderen seine Wahrnehmungen mit, es erfolgt also nun ein zweites gemeinsames Schauen auf das Bild. Es ist hilfreich, wenn Sch ihre Sätze beginnen mit »Ich sehe...«. Es geht in dieser Phase nur um das unmittelbar zu Erkennende. Diese Phase des so im Bild »spazieren gehenden« Beschreibens ist beendet, wenn alle Elemente des Bildes berücksichtigt wurden.

2. Kontextuelle Betrachtung
- L gibt Sch Information über die ikonografische Bedeutung von Farben, Gesten, Symbolen sowie Informationen über den Künstler oder die Künstlerin und die Epoche.
- Ein tieferes Sehen ist nach dem Lesen des biblischen Bezugstextes besonders bereichernd. Die Bibelgeschichte hilft das Bild zu deuten. Hier zeigt sich, dass Bilder ihren eigenen Gehalt haben, sie sind nicht bloß Illustration, sondern setzen Schwerpunkte, indem sie eine oder mehrere Szenen einer Perikope darstellen und interpretieren.

3. Bildbegegnung
Die Bildbetrachtung kann am Schluss zur Subjektivität der Sch zurückführen. »Wo finde ich mich im Bild wieder?«, »Wenn die Personen auf dem Bild sprechen könnten, was würden sie mir wohl sagen, was würde ich ihnen sagen?«

4. Ausdruck/Gestaltung
Wenn das Bild angemessen erschlossen wurde, hat es sozusagen im Sch »Raum« bezogen. Dies ermöglicht es, den Erfahrungen im kreativen Ausdruck Gestalt zu geben: Möglich ist die meditative Gestaltung von Umrisszeichnungen, Abzeichnen, Malen des Bildes mit Veränderungen, kreative Texte verfassen etc. (vgl. Schmid 125–178).

2. Einsatzmöglichkeiten im RU

Nachdem Sch die Schritte der Bildbetrachtung vollzogen haben, bieten sich noch folgende vertiefende Schritte an:

»Künstlerin und Künstler sein«   Ideenseite 10
- Sch pausen die Konturen der gelben kreisähnlichen Form ab, schneiden diese Kontur aus und geben ihr eine Farbe ihrer Wahl. Die eigene farbige Form wird dann auf das Original von *Titelseite* 7 gelegt und das Bild erneut betrachtet:
* Wie wirkt das Bild nun auf mich?
* Sch vergleichen ihre verschiedenen farbigen Formen und versuchen festzustellen, ob die einzelnen Farben dem Bild eine andere Stimmung, einen anderen Ausdruck geben.
- Der Künstler Rupprecht Geiger hat als Farbe der kreisähnlichen Form ein leuchtendes Gelb gewählt. Hat er mit der Wahl seiner Farbe etwas von Gott ausdrücken können?

Erfahren der tragenden Mitte
L benötigt ein festes, dickes Seil aus einem Naturmaterial. Aus Sicherheitsgründen sollte unbedingt auf gute Qualität geachtet werden. Keinesfalls ein Seil aus einem synthetischen Material verwenden, da dieses unter Spannung abrupt abreißen kann und sich Sch und L dabei stark verletzen können.
- Sch stellen sich in einem Kreis auf und L gibt das Seil an die Sch weiter, wobei jede/r Sch das Seil mit beiden Händen umfasst und weitergibt. Den Anfang und das Ende des Seiles verbindet L sicher miteinander (Seemannsknoten) und fordert die Sch auf, sich langsam in das Seil »hineinzuhängen«. Es entsteht eine Spannung im Seil. Damit das Seil im inneren Gleichgewicht steht, muss sich jede/r auf jede/n einlassen. Dann spürt man, dass man gehalten ist von einer inneren unsichtbaren Mitte. Die Spannung des Seiles muss auch gemeinsam, quasi im Gleichschritt, gelöst werden, sodass sich niemand verletzt und keiner aus diesem Gleichgewicht gerät.
- Im anschließenden Gespräch darüber wird rasch klar, dass es gut tut, so getragen zu werden. Es fällt auch leicht zu thematisieren, dass eine quasi unsichtbare Mitte die Teilnehmer getragen hat. Für Christen hat diese Mitte einen Namen: Gott.

Der Mumpf

Am Grunde eines Teiches im Sumpf,
zwischen Algen und Wassergrün,
da saß vor seinem Haus ein Mumpf
und mumpfte so vor sich hin.

Eine Mümpfe, die ihres Weges kroch,
blieb atemlos bei ihm stehn
und keucht: »Ach Mumpf, so denk dir doch,
ich hab' einen Menschen gesehn!

Einen richtigen Menschen mit Arm und Bein
und einem schönen Gesicht!«
Da knurrte der Mumpf: »Lass die Kinderei'n!
Denn Menschen gibt es doch nicht.

's ist längst bewiesen, dass außer dem Teich
ein Leben nicht möglich wär'.
Und Menschen, die sind – entschuld'ge nur gleich! –
doch bloß eine Kindermär.

Drum wende dich lieber zur Wirklichkeit:
unserm nahrhaften Schlick und Schleim.
Und vor allem sag mir, wie findest du
mein neues, prächtiges Heim?«

Da lachte die Mümpfe ihn einfach aus:
»Ach, Mumpf, lass dein dummes Geschniefel!
Worin du da wohnst, dein neues Haus
ist ein alter Kinderstiefel!«

Manche Menschen sagen nach diesem Gedicht:
»Ach was, einen Mumpf – den gibt es doch nicht!«

Michael Ende

Raum für das Göttliche
Der niederländische Maler Piet Mondrian hat einmal gesagt: »Wenn man auf die Dinge verzichtet, wird Raum für das Göttliche.«
Sch beziehen diesen Ausspruch auf das Bild von Rupprecht Geiger (Raum = Leere, Stille, Platz; Unabgelenktheit, Konzentration; Nicht-Festgelegtes, Immer-neu-zu-Erfahrendes).
Hinweis: Auch dies ist wieder nur *eine* Gottesvorstellung. Auch im Umgang mit Materie, in Beziehung zu Menschen ereignet sich das Göttliche!

Du sollst dir kein Gottesbild machen – Gott ist die Liebe   Themenseite 8–9

1. Hintergrund

Unsere Bilder von Gott sind geprägt von unserer Erziehung, unserem Alter und besonders von unserer persönlichen Geschichte mit Gott.
Auch wenn wir von Gott häufig nur in Bildern sprechen können, so können diese Bilder dennoch Gott nicht erfassen. Im Umgang mit den verschiedenen Gottesbildern soll den Sch bewusst werden, dass der Sichtweise Gottes etwas Dynamisches innewohnt, unsere Vorstellungen und Erfahrungen von und mit Gott einem Entwicklungsprozess unterworfen sind. Die Formulierung »Gott ist wie...« ist nicht nur als ein Sprechen in Vergleichen zu verstehen, sondern will aufzeigen, wie Gott sich den Menschen gegenüber verhält (vgl. KatBl 113 (1988) 17–18).
Die Doppelseite ist mit dem biblischen Bilderverbot (Ex 20,4) überschrieben. Das biblische Bilderverbot bezieht sich nicht auf den Bereich der sprachlichen Bilder Gottes, sondern darauf, dass keine Kultgegenstände, die Gott darstellen, angebetet werden sollten. Denn diese würden Gott festschreiben »und ihn zum Gegenstand degradieren. Das biblische Bilderverbot soll die Bilder von Gott am Leuchten halten« (Zenger 381). Der Sitz im Leben dieses Bilderverbotes ist im Kontext des Fremdgötterverbotes anzusiedeln (vgl. Elija und Hosea, 9. und 8. Jh. v. Chr.). Das Bilderverbot will, dass das Volk Israel offen bleibt für Gott und in einer lebendigen und dynamischen Beziehung zu ihm steht. Dies gilt auch für uns, denn nur wenn wir Gott nicht auf ein Bild festlegen, sind wir fähig immer neue Erfahrungen mit »ihm« zu machen.

2. Einsatzmöglichkeiten im RU

Ein aktuelles Bild von Gott malen
– Ein möglicher Themeneinstieg ist der Arbeitsauftrag ein Bild von Gott zu malen. Hierzu sollte nach Möglichkeit eine ganze Unterrichtsstunde eingeplant werden.

* Sch machen sich bewusst, warum sie Gott gerade so gemalt haben, und
* vergleichen ihre Bilder von Gott mit den Karikaturen und Denkblasen auf *Themenseite* 8.

Aussagen über Gott   Ideenseite 11
– Eine weitere Einstiegsmöglichkeit bietet ein Gruppengespräch über die biblischen und die außerbiblischen Aussagen über Gott auf *Themenseite* 8–9.
* Sch überlegen, welche Gotteserfahrung dieser Mensch, diese Menschen wohl gemacht haben, wenn sie derart von Gott sprechen. Gibt es eine Aussage, zu der sich Sch hingezogen fühlen, oder eine, mit der sie gar nichts anfangen können?
* Diese Arbeitsergebnisse sollten schriftlich festgehalten werden, sodass ein Rückblick am Ende der Unterrichtssequenz möglich ist.

Gott ist für mich wie...
Sch führen an ihrer Schule und/oder in ihrer Pfarrei Interviews durch, wie sich Erwachsene, Jugendliche und Kinder Gott vorstellen.

Fischvogel? Fischkuh?
Fischmensch?   Ideenseite 10
– Die gekürzte Geschichte von Leo Lionni verdeutlicht exemplarisch, warum unsere Bilder von Gott begrenzt sind, und dient als leichter Einstiegsimpuls.
– Ein Bild von Gott zeichnerisch darzustellen ist eine weitere Möglichkeit. Jede/r Sch soll ein Merkmal Gottes zeichnen. In einer Collage aus allen Merkmalen entsteht die menschlich begrenzte Sicht von Gott. Mensch ist Mensch!

3. Weiterführende Anregungen

»Den gibt es doch nicht!«
Das Gedicht »Der Mumpf« (AB 6.1.1 *Arbeitshilfen* S. 15) von Michael Ende macht sensibel für die verschiedenen Dimensionen unseres Lebens. Zum Leben eines Menschen gehört mehr als das, was er

Aussagen aus der Bibel über Gottes Augen

I
Verlass uns doch nicht! Denn du kennst die Orte in der Wüste, an denen wir unser Lager aufschlagen können; du kannst unser Auge sein. (Num 10,31)

II
Halte deine Augen offen für das Flehen deines Knechtes und das Flehen deines Volkes Israel! (1 Kön 8,52)

III
Denn seine Augen schauen auf des Menschen Wege, all seine Schritte sieht er wohl. (Hiob 34,21)

IV
Seine Augen schauen herab, seine Blicke prüfen die Menschen. (Ps 11,4)

V
Wende dein strafendes Auge ab von mir. (Ps 39,14)

VI
An jedem Ort sind die Augen des Herrn, sie wachen über Gute und Böse. (Spr 15,3)

* Lies die einzelnen Bibelzitate.
* Teile die Aussagen in zwei Gruppen ein. Unterscheide zwischen denen, die dir angenehm, und denen, die dir unangenehm erscheinen. Male sie in zwei verschiedenen Farben aus.
* Was sagen diese Aussagen über die Erfahrungen, welche die Menschen mit Gott gemacht haben?

mit seinen Sinnen wahrnehmen kann. Zu diesem Bereich gehört neben den Radiowellen auch Gott. Das Beispiel der Radiowellen zeigt, dass Menschen sehr wohl Phänomene für wirksam halten und mit ihnen »rechnen«, die sie nicht unmittelbar wahrnehmen können.

Ideenseite 10–11

Hinweise zu den Impulsen der *Ideenseite* finden sich im Zusammenhang mit den jeweiligen Hintergrundinformationen auf folgenden Seiten:

Fischvogel? Fischkuh? Fischmensch?: S. 16
Künstlerin und Künstler sein: S. 14 und S. 33

Deine Fragen stellen: S. 18
Gottesbilder sichten: S. 16
Aufpasser-Gott: S. 18
Ein Gott-Plakat gestalten: S. 36
In der Wüste sitzen: S. 22

Bilder von Gott, die Angst machen können — Deuteseite I 12–13

1. Hintergrund

Die Geschichte »Gottes Augen« kann Anlass geben, über die dunklen Seiten der Gotteserfahrung zu sprechen. Manche Sch haben sicher das Gottesbild, dass Gott »alles sieht«, dass Gott sie beobachtet und sofort bei einer schlechten Tat ertappt. Dieser strafende Gott wird leider immer noch als Erziehungsmaßnahme eingesetzt, wir sprechen von Fehlformen religiöser Erziehung und Sozialisation. Die sind der Fall, wenn Gott die Funktion des großen Aufpassers bzw. des Strafenden bekommt. Jugendlichen ist zwar vielleicht rational klar, dass zwischen einer Schuld und einem Unglück kein immanenter Zusammenhang besteht, doch emotional können sie sich nicht so rasch von diesen Bildern befreien. Das Erleben eines strengen Vaters kann auf die Gottesbeziehung übertragen werden.
Rainer Oberthür hat Gedanken von Kindern zu Fragen des Leides und der Frage nach Gott zusammengetragen. Er stellt fest, dass die Kinder selten einem Denken von Lohn und Strafe verhaftet sind. Sie haben eher die Vorstellung, dass Gott die Menschen etwas lehren möchte. Gott erscheint den Kindern als einer, der nahe bei den Menschen ist (Oberthür, Leid, 121). Die Chance dieser Unterrichtseinheit liegt also darin, die verkürzten und theologisch fragwürdigen Gottesbilder hervorzuholen und zu bearbeiten und Bilder der Nähe Gottes anzubieten, damit sich eine tragfähige Gottesbeziehung entwickeln kann.

2. Einsatzmöglichkeiten im RU

Gottes Augen
– Sch bekommen AB 6.1.2 *Arbeitshilfen* S. 17 und werden sich in EA oder PA und UG darüber klar, wie unterschiedlich Gottes Augen empfunden werden können.
– Die Geschichte *Deuteseite* 12 wird gelesen bis: »Gottes Augen, ach, Gott hat keine Augen wie ein Mensch. Überhaupt ist er ganz anders. Denkt auch keine Menschengedanken.«
* In EA bzw. PA überlegen sich Sch, wie sich Sabines Gedankengang weiterentwickeln könnte. Eine entsprechend gestaltete Gedankenblase wird auf das Bild *Deuteseite* 13 gelegt.
* *Alternative:* Alle Gedankenblasen der Sch werden zu einem Plakat zusammengestellt, auf dem das vergrößerte Bild *Deuteseite* 13 klebt.
* Sch vergleichen die Aussagen über Gottes Augen von AB 6.1.2 mit der Geschichte *Deuteseite* 12 f. Welcher Bibelsatz passt zu Sabines Ansichten von Gott?
* Wann ändert sich ihre Sicht und welches andere Gottesbild kann herangezogen werden?
– Die Erfahrungen, die Menschen mit Gott gemacht haben und machen, sind ambivalent.

Wer ist Gott?
– Sch befragen Menschen in ihrer Umgebung und notieren die Antworten (HA!).
– Sch tauschen sich in KG aus: Welche Aussagen gefallen mir? Welche sind mir fremd?
– Sch gestalten ein Blatt in EA: Wie stelle ich mir Gott vor?

3. Weiterführende Anregungen

Beppo
Die Geschichte von »Beppo« kann allein für sich oder im Vergleich mit der Geschichte »Gottes Augen« bearbeitet werden. Beim vergleichenden Arbeiten bietet sich folgender Tafelanschrieb an:

Rätsel: Wer findet sieben biblische Namen?

A	H	D	R	E	G	F	J
J	E	R	U	P	O	A	S
R	S	B	E	R	O	H	L
A	L	E	E	W	H	A	J
M	U	L	B	A	U	B	O
A	S	J	N	E	M	A	S
S	O	J	A	U	L	A	T
R	K	A	R	M	E	L	D

Gefährte in der Wüste

T: Alois Albrecht
M: Ludger Edelkötter
© Impulse Musikverlag

Kanon zu vier Stimmen, stimmenweise ausklingen lassen

Gottes Augen bedeuten in der Geschichte von Beppo:

Gottes Augen bedeuten in der Geschichte von Sabine:

Die Geschichte ist leicht zugänglich in: D. Steinwede/S. Ruprecht (Hg.): Vorlesebuch Religion 1, Lahr/Göttingen/Zürich 1992, S. 312.

Bilder der Nähe Gottes in der Bibel

Deuteseite II 14–15

1. Hintergrund

Die Bibelperikope sowie der Holzschnitt von R. Seewald setzen bei der zarten Berührung Jahwes ein, gemäß dem Titel der Doppelseite »Bilder der Nähe Gottes in der Bibel«. Um die Bedeutung dieser Berührung nachvollziehen zu können, ist es unerlässlich, die vorangegegangene Situation des Propheten Elija den Sch zu erzählen bzw. mit ihnen in der Schulbibel nachzulesen.

Der Prophet Elija
kämpfte kompromisslos für den Jahweglauben (um 870 v. Chr.). Wie bereits *Infoseite* 21 erwähnt, war Elijas Name zugleich sein Programm. Der Name ist eine Abkürzung von Eli-Jahu, d.h. »Mein Gott ist Jahwe«. Durch sein Verhalten geriet Elija in Konflikt mit den Königen von Israel. Heftigen Widerstand erfuhr er beim König Ahab (874–853) und seiner Frau Isebel, die den Baalskult in Israel eingeführt hatte. Die Frage lautete: Jahwe oder Baal? Nach einigen Erfolgen (1 Kön 18,20–40) reagierte das Volk Israel zuerst begeistert, doch der Einfluss von Königin Isebel war stärker und der Baalskult setzte sich wieder durch.
Der Prophet Elija ist nach erfolglosen Mühen im Kampf gegen die Verehrung des Gottes Baal in die Wüste südlich von Beerscheba geflohen. Er ist resigniert und bittet um das Ende seiner Prophetentätigkeit durch seinen Tod. In der Wüste, dem Ort der Einsamkeit und der Gottesbegegnung, zeigt sich Gott. Ein Engel berührt Elija und fordert ihn auf sich zu stärken. Diese Aufforderung geschieht ein zweites Mal. Gestärkt durch die Speise macht sich Elija auf den Weg zum Gottesberg Horeb, dem Berg, auf dem sich Gott seinem Volk geoffenbart hat. Hier kommt es zur Gottesbegegnung. »Elija schaut Gott nicht, sondern er hört ihn als eine ruhige, dünne, schwache, abgemagerte Stimme, als [das Flüstern eines leisen Wehens], als ein [still sanftes Sausen], wie Martin Luther verdeutscht« (Zenger 387). Diese Behutsamkeit, mit der Jahwe sich Elija nähert, entspricht genau dem, was Elija in seiner verzweifelten Situation braucht. Wegen Elijas Zerbrechlichkeit nähert sich Gott ihm ganz behutsam. Jahwe ist ein mitfühlender Gott. Durch diese Begegnung wird Elija gestärkt (vgl. Kopp 38 f.).

Deuteseite 15 zeigt eine kleine Auswahl von Aussagen über Gott aus dem Alten und dem Neuen Testament.
Im *Alten Testament* offenbart Gott seinen Namen »Jahwe« (Ex 3, 14), was so viel bedeutet wie »Ich bin der ›Ich bin da‹«. Gott zeigt damit deutlich, dass er ein Gott der Beziehung, ein Gott mit und ein Gott für die Menschen ist. In der Geschichte des Volkes Israel erweist sich Jahwe immer wieder und immer wieder neu. Dies ist mit ein Grund dafür, dass sich das Volk Israel kein festes Gottesbild machen darf. Diese Erfahrungen der Menschen mit Jahwe zeigen sich in ihrem Reden über Gott und sind somit auch Zeugnis der jeweiligen Geschichte. So können diese Bildreden von Gott uns helfen, unsere eigenen Bilder zu sehen, und Wegweiser sein in unserer eigenen religiösen Entwicklung (siehe dazu das Lied von Franz Kett »Wo ich gehe, bist du da«, AB 6.1.8 *Arbeitshilfen* S. 25).
Die *neutestamentlichen* Gottesbilder zeigen, dass Gott sich in Jesus, in seinem Leben und in seiner Botschaft letztlich neu und endgültig offenbart hat.

2. Einsatzmöglichkeiten im RU

Bibelforscher/in sein
Sch werden angeregt, in den Versen 1 Kön 19, 5b–8 die Verben aus dem Text herauszusuchen. Es entsteht auf den ersten Blick eine Wortparallelität, die sich beim genauen Hinsehen an der entscheidenden Stelle ändert. Aus »er aß und trank und legte« wird »da stand er auf, aß und trank und wanderte«.

Einer Wandlung nachspüren
Sch versuchen, sich Elijas Empfindungen und Gedanken vorzustellen, die sich zwischen diesen beiden Begegnungen mit dem Boten Gottes zugetragen haben.

Variationen zum Horeb

Nicht im Sturm
nicht im Wind
im leisen Säuseln
Gottes Stimme hören

Nicht im Feuer
nicht im Lodern
in der sanften Glut
seine Gegenwart

Nicht auf Alleen
nicht auf Autobahnen
auf dem schmalen Weg
begegnen die Boten

Nicht der Beton
nicht der Asphalt
gibt dir die Stärke
Gras durchbricht Mauern

Nicht mit Macht
nicht mit Ellbogen
bahnt sich der Weg
dem Boten folgen

Nicht auf Posaunen
nicht auf Trompeten
hör auf das Leise
dort findest du Antwort

Sigrid Berg

In der Wüste sitzen   **Ideenseite 11**

Diese Übung sollte nur in Gruppen durchgeführt werden, die sich vertraut sind.

- Alle Sch suchen sich einen Partner/eine Partnerin. Ein/e Sch wird zum Bildhauer, der zweite Sch zur Skulptur.
* Nachdem gemeinsam der Holzschnitt *Deuteseite 14* betrachtet wurde, nimmt die Skulptur die ungefähre Haltung des Elija auf dem Bild ein.
* Ohne zu sprechen, geht nun der Bildhauer ans Werk: Er versucht die Haltung des Elija so genau wie möglich mit seinem Partner zu »modellieren«. Sch brauchen für diese Übung genug Zeit.
* Die »Skulptur« horcht in sich und spürt, welche Gefühle diese Körperhaltung hervorruft. Der Künstler versucht wahrzunehmen, wie ein Mensch in solch einer Körperhaltung auf ihn wirkt.
* Im gelenkten UG werden die verschiedenen Gefühle und Wahrnehmungen gesammelt.
- Alle Sch haben schon einmal die Erfahrung gemacht ganz niedergeschlagen zu sein. Elija macht die Erfahrung, dass Gott ihn wieder aufrichtet. Sch finden ein Symbol, das diesen Zustand des »Aufgerichtetseins« darstellen könnte. Es soll ein Symbol sein, das zugleich auch Sch in ihrer Niedergeschlagenheit helfen kann und ihnen sagt: »Gott richtet dich wieder auf. Gott lässt dich seine Nähe spüren.«
* Dieses Symbol wird aus selbst trocknendem Ton hergestellt.

Namen finden

Sch bearbeiten das Rätsel AB 6.1.3 *Arbeitshilfen* S. 19, finden dort sieben Namen und wiederholen somit die in dieser Unterrichtssequenz vorkommenden biblischen Personen. *Lösung:* Ahab, Isebel, Elija, Horeb, Samaria, Baal und Jahwe. Außerdem ist das Wort »Karmel« zu entdecken.

Dichten und malen

- Sigrid Berg hat ein schülernahes Gedicht in Anlehnung an die Elijageschichte geschrieben. Der Text AB 6.1.4 *Arbeitshilfen* S. 21 lädt ein, sich auf Gott im eigenen Leben einzulassen.
- Sch erarbeiten die Struktur des Gedichtes und dichten mindestens eine eigene Strophe.
- Sch malen zu den Strophen eine kleine Bildsequenz. Je nach Zeit ggf. Auswahl treffen!

Gefährte in der Wüste

Das Lied »Gefährte in der Wüste« AB 6.1.5 *Arbeitshilfen* S. 19 arbeitet mit dem Bild der Wüste. Der Kanon kann Sch durch das Jahr als »Mutmacher« begleiten.

Namen Gottes aus AT und NT

Adler

»Gott hüllt ihn ein und gab auf ihn Acht und hütete ihn wie seinen Augenstern, wie der Adler, der sein Nest beschützt.« Dtn 32,11

Das Bild des Adlers kommt in der Bibel relativ häufig vor. Dort wird sowohl die bedrohliche Seite des Adlers erwähnt (vgl. Lev 11,13; Dtn 28,49 u.a.) als auch der schützende Aspekt des Adlers (vgl. besonders Ex 19,4 und Jes 40,31). Wir beschränken uns bei unserem Beispiel auf die positive Seite, die uns einladen soll, darüber nachzudenken, wie dieser Gott ist, dessen Nähe im Bild des Adlers ausgedrückt wurde.

- Sch betrachten Folienvorlage AB 6.1.6 *Arbeitshilfen* S. 23 und äußern ihre Gedanken frei. Es fallen sicher Begriffe wie »machtvoll«, »Freiheit«, »König der Lüfte« ...
- L erzählt oder Sch lesen, wie der Adler seine Jungen aufzieht, von der großen Fürsorge bis hin zum »freien Fall«, wenn es darum geht, das Fliegen zu lehren: AB 6.1.7 *Arbeitshilfen* S. 25.
- Sch sollen sodann ihr Wissen auf die Beziehung zu Gott übertragen.
- Für die Heftgestaltung kann das Foto des Adlers verkleinert und der Transfer rundherum geschrieben werden. Bild und Bildersprache gelangen so leichter in Kopf und Herz:

A	H	D	R	E	G	F	J
J	E	R	U	P	O	A	S
R	S	B	E	R	O	H	L
A	L	E	E	W	H	A	J
M	U	L	B	A	U	B	O
A	S	J	N	E	M	A	S
S	O	J	A	U	L	A	T
R	K	A	R	M	E	L	D

machtvoll

König der Lüfte

Freiheit

Einheit
»Wer mich sieht, sieht den Vater« Joh 14, 9
In diesem ntl. Bibelzitat wird deutlich, dass der Weg zu Gott über Jesus geht. Jesu ganzes Leben zeigt, dass er in der Vollmacht Gottes handelt. In ihm können wir den Vater erkennen.
- Das Bibelzitat Joh 14, 9 wird auf ein gelbes Tonpapier geschrieben. Sch erhalten weitere Bibelstellen, die ihnen aufzeigen, wer dieser Jesus ist. Z.B.: Mt 9,2; Mt 15,29–30; Mt 28,19–20; Mt 26,42.
- Sch schreiben ihre Bibelzitate auf gelbe Wortkarten, diese werden dann um die gelbe Mitte gelegt (Bodenbild) oder an die Tafel geheftet (Tafelbild). Es entsteht ein Bild, bei vier Gruppen ein Kreuz bzw. bei mehreren Gruppen eine Sonne. Beides sind Symbole für Jesus.

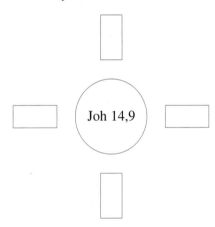

Mutter und Vater
»Ich war für sie wie Eltern, die den Säugling an ihre Wangen heben.« Hos 11,4
Siehe hierzu Ausführungen zu Gott: gute Mutter, guter Vater, *Arbeitshilfen* S. 26 ff.

Das Vaterunser
Seit fast zweitausend Jahren beten Christen das Vaterunser. Jesus lehrte seine Jünger das Vaterunser und zeigte ihnen damit, dass sie sich jederzeit vertrauensvoll an den Vater im Himmel wenden können. Das Vaterunser müsste, wenn wir der Koseform »abba« gerecht werden wollten, eigentlich »Papaunser« heißen. Die aramäische Form »abba« aus dem Munde Jesu steht nur bei Mk 14, 36. Sie gilt aber eigentlich überall da, wo von Gott als »Vater«, »mein Vater« oder »unser Vater« die Rede ist (vgl. LThK, »abba« 7). Die Anrede zeigt, dass es Jesus um die Vermittlung eines persönlichen Verhältnisses zu Gott ging. Das heißt nicht, dass wir tun und lassen können, was wir wollen. Gott weiß, was für uns gut ist: »Dein Wille geschehe«.
Die vertrauensvolle Anrede und die dahinter stehende Beziehung zu Gott erscheinen besonders wichtig in einer Zeit, in der viele Sch keinen Vater oder eine negative Vaterbeziehung erleben.

- Die Bitten des Vaterunser werden szenisch dargestellt und so mit Leib und Seele, d.h. mit dem ganzen Körper, gebetet.
- Die einzelnen Bitten werden in KG bearbeitet und als Collage gestaltet.
- *Alternativen:* finden sich im Erzählbuch zum Glauben Bd. 3: Das Vaterunser, hg. v. Elfriede Conrad, Zürich/Einsiedeln/Köln/Lahr 1985.

Der Treue
»Der Herr ging an ihm vorüber und rief: Jahwe ist ein barmherziger und gnädiger Gott, langmütig, reich an Huld und Treue.« Ex 34,6
Im Kontext des Bundesschlusses am Sinai offenbart sich Jahwe in einer Audition als treuer und barmherziger Bundespartner.
- Sch sammeln Wörter, in denen der Wortbestandteil »Bund« vorkommt (Schlüsselbund, Hosenbund, Ehebund, Bundesliga, Freundschaftsbund etc.).
- Dadurch wird die besondere Bedeutung vom Bund herausgearbeitet: etwas, das zusammenhält, das Gegenstände oder Menschen miteinander verbindet.
- Sch überlegen, welche Form des Bundes die Menschen mit Gott verbindet und gestalten ein passendes Bundeszeichen.

Gastgeber
»Selig, wer im Reich Gottes am Mahl teilnimmt« Lk 14,15–24
Das Bild vom Gastgeber betont, dass Gott ein Gott der Beziehung ist. Die sprichwörtliche altorientalische Gastfreundschaft sicherte das Überleben in lebensfeindlicher (Wüsten-)Umwelt. Wer zum Mahl eingeladen ist, hat das Leben in Fülle.
Die Gleichnisse zeigen, dass Gott ganz anders ist, als wir denken. Sie regen uns an, unser Denken, unsere Meinungen zu überprüfen und rufen uns zu neuem Handeln auf. Die Struktur des Gleichnisses:
1. Das Bild.
2. Worauf das Bild zielt.
3. Der Vergleichspunkt.
Diese Perikope eignet sich gut als Schattenspiel mit Hilfe des OHP.

3. Weiterführende Anregungen

Gleichnis vom Festmahl im Schattenspiel
- Sch erlesen die Perikope Lk 14,15–24 und teilen sie in Szenen ein.

Wie junge Adler fliegen lernen

Wisst ihr, wie das zugeht, wenn junge Adler das Fliegen lernen? Leute, die sich im Gebirge Sinai auskennen, haben dies anschaulich geschildert. Der Adlerhorst, das Nest, in dem die Jungen aufgewachsen sind, befindet sich hoch oben auf einer Felsklippe, über einem tiefen Abgrund. Wenn die Jungen soweit sind, dass sie »flügge« werden sollen, werden sie von der alten Adlerin aus dem Nest gejagt. Die Jungen piepsen und sträuben sich; sie können ja noch nicht fliegen. Aber die alte Adlerin lässt nicht locker. Und plötzlich packt sie das erste Junge mit ihren Krallen, fliegt über den Abgrund und lässt es fallen.

Das Junge zappelt mit den Flügeln und versucht zu fliegen; aber es gelingt nicht und es stürzt, und immer schneller fällt der kleine Vogel in den Abgrund. Der Zuschauer denkt schon: bald muss es am Boden zerschellen. Plötzlich schießt die alte Adlerin, die ruhig ihre Kreise gezogen hat, steil nach unten und fängt das Kleine im Fallen auf und trägt es wieder nach oben und das Spiel beginnt von neuem und langsam lernt der junge Adler, seine Flügel zu gebrauchen, er kann selber fliegen und mit großen Schwüngen die Luft durchschneiden.

nach Adolf Exeler

Wo ich gehe, bist du da

T/M: Franz Kett

1. Wo ich gehe, bist du da. Wo ich stehe, bist du da.
   Ob ich wache, bist du da. Ob ich schlafe, bist du da.
   Du bist da, du bist da, immer da.

   Kehrvers: Von allen Seiten umschließt du mich, Herr,
   und du legst auf mich deine Hände.

2. Wenn ich lache, bist du da.
   Wenn ich weine, bist du da. Du bist da...
   In der Freude bist du da
   und im Leid bist du da. Du bist da...

3. In der Stille bist du da.
   Und im Sturm bist du da. Du bist da...
   In der Flut bist du da
   und im Feuer bist du da. Du bist da...

4. In der Höhe bist du da.
   In der Tiefe bist du da. Du bist da...
   In der Not bist du da
   und im Tod bist du da. Du bist da...

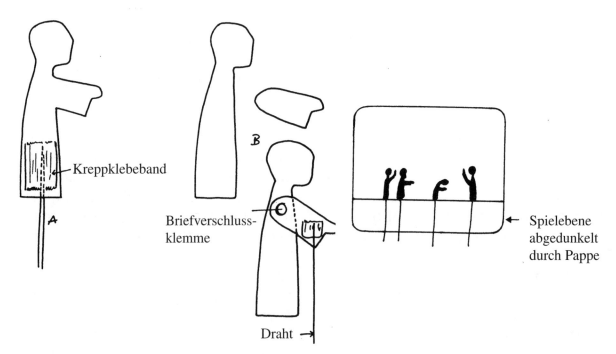

- Hieraus ergibt sich die Anzahl der Figuren und die Anzahl der Schattenbilder (vgl. Behnke u.a. Kinder feiern mit, Lesejahr A, Hildesheim 1983, 113 f.).
* Die Figuren werden in der angegebenen Größe auf dünnen Karton übertragen und ausgeschnitten. Jede bekommt einen Führungsstab (A) (Ein Schaschlikstäbchen wird mit Krepp-Klebeband unten an der Figur befestigt) und ist dann schon spielbereit.
* Sehr wenige Figuren bestehen aus zwei Teilen, damit sie etwas beweglicher werden. Dazu werden diese Teile, wie z.B. bei (B) in der Zeichnung angegeben, ausgeschnitten und mit einer Briefverschlussklemme beweglich zusammengefügt. Die Bewegungen sollten nur sehr sparsam gespielt werden. Man kann die Haltungen mit dem Finger verändern oder (z.B. an den Arm der Jesusfigur) jeweils einen dünnen Draht, ein Plastikstäbchen o.Ä. als Bewegungsstab anbringen. Dieser ist dann während des Spiels sichtbar, stört aber nicht.
* Grundsätzlich können alle Figuren für verschiedene Personen oder auch als »Volk« verwendet werden, die Jesusfigur sollte jedoch von diesem Wechsel ausgeschlossen sein. Selbstverständlich lassen sich die angegebenen Figuren jederzeit durch eigene ergänzen, man sollte es sich aber zur Regel machen, nie zu viele Personen gleichzeitig »auftreten« zu lassen. Je zurückhaltender man spielt, desto stärker ist der Eindruck. Das gilt auch für die Bewegungen, die immer sehr langsam und sparsam ausgeführt werden müssen.
- Es ist gut, einige Kinder mit der Technik des Spiels vertraut zu machen, sodass sie in der Lage sind, das Gleichnis selbstständig mit dem Schattenspiel zu begleiten.
- Gespielt wird auf dem Leuchttisch des OHP. Die Figuren werden dabei an den Führungsstäben über eine Spielebene (undurchsichtiger Papierstreifen) geführt. Die Schatten werden auf eine geeignete Wand geworfen.
- Es ist sinnvoll, sich vor jedem Spiel eine Skizze anzufertigen, damit der Spielverlauf nicht gestört wird.

Elija im Rollenspiel

In Gruppen wird ein Rollenspiel besprochen. Elija besucht König Ahab und seine Frau Isebel. Beide Parteien suchen Argumente für den Glauben an ihren Gott. Dieses Rollenspiel kann die schwere Aufgabe des Propheten Elija verdeutlichen.

Möckmühler Arbeitsbogen Nr. 57: »Elija-Elischa« (Bestelladresse: Aue-Verlag, 74215 Möckmühl)

Baals-Kult
Vgl. die Hinweise *Arbeitshilfen* S. 35.

Gott: gute Mutter, guter Vater — Deuteseite III 16–17

1. Hintergrund

Ikonografische und archäologische Forschungen der letzten Jahre geben Aufschluss darüber, dass manche alttestamentlichen Gottesattribute, die dem Gott Israels zugesprochen werden, ursprünglich Göttinnenattribute waren. Die in Ex 19,4 angesprochenen »Adlerflügel« sind beispielsweise »Geierflügel«, wobei der Geier das Attributtier der kanaanäischen Göttin war.

Das nachexilische Symbol der göttlichen Weisheit ist der Baum bzw. der Zweig (Spr 3, 18; Sir 24). Baum und Zweig waren das Attribut der mittel- und spätbronzezeitlichen Göttin. Auf der anderen Seite gibt es im AT zahlreiche Stellen, in denen gegen die Verehrung anderer, also auch weiblicher Gottheiten polemisiert wird (1 Kön 15,3; 2 Kön 21,7).

Die Anfänge der Entwicklung einer Weisheitstheologie fällt zeitlich zusammen mit dem fast völligen Verschwinden von Göttinnendarstellungen im perserzeitlichen Judäa (vgl. Wacker 8 f.). »In der Gestalt der göttlichen Weisheit kann die Faszination der Göttin auf jüdische Weise transformiert, integriert und ausgeschmückt werden« (Wacker 10).

In sprachlicher Hinsicht weist das Gottesbild des AT noch weibliche Züge auf. H. Schüngel-Straumann macht anhand von Hos 11,3–4 deutlich, dass die sprachliche Übertragung eines genuin weiblichen Gottesbildes in die Einheitsübersetzung problematisch war:

Hos 11,3–4

Vers 3
Dabei war ich es doch,
der Efraim gestillt hat,
Indem ich ihn auf meine Arme nahm.
Sie jedoch begriffen nicht,
dass ich sie pflegte.

> Ich war es, der Efraim gehen lehrte,
> Ich nahm ihn auf meine Arme.
> Sie aber haben nicht erkannt,
> dass ich sie heilen wollte.

Vers 4
Mit menschlichen Seilen zog ich sie,
mit Stricken der Liebe.
Und ich war für sie wie solche,
die einen Säugling an ihren Busen heben,
und ich neigte mich zu ihm,
um ihm zu essen zu geben.

> Mit menschlichen Fesseln zog ich sie
> an mich, mit den Ketten der Liebe.
> Ich war für sie wie die (Eltern), die den
> Säugling an ihre Wangen heben.
> Ich neigte mich ihm zu und
> gab ihm zu essen.

Weitere Beispiele für weibliche Züge im Gottesbild des AT:

Gott als Mutter: (Bilder der Geburt und der stillenden Mutter)
Hos 11; Dtn 32,18; Ps 2,7; Jes 42,14; Jes 49,14.

Gott als Hebamme: Ps 22,10; ebenso Ps 71,6, wenn die Einheitsübersetzung hier auch »Beschützer seit dem Mutterschoß« statt dem textnäheren »Du bist es, der mich abschneidet von meiner Mutter« angibt.

Mütterlicher Trost: Ps 17,8; Ps 91,4 (Bild der Vogelmutter); Jes 66,13; Jes 49,15.

Mütterliches Erbarmen: Jes 49,10; Jes 54,10; Ps 25,6; Ps 40,12; Ps 51,3; Ps 103,4 u. a. Dass es sich hier speziell um das mütterliche Erbarmen handelt, wird aus dem Wortgebrauch des Urtextes deutlich, der die Form *rahamim* gebraucht (Plural für *rehem* = Mutterschoß).

Ps 139,5 mag als Beispiel dafür dienen, dass an den Stellen, wo die Bibel davon redet, dass Gott dem Menschen in sich Lebensraum schenkt, durchaus an das Leben des Kindes im Mutterschoß gedacht werden dürfte (vgl. Navratil).

Das Gottesbild Jesu lässt sich aus seinen Worten und Taten erschließen. Es ist tief in der atl. Tradition verwurzelt, wobei für Jesus der Aspekt der vertrauensvollen Beziehung zum »Abba« besonders wichtig ist, der sich den Menschen liebevoll und gütig zuwendet. Hier könnten auch die weiblichen Aspekte des atl. Gottesbildes Berücksichtigung finden. Am Handeln Jesu jedenfalls wird deutlich, dass er den damaligen Vorstellungen und Konventionen zum Trotz Frauen und Männer gleichermaßen anspricht, heilt und in sein Gefolge aufnimmt (vgl. Weiser 120f.). Auch die frühe Kirche bekennt Gott als »mütterlichen Vater«. Im nizäno-konstantinopolitanischen Glaubensbekenntnis heißt es, dass der Sohn »aus dem Vater geboren [ist] vor aller Zeit«. Das Konzil von Toledo formuliert, dass der Sohn »aus dem Mutterschoß des Vaters, d.h. aus dessen Wesen, gezeugt und geboren ist« (Herzig 7). Diese Formulierungen legen die Rede vom »mütterlichen Vater« (s.o.) nahe. Allerdings sollte bei der Durchführung der Unterrichtseinheit darauf geachtet werden, dass sowohl »Vater« als auch »Mutter« Bilder sind und dass Gott letztlich jedes Bild transzendiert.

Lucy D'Souza: Das weibliche Antlitz Gottes

Das Bild »Das weibliche Antlitz Gottes« der indischen Künstlerin Lucy D'Souza ist entstanden aus der Begegnung des Christentums mit dem traditionellen indischen Denken und Glauben. Was heißt das?

»Die älteste philosophische Schule Indiens erkennt in der Natur zwei Prinzipien bzw. Kräfte, von denen alle Wirklichkeit bestimmt wird: die Erde oder Materie und den Geist. Diese Kräfte ergänzen und bedingen einander und bilden gemeinsam eine Einheit« (Material zum Hungertuch 1990, MISSIO München).

Ein grundlegender Aspekt der indischen Kultur liegt in der Deutung der Zweiheit, als männliches und weibliches Prinzip, als Gebendes und Empfangendes. Diese beiden Pole bilden im indischen Denken keine Gegensätze, sondern ergänzen einander, sie sind als Einheit zu verstehen.

Nicht nur in der indischen Kultur, sondern auch im Alten Testament ist von weiblichen Aspekten Gottes die Rede (s.o.). Besonders wenn von Gottes Barmherzigkeit (hebräisch »rechem« d.h. »Mutterschoß«) und Menschenfreundlichkeit die Rede ist, treffen wir auf die weiblichen und die mütterlichen Aspekte Gottes. Auch folgende weitere Eigenschaften Gottes sind im Hebräischen und in unserer Sprache weiblichen Geschlechts: die Gnade und die Treue, die Weisheit und die Schöpferkraft, die Gegenwart und die Liebe.

Lucy D'Souza

1949 wurde sie in Goa, in einem Dorf an der Westküste Indiens geboren. Später zog sie mit ihrer Familie nach Dehra Dun im Vorgebirge des Himalaya. Ausbildung zur Lehrerin und vier Jahre lang Lehrtätigkeit, Mitarbeit in der Frauenbildung im ländlichen Indien. Sie lernte so die Lebenssituationen der indischen Bäuerinnen kennen. 1983 schloss sie sich INSCAPE an (Indian School of Art for Peace). Sie lebte und arbeitete in diesem Haus der Begegnung zwischen indischer Kultur und Christentum. 1996 heiratete sie und lebt heute mit ihrem Mann in Deutschland.

Ihre Kindheitsjahre an der Meeresküste und später im Anblick des Himalaya haben tiefe Eindrücke bei der Künstlerin hinterlassen. Diese tauchen in ihren Bildern immer wieder auf. Es sind dies die Erde, das Wasser, der Himmel und die Bäume.

2. Einsatzmöglichkeiten im RU

3. Die leuchtende Gegenwart Gottes Feuer	5. Der Lebensbaum	4. Die Weisheit Gottes Luft
2. Die Menschenfreundlichkeit Gottes Wasser		1. Die Barmherzigkeit Gottes Erde

Lucy D'Souza: Das weibliche Antlitz Gottes: Aufbau des Bildes

Lucy D'Souza: Das weibliche Antlitz Gottes

Zur Erschließung der vier bzw. fünf Bilder kann man jeweils die gleichen methodischen Schritte wählen. Sind den Sch die Schritte der Erarbeitung klar, so sind sie leicht fähig, im Team oder in der KG selbstständig zu arbeiten.

– Wir finden die vier Elemente Erde, Wasser, Feuer und Luft.
– Die Farben sind so gewählt, dass man sehr gut mit ihrer symbolischen Aussage arbeiten kann.
– Zu jedem Bild lässt sich die dazugehörende Bibelstelle bzw. Perikope finden.

1. Die Barmherzigkeit Gottes

Die Frau im roten Sari stellt Rut dar. Sie kniet auf dem Feld, wo sie Ähren gelesen hat. Neben Rut erkennt man ein sprießendes Reiskorn, für die Inder die Lebensgrundlage. Die Erde ist das Element, auf dem dieses Leben entsteht. Gottes Güte und Liebe zu den Menschen und seiner ganzen Schöpfung zeigt sich in diesem Bildausschnitt. Bibelstellen, die diesen Gedanken erwähnen sind u. a. Dtn 24,19; Ex 34, 6;7–10; Ex 3,7–10.

2. Die Menschenfreundlichkeit Gottes

Auf diesem Bild wird Maria mit Jesus dargestellt. Sie hat ihn gerade gestillt und nun schläft er sanft an ihrer Brust. Der knospenartige Zweig weist auf die Wurzel Jesse hin (vgl. Jes 11,1 und 11,10). Das Wasser, das die Gestalt Marias umgibt, ist sowohl ein Symbol des Lebens als auch der Bedrohung. Dieser mütterliche Gott will immer für die Menschen da sein, er liebt uns, so wie eine Mutter ihr Kind liebt. Siehe hierzu auch Ps 131,2.

3. Die leuchtende Gegenwart Gottes

Das Bild zeigt Hanna. Sie singt und tanzt Gott ihr Danklied (vgl. 1 Sam 2,1–11). Sie tanzt vor dem Feuer, einem Symbol für die Kraft und Gegenwart Gottes. Siehe dazu Ex 3,2; Ex 13,21 und Ps 78,14.

4. Die Weisheit Gottes

Diese Frau stellt Maria von Betanien dar (Joh 12,3–8). Sie spielt ein südindisches Saiteninstrument, die Vina. Im Hintergrund sehen wir den Schwan, Symbol des Geistes und das Pappelblatt, Symbol für den Baum, unter dem Buddha seine Erleuchtung hatte. Das Element dieses Bildes ist die Luft. Es stellt die schöpferische Kraft der Weisheit dar. Sie ist es, die Leben schafft. Im Hebräischen wird durch dasselbe weibliche Wort *ruach* (vgl. Jes 11,2 f.) Gottes Geist und sein Leben spendender Atem ausgedrückt.

Die weibliche Seite Gottes

5. Der Lebensbaum
Der Baum auf dieser Kreuzigungsdarstellung ist der Mangobaum, er ist immer grün. Für Inder gilt er als Lebensbaum, er spendet nicht nur eine herrliche Frucht, aus seinen Blättern kann man auch Girlanden flechten und die Menschen finden unter ihm Schatten. Die Menschen, die unter dem Kreuz stehen, sind Maria, die Mutter Jesu, Johannes und zwei weitere Frauen, die Jesus gefolgt sind (vgl. Mt 27,55 f. und Joh 19,25 f.).
(Alle Informationen zum Hungertuch vgl. Missio München (Hg.): Das weibliche Antlitz Gottes).

– Sch erhalten AB 6.1.9 *Arbeitshilfen* S. 29.
– Sch zeichnen in die Mitte des AB eine eigene Darstellung der Weiblichkeit Gottes hinein.
– Beim Ausmalen kann noch einmal nachgespürt werden, welche Wirkung die Farben auf den/die Betrachter/in haben.
– *Alternative:* Sch schreiben in die Mitte des AB, was ihnen am weiblichen Gottesbild besonders wichtig erscheint.

Ein Gedicht singen und tanzen
Das Gedicht lädt Sch ein, weitere weibliche Eigenschaften Gottes kennen zu lernen.

– Sch suchen heraus, welche Namen Gott gegeben werden (Gott ist wie eine Mutter, wie eine Arbeiterin, wie eine Künstlerin, wie ein Kind, wie eine Schwester, wie die Nacht und wie der Tag).

– Viele dieser Bilder lassen sich im Bild von Lucy D'Souza wiederfinden.
– Diese Gottesbilder lassen sich auch gut in das Lied *Deuteseite* 17 einfügen.
– Außerdem eignet sich das Gedicht zur Umsetzung als Gebärdentanz.
* Folgende Begriffe können z.B. herausgegriffen und in Gebärden dargestellt werden:
Gütig wie eine Mutter
    (Kind in den Armen wiegen)
Die Arbeiterin
    (mit den Händen vollführen Sch eine Geste des Säens)
Freudig wie eine Künstlerin
    (mit den Händen eine Skulptur modellieren)
Bescheiden wie ein Kind
    (beide Hände überkreuzen sich vor der Brust, der Oberkörper ist leicht nach vorne geneigt)
Fürsorglich wie eine Schwester
    (alle legen ihre rechte Hand auf die linke Schulter des/der Nachbar/in)
Mächtig wie die Nacht und herrlich wie der Tag
    (in die Hocke gehen, Oberkörper nach vorne gebeugt, langsam sich erheben und die Arme nach oben öffnen)
* Als Tanzschritte dazwischen eignen sich einige Schritte im Kreis oder zur Mitte, wobei man sich an den Händen fasst. Die Schrittwahl muss von der ausgewählten Musik abhängig gemacht werden. Als Musik eignen sich israelische Volkstänze.

Der dreieinige Gott: Vater, Sohn, Heiliger Geist — Deuteseite IV 18–19

1. Hintergrund

Im vierten Jahrhundert wurde die *trinitarische Formel* »ein Wesen in drei Personen« entwickelt. »Die drei göttlichen Personen sind real voneinander verschieden, aber zugleich mit der einen göttlichen Natur, mit dem einen göttlichen Wesen real identisch« (Finkenzeller 85). Dementsprechend weist die deutschsprachige Bezeichnung »Dreifaltigkeit« auf das Bild eines Kleides mit drei Falten hin. »Wie die drei Falten nur ein Kleid bilden, so gibt es in Gott drei Personen, aber nur eine Gottheit, eine göttliche Natur, ein göttliches Wesen. Es handelt sich eben nicht um ein mathematisch-logisches Problem, sondern um die Aussage, dass wir einen Gott in drei Personen bekennen und verehren« (Finkenzeller 84).
Christen beten im *Glaubensbekenntnis* zum dreieinigen Gott. Viele Gebete enden mit der trinitarischen Formel: »Im Namen des Vaters und des Sohnes und des heiligen Geistes«. Der christliche Gottesdienst wird mit derselben Formel eröffnet. Immer, wenn das Neue Testament vom Vater, vom Sohn und vom Heiligen Geist spricht, so will es damit die »Beziehung verkünden, die uns Gott durch Jesu Kommen, Handeln und Reden geoffenbart hat und durch seinen Geist erfahren lässt (Grom 176).
Eine Erschließungsmöglichkeit mag in der Entstehung des Glaubens an den dreieinigen Gott zu finden sein:
»Im Sohn« wurde alles erschaffen, »alles ist durch ihn und auf ihn« (Kol 1,15–17 und 1 Kor 8,6). Das bedeutet für Christen, dass die Welt in Liebe geschaffen ist. Es ist die Liebe, die Gott zur Schöpfung bewegt, was wiederum bedeutet, dass alles Geschaffene zur Liebe berufen ist. Der Heilige Geist vereint den Vater mit dem Sohn und somit auch das Geschöpf mit dem Schöpfer.

Ein Symbol für den dreieinigen Gott

Viele Menschen finden, dass die christliche Vorstellung vom drei-einen Gott schwer zu verstehen ist. Darum haben Künstler zu allen Zeiten versucht dieses Gottesbild anschaulich zu machen.

Wir halten fest:

Trinitarische Symbole in Schlusssteinen

Schlusssteine mit Dreierfiguren *Deuteseite* 18 wurden in der christlichen Symbolsprache als Bild Gottes verstanden. Unter dem Begriff »Schlussstein« versteht man sorgfältig angepasste, häufig kunstvoll geschmückte Steine, die als letzte in ein gotisches Kreuzrippengewölbe eingelassen werden und das Gewölbe halten.

Die drei Hasen vermitteln den Eindruck, als würden sie im Kreis umherspringen, als bewegten sie sich um eine gemeinsame Mitte. Jeder Hase hat mit einem anderen ein Ohr gemeinsam, sodass statt sechs nur drei Ohren auf dem Schlussstein zu sehen sind. Diese bilden ein gleichschenkliges Dreieck. Dies betont die Einheit der drei Hasen. Jeder Hase ist zugleich Individuum und Gemeinschaftswesen. Das »Drei-Eck« ist als Symbol eng mit der Dreifaltigkeit verknüpft. (vgl. auch die Form von Kirchtürmen, die mit ihrer Spitze den Himmel mit der Erde symbolisch verbinden). Seit dem 10. Jh. etwa wird dem Dreieck gerne die sonst »fehlende« Mitte durch das Einzeichnen eines Auges gegeben.

Auf dem zweiten Schlussstein sind drei Fische zu sehen, die sich nach innen zu bewegen scheinen. Obwohl nur ein Kopf zu sehen ist, markieren die drei Striche doch einen Mund für jeden Fisch. Das Auge scheint die ruhende Mitte dieser Darstellung zu sein. Der Kopf bildet wieder ein gleichschenkliges Dreieck.

Anders als bei den anderen Schlusssteinen handelt es sich bei dem dritten Bild nicht um eine übliche symbolische Darstellung der Dreieinigkeit. Diese Darstellung zeigt einen fast akrobatischen Tanz. Man beachte, wie sich die drei individuell dargestellten Tänzer an Händen und Füßen fassen. Auch hier ist es ein Tanz um eine unsichtbare Mitte, die die Hohlform eines Dreiecks ergibt.

Das Kosmosrad der hl. Hildegard von Bingen

Das Bild entstammt der illustrierten Ausgabe des *Liber divinorum operum* (Titel der deutschen Übersetzung: »Welt und Mensch«) aus dem 13. Jahrhundert, die sich in Lucca (Italien) befindet. Die reich ausgestattete Handschrift gelangte vermutlich im Zuge der Vorbereitungen zur Heiligsprechung Hildegards nach Rom und wurde später in ein Kloster in Lucca überführt. Dabei hat wohl eine dort ansässige, aus Mainz stammende Familie eine Rolle gespielt. Das Bild ist die detailgenaue Nachgestaltung einer Vision Hildegards über den Gang der Welt, sodass man nur dieser Beschreibung zu folgen braucht.

Zu sehen ist eine Gestalt in feuerroter Farbe, deren Körper sich zu einem riesigen Feuerrad ausweitet. Ungewöhnlich sind die zwei übereinander stehenden Köpfe dieser Gestalt, die aber ikonografisch leicht als Gott Vater und Gott Sohn zu erkennen sind. Ihre beiden Arme umspannen etwa ein Drittel des Rades und scheinen dieses zu halten. Im Mittelpunkt des Rades steht der Mensch. Er berührt mit Scheitel und Sohle sowie mit beiden in Kreuzform ausgebreiteten Armen die Peripherie des inneren Kreises. Von außen nach innen bilden sich sechs farblich voneinander abgegrenzte konzentrische Kreise, die Hildegard als »Sphären« beschreibt:

Hell leuchtendes Feuer (äußerer Kreis): Es ist das erste Element. »Es schließt alle übrigen Elemente in sich ein und erleuchtet sie. Alle Geschöpfe durchdringt es und schenkt ihnen die Freude seines Lichtes, wobei es Sinnbild ist für die Macht Gottes, die über allem west und allem Sein das Leben gibt.«

Schwarzes Feuer (züngelnde Flammen auf schwarzem Grund): das Feuer der Gerechtigkeit. »Es ist Zeichen dafür, dass jeder, der sich Gott widersetzt, in schwarzes Dunkel stürzt.«

Reiner Äther (blauer Kreis): »Die Ätherzone hält das Obere wie das Untere zurück, damit sie nicht das gesetzte Maß überschreiten.«

Wasserhaltige Luft (blau, mit weißen Wellenlinien durchzogen): die Wasser, die oberhalb des Firmaments strömen.« Im alten Weltbild glaubte man, dass der Regen aus einem die Erde umgebenden Himmelsozean komme.

Starke weiße Klarluft (weißer Kreis): »Kraftvoll gespannt wie eine Sehne im menschlichen Organismus. Der Gefährlichkeit der oberen Wasser entgegengesetzt, hält sie durch ihre Gewalt und Spannung die Überschwemmungen jener Zonen zurück.«

Dünne Luftschicht: Dort sind helle und dunkle Wolken zu sehen. Sie ist die eigentliche Luftzone, in die die verschiedenen Tierköpfe Allegorien der Kräfte des Weltalls die Lebenskräfte auf die Erde und den Menschen hauchen. Die dunkelblauen Wolken bezeichnet Hildegard als Zungen, die wie Bäche das Wasser auf das Erdenrad – im Bild der kleine braune Kreis – ergießen und es gleich einem Mühlrad in Bewegung halten.

In den verschiedenen Sphären befinden sich Sterne, deren Funktion Hildegard bis in alle Einzelheiten beschreibt. Sie richten ihre Strahlen auf die Tierköpfe, die Wolken und den Menschen und vermitteln ihnen dadurch das Licht des Lebens und des Glaubens. Zusammen mit den übrigen Strahlen, die wiederum von Tierköpfen ausgehen, bilden sie ein geordnetes kosmisches Netz, das das Weltrad in Balance hält.

Auch wenn wir uns dem Weltbild Hildegards heute nicht mehr anschließen, so zeigt doch gerade dieses Bild in Korrespondenz zum Bild von Geiger *Titelseite* 7 eine großartige Gottesdarstellung: Vater, Sohn und das Wirken des Geistes im Kosmos ein Gott, der nicht in weiter Ferne über den Menschen thront, sondern der alles, was lebt, in seinem Inneren trägt. Hildegard sagt dazu: »Schließlich siehst du noch, wie aus dem Mund der beschriebenen Gestalt, in deren Brust das erwähnte Weltenrad erscheint, ein Licht, heller als der klarste Tag, hervorgeht, nach Art eines lichten Gespinstes. Aus dem Urgrund der wahren Liebe, in deren Wissen der Weltlauf ruht, leuchtet ihre überaus feine Ordnung über alle Dinge hervor.«

Die Bilder von Geiger und von Hildegard drücken jeweils eine legitime Gottesvorstellung aus: Zum einen die Mahnung des Bilderverbots im AT: »Du sollst dir kein Gottesbild machen« (Ex 20, 4), zum anderen den neutestamentlich-christologischen Blickwinkel der Aussage: »In ihm leben wir, bewegen wir uns und sind wir« (Apg 17, 28). Gott soll nicht mehr an sich ergründet, sondern in seinem Wirken erkannt werden.
(Zitate aus: Hildegard von Bingen, Welt und Mensch, übers. u. erl. von H. Schipperges, Salzburg 1965, 35–59). Zum Leben und Wirken Hildegards vgl. *Arbeitshilfen* S. 35.

2. Einsatzmöglichkeiten im RU

Symbole der Dreieinigkeit auf Schlusssteinen
Zur Erarbeitung werden folgende Schritte empfohlen:
– 1. Bildbeschreibungen

– 2. PA oder GA: Auflistung der Elemente, die die Dreiheit zeigen (drei Tiere bzw. Menschen, drei Münder...), und der Elemente, die die Einheit betonen (gemeinsame Ohren, ein Kopf, ein gemeinsames Auge...).
– 3. Allen drei Schlusssteinen gemeinsam ist noch ein Symbol, das des Kreises. Der Kreis gilt als Bild des Vollkommenen, ist also auch ein Bild für Gott.
– Mit AB 6.1.10 *Arbeitshilfen* S. 31 wird das trinitarische Gottesbild vertieft. Im Merkkasten halten Sch als Ergebnis der EA fest: Gott ist ein Wesen in drei Personen.

Bildvergleich
– Sch entdecken die Bestandteile des Gemäldes nach Hildegards Vision (menschliche Darstellungen, Tiere, Elemente, Farben) und beschreiben den Aufbau des Bildes in konzentrischen, aufeinander bezogenen und aufeinander wirkenden Kreisen.
– Sch vergleichen das Kosmosrad der Hildegard mit dem Gemälde Rupprecht Geigers *Titelseite* 7. Was ist gleich oder ähnlich (kreisähnliche Form), was ist anders? (Fülle, konkrete Ausgestaltung vs. Leere, Offenheit; Farbgebung).
– Sch führen einen Dialog zwischen der mittelalterlichen Theologin und dem zeitgenössischen Künstler: »Welche Vorstellungen von Gott haben Sie dargestellt?« Vorbereitung in KG.

3. Weiterführende Anregungen

Hildegard von Bingen – dokumentarisch
Ein farbiger Dokumentarfilm zur Hildegard von Bingen (44 min) beschreibt Hildegard als Mystikerin, Literatin und Beraterin. Der Film befasst sich mit den Visionen und dem Werk der Hildegard sowie ihrer heutigen Verehrung. Er ist in der AV-Medienzentrale erhältlich (Bestellnr.: 42 02270).

Das Kosmosrad individuell gestalten
Das Kosmosrad *Deuteseite* 19 ist als Mandala erschienen: Klaus Holitzka, Christliche Mandalas. Malblock mit 31 Motiven zur inneren Einheit und Meditation, Darmstadt 1998.

Bilderverbot und Gottesbilder   Infoseite 20–21

1. Hintergrund

Das Bilderverbot
Neuere Forschungen haben ergeben, dass Israels Religion nicht von Anfang an bilderfeindlich war.

Das biblische Gebot verbietet die Herstellung plastischer Kultfiguren. Figürliche Darstellungen, die keine kultische Funktion aufweisen, scheinen nicht verboten gewesen zu sein. Dies belegen inzwischen zahlreiche archäologische Funde.

Die Frage, ob es in vorexilischer Zeit Kultbilder Jahwes gab, kann nach dem derzeitigen Stand archäologischer Forschung nicht klar beantwortet werden. Zwar sprechen einige Argumente für die Tatsache, dass sich unter den vielen Götterbildern, die man auf dem Gebiet der früheren Königreiche Israel und Juda gefunden hat, einige Bilder befinden, die Jahwe darstellen sollen, doch konnten diese bisher nicht identifiziert werden.

Die Eroberung Samarias durch Sargon II. im Jahr 722 v. Chr. schlägt sich in einer Inschrift, die im Gebiet des damaligen Nordreichs gefunden wurde, nieder. Diese Inschrift verweist darauf, dass die Truppen des Assyrerkönigs Kultstatuen mitgenommen haben, »in die sie [= die Samariter] ihr Vertrauen setzten«. Die Mitnahme der Kultstatuen Besiegter war eine bei den Assyrern übliche Handlungsweise.

Assyrische Soldaten transportieren Kultstatuen ab.

Weit verbreitet ist inzwischen auch die Annahme, dass es im Tempel von Jerusalem eine Kultstatue gab, was aus neuesten Untersuchungen biblischer Quellen und Vergleichen mit den Nachbarstaaten erschlossen werden kann.

Erst nach der Rückkehr aus dem Exil scheint sich der exklusive bildlose Glaube an Jahwe zu konstituieren. Diese religiöse Exklusivität kommt in der Formel »Jahwe allein« zum Ausdruck. Dies könnte auch die Interpretation archäologischer Funde bestätigen; denn es werden in Juda kaum noch Bildfunde aus der Zeit ab dem 5. Jh. v.Chr. gemacht (vgl. Uehlinger 45–49).

Auch die frühe Kirche legte bei bildhaften Darstellungen Gottes große Reserviertheit an den Tag. So erklärte die Synode von Elvira (300–303): »Im Kirchenraum soll es keine Bilder geben, damit das, was Gegenstand von Verehrung und Anbetung ist, nicht als Malerei an den Wänden erscheint.« So knüpfte die christliche Kirche an die atl. Tradition an. Die griechischen Kirchenväter legten Wert auf die Feststellung, dass Gott von seinem Wesen her unsichtbar sei. Clemens von Alexandria (um 150–250) nannte Gott »geistig«, »nicht sinnfällig« und »unbeschreiblich«. Die Bezeichnung »unbeschreiblich« wurde ein Schlüsselbegriff im Bilderstreit. Auch die lateinischen Autoren vertraten diese Position. Augustinus meinte: »Hüten wir uns davor, uns Gott als einen ehrwürdigen Greis vorzustellen. ... Wer Gott sehen will, sollte sich Folgendes klarmachen. Gott ist die Liebe. Welche Gestalt hat die Liebe? Das vermag keiner zu sagen!« Die einzige Möglichkeit Gott darzustellen, bestand darin Christus darzustellen.

Auf dem Zweiten Konzil von Nicäa (787) wurde beschlossen: »Wir verfertigen kein Bild der unsichtbaren Gottheit, außer demjenigen des Sohnes, der für uns Mensch geworden ist, und deshalb stellen wir ihn als Menschen dar« (vgl. Bospflug 59–62; daraus auch die Zitate der Konzilstexte).

Der Bilderstreit

Hier unterscheidet man u.a.: 1. den byzantinischen Bilderstreit, 2. Mittelalter und Reformation.

Die eigentlichen Ursachen des *byzantinischen Bilderstreits* lassen sich auf Grund der schlechten Quellenlage nicht genau klären. Vermutlich gewann die nie ganz überwundene Abneigung gegen den Bilderkult zu Beginn des 8. Jh. an Boden, wobei auch bilderfeindliche Tendenzen des Islam Einfluss gewonnen haben können (bilderfeindliches Edikt des Kalifen Yazid II. im Jahre 721).

Im Jahr 730 untersagte Kaiser Leon III. den Bilderkult. Sein Sohn Konstantinos V. ließ im Jahr 754 die Synode von Hiereia das Verbot des Bilderkults theologisch begründen. Gegen Anhänger des Bilderkults wurde schonungslos und grausam vorgegangen. Folter und brutale Hinrichtungsmethoden wurden als Druckmittel eingesetzt. Nach Konstantinos Tod gab es zunächst eine Phase der Ruhe, in der sich die Befürworter der Bilder neu organisieren konnten. Das Zweite Konzil von Nicäa formulierte im Jahr 787 als Lehre der Kirche: Neben dem Kreuzesbild dürfen auch Bilder der Heiligen und der Gottesmutter aufgestellt werden. Den Bildern gebührt nur eine Ehrenbezeugung, aber nicht die wahre Anbetung. Anbetung gebührt nur Gott allein. Doch auch nach dem Konzil kam es zu weiteren Streitigkeiten und Verfolgungen. Schließlich ließ Theodora, Gattin des verstorbenen Kaisers Theophilos, den Bilderkult wieder einführen und durch das »Fest der Orthodoxie« (843) endgültig besiegeln.

Durch das ganze *Mittelalter* zog sich die Kritik der missbräuchlichen Verwendung von religiösen Bildern. Im Bildersturm der *Reformation* ging es eigentlich um die Frage nach dem rechten Gottesdienst: Der Kampf gegen den Heiligen- und Reliquienkult führte zu einem Kampf gegen Heiligenbilder. Luther selbst wandte sich nur gegen Bilder, die man anbetete und deren Stiftung man als verdienstliches Werk ansah (vgl. LThK: Bilderstreit; Bilderverehrung).

Hildegard von Bingen (1098–1179)

Hildegard entstammte einer Adelsfamilie aus dem Rheingau. Als zehntes und letztes Kind ihrer Eltern wollten diese sie Gott als »Zehent« darbieten und gaben sie mit acht Jahren zur Erziehung in die Obhut ihrer Tante Jutta von Spanheim, die Leiterin eines Klosters auf dem Disibodenberg im Nahegau war. Dort erhielt sie auch als Mädchen eine höhere Bildung und wuchs in die benediktinische Lebensform hinein. Nach dem Tod Juttas wurde sie mit 38 Jahren selbst Äbtissin dieses Klosters. 1141 schrieb sie ihr erstes Buch *Scivias/Wisse die Wege,* das bei Theologen und sogar beim Papst hohe Anerkennung fand. 1150 gründete sie das Kloster Rupertsberg bei Bingen. Weil dort nur adelige Frauen ins Kloster eintreten konnten, gründete sie 15 Jahre später in Eibingen bei Rüdesheim ein weiteres Kloster für nichtadelige Frauen. Hildegard war so fortschrittlich, dass sie damals schon Wasserleitungen in ihre Klöster einbauen ließ. Sie war ihr Leben lang schriftstellerisch tätig. Sie verfasste ebenso theologische wie naturwissenschaftliche Werke. Sie erforschte Krankheiten und entwickelte Arzneimittel, weshalb man sie als erste deutsche Ärztin bezeichnet. Außerdem erforschte sie alle damals bekannten Steine, Pflanzen und Tiere ihrer Heimat, sie komponierte Lieder für den Gesang der Nonnen und verfasste Mysterienspiele für die Festtage. Mit ihrer starken Vorstellungskraft erhielt sie Einblick in die Zusammenhänge der Welt, die Zusammenhänge zwischen Gott und Mensch und in den Aufbau und den Sinn des Kosmos. Zu Pferd war sie unterwegs in vielen Städten Deutschlands und predigte in Klöstern, sogar in Männerklöstern und auf Marktplätzen. Sie verhandelte mit hoch gestellten Persönlichkeiten in Kirche und Politik. Mit Päpsten und Bischöfen, ja sogar mit dem Kaiser pflegte sie regen Briefwechsel und scheute sich nicht, Missstände anzusprechen. Wegen ihrer umfassenden Fähigkeiten nannte man sie prophetissa teutonica, die deutsche Prophetin. Sie starb am 17. September 1179 auf dem Rupertsberg. Während dieses Kloster heute nicht mehr existiert, wurde das Kloster in Eibingen 1904 wieder errichtet. Die Eibinger Ordensfrauen sehen ihre Hauptaufgabe darin, das Erbe der hl. Hildegard zu bewahren und ihre Schriften zu erforschen und neu herauszugeben (derzeit in der Taschenbuchreihe Herder Spektrum).

Literatur zu Hildegard von Bingen

Betz, Otto: Hildegard von Bingen. Gestalt und Werk. München 1996

Brück, A. Ph. (Hg.): Hildegard von Bingen 1179–1979. Eine Festschrift zum 800. Todestag (Quellen und Abhandlungen zur Mittelrheinischen Kirchengeschichte 33), Mainz 1979

Das Leben der heiligen Hildegard von Bingen. Ein Bericht aus dem 13. Jahrhundert, verfasst von den Mönchen Gottfried und Theoderich, übers. und kommentiert von Adelgundis Führkötter OSB, Salzburg 1980

Führkötter, Adelgundis: Hildegard von Bingen, Salzburg 1972

Hildegard von Bingen: Briefwechsel. Übers. und erläut. von A. Führkötter OSB, Salzburg 1965

Hildegard von Bingen: Scivias – Wisse die Wege, übers. und hg. von Walburga Storch OSB, Freiburg u.a. 1992 (Herder-Spektrum 4115)

Der Baalskult

Die Bedeutung des kanaanitischen Fruchtbarkeitsgottes Baal lässt sich durch eine Erzählung erschließen: Werner Laubi, Jahreslauf und Fruchtbarkeit, in: Erzählbuch zur Bibel Bd. 1, hg. v. Walter Neidhardt, Stuttgart/Lahr 1975, S. 130–135. Dazu kann auch die folgende Skizze dienen:

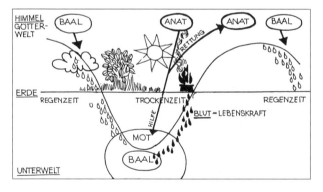

Lebenszyklus des Fruchtbarkeitsgottes Baal
Baal schenkt sich im Regen und verleiht so der Erde Fruchtbarkeit. Schließlich wird er vom Totengott Mot gefangen genommen. Auf der Erde fällt kein Regen. Durch das Blut vieler Opfertiere wollen die Menschen dazu beitragen, dass Anat (Aschera), die Gattin des Baal, diesen aus der Unterwelt befreien kann. Sobald Baal befreit ist, schenkt er sich wieder im Regen und gewährt Fruchtbarkeit.

Elija

Die Geschichte des Propheten Elija findet sich in 1 Kön 17–21 und 2 Kön 1–10. Vgl. *Arbeitshilfen* S. 20 ff.

Jahwe
Der älteste Beleg des Tetragramms (JHWH) befindet sich auf der Mescha-Stele, die nach dem Moabiterkönig Mescha (zweite Hälfte des 9. Jh. v.Chr.) benannt ist. Auf dieser Stele, die ihren Ursprung in dem Gebiet hat, das heute als der östliche Teil des Sinai gilt, ist von einem siebzigjährigen Kampf zwischen Moab und Israel die Rede. Dabei werden auch die jeweiligen Nationalgottheiten erwähnt: Kemosch und JHWH.

Mit dem Tetragramm lässt sich das hebräische Verb »sein« (hebr. *hâwah/hâjâh*) in Verbindung bringen. Dies wird auch deutlich bei der Offenbarung des Gottesnamens am brennenden Dornbusch: »Ich bin der Ich bin da« oder »Ich bin der, der ich (für euch) da sein werde«. In altorientalischer Zeit glaubte man, durch die Kenntnis ihres Namens die Gottheit beeinflussen, äußerstenfalls mit dem göttlichen Namen zaubern zu können. Dies sollte Israel verwehrt sein. Vielmehr sollte der Name ein »dynamisches Dasein« Gottes (Scharbert) zum Ausdruck bringen in dem Sinn, dass Gott sich immer wieder als der erweisen wird, der den Menschen nahe ist. Auch die biblischen Belege (Dtn 33,2; Ri 5,4–5; Hab 3,3) und archäologische Funde (s.o.) weisen auf den Ursprung des Gottesnamen JHWH im Gebiet des Sinai hin. Eine Verbindung mit dem Aufenthalt des Mose in Midian lässt sich insofern herstellen, als man die Midianiter auch mit den Schasu (Beduinen) in eine Linie bringen kann. Im nubischen Tempel des Pharao Amenophis III. in Soleb fand sich eine Inschrift von den »Schasu des JHWH« (vgl. Lemaire 6f. und *Arbeitshilfen* S. 142).

Du bist der ICH-BIN-DA — Stellungnahmen 22

1. Hintergrund

Die *Legende* wurde im 15. Jahrhundert dem heiligen Augustinus zugeschrieben. Es handelt sich wohl um ein Predigtexempel vom Anfang des 13. Jahrhunderts, das in verschiedenen Variationen weitergegeben wurde. Michael Pacher hat um 1480 für das Kloster Neustift bei Brixen einen Kirchenväter-Altar geschaffen. Er platzierte den Knaben zu Füßen des heiligen Augustinus, um diesen zu charakterisieren und dem Betrachter eine Lektion in theologischer Bescheidenheit zu erteilen. Der Kirchenväter-Altar ist heute in der Alten Pinakothek in München zu sehen.

Isaac Newton hat von der physischen Welt behauptet: »Was wir wissen, ist ein Tropfen, was wir nicht wissen, ein Ozean«. Diese Aussage lässt sich auch auf unseren Umgang mit Gottesbildern übertragen.

2. Einsatzmöglichkeiten im RU

Das Geheimnis Gottes ergründen
– Sch schreiben Erfahrungen mit Gott oder sprachliche Gottesbilder auf hellblaue Papier-Wellen, da jedes Gottesbild nur einen Teilaspekt der Fülle Gottes wiedergeben kann.
– Alle Papierwellen werden zusammengelegt und auf ein dunkelblaues großes Plakat zu einem ›großen Ozean‹ aufgeklebt.
– Sch lesen oder hören den Augustinus-Text *Stellungnahmen* 22 und erarbeiten, worin der Vergleichspunkt zwischen dem Vorhaben des Knaben mit dem Löffel und der Aussage des Heiligen Augustinus besteht (AB 6.1.11 *Arbeitshilfen* S. 37).

Mein Leporello
– Als Abschluss des Kapitelthemas stellen Sch ein Leporello her, in dem ihre eigenen Gottesbilder und Gebete schön gestaltet werden. Dies kann sowohl als gemeinsame Klassenarbeit entstehen als auch als individuelles Leporello.
– Das Leporello kann im Laufe des Schuljahres erweitert werden und bietet somit Gelegenheit, die Gottesbilder immer wieder neu zu hinterfragen (vgl. *Arbeitshilfen* S. 16: Rückblick auf Beginn der UE).
– Vielleicht regt das Leporello ja auch dazu an, die eigenen Gebete in der Klasse gemeinsam zu beten.

Der Knabe mit dem Löffel und der unendliche Ozean

Der himmlische Knabe am Meeresstrand. Aus der Augustinus-Tafel des so genannten Kirchenväter-Altares des Michael Pacher (1480).

Literatur

Betz, Otto: Hildegard von Bingen. Gestalt und Werk, München 1996 (weitere Lit. vgl. S. 35)

Boespflug, François: Von der Schwierigkeit einen dreifaltigen Gott darzustellen, in: Welt und Umwelt der Bibel (1999) 1, 59–62

Finkenzeller, Josef: Grundkurs Gotteslehre, Freiburg i.Br. 1984

Grom, Bernhard: Vom dreifaltigen Gott sprechen?, in: KatBl 114 (1989) 176

Herzig, Anneliese: Der dreifaltige Gott als lebensbestimmende Wirklichkeit, in: Jetzt 2/1997, 7 ff.

Kopp, Johanna: Israels Propheten – Gottes Zeugen heute, Paderborn 1991

Lemaire, André: Der Name des Gottes Israels, in: Welt und Umwelt der Bibel 4 (1999) Nr. 11, S. 6 f.

Navratil, Dagmar: Weibliche Züge im Gottesbild des AT, in: Materialien für den RU, hg. v. Erzbischöflichen Ordinariat München, o.Jahr, o.Seitenzahl

Niehl, Franz Wendel/Thömmes, Arthur: 212 Methoden im Religionsunterricht, München 1998, bes.
  Kap. 1: Damit uns die Augen aufgehen: Bilder im RU;
  Kap. 4: Jeder Mensch ist ein Künstler. Gestalterisches Arbeiten im RU;
  Kap. 7: Wege zur Mitte. Stille-Übungen im RU

Oberthür, Rainer: Kinder und die großen Fragen, München 1995

Oberthür, Rainer: Kinder fragen nach Gott und Leid, München 1998

Schmid, Hans: Die Kunst des Unterrichtens, München 1997, bes.
  Kap. 5: Ein Grundmodell des Umgangs mit Bildern im RU;
  Kap. 7: Ein Grundmodell des Lernens von Liedern im RU

Uehlinger, Christoph: Vom Bilderkult zum Bilderverbot, in: Welt und Umwelt der Bibel 4 (1999) Nr. 11, S. 44 – 49

Wacker, Marie-Theres: Göttinnenverehrung im Alten Israel, in: Welt und Umwelt der Bibel 4 (1999) Nr. 11, S. 8 – 10

Weiser, Alfons: Die Frau im Umkreis Jesu und in den urchristlichen Gemeinden, in: Herlinde Pissarek-Hudelist (Hg.): Die Frau in der Sicht der Anthropologie und Theologie, Düsseldorf 1989, 120 f.

Zenger, Erich: Das biblische Bilderverbot – Wächter der biblischen Gotteswahrheit, in: KatBl 116 (1991) 381–387

2 Christengemeinden entstehen

Das Thema im Schülerbuch

In der Auseinandersetzung mit den Ursprüngen des Christentums können Sch nachspüren, welche Kraft ein Leben aus dem Glauben freisetzen kann. Das Kapitel bietet Sch an, den geschichtlichen Weg der Ausbreitung des Glaubens bis in unsere Heimat mitzugehen und dabei zu entdecken, wie der Geist Gottes die Menschen bewegt hat. Wie lebten die ersten Christinnen und Christen in ihren Gemeinden und wie trugen sie ihre Konflikte aus? Aus welchen Gründen wurden sie verfolgt und welche Umstände führten letztlich zur Durchsetzung und Anerkennung des Christentums? Durch unterschiedliche Texte und Zeugnisse werden Sch mit diesen Fragen konfrontiert, um sich kritisch mit ihnen auseinanderzusetzen.

Das *Titelbild* (23) zeigt den hl. Petrus und die hl. Pudentiana. Es handelt sich um ein Mosaik aus der Kirche S. Prasséde (Praxedis) in Rom. Wie ihre Schwester, die hl. Praxedis, war Pudentiana eine gläubige Christin, die sich für verfolgte Christen einsetzte. Häufig wird sie mit einem Schwamm und einem Gefäß dargestellt, da sie nach der Legende das Blut der Märtyrer auffing.

Die *Themenseite* (24–25) präsentiert eine Landkarte, auf die gemäß der Konzeption des Schülerbuches im Verlauf der inhaltlichen Erarbeitung immer wieder zurückgegriffen werden kann. Sie gibt Sch die Gelegenheit, die erarbeiteten geschichtlichen Inhalte auch in ihrer räumlichen Dimension nachzuvollziehen und sich so besser einzuprägen. Dabei helfen die wie unter Lupen vergrößerten Bilder am Rand der Landkarte. Auf ihnen sind unterschiedliche geschichtliche Ereignisse oder Bauwerke zu sehen, die sich auf bestimmte Orte der Karte beziehen.

Die *Ideenseite* (26–27) regt Sch an, aktiv christliche Geschichte zu erforschen. Durch die Arbeit mit verschiedenen Schriftquellen, durch Vergleiche von Geschichtskarten und anhand von Lexikonartikeln gewinnen Sch einen Einblick in die Lebenswelt der ersten Christengemeinden und die frühe christliche Kultur unserer Heimat.

Auf den *Deuteseiten I–IV* werden in Schwerpunkten bedeutsame Stationen der Ausbreitung des christlichen Glaubens präsentiert.

Themen der *Deuteseite I* (28–29) sind die Person des Paulus und das Zusammenleben der ersten Christen. Anhand eines Gemäldes und ntl. Texte können Sch das so genannte Bekehrungserlebnis des Paulus, der zur Hauptstütze der Ausbreitung des Glaubens in der römisch-hellenistischen Welt wurde, nachempfinden und die Bedeutung für Paulus selbst und das Christentum verstehen.

Mittels der Erzählung über die Entstehung der Priscilla-Katakombe *Deuteseite II* (30–31) erhalten Sch eine Vorstellung vom Leben der Christengemeinde in Rom, einen Einblick in wichtige Glaubensüberzeugungen und religiöse Grundhaltungen. Die Komposition der Erzählung bietet L und Sch ferner Einstiegsmöglichkeiten in die Themenfelder der anderen Doppelseiten des Kapitels.

Die Christen im römischen Reich waren im Laufe der ersten Jh. bis zur Anerkennung durch Kaiser Konstantin 324 immer wieder Zeiten der Verfolgung ausgesetzt. Die *Deuteseite III* (32–33) bietet Quellentexte an, die den Umgang des römischen Staates mit den Christen in Verfolgungssituationen beschreiben. Das Edikt Kaisers Decius über die Opferbescheinigung aus dem Jahr 250 n.Chr. und die Reaktion der Christen, wie sie bei Eusebius beschrieben wird, nehmen dabei eine zentrale Stellung ein (32). Die beiden Textzeugnisse aus dem Edikt des Galerius und der Mailänder Vereinbarung (33) zeigen die schrittweise Anerkennung des Christentums und deuten an, dass es im Begriff war, die Funktion des alten Staatskultes zu übernehmen.

Von Rom aus verbreitete sich das Christentum über die Alpen auch in unsere Heimat. *Deuteseite IV* (34–35) präsentiert dazu bedeutende geschichtliche Ereignisse. Im Mittelpunkt steht das Wirken heiliger Männer und Frauen, die durch ihren Glaubensmut und ihre Überzeugungskraft dem christlichen Glauben zum Durchbruch verhalfen und sowohl die diözesane Struktur der Kirche als auch die christliche Kultur ihrer Regionen entscheidend geprägt haben. Sch lernen Person und Wirken dieser (Diözesan-)Heiligen kennen, wobei es dem L überlassen bleibt, je nach Region Schwerpunkte zu setzen. Bei der weiteren Verbreitung und der Festigung des christlichen Glaubens unter den verschiedenen germanischen Stämmen nahmen die Benediktinermönche eine entscheidende Rolle ein (*Deuteseite V* (36–37)).

Infoseite (38–39) gibt Antwort auf die Frage nach dem Selbstverständnis der ersten Christen und bietet Kurzbiografien zu Paulus, Bonifatius und dem hl. Benedikt von Nursia.

Die *Stellungnahmen* **(40)** laden ein, die Stationen der Ausbreitung zu rekapitulieren, das Imponierende der begeisterten Christen wahrzunehmen und Konsequenzen für die eigene Umgebung zu bedenken.

Verbindungen mit anderen Themen im Schülerbuch

Kap. 1 Von Gott in Bildern sprechen: Die Symbole des hl. Geistes, Feuer und Sturm, werden in der Gotteserfahrung des Elija als Abwesenheit Gottes gedeutet. Hier kann die Ambivalenz der Gotteserfahrung verdeutlicht werden (*Deuteseite* 14).

Kap. 3 Zeit vertreiben – Zeit gestalten: Die Information, dass Medien gemacht werden (*Infoseite* 56–57), kann auch das Bewusstsein für religiöse Texte schärfen und sie besser verstehen helfen. Quellentexte können in das Kommunikationsmodell eingeordnet werden.

Kap. 4 Geschichten der Befreiung: Die altorientalischen Wurzeln der römischen Religion und Kultur können verdeutlicht werden (vgl. *Infoseite* 69; *Lexikon* 113 »Mythos«); Psalmen und Gebete, die in Notsituationen der Israeliten entstanden sind, können verglichen werden mit der Not der frühen Christen (*Themenseite* 60–61).

Kap. 6 Mit Symbolen Welt und Gott entdecken: Es gibt Erfahrungen, die Menschen zu allen Zeiten mit denselben Symbolen ausdrücken, wie z.B. Brot (*Deuteseite* 96); in anderen Symbolen können wir vorchristliche Vergangenheit entdecken und nachvollziehen, wie sie zu Symbolen des Christentums geworden sind (*Infoseite* 103).

Kap 5 Orientierung finden: Die Haltung Jesu, den Menschen zu dienen, spiegelt sich in den Haltungen der frühen Christen wider, die ihr Leben für die Wege, die die Bibel ihnen gewiesen hat, einsetzten (*Deuteseite* 80–81).

Verbindungen mit anderen Fächern

Evangelische Religionslehre: Unter dem Titel »Fremdheitserfahrungen: zwischen Ablehnung und Neugier« werden Erfahrungen der Sch mit Fremden und Andersgläubigen im Alltag konkret aufgegriffen (6.5.1). Das kirchengeschichtliche Thema »Glauben in der Bewährung – Beispiel Christen im Römischen Reich« weist große inhaltliche Nähe auf; Kooperation liegt nahe, auch wenn der Akzent dort auf einzelnen Aussagen der Bibel liegt (6.7.2).

Ethik: Das Kapitel über »Die Ausbreitung des Christentums« beschäftigt sich mit Paulus und dem Weg der Kirche bis hin zur Staatsreligion (6.6.3).

GSE: Begegnung zwischen Römern, Kelten und Germanen (6.1); Wandel und Untergang des römischen Reiches mit dem Unterpunkt: Das Christentum von der Verfolgung zur Anerkennung (6.1.3).

Deutsch: Das Ziel, Zugang zu literarischen Texten finden, kann mittels religionsrelevanter Geschichtstexte und Methoden zum Quellenstudium erreicht werden (6.2.1).

Kunsterziehung: Antike und mittelalterliche Handschriften lassen sich in kooperativem Unterricht erschließen und gestalten (6.3: Formen und Bauen: Figuren und Modelle, sowie 6.6: Entwerfen, Schreiben, Gestalten: Texte, Sprüche, Schilder).

Christengemeinden entstehen — Titelseite 24–25

1. Hintergrund

Das Mosaik aus der Kirche S. Prassede in Rom zeigt den Petrus und die hl. Pudentiana. Von Pudentiana weiß man, dass sie wohl im 1. Jh. in Rom gelebt hat. Nach nicht gesicherten Überlieferungen hat sie eine Titelkirche gestiftet. Angeblich war Pudens, ihr Vater, ein römischer Senator, der gemeinsam mit seinen Töchtern Pudentiana und Praxedis dem Apostel Petrus in Rom Gastfreundschaft gewährt hat. Pudentiana selbst soll sich bis an ihr Lebensende um Arme gekümmert und Leichname von Märtyrern in Rom beigesetzt haben (vgl. Schauber 236).

Die Darstellung von Petrus und Pudentiana auf einem Mosaik verdeutlicht, dass in den Anfängen des Christentums Frauen und Männer sich gleichermaßen für die Botschaft des Evangeliums eingesetzt haben. (Dementsprechend ist die ntl. Briefanrede *adelphoi*, ein Pluralwort, mit ›Geschwister‹ oder ›Brüder und Schwestern‹ zu übersetzen).

2. Einsatzmöglichkeiten im RU

Bedeutende MissionarInnen kennen lernen
Sch lernen Frauen und Männer kennen, die den christlichen Glauben weitergegeben haben.

- Sch kleben eine Kopie des Titelbildes auf ein großes Plakat und schreiben die Namen des hl. Petrus und der hl. Pudentiana dazu.
- Im Laufe der Unterrichtseinheit werden bedeutende Frauen und Männer des Christentums ergänzt (z.B. Prisca, Aquilus, Severin, Kilian, Chlodwig, Rupert, Emmeram, Korbinian, Winfried Bonifatius, Afra, Sarmannina, Benedikt u.a.)
- Sch lassen die erste Seite in ihrem Heft, die das Kapitel eröffnet, frei, um am Ende der Unterrichtseinheit einen Mann und/oder eine Frau, der/die ihnen am meisten imponiert hat, als Titelseite zu gestalten (*Stellungnahmen* 40).

3. Weiterführende Anregungen

Frühchristliche KünstlerIn sein
Sch gestalten das Mosaik nach. Arbeitsmaterial dazu ist im Fachhandel erhältlich.

Beeindruckende Menschen vorstellen
Sch, die in das Leben ihrer Kirchengemeinde eingebunden sind, suchen nach Menschen, die dort mitarbeiten und die ihnen imponieren. Evtl. bringen sie das Bild der Person mit und/oder beschreiben ihren Aufgabenbereich.

Themenseite 24–25

1. Hintergrund

In vielen Orten des Nahen Ostens und Europas lassen sich heute noch Spuren des frühen Christentums finden. Wertvolle Kunstwerke und Inschriften, die an bedeutende geschichtliche Personen und Ereignisse erinnern, künden von einer aufregenden Epoche und lassen die Vergangenheit für heutige Menschen lebendig werden. Antike Gebäude sagen oft mehr über den Geist vergangener Zeiten als trockene Geschichtstexte. Sie sind Verbindungslinien der Gegenwart in die Vergangenheit, die bewusst machen, wie stark unsere Kultur von der Vergangenheit geprägt ist.

Die Porta Nigra
Die älteste christliche Gemeinde in Deutschland entstand in der Stadt Trier (2. Hälfte des 2. Jh. n.Chr.). Im Norden der Stadt findet sich unter dem lateinischen Namen Porta Nigra (schwarzes Tor) ein römisches Stadttor aus grauem Sandstein. Es wurde im späten zweiten Jh. als Teil der römischen Befestigungsanlage erbaut. An seinen beiden Seiten besitzt das Tor jeweils einen rechteckigen Turm mit vier Geschossen.
Die Stadt Trier wurde im 1. Jh. unter dem Namen Augusta Treverorum von Kaiser Augustus gegründet und entwickelte sich bald zu einem wichtigen Wirtschaftszentrum und Militärstützpunkt des römischen Reiches. Seit dem 11. Jh. diente die Porta Nigra als Stiftskirche. 1803 wurden auf Befehl Napoleons die Einbauten entfernt und die Porta Nigra restauriert. Auf Initiative der Stadtregierung geschah dies zwischen 1966 und 1973 weitere Male. Die Porta Nigra gehört zu den besterhaltenen Bauwerken der Römerzeit in Deutschland.

Das Bethaus des Gallus
Das Bethaus des Heiligen Gallus in Irland erinnert an die iro-schottischen Wandermönche. Der Mönch Gallus, Begleiter des Heiligen Kolumban (530–615, vgl. *Arbeitshilfen* S. 70), kam um 590 vermutlich aus Irland ins Frankenland in den Raum Bregenz, um das Evangelium zu verkünden. Nach Schwierigkeiten mit dem alemannischen Herzog Gunzo in Überlingen wurden die Missionare vertrieben. Gallus zog sich daraufhin als Einsiedler an den Oberlauf des Flüsschens Steinach zurück. Dort baute Gallus mit Brüdern und den Menschen der Region eine Holzkirche und ein Versammlungshaus. In Hütten ringsum wohnten die Mönche, jeder für sich. Die Vita des Gallus, die älteste Version stammt aus dem späten 7. Jh., berichtet, dass ihm aus Dankbarkeit für die Heilung der besessenen Tochter des Herzogs Gunzo der Bischofsstuhl des neu gegründeten Bistums von Konstanz angeboten worden sei. Doch Gallus lehnte dies ab und lebte weiterhin als Eremit. Er starb am 16. Oktober (Fest) zwischen 640 und 650 in Arbon. Um sein Grab in St. Gallen bildete sich im 8. Jahrhundert eine lokale Wallfahrt.

Chlodwigs Taufe
Vgl. *Arbeitshilfen* S. 68.

Die Märtyrerin St. Afra
St. Afra ist Stadt- und Bistumspatronin von Augsburg. Viele, z.T. widersprüchliche Überlieferungen sind legendär; ihre Existenz kann aber aus der Kultgeschichte erschlossen werden. Der Name Afra deutet auf eine mögliche Herkunft aus Afrika hin. Das ursprüngliche Grab Afras innerhalb eines spätrömischen Gräberfeldes lag etwa einen Kilometer außerhalb der Provinzhauptstadt Augusta Vindeli-

cum. Sie wäre dann wahrscheinlich in der Verfolgung durch Kaiser Diokletian für ihren Glauben eines gewaltsamen Todes gestorben und damit die erste bekannte Märtyrerin nördlich der Alpen. Im 8. Jh. entstanden historisch unglaubwürdige Leidens- und Bekehrungsgeschichten, nach denen Afra eine bekehrte Prostituierte war, die zum Feuertod verurteilt wurde. Dagegen wird in Augsburger Kalendarien von 1010, 1050 und 1100 Afra als Jungfrau bezeichnet und verehrt. 1804 wurde ein 1064 entdeckter römischer Sarkophag geöffnet und als Grablege Afras bezeichnet. Die damals erhobenen Gebeine ruhen heute in der Krypta unter St. Ulrich und Afra in Augsburg. Fest der Heiligen Afra: 7. August; ihr Andenken pflegt man im ganzen süddeutschen Raum in vielen Kirchen und Afra-Kapellen.

Das Colosseum in Rom
Das ehemalige »Amphitheatrum Flavium«, wurde zwischen 70 und 80 n.Chr. erbaut. Mit seinem elliptischen Grundriss von 188 x 156 Metern und einer Höhe von 48,5 Metern bot es Sitzplätze für 50 000 Zuschauer. Der Innenraum war mit einem Holzboden bedeckt, darunter befand sich ein sieben Meter hoher Keller. Von den Römern wurden das Colosseum für sportliche Wettkämpfe, Tierkämpfe, Gladiatorenkämpfe und andere Veranstaltungen, u.a. auch Seegefechte, genutzt.

Montecassino
Das auf dem gleichnamigen Berg bei der Stadt Cassino in Latium (Italien) gelegene Kloster wurde 529 n. Chr. von Benedikt von Nursia an der Stelle heidnischer Heiligtümer gegründet und zum Ausgangspunkt und geistigen Zentrum des Benediktinerordens. Bereits ein halbes Jh. nach seiner Errichtung wurde es von den Langobarden zerstört, seine Bedeutung wuchs nach der Wiedererrichtung 717 unter dem Schutz der Karolinger. 884 wurde Montecassino von den Sarazenen zerstört; ab der Mitte des 10. Jh. wieder belebt. Nach einer wechselhaften Geschichte wurde es 1866 zum italienischen Nationaldenkmal erklärt. Im Februar 1944 durch Bombenangriffe völlig zerstört, wurde das Kloster nach dem Krieg gemäß alten Plänen wieder aufgebaut.

Der Apollotempel in Korinth
Ein außergewöhnliches Bauwerk in Korinth, einer in der Antike mächtigen Handelsstadt mit zwei Häfen, ist der Apollotempel. Der archaische Tempel mit dorischer Säulenordnung entstand im 6. Jh., einer Zeit größten Wohlstandes und außenpolitischer Erfolge.

Die Akropolis in Athen
Die Akropolis (= Oberstadt) in Athen ist wohl in mykenischer Zeit (spätestens Ende 13. Jh. v. Chr.) als Königsburg entstanden. Sie wurde auf einem ca. 150 Meter hohen Kalksteinfelsen gebaut und beherrscht noch heute das Stadtbild des modernen Athens. Sie diente urspünglich als Wehranlage und Zufluchtsstätte für die Bevölkerung. Als man sie später nicht mehr als militärische Festung benötigte (7./6. Jh. v. Chr.), wurde sie als Kultstätte mit Tempeln und öffentlichen Gebäuden genutzt.

Die Grabeskirche in Jerusalem
Die Grabeskirche befindet sich an der Stelle im Garten des Josef aus Arimathäa, wo sich das Grab Christi befunden haben soll; sie war schon früh ein christliches Heiligtum: Im 4. Jh. ließ der erste christliche Kaiser, Konstantin der Große, auf diesem Platz die erste Grabeskirche errichten. Diese wurde mehrmals zerstört, zuletzt 1009 durch den islamischen Kalifen Hakim. Erst als die Kreuzfahrer im Jahre 1099 Jerusalem eroberten, errichteten sie auf den Überresten eine neue Grabeskirche, die 1149 geweiht wurde. Nach einem Brand zu Beginn des 19. Jh. wurde sie noch einmal verändert. Heute befindet sie sich im Besitz von sechs verschiedenen christlichen Religionsgemeinschaften, darunter der römisch-katholischen und der orthodoxen.

Die Stadt Ephesus
Ephesus ist eine der zwölf Städte von Ionien, der antiken griechischen Landschaft an der Westküste von Kleinasien, nahe der heutigen Stadt Izmir (Türkei). Dank ihres Hafens an der Mündung des Kaystros (türkisch *Küçük Menderes*) und auf Grund des Artemiskultes wurde sie zum Mittelpunkt Joniens und Ausgangspunkt der Handelswege in Kleinasien. Ein wichtiges Datum ist die Vertreibung der Perser durch Alexander den Großen 333 v. Chr. Unter dessen Nachfolgern, den Seleukiden, blühte Ephesus auf. Nach der Eroberung durch die Römer 189 v. Chr. blieb die Stadt ein bedeutendes Handelszentrum. Ephesus war auch ein Zentrum des frühen Christentums. Paulus gründete dort im 1. Jh. n. Chr. auf seiner dritten Missionsreise eine christliche Gemeinde (Apg 19,1–20). Im Jahre 431 fand in Ephesus das 3. Ökumenische Konzil statt.

Die Märtyrerin Sarmannina
In der Römerstadt Regensburg fand man die *Themenseite* 25 abgebildete Grabplatte mit lateinischer Inschrift: »Zum seligen Gedächtnis an Sarmannina, die in Frieden ruht, den Märtyrern zugesellt.«

Bonifatius
Vgl. *Arbeitshilfen* S. 84.

2. Einsatzmöglichkeiten im RU

Sich vertraut machen
Die Gestaltung der *Themenseite* ermöglicht Sch einen geografischen Überblick über die Ausbreitung des Christentums bis ins 8. Jh. Gleichzeitig bietet sie an, sich anhand der Landkarte und der Bilder aus dieser Epoche zu orientieren und sich mit ihr vertraut zu machen.

- Sch vergleichen in PA oder GA die Geschichtskarte der Themenseite mit modernen Landkarten in ihrem Atlas.
- Sch finden die Länder, in denen sich der christliche Glaube schwerpunktmäßig verbreitet hat und suchen gegebenenfalls die heutigen Namen dieser Länder. Diesen Vorgang wiederholen sie in Bezug auf die Städte, in denen christliche Gemeinden entstanden sind. Viele dieser Städte existieren heute noch unter gleichem Namen, andere haben ihren Namen geändert, wieder andere sind ganz von der Landkarte verschwunden oder in unmittelbarer Nähe neu gegründet worden.
- L kann die Nachforschungen auf für den Lernzusammenhang bedeutende Städte eingrenzen; Bearbeitung in arbeitsteiligen KG. Sch erhalten AB 6.2.3 *Arbeitshilfen* S. 53 und gestalten die Landkarte mit den heutigen Städte- und Ländernamen.)
- Sch sollen ausgehend von einer Stadt der Geschichtskarte, die im heutigen Deutschland liegt, einen Landweg (evtl. den kürzesten) zu einer Stadt in Griechenland oder Kleinasien suchen und dabei beschreiben, durch welche Länder dieser Weg geht und wie die Hauptstädte dieser Länder heißen.

Spuren selbst entdecken
Zu den verschiedenen Orten, Personen und Ereignissen der *Themenseite* holen Sch in Gruppenarbeit aus Lexika Informationen ein. Jede KG bearbeitet ein Bild und plant die Präsentation vor der Klasse (Plakat, bildergestützter Vortrag).

3. Weiterführende Anregungen

Frühchristliche Zeugnisse aufsuchen
Eine Klassenfahrt oder ein Unterrichtsgang führt zu einem Zeugnis frühchristlicher Kultur in Deutschland oder in der eigenen Stadt/Region (gemeinsam mit GSE und Ev. Religion).

Ideenseite 26–27

Einige Impulse der *Ideenseite* werden in den *Arbeitshilfen* auf folgenden Seiten besprochen:
Sich einen Überblick verschaffen: S. 43 und 72
Von den Anfängen berichten: S. 46

Deinen Diözesanpatron kennen lernen: S. 74
Einen heiligen Ort wählen: S. 84
Eine Aufgabe im Kloster finden: S. 84
Diözesen von heute und damals vergleichen: S. 74

Paulus wurde Christ — Deuteseite I 28–29

1. Hintergrund

Die Berufung des Paulus eignet sich für eine historisch-kritische Betrachtung, weil hier ein historisches Ereignis mehrfach und unterschiedlich erzählt wird. Daran wird den Sch deutlich, dass sich geschichtliche Wahrheiten in verschiedenen Darstellungsformen wiedergeben lassen.
Lukas schreibt in Apg insgesamt dreimal die Berufung des Paulus nieder, nämlich im 9., 22. und 26. Kapitel. Paulus selbst spricht in seinen Briefen mehrmals von seinem Berufungserlebnis (vor allem in 1 Kor 15, 2 Kor 12,1–4 und Gal 1,13–20).

Die Unterschiede zwischen den drei Berufungserzählungen der Apg
In Apg 9,1–19 spielt Hananias, ein Jünger in Damaskus, eine wichtige Rolle. Die Episode wird in Apg 22,3–21 kürzer erzählt. In Apg 26,9–18 wird Hananias überhaupt nicht mehr erwähnt; es fehlen auch Erblindung und Heilung des Paulus.
Unterschiedlich ist auch die Art, wie das Berufungserlebnis dargestellt wird. In Kap. 9 und 22 erhält Paulus nur den Auftrag, nach Damaskus zu gehen; das Weitere erfährt er von Hananias. In Kap. 26 wandelt sich das Erscheinungsgespräch mit Christus jedoch in eine Aussendungsrede, in der bereits der Missionsauftrag ausgesprochen wird.

Auffällig ist ferner die unterschiedliche Wirkung der himmlischen Erscheinung auf Paulus und die Mitreisenden. In 9,7 hören die Mitreisenden eine Stimme, sehen aber niemanden. In 22,9 sehen sie Licht, hören aber keine Stimme. In 9,7 stehen die Begleiter sprachlos da, während Paulus zur Erde stürzt. In 26,14 stürzen alle zur Erde. Interessant ist auch die Beifügung durch Christus in 26,14. Nach dem Anruf: »Saul, Saul, warum verfolgst du mich?« heißt es noch: »Es wird dir schwerfallen, gegen den Stachel auszuschlagen.«

Paulus schrieb in Gal 1 und 2 etwa 50 Jahre früher als Lukas in der Apg über sein Berufungserlebnis. Da sich nicht nachweisen lässt, ob der Verfasser der Apg die Paulusbriefe gekannt hat, kann man davon ausgehen, dass folgende Daten historisch zuverlässig sind: Paulus hat als Saulus die Christen bzw. die frühe Kirche hart verfolgt. Nach seinem eigenen Zeugnis ist ihm Christus bei Damaskus erschienen und hat seiner Verfolgertätigkeit ein plötzliches und unerwartetes Ende gesetzt. Sein Auftrag lautete, die Heiden zu missionieren.

Lukas nahm seine Quellen aus relativ selbstständigen Überlieferungen syrischer und palästinischer Gemeinden, die sich von Anfang an die unerwartete Bekehrung des Verfolgers erzählt haben werden. Dafür spricht Gal 1,22–23: »Den Gemeinden Christi in Judäa aber blieb ich persönlich unbekannt, sie hörten nur: Er, der uns einst verfolgte, verkündigt jetzt den Glauben, den er früher vernichten wollte.«

Die theologische Absicht hinter der Darstellung des Berufungsereignisses

Die Darstellung einer Erscheinung und Aussendung weist schon im AT eine feste literarische Form auf (u.a. Gen 31,1; 46,2; Ex 3,4; Ez 2,1; Jer 1,5.7.8; 26,17). Es spricht alles dafür, dass Lukas diese Form übernahm, um das Ereignis um Paulus darzustellen. Die drei Schilderungen in der Apg sind keine historischen Protokolle, sondern Kompositionen nach bereits vorliegenden Formen, in die Lukas seine Deutung der Ereignisse hineinkomponiert hat. Durch die dreimalige Erzählung drückt er die Bedeutung der Berufung des Paulus vor allem für die Heidenmission aus. Er betont, dass Christus selbst es ist, der will, dass die Heiden zu ihm bekehrt werden. Gleichzeitig stellt er klar, dass er die Berufung des Paulus nicht mehr zu den Ostererscheinungen, dass er Paulus nicht mehr zu den Aposteln zählt, weil dieser kein Augenzeuge war. Hier befindet er sich deutlich im Gegensatz zu Paulus.

Das Licht in den Berichten der Apg

Ob Paulus in seiner Aussage in 2 Kor 4,6 auf das Damaskusereignis anspielt, ist nicht zu beweisen. Aber es könnte eine Erklärung für die wichtige Rolle des Lichts in den Schilderungen des Lukas sein. (»Denn Gott, der sprach: Aus Finsternis soll Licht aufleuchten, er ist in unseren Herzen aufgeleuchtet, damit wir erleuchtet werden zur Erkenntnis des göttlichen Glanzes auf dem Antlitz Christi.«).

Lukas misst dem Licht von Bericht zu Bericht eine größer werdende Bedeutung zu: Kap. 9,3: Es umstrahlte ihn ein Licht vom Himmel; Kap. 22,6: umstrahlt ihn ein helles Licht; Kap. 26,13: umstrahlt ihn vom Himmel her ein Licht heller als die Sonne. In den beiden letzten Berichten fügt Lukas hinzu, dass sich die Erscheinung um die Mittagszeit (22,6) und mitten am Tag (26,13) ereignete. Dadurch betont er wohl die Kraft dieses Lichts, das selbst noch die helle Mittagssonne überstrahlt (vgl. Gnilka 1997).

Die Ausbreitung des Christentums

Die rasche Ausbreitung des Christentums in der Diaspora hatte verschiedene Ursachen. Die römischen Handelswege ermöglichten das Reisen. In den jüdischen Gemeinden des Mittelmeerraumes fanden Paulus und andere Missionare stets Unterkunft. In den Synagogen konnten sie predigen und diskutieren, denn die griechische Sprache konnten alle verstehen. Die Codices setzten sich durch, zu Büchern zusammengebundene Papierbögen, die leichter zu handhaben waren als die Schriftrollen: für die Ausbreitung einer Buchreligion, die nicht an einen Ort gebunden war, sondern durch Schriften verbreitet wurde, war dies von großer Bedeutung. Die Armen und Sklaven setzten ihre Hoffnung auf die neue Religion. In Jerusalem wie in der Diaspora gehörten Menschen aus allen Schichten der Bevölkerung zur Gemeinde. Neben dem Bemühen um geschwisterliches Zusammenleben war die Verkündigung des Evangeliums ihre wichtigste Pflicht.

Die Anfänge in Jerusalem

Die ausgewählten vier Bibeltexte stellen den Sch die Anfänge der Jerusalemer Gemeinde vor Augen. Dabei nehmen die ersten beiden Texte *Mt 28,1–8* und *Apg 2,1–42* eine Sonderstellung ein; denn sie nennen als Gründe, warum es überhaupt mit dem Glauben an Jesus weiterging und warum sich dieser Glaube so schnell ausbreiten konnte, die Auferstehung Christi und die Geistsendung.

Der Text *Apg 6,1–7* berichtet vom Innenleben der

Gemeinde. Nicht nur der Glaube hielt die Gemeinde zusammen, es musste auch eine möglichst effektive Struktur der Dienste geschaffen werden, die sowohl auf religiöse als auch auf soziale Bedürfnisse antwortete.

Am Beispiel der *Steinigung des Stephanus* sollen die Probleme der Jerusalemer Gemeinde mit ihrer jüdischen Umwelt aufgezeigt werden, die letztlich zu ihrer Verfolgung führten.

Mt 28,1–8: Die Auferstehung von Jesus
Der Gattung nach ist V 1–8 eine Angelophanie mit den typischen Elementen: Erscheinung des Engels, Reaktion der Furcht, Auftrag zur Verkündigung, Entgegnung des Empfängers, beglaubigendes Zeichen. Eine Entgegnung der beiden Frauen auf den Auftrag des Engels fehlt in unserem Text. Die Funktion des Zeichens übernimmt das leere Grab.
Mit der Zeitangabe in V 1 verweist Mt auf den dritten Tag nach dem Kreuzestod Jesu. Hintergrund ist die jüdische Auffassung, einen Menschen nach Ablauf dieser Zeitspanne für endgültig tot zu erklären; daher der Brauch, das Grab in diesen ersten Tagen immer wieder zu besuchen. Ferner klingt die jüdische Überzeugung an, dass Jahwe binnen drei Tagen aus jeglicher Not rettet.
Die Verse 2–4 berichten auf einer anderen Erzählebene von einem gewaltigen Erdbeben. Als rein theophanes Element hat es keine Auswirkungen auf die Umgebung, sondern kündigt das Wirken Gottes an, das sich in dem gesandten Engel ereignet. Er wälzt den Stein, der den Tod verschlossen hielt, weg und öffnet das Grab. Die Wächter erschrecken vor der apokalyptischen Gestalt des Engels und sind wie tot. Der Engel wird im Folgenden zum Verkünder der Osterbotschaft, der Auferstehung Jesu. Das leere Grab soll den Frauen ein beglaubigendes Zeichen für dieses Geschehen sein; es darf aber nicht im Sinne eines Beweises missverstanden werden.
Die Frauen sollen die Osterbotschaft den Jüngern Jesu verkünden; sie werden Jesus in Galiläa sehen. Als Gegenpol zu Jerusalem symbolisiert Galiläa die Hinwendung des Evangeliums zu den Heiden.

Apg 2,1–42: Die Sendung des Geistes an Pfingsten
Der feierliche Ton der Pfingsterzählung und ihre Ausgestaltung im Stil biblischer Theophanievorstellungen (1 Kön 19,11 f.; Ex 19,16–19: Sturm, Feuer, Getöse) markiert die Bedeutung des Pfingstereignisses für Lk. Es erfüllt sich die Verheißung Jesu (Apg 1,8), ebenso die Verheißung der Propheten (Joel 3,1–5). Mit dem Pfingstereignis treten die Anhänger Jesu in die Öffentlichkeit; die Zeit der Kirche beginnt. Das eigentliche Geschehen der Geistsendung kann man beschreiben als einen plötzlich eintretenden, geistgewirkten Vorgang, der die Apostel zu zeugenhafter Rede in der Öffentlichkeit Jerusalems befähigte.
Die Adressaten der Neuen Botschaft sind für Lk zuerst die Juden. V 5 und die Völker- und Länderliste zeigen das Interesse des Lk an einer universalen Repräsentanz von Juden (9–11).
Die Predigt des Petrus (2,14–36) ist eine Gestaltung des Lk gemäß alter judenchristlicher Verkündigungsschemata: Argumentationen, Kontrastschema (getötet – auferweckt bzw. erhört) und Schriftzitate. Auffallend ist die Verbindung zwischen christologischer Verkündigung und Schriftdeutung. Mit Hilfe des Joel-Zitats (2,14–21) wird zum Beispiel den Juden das Pfingstgeschehen gedeutet. Gott steht nicht auf der Seite der Juden, denen Lk die Schuld am Tod Jesu zuspricht. Er steht auf der Seite von Jesus, sonst hätte er ihn nicht auferweckt. Jesus ist zur Rechten seines Vaters erhöht. Zeugen dieser Botschaft sind die Apostel. Das gibt der christlichen Botschaft ihre Legitimität und der jungen Kirche ihre Identität.
Die Reaktion der Juden auf das Gesagte kann nach Petrus nur Umkehr (2,38) und Taufe auf den Namen Jesu sein. Es ist lukanische Überzeugung, dass Jesus bei der Taufe die Vergebung der Sünden und die Gabe des Heiligen Geistes schenkt. Diese Verheißung gilt den Juden (2,39: euch und euren Kindern). Die anfängliche Urgemeinde lebte noch in der Hoffnung, dass ganz Israel den Glauben an Jesus annehmen werde. Die Zahl der Judenchristen im hl. Land war sehr groß; dass sich allerdings an einem einzigen Tag dreitausend Menschen taufen ließen, ist eher unwahrscheinlich.
Vers 42 zeigt ein idealisiertes Bild vom Leben in der Urgemeinde. Die junge Gemeinde hält treu an der überlieferten Lehre der Apostel fest, feiert regelmäßig Eucharistie und betet gemeinsam.

Apg 6,1–7: Die Wahl der Sieben
Der Text berichtet von zwei Gruppen, die miteinander in Streit lagen: den Hellenisten (griechisch sprechende zugewanderte Judenchristen) und den Hebräern (aramäisch sprechende eingesessene Judenchristen). Ihre Streitpunkte waren die tägliche Witwenversorgung und die Fragen, inwieweit Tempelkult und Torafrömmigkeit für nicht jüdische Gemeindemitglieder gelten sollten; manche Hellenisten stellten letzteres grundsätzlich in Frage.
Mit den zu versorgenden Witwen sind wahrscheinlich Witwen von Hellenisten gemeint, da diese in der Jerusalemer Gemeinde wenig Unterstützung hatten.

Um sich nicht selber mit einer zusätzlichen Aufgabe zu belasten, riefen die Zwölf die Gemeinde (Jüngerinnen und Jünger) zusammen und schlugen vor, sieben Männer auszuwählen, die den Tischdienst für die Armen organisieren sollten.

Apg 7,51–60: Die Steinigung des Stephanus

Lk bearbeitete in dieser Perikope eine alte Erzählung über das Martyrium des Stephanus. Er veränderte die ursprüngliche Lynchjustiz erregter Juden in eine Art Gerichtsverfahren des Hohen Rates.
Zur Steinigung führte letztlich sein Bekenntnisruf »Ich sehe den Himmel offen und den Menschensohn zur Rechten Gottes stehen« (7,56). Diese Verkündigung des Stephanus steht in unerträglicher Opposition zu den Überzeugungen des Hohen Rates. Das Zeugnis des Stephanus ist eine Herausforderung für das Judentum: Nicht ein aus Steinen gebauter Tempel, sondern der Himmel ist der wahre Ort Gottes. Eine Entscheidung für die Kirche auf der einen oder das Judentum auf der anderen Seite wird verlangt.

Caravaggio: Bekehrung des Paulus

Caravaggio (geb. 28.9.1573 in Caravaggio/Bergamo) hieß eigentlich Michelangelo Merisi. Seit 1600 war er als Unruhestifter bekannt und musste wegen der Tötung eines Gegners beim Tennisspielen aus Rom fliehen.
Da er zu dieser Zeit schon als Künstler bekannt war, erhielt er in Neapel und Malta viele Aufträge. Als man ihn dort als einen Schwerkriminellen erkannte, gelang es ihm, aus der Haft nach Sizilien zu fliehen. Später kehrte er zum Festland zurück, erkrankte an Malaria und starb am 31. Juli 1610 in Porto d'Ercole/Toskana.
Caravaggios Bekehrung Pauli (Rom, Santa Maria del Popolo) ist die zweite Fassung des Motivs und gilt als eine der großartigsten Schöpfungen Caravaggios. Die Gestalt des Paulus, der zu Boden geschmettert wird, ist schlicht und ohne Theatralik. Die weit geöffneten Arme, deren kreisförmige Bewegungen sich im Pferdeprofil fortsetzen, drücken die Bereitschaft aus, sich dem Willen Gottes zu fügen. Dies wird noch unterstrichen durch den Lichteinfall. Der Schein kommt von oben und fällt über das Pferd auf Paulus, der zwar geblendet wird, ihn aber nicht abwehrt, sondern entrückt im Zwiegespräch dargestellt ist. Der Rest der Umgebung ist dunkel, als wäre es Nacht. Das Pferd wird von einem der Begleiter des Paulus gehalten und blickt ruhig zur Seite. Sein erhobener Vorderfuß scheint vermeiden zu wollen, den Körper des Paulus zu verletzen. Wenige Einzeldarstellungen zeigen die Bekehrung des Paulus ohne Pferd, z.B. eine Miniatur aus dem Codex von Kosmas Indikopleustes, die die Abfolge der Ereignisse – Wanderung nach Damaskus, Lichtstahl, Sturz, Verkündigung des Evangeliums – in einem Bild zusammenfasst (4. Viertel 9. Jh., Cod. Vat. gr. 699)
Wie kommt es zur textfremden Darstellung des Sturzes vom Pferd? Die Künstler ließen sich durch eine atl. Perikope inspirieren, die Bekehrung des Paulus dramatisch darzustellen. 2 Makk 3 erzählt, wie König Seleukos seinen Kanzler Heliodor beauftragt, den Tempelschatz in Jerusalem zu rauben. Heliodor aber wird durch eine Gotteserscheinung daran gehindert (2 Makk 3, 23–30). Heliodor wird von den Hufen eines Pferdes, auf dem ein zur Bestrafung ausgesandter schrecklicher Reiter sitzt, zu Boden gestampft. Vers 27 » ... da stürzte er zu Boden und es wurde ihm schwarz vor Augen... « weist starke Ähnlichkeit mit Apg 9,4.8 auf.

2. Einsatzmöglichkeiten im RU

Von den Anfängen berichten Ideenseite 26

Sch sollen Ereignisse kennen lernen, die für die Entstehung des Christentums große Bedeutung haben.

– Sch suchen sich einen Text aus, den sie in PA bearbeiten (L achtet ggf. auf etwa gleichmäßige Verteilung): Stellt euch vor, ihr wäret Zeitungsreporter! Ihr sollt über eure Bibeltexte einen Bericht schreiben. Versucht in eurem Bericht auch auf diese Fragen eurer Leser eine Antwort zu geben:

* *Zusatzfragen zur Auferstehung Jesu* (Mt 28,1–8)
  1. Wird die Auferstehung Jesu genau beschrieben?
  2. Der Engel verkündet den Frauen, dass Jesus auferstanden ist. Welche Bedeutung hat das leere Grab für die Frauen?
  3. Gäbe es heute wohl Christen, wenn Jesus nicht auferstanden wäre?

* *Zusatzfragen zum Pfingstereignis* (Apg 2,1–42 bzw. nur 2,1–16; 2,22–24;2,37–42)
  1. Wie hat sich das Pfingstereignis bei den Aposteln ausgewirkt (vorher – nachher)?

Wer war und was tat Paulus?

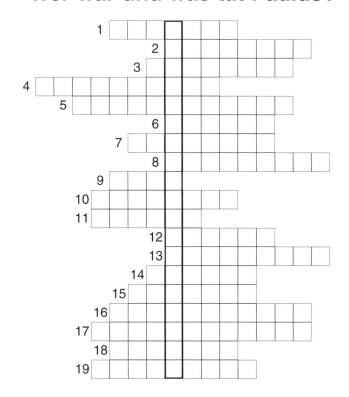

Lösungswort: ....

1. 1 Kor 1,2   In dieser Stadt gründete Paulus eine Gemeinde
2. Apg 11,26   Saulus verfolgte die Jünger Jesu, genannt ...
3. Phlm 1,1   Wie hieß der Christ, dessen Sklave geflohen ist?
4. Apg 18,3   Der Beruf des Paulus
5. 1 Thess 1,1   Paulus bereiste viele Gemeinden, z.B. ....
6. Röm 15,15   Im Neuen Testament sind viele .... des Paulus gesammelt
7. Phlm 1,10   Der Name des Sklaven, der zu Paulus floh?
8. Apg 11,22   Wo erhielt Paulus seine Ausbildung?
9. Röm 3,1   Was war Paulus seiner religiösen Herkunft her?
10. Apg 9,3   Paulus war auf den Weg nach ...., als er bekehrt wurde.
11. Apg 22,3   Die Heimatstadt des Paulus
12. Apg 12,24   Wie nannten die Juden Paulus?
13. 1 Kor 7,17   Paulus gründete viele ....
14. Apg 15,3   Paulus bekehrte viele ....
15. Apg 9,22   Paulus verkündete, dass Jesus der .... ist.
16. 2 Kor 11,23 Paulus schwebte oft in ....
17. Röm 2,25   Paulus schlichtet einen Streit. Es geht um die ....
18. Apg 18,19   Der Silberschmied Demetrius hetzt eine ganze Stadt gegen Paulus auf. Wo war das?
19. Apg 13,4   Was bedeutet der Name »Apostel«? Du musst das Substantiv bilden!

2. Warum ist das Pfingstereignis so wichtig für die Apostel gewesen?
3. Gäbe es ohne Pfingsten überhaupt Christen?
4. Warum ist es so wichtig, dass es Zeichen für die Auferstehung Jesu gab?

Waren die Christen Juden? Infoseite 38

Den Sch wird bewusst, dass die scharfe Trennung zwischen Judentum und Christentum in der Urgemeinde noch nicht bestand.

– Sch erlesen den Text »Waren die Christen Juden?« *Infoseite* 38.
– Sch sind nun auf einem Kongress zum Thema »Waren die Christen Juden?«
– Zwei Journalisten haben drei Religionswissenschaftler, die bestimmte Fragen beantworten sollen, zu diesem Thema eingeladen. Sch besetzen diese Rollen. Die beiden Gruppen stehen (sitzen) sich so gegenüber, dass sie möglichst von allen Sch gesehen werden können.
– Ein Journalist stellt nun eine Frage.
* Die Wissenschaftler versuchen (alleine, gemeinsam, sich ergänzend) eine Antwort zu geben.
* Wenn die richtige Antwort nicht gegeben werden kann, greifen die übrigen Sch als Fachleute ein.
* *Hinweis:* Nach zwei, drei Fragen können die Rollen der Wissenschaftler neu besetzt werden.

* Mögliche Fragen der Journalisten:
  1. Jesus ist doch gekreuzigt worden und war tot. Welche Erfahrungen führten dazu, dass sich überhaupt eine kleine Gruppe von Jesu Anhängern in Jerusalem bildete?
  2. Welche Botschaft verkündete diese kleine Gruppe?
  3. Welcher Glaubensgemeinschaft gehörten die Anhänger der neuen Gruppierung an?
  4. Wie nannten sich die Mitglieder der neuen Gemeinschaft selbst?
     Wie wurden sie in der jüdischen Öffentlichkeit genannt?
  5. Wurden die Jüngerinnen und Jünger Jesu von den Juden bereits als eigene Religion gesehen? Wie wurden sie von den Juden betrachtet?
  6. Wie kam es aber dann zur Abspaltung zwischen Juden und den Jesusjüngern? Es muss doch etwas Entscheidendes passiert sein?
  7. Gab es nicht auch einen Streit unter den Aposteln? Und wurde nicht ein wichtiger Beschluss gefasst?
  8. Wo wurden die Anhänger Jesu zum ersten Mal Christen genannt?

Paulus kennen lernen

Sch sollen die Person des Paulus aus den biblischen Daten kennen lernen.

– Sch lösen mit Hilfe der Bibel (Einheitsübersetzung) das Kreuzworträtsel AB 6.2.1 *Arbeitshilfen* S. 47. *Lösung:*

```
   KOR I NTH
        C HRISTEN
     PH I LEMON
ZELTMAC H ER
   THESS A LONICH
       B RIEFE
    ON E SIMUS
         J ERUSALEM
    JUD E
   DAMA S KUS
    TARS U S
         S AULUS
         G EMEINDEN
       H EIDEN
       M E SSIAS
    TODE S GEFAHR
   BESC H NEIDUNG
    EPH E SUS
    GESA N DTER
```

Lösungswort: Ich habe Jesus gesehen

– Sch lesen *Infoseite* 38 »Paulus« und erstellen daraus seinen Lebenslauf:
Name: Saulus (jüdisch), Paulus (römisch)
Geburtsort: Tarsus in Kleinasien
Staatsangehörigkeit: Römer
Religion: Jude
Studium: In Jerusalem beim Gesetzeslehrer Gamaliel
Beruf: Zeltmacher
Besondere Merkmale: Eifriger Anhänger von Jesus Christus. Reiste viel, um Gemeinden zu gründen. Schrieb viele Briefe.
Tod: Zwischen 63 und 67 in Rom, vermutlich enthauptet.

Eine Erzählung mit einem Bild vergleichen Deuteseite 28

Sch sollen die Erzählung von der Bekehrung des Paulus in der Apg 9,1–31 mit dem Bild von Caravaggio vergleichen und Unterschiede entdecken.
– L geht vom Vorwissen der Sch um die Bekehrung des Paulus vom Christenverfolger zum Christen aus (Lebenslauf des Paulus) oder vom Satz *Deuteseite* 28 (Gal 1,23).
– Sch beschreiben das Bild (*Deuteseite* 28).
– Sch lesen Apg 9,1–31
– Eine KG vertritt Caravaggio. Eine andere KG

Die Bekehrung des Paulus

fragt sie nach den herausgefundenen Unterschieden zwischen Text und Bild. (»Warum hast du ein Pferd gemalt?« »Warum hast du nur einen Begleiter gemalt?« »Was war dir besonders wichtig?«) Die »Caravaggio«–Sch geben Antworten.

Das Licht im Bild von Caravaggio ausgestalten
– Sch lesen die weiteren Schilderungen in der Apg von der Bekehrung des Paulus und arbeiten die Steigerung bei der Darstellung des Lichtes heraus (vgl. *Arbeitshilfen* S. 44).
– Sch erhalten Umrissbild von Caravaggio AB 6.2.2 *Arbeitshilfen* S. 49 und gestalten das Licht entsprechend den Erzählungen der Apg oder ihrer Wahl in das Bild hinein.

Ein eigenes Bild zum Bibeltext malen
Sch sollen die Wandlung des Paulus in einem eigenen Bild ausdrücken.
– Sch gestalten die Wandlung des Paulus in einem eigenen Bild, indem sie
* versuchen, die Maltechnik von Hell und Dunkel des Caravaggio nachzuahmen
* eigene Schwerpunkte setzen bei der Darstellung
* nur mit Farben arbeiten.
– Die Bilder werden in der Gruppe vorgestellt und die »Maler«, so wie oben Caravaggio, nach den Gründen ihrer Darstellungsart gefragt.
– Die Bilder werden in einer Ausstellung präsentiert.

Ein Ereignis aus verschiedenen Perspektiven beschreiben
Alles, was sich im Leben eines Menschen ereignet, kann er unterschiedlich darstellen, als Betroffener, zufälliger Beobachter, als Zeuge Befragter, oder er ist vom Ereignis betroffen, obwohl er es nicht selber erlebt hat. Je nach Können, innerer Beteiligung, Verpflichtung zu einer bestimmten Form der Darstellung wird er das Gesehene, Erlebte, Erfahrene unterschiedlich darstellen. Einfluss hat auch die Absicht, warum und für welche Adressaten etwas dargestellt wird.

Sch sollen das Ereignis der Bekehrung aus verschiedenen Perspektiven beschreiben oder erzählen.

– Sch lesen die Aussagen des Paulus zu seiner Berufung in seinem Brief an die Galater (Gal 1,13–20).
– Sch werden Rollen zugeteilt und schreiben nun ihren Bericht oder notieren Stichworte für ihre Erzählung aus der zugeteilten Rolle:
* Ein Gemeindemitglied, das den Paulus nicht mag. Er/sie schreibt einen Brief an einen Freund, den er von davon überzeugen will, dass mit Paulus etwas nicht stimmt.
* Ein Mensch, der neu in die Gemeinde gekommen ist und noch nichts von Paulus weiß. Er/sie erzählt der Familie später von dem Brief.
* Ein Tiefgläubiger, der schon viel von Paulus gehört hat und ihn bewundert. Er predigt am nächsten Tag über das Wunderbare, das er über Paulus erfahren hat.
* Ein Heide, der auskundschaften will, was sich die Christen so alles erzählen. Er schreibt einen offiziellen Bericht.
– Sch lesen ihre Berichte oder tragen ihre Erzählungen vor und die Gruppe rät, aus welcher Sicht die Darstellung stammt.

Nach Wegen des Zusammenlebens bei den ersten Christen suchen
Sch sollen in der Bibel die Wege des Zusammenlebens der ersten Christen kennen lernen.
– Sch lesen in arbeitsteiligen KG über das Zusammenleben der ersten Christen in der Bibel nach (Apg 2,44–46; Apg 4,32–37; 1 Kor 1,10–13; 1 Thess 5,12–22; Röm 10,9–10).
– Auf die Mitte eines Plakats »Leben der ersten Christen« schreiben. Die KG schreiben in Stichpunkten die herausragenden Merkmale und Aussagen über das Zusammenleben heraus, die sie in den Texten gefunden haben.

```
                    einig sein
Mahl halten
                    andere ermutigen         beten
alles teilen
            jedem das geben, was er braucht
nur           Das Zusammenleben
so viel       der ersten Christen
behalten, wie           Frieden halten
man
nötig hat
            glauben und bekennen
              einander Gutes tun
```

Eine Paulusgeschichte weiterschreiben
Sch sollen dem radikalen Anspruch des Christentums im Leben der Einzelnen in urchristlicher Zeit nachspüren, indem sie selbst zu den handelnden Personen werden.
– Sch lesen den Brief des Paulus an Philemon. Sie bearbeiten dazu folgende Aufgaben in KG:

* Onesimus ist aus dem Hause des Philemon geflohen, nachdem er dort Schaden angerichtet hat. Er sucht nun Hilfe bei Paulus, der in Ephesus im Gefängnis sitzt. Überlegt euch ein Gespräch zwischen Paulus und Onesimus.
* Onesimus geht mit dem Brief zu Philemon zurück. Beschreibt die Szene zwischen den beiden im Haus des Philemon, ihr könnt auch wörtliche Rede benutzen!
* Philemon liest den Brief von Paulus. Schreibt die möglichen Gedanken von Philemon auf!
* Für die Menschen im römischen Reich waren Sklaven eine Selbstverständlichkeit. Wie reagieren Nachbarn und Freunde auf das Ereignis im Haus des Philemon? Überlegt euch dazu ein Gespräch.

– Sch gestalten die Ereignisse um den Brief von Philemon mit ihren eigenen Überlegungen weiter.
* Das Gespräch zwischen Paulus und Onesimus wird vorgespielt. Abschließend übergibt Paulus dem Onesimus den Brief.
* Die Szene der Rückkehr wird dargestellt.
* Philemon liest den Brief des Paulus nun laut vor. Anschließend wird die Szene mit den Gedanken des Philemon weitergeführt.
* Die Geschichte endet mit einer Szene, in der die Nachbarn und Freunde des Philemon zu Wort kommen.

3. Weiterführende Anregungen

Bilder von der Bekehrung des Paulus kennen lernen

Sch erhalten den Auftrag, auf die Suche nach Bildern von der Bekehrung des Paulus zu gehen. Sie können in einer Ausstellung präsentiert werden. Beispiele:
Michelangelo: Bekehrung des Paulus, Fresko in der Capella Paolina;
Caravaggio: Bekehrung Pauli, Rom, Sammlung Odescalchi Balbi, Erstfassung;
Thomas Zacharias: Bekehrung des Paulus;
Sieger Köder: Paulus stürzt vom Pferd. Wasseralfinger Altar.

Eine Bildkarte zum Leben des Paulus erstellen

– Von der Bekehrung ausgehend werden verschiedene beeindruckende Szenen aus dem Leben des Paulus bildlich dargestellt.

Mögliche Szenen:
Apg 9,23–25: Paulus wird, um sein Leben zu retten, in Damaskus mit einem Korb die Stadtmauer hinabgelassen.
Apg 14,1–20: Paulus wird für einen Gott gehalten und die Menge opfert ihm. Anschließend wird er gesteinigt und vor die Stadt geschleift.
Apg 16,11–15: Paulus bekehrt Lydia, eine Purpurhändlerin.
Apg 16,19–34: Paulus wird ins Gefängnis geworfen, mit Ruten gepeitscht. Durch ein schweres Erdbeben kommt er frei.
Apg 20,7–12 Paulus heilt Eutychus, der aus dem Fenster fällt.
Apg 27,14–26: Paulus gerät mit dem Schiff in einen Seesturm.
Apg 28,16–31: Paulus in Rom

– Auf einer großen Wandkarte die Orte markieren und die Bilder anbringen (AB 6.2.3 *Arbeitshilfen* S. 53 Landkarte des Mittelmeerraumes auf Folie kopieren. Folie auf großen Papierbogen projizieren und nachmalen.)

Den Spuren des Paulus folgen
Paulus trat seine letzte Reise als Gefangener nach Rom an. Diese Seefahrt endete zunächst wegen eines schweren Sturms vor der Insel Melite (Apg 28,1). Bisher ging die Forschung davon aus, dass damit Malta gemeint ist. H. Warnecke legt jedoch nahe, dass es sich eher um Kephallenia vor Westgriechenland handelt. Von hier aus soll Paulus dann mit einem alexandrinischen Schiff, das auf der Insel überwintert hätte, zum Zielhafen Puteoli gefahren sein (vgl. Gnilka 306 f.).

Sch erstellen mit Hilfe der Bibel die Reiserouten des Paulus und veranschaulichen sie auf der großen Wandkarte (s.o.).

1. Reise: Apg 13–14. Stationen: Jerusalem, Antiochien in Syrien, Seleukia, Zypern (Salamis, Paphos), Perge, Antiochien in Pisidien, Ikonion, Derbe, Lystra, Attaleia, Antiochien in Syrien.
2. Reise: Apg 15,39–18,22. Stationen: Ikonion, die ersten Städte seiner Reise, Alexandreia Troas, Philippi, Thessaloniki, Athen, Korinth, Ephesus, Cäsarea in Palästina, Jerusalem, Antiochien.
3. Reise: Apg 18,22–21,16. Stationen: Antiochien, durch Galatien und Phrygien nach Ephesus, Makedonien und Griechenland, Assos, Mytilene, Chios, Samos, Milet, Kos, Rhodos, Patara, Phönikien Tyrus, Ptolemais, Cäsarea, Jerusalem.
4. Reise: Apg 21,27–28,16. Stationen: Jerusalem, Cäsarea, Sidon, Myra in Lykien, Kreta, Milete, Syrakus, Rhegion, Puteoli, Rom.

Einen Paulus-Steckbrief komplettieren
- Sch erhalten den Lückentext AB 6.2.4 *Arbeitshilfen* S. 55 und Schulbibeln zum Nachschlagen.
- In drei KG ergänzen sie Information aus Schülerbuch und Apostelgeschichte.

Lösungswörter: Tarsus; Gamaliel; Pharisäer; Stephanus; Damaskus; Messias; Gesetze; Zeltmachers; Barnabas; Antiochia; Seleuzia; Zauberer; Sergius Paulus; Synagoge; Ikonien; Lystra; Gelähmten; Götter; Römische Reich; gesteinigt; Derbe.

Die Priscilla-Katakombe

Deuteseite II 30–31

1. Hintergrund

Die Anfänge des Christentums in Rom
Die Anfänge des Christentums in Rom liegen im Dunkeln. Durch Inschriftenfunde und literarische Texte weiß man mehr über das dortige Judentum. Das römische Vereinsrecht erlaubte nur kleine überschaubare Gruppen. Deshalb konnten in Rom keine geschlossenen Stadtviertel entstehen, vielmehr gab es einzelne selbstständige jüdische Gemeinden, die sich über bestimmte Stadtgebiete verteilten. Wahrscheinlich hat dort durch Zuwanderung und durch Reisende ab 40 n.Chr. der christliche Glaube Fuß gefasst. Die Konflikte, die sich daraus ergaben, machten immer wieder das Eingreifen der Behörden notwendig, sodass Kaiser Claudius 49 n.Chr. ein Vertreibungsedikt erließ. Nach Aussage der Quellen traf dieses Edikt die Juden, tatsächlich hatte es aber wohl den Judenchristen gegolten.

Die Katakomben in Rom

Die Katakomben in Rom, die am Ende des 16. Jh. wiederentdeckt worden waren, galten lange als heimliche Versammlungsorte der Christen. Tatsächlich waren Katakomben unterirdische Friedhöfe. Da Grabstätten auch bei den Heiden als Orte des Friedens galten, wurden sie zunächst von Polizeiaktionen verschont. Später half diese Unverletzlichkeit nichts mehr. Die Christen wurden in den Phasen der Verfolgung auch dort gesucht, gefoltert und getötet.
Die Katakomben entstanden gegen Ende des 2. Jh. als Gemeinde-Friedhöfe. Römische Christen verehrten dort ihre Märtyrer und gedachten ihrer Angehörigen. Bei armen Familien kam für die Bestattung die Gemeinde auf. Friedhöfe dieser Art umfassten manchmal Bereiche mit heidnischer Belegung aus früherer oder gleicher Zeit oder waren eigens für Christen angelegt. Gleichzeitig gab es kleinere private Hypogäen (*Hypogäum:* grch. *hypo ges* = »unter der Erde« – bezeichnet eine kleine unterirdische Grabzelle) für eine oder mehrere Familien. Jüdische Gemeinden besaßen eigene Katakomben.

Die Wandmalereien befanden sich in den Grabkammern der Reichen, die durch Portale versperrt waren. Sie entsprachen der zeitgenössischen Grabkunst, die von Heiden, Juden und Christen gleichermaßen verwendet wurde. Nur durch die Darstellungen auf kleinen Feldern, die eine Art Ergänzung bildeten, konnte man den Glauben des Verstorbenen erkennen.
Die Kunsthandwerker, die die Katakomben mit Bildern schmückten, waren Bauarbeiter, Zimmerleute, Maler und Totengräber in einem. Sie wurden *fossores* genannt. Durch Nachahmung immer gleicher Vorlagen schufen sie Bilder, die auch auf christlichen Sarkophagen zu sehen sind. Einige dieser Darstellungen stammen aus dem heidnischen Bildrepertoire, das erneuert und umgestaltet wurde, bis es christlich umgedeutet werden konnte. Ein Beispiel ist das Bild vom Guten Hirten (vgl. Schulbibel Bild Nr. 16 und *Reli 9 Infoseite* 39). War in der Antike der Gute Hirte ein Symbol für die Menschenfreundlichkeit der Götter im Umgang mit den Sterblichen und der Herrscher mit ihren Untertanen, so wurde die Darstellung entsprechend dem ntl. Gleichnis auf Jesus Christus bezogen. Auch das Totenmahl spielte im antiken Totenkult eine zentrale Rolle. Darstellungen davon wurden von der Kirche bis ins 5. Jh. geduldet und als Zeichen des Friedens und der Eintracht in Christus gesehen. Neben diesen Umdeutungen gibt es aber auch eine Vielzahl neuer Darstellungen, die aus dem Alten und Neuen Testament stammen (vgl. Noah mit der Taube: vgl. Schulbibel Bild Nr. 3; Taube mit Olivenzweig vgl. *Lexikon* 114).
(Vgl. Welt und Umwelt der Bibel 31 f.)

Die Priscilla-Katakombe an der Via Salaria in Rom
Der Text versucht historische Fakten aus mehreren Jahrhunderten sowie die Mentalität damaliger Christen in einer einzigen Erzählung zu bündeln. Erzählerische Mittel der Personifizierung, Lokalisierung, Dramatisierung schaffen einen Erzählrah-

Landkarte: Paulusreisen

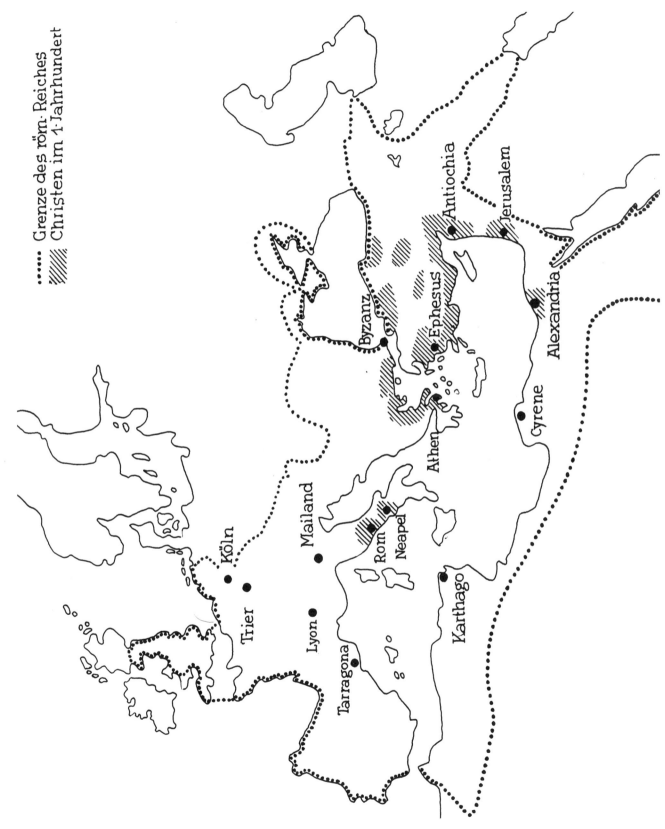

men, in dem durchwegs historische Daten verarbeitet sind. Sch erfahren dadurch Wissenswertes über die Begräbnissitten früher Christen, die Aufschluss über ihren Glauben geben, und über die Stellung der Christen im römischen Reich.

Der Grabstein in der Katakombe
Einige altchristliche Katakomben leiten ihren Namen vom Stifter ab, der das Gelände der christlichen Gemeinde geschenkt hatte.
Die Abkürzungen C.V. und C.F. auf einem Grabstein der Priscilla-Katakombe *Deuteseite* 31 entsprechen den Formeln »clarissimus vir« (hoch angesehener Mann) bzw. »clarissima femina« (hoch angesehene Frau). Sie zeigen an, dass die Personen einer Familie von senatorischem Rang angehörten. Tatsächlich wissen wir aus der zeitgenössischen Geschichtsschreibung, dass ein Acilius Glabrio im Jahr 91 Konsul gewesen ist, und Sueton (Buch X) berichtet, dass Kaiser Domitian »viele Senatoren, einige von ihnen waren Konsuln gewesen, und unter ihnen ... Acilius Glabrio« zum Tode verurteilte. »Sie wurden angeklagt, neue Dinge einführen zu wollen.« Wegen der »neuen Dinge« nimmt man an, dass er verurteilt wurde, weil er Christ war. Die Grabinschrift bezeugt also, dass Acilius der Senatorenfamilie der Acilier angehörte, zu der auch Priscilla gehörte. Das Hypogäum der Acilier gehörte einst zum unteren Teil der ursprünglichen Villa und zählt zu den ältesten Teilen der Katakombe. Ab der Mitte des 2. Jh. wurde es als Grab benutzt. Als in der Folgezeit die Villa verlassen wurde, entwickelte sich der Friedhof weiter. Man kann annehmen, dass die Schenkungen zu Beginn der zweiten Hälfte des 2. Jh. von einer Priscilla aus ihren Anfang nahmen.

Das Fresko »Brotbrechen«
Das Fresko zählt zu den bedeutendsten der Priscilla-Katakombe und befindet sich an der Front des Bogens der zentralen Nische. Es wurde 1894 von Monsignore J. Wilpert wieder ans Licht gebracht.
Auf rotem Grund ist eine Tafel dargestellt, an der fünf Männer und eine Frau auf einer Art Speisesofa lagern. Auf der linken Seite, am Ehrenplatz, sitzt auf einem Schemel ein bärtiger Mann, der mit einer Tunika und einem Pallium bekleidet ist. Er hat die Arme vorgestreckt und bricht das Brot. Vor ihm steht ein Henkelbecher zwischen einem Teller mit zwei Fischen und einem anderen mit fünf Broten. An beiden Seiten des Tisches stehen Körbe mit Brot, drei zur rechten und vier zur linken Seite. Bei der Szene des Brotbrechens handelt es sich um eine Darstellung der Eucharistie mit deren Symbolen (zwei Brote, fünf Fische und sieben Körbe der wunderbaren Brotvermehrung). Zusätzlich sind realistische Einzelheiten dargestellt, die sich aus der Liturgie der damaligen Epoche (2. Hälfte des 2. Jh.) ableiten lassen. Die Männer haben das Haupt unbedeckt, während die Frau mit einem Schleier verhüllt ist (vgl. 1 Kor 11,4–6).

Das Fresko »Die Schleiernahme«
Die Grabkammer wird nach dem Fresko benannt. Es stammt aus der 2. Hälfte des 3. Jh. und bedeckt die hintere Wand einer der drei Nischen.
Links auf dem Bild sitzt ein alter Mann mit Bart in einer langen Tunika auf einem Sessel und streckt die rechte Hand zu einer jungen Frau hoch, die mit unbedecktem Kopf aufrecht steht. Sie ist mit einer gelben rotbesetzten Dalmatika (hemdartiges Obergewand mit weiten Ärmeln und eingewebten Streifen) bekleidet. Sie hält eine halb entfaltete Schriftrolle in den Händen. Hinter ihr steht ebenfalls aufrecht ein junger Mann mit einer blaugrünlichen Tunika. Er hält einen weißen rotgeränderten Schleier in den Händen. In der Mitte sieht man eine junge Frau in roter Tunika mit erhobenen Armen und verschleiertem Haupt. Rechts sitzt eine junge Frau in einem Sessel. Ihr Kopf ist unbedeckt, sie ist mit einer weißen rotbesetzten Tunika bekleidet und hält ein Kind in den Armen. Dieses Fresko stellt drei Begebenheiten im Leben der jungen Frau dar, die in der Grabkammer bestattet wurde. 1. Die Eheschließung durch den Bischof; mit dem Brautschleier bedeckt die Braut den Kopf; die Schriftrolle symbolisiert die Eheurkunde, das Dokument, in dem nach römischen, von der Kirche übernommenen Gesetz die Pflichten der Brautleute aufgeführt sind. 2. Die Darstellung rechts zeigt die Frau als Mutter. 3. Die Mittelfigur stellt sie nach dem Tode dar: In der altchristlichen Malerei wird ein/e Verstorbene/r in Gebetshaltung (= Orante) dargestellt (vgl. Carletti).

2. Einsatzmöglichkeiten im RU

Eine Katakombe erkunden
L präsentiert zunächst die Geschichte oder Teile daraus. Ggf. Bilder/Dias aus dieser oder aus anderen Katakomben zeigen und dazu erzählen: »Ich würde gerne mit euch eine Führung durch eine Katakombe machen, aber weil uns das an Ort und Stelle leider nicht möglich ist, wollen wir es in Bildern und Gedanken tun. Die Bilder führen uns zu den interessantesten Plätzen in dieser Katakombe...«
Dazu ggf. einen Plan von einer Katakombe zeigen (OHP oder TA).

Einen Paulus-Steckbrief vervollständigen

So könnte eine Fahndung nach Paulus gelautet haben:

An alle römischen Statthalter
Wegen Unruhestiftung, Zauberei, Hetze gegen bestimmte Götter, Verschwörung wird gefahndet nach dem römischen Staatsbürger PAULUS, der ursprünglich den Namen Saulus (gr. saulos = der Erwählte) trug. Er stammt aus _____ und lebte in Jerusalem als Schüler des Gesetzeslehrers _____ . Er gehörte der religiösen Partei der _____ an und war mit der Steinigung des _____ einverstanden. Wer kann seine Bekehrung zu Jesus, dem Gekreuzigten, verstehen, die in der Nähe der Stadt _____ sich ereignete?
Seit dieser Zeit verkündet er als Anhänger des »neuen Weges« unermüdlich Jesus, den _____ . Dabei stößt er besonders bei Juden auf Ablehnung, die ihn beim Prokonsul Gallio wegen einer gegen die verstoßenden Gottesverehrung anklagten. Er übt während seiner Missionstätigkeit den Beruf des _____ aus.
Mit _____ und Johannes Markus brach er von _____ in Syrien zu seiner ersten Missionsreise auf. Vom Hafen _____ begann er die Schiffsreise nach Zypern. Hier entlarvte Paulus einen _____ und bekehrte den Prokonsul _____ zur Religion des Gekreuzigten. In Antiochia lehrte Paulus wie immer zunächst in der _____ und bekehrte viele Juden. Nach der Bekehrung vieler Heiden kam es zu einem großen Aufstand in der Stadt, die Paulus mit seinen Gefährten schnell wieder verlassen musste. Gleiche Erfahrung machte er auf der nächsten Station seiner Reise, in _____ . Hier wäre Paulus beinahe gesteinigt worden. In _____ heilte Paulus einen _____ . Dies brachte die Bürger zu der Meinung, bei Paulus und seinen Gefährten handle es sich um _____ in Menschengestalt. Es wird deutlich, dass mit Paulus und seiner Botschaft Unruhe in das _____ geraten ist.
In Lystra wurde Paulus dann wirklich _____ . Über _____ kehrte Paulus wieder nach Antiochia zurück.

* *Bildet drei Kleingruppen, schlagt im NT die angegebenen Stellen nach und ergänzt die Lücken im Text!*
Berichtet über die Erlebnisse des Paulus!
Gruppe 1: Apg 7,58; Apg 21,39; Apg 22,3; Apg 23,6; Apg 7,54–61; Apg 9,5
Gruppe 2: Apg 18,5; Apg 18,12.13; Apg 18,3; Apg 13,1–4; Apg 13,4–12; Apg 13,13
Gruppe 3: Apg 13,14; Apg 14,1; Apg 14,8–18; Apg 14,19–28

Reli **6**.2.4

Domino spielen
Sch sollen anhand eines Frage- und Antwortspiels mit dem Text »Die Priscilla-Katakombe« vertraut werden.

– Jedem der vier Bilder *Deuteseite* 30–31 ist ein Text zugeordnet. Das Spiel besteht aus vier Teilen. Zu jedem Teil gehören eine bestimmte Anzahl von Frage- und Antwortkärtchen und das dazugehörige Bild, vgl. AB 6.2.5 *Arbeitshilfen* S. 57 f. und AB 6.2.6. *Arbeitshilfen* S. 59 f.
– Sch lesen den entsprechenden Text und legen mit seiner Hilfe die Frage- und Antwortkärtchen in der richtigen Reihenfolge aneinander. Das Spiel beginnt mit einer Fragekarte. Auf der Antwortkarte steht die nächste Frage. Das Spiel endet mit einer Antwortkarte. Sind alle Fragen richtig beantwortet, erscheint auf der Rückseite das entsprechende Fresko. Zur Kontrolle drehen Sch die Karten um.
– Das Spiel kann in KG, PA oder EA gespielt werden.
– Soll es in einem Wettbewerb verwendet werden, muss das Spiel mehrfach angefertigt werden.
* *Herstellen des Dominospiels:* Die Kärtchen werden auf die Rückseite des jeweiligen vergrößerten Freskos kopiert, laminiert und dann zerschnitten. Es empfiehlt sich, die Bilder auf verschiedenfarbiges Papier zu kopieren, um sie auseinanderhalten zu können.

Katakomben-FührerIn sein
AB 6.2.7 *Arbeitshilfen* S. 61 regt Sch an, sich in EA Notizen zur Vorbereitung einer Führung zu einigen wichtigen Plätzen in der Priscilla-Katakombe zu machen.

Staatliche Maßnahmen gegenüber Christen im Römerreich   Deuteseite III 32–33

1. Hintergrund

Die Christenverfolgungen

Die Berichte über die Christenverfolgungen im römischen Reich könnten den Eindruck erwecken, das römische Reich habe jeden Andersgläubigen grausam hinrichten lassen. Dabei waren die Römer sehr tolerant, was die Ausübung der Religionen betraf. Jeder durfte seine eigenen Götter verehren, allerdings nur, wenn er sich auch zu den römischen Staatsgöttern bekannte und sie öffentlich verehrte. Eine Ausnahme bildeten die Juden: Sie durften nach ihrem Glauben leben, ohne die römischen Götter anerkennen zu müssen. Da die Christen lange als jüdische Sekte galten, wurden auch sie zunächst in Ruhe gelassen. Erst nach dem Bruch zwischen Kirche und Synagoge erschienen die Christen für den römischen Staat verdächtig, weil das Christentum einen universalen, alle Volksgruppen übergreifenden Anspruch hat, der trotz der verschwindend kleinen Anhängerschaft die Grundfesten des universalen römischen Reiches bedrohte.
Die Christenverfolgungen lassen sich in drei Abschnitte einteilen.
1. Bis etwa 100 n.Chr. war das Christentum staatlicherseits geduldet oder ignoriert worden. Unter Nero (54–68) kam es zur ersten großen und sehr grausamen Verfolgung, der auch Petrus und Paulus zum Opfer fielen. Der Kaiser wollte damit seine Schuld am Brand von Rom (64) auf die Christen abwälzen. Die Verfolgung blieb auf die Stadt beschränkt; doch wurde den Christen seitdem in den nächsten 200 Jahren ein Hass gegen das Menschengeschlecht vorgeworfen, der oft als Grund für weitere Verfolgungen herangezogen wurde. Unter Domitian (81–96) kam es zu einer weiteren Verfolgungswelle, die sich wieder auf Rom beschränkte.
2. Ab etwa 100 n.Chr. galt das Christentum als eigene Religion, die als staats- und menschenfeindlich verfolgt wurde. Als Grundlage galt der Briefwechsel zwischen Plinius und Trajan (98–117), in dem Trajan verfügte, dass das Christsein an sich strafbar sei und der Angeklagte keine weiteren Verbrechen begangen haben müsse. Dieses Schreiben bekamen alle Provinzstatthalter, es kam zu vielen territorial begrenzten Verfolgungen, deren Urheber oft fanatisierte Volksmassen waren. Zwischen 211 bis 244 lebten Christen bis auf wenige kurze Zeiten unbehelligt. Erst zur Tausendjahrfeier Roms 248 wurden sie wieder fanatisch angefeindet. Militärische Niederlagen, Bedrohungen an den Grenzen, Teuerung und Hungersnot zusammen mit einem aufkommenden Nationalgefühl, das eine Wiederbelebung der alten Religion zur Folge hatte, führte zu neuen Verfolgungen durch die Bevölkerung.
3. Der dritte Abschnitt begann mit Kaiser Decius (249–251), der zum erstenmal Staatsgesetze zur Ausrottung des Christentums erließ. Er wollte die religiöse Grundlage des römi-

Domino-Spiel: Katakombe (Brotbrechen, Gräbernische)

Wo liegt die Via Salaria?	Im Norden von Rom. Was bedeutet »Via Salaria«?	Salzstraße. Wie hieß das Ehepaar, das in einer Villa an der Salzstraße wohnte?	Manius Acilius und Priscilla. Wer erzählte dem Ehepaar von Jesus und seiner Botschaft?
Eine Dienerin. Was erzählte man von Priscilla und Acilius?	Priscilla und Acilius behielten ihren Reichtum nicht für sich. Die Menschen im römischen Staat hatten welche Hoffnung?	Jesus liebt alle Menschen und überlässt sie nicht dem Tod. Das Leben im römischen Staat war für die Menschen nicht immer leicht!	Das Leben der Armen galt wenig und auch die Reichen und Angesehenen waren vor der Willkür des Kaisers nicht sicher. Was bekannten die ersten Christen mit dem Mund?
»Jesus ist der Herr!« Was glaubten die ersten Christen in ihrem Herzen?	»Gott hat ihn von den Toten auferweckt.« Wo findet sich das Bekenntnis der ersten Christen in der Bibel?	Röm 10, 9–10 Was hatten Acilius und Priscilla von den Christen in Jerusalem gehört?	Die Christen in Jerusalem trafen sich in Häusern, brachen das Brot und erinnerten sich an Jesus. Wo feierten die Christen an der Via Salaria Eucharistie?
Bei Acilius und Priscilla. Sie stellten den Christen einen großen Raum zur Verfügung. Wie heißt das Fresco in der zentralen Nische der Priscilla-Katakombe?	»Das Brotbrechen.« An welchem Tag feierten die Christen in Rom Eucharistie?	An jedem Sonntag. Wie hieß eine Gemeinde, die sich gegenseitig unterstützte?	Communio, d.h. Gemeinschaft

Eines Tages starb ein Gemeindemitglied. Was fragten sich die anderen?	»Was soll nun mit ihm geschehen? Sollen wir ihn zu den allgemeinen Bestattungsorten der Stadt bringen?« Warum waren Grabplätze in Rom schwer zu bekommen?	Die Bevölkerung war stark angewachsen und die Bestattung in der Erde üblich geworden. Was hielten die Christen an der Via Salaria für besser?
Sie wollten auf einem Grundstück gemeinsam mit ihren Toten auf das Kommen des Herrn hoffen. Nur reiche Familien konnten ihre Toten in ihrer Nähe bestatten. Warum?	Weil sie auf ihrem Grundstück eine Familiengruft besaßen. Basaßen Priscilla und Acilius eine Famliengruft?	Ja, denn sie waren reich. Wie empfanden Priscilla und Acilius ihre Hauskirche?
»Unsere Hauskirche ist für uns wie eine Familie.« Priscilla und Acilius machten einen Vorschlag.	»Warum sollten wir unsere Brüder und Schwestern nicht bei uns beisetzen?« Was ist auf dem Bild Deuteseite 30 unten dargestellt?	Gräbernischen im ersten Stockwerk der Priscilla-Katakombe.

Reli 6.2.5

Domino-Spiel: Katakombe (Schleiernahme, Grabinschrift)

Was geschah mit dem Besitz von Priscilla und Acilius?	Bevor Priscilla starb, schenkte sie ihren Besitz der Kirche. Was geschah mit der ehemaligen Familiengruft?	Sie wurde zu einem weit verzweigten Gräberfeld ausgebaut. Was sind Katakomben?	Das sind unterirdische Friedhöfe. Wie heißt der Stein, der sich leicht bearbeiten lässt?
Tuffstein. Auf welche Weise wurden die Verstorbenen bestattet?	Sie wurden in Nischen gelegt, die rechts und links in die langen Seitengänge hineingeschlagen wurden. Was geschah nach der Bestattung?	Die Nischen wurden zugemauert. Was drückte das Bild aus, das auf die zugemauerte Nische gemalt wurde?	Den Auferstehungsglauben der Christen. Manche Bilder waren besonders beliebt. Welche?
Der Gute Hirte. Die Auferweckung des Lazarus. Jona im Fischbauch. Weitere Bilder, die auf den Grabsteinen eingeritzt waren?	Palme, Taube, Fisch. Wie heißt das Christus-Zeichen?	PX In der Priscilla-Katakombe ist eine Grabkammer nach einem bestimmten Fresco benannt. Welches ist es?	»Die Schleiernahme«

Warum ließen römische Kaiser immer wieder Christen wegen ihres Glaubens verfolgen und hinrichten?	Sie glaubten, dass die Christen ihnen nicht treu ergeben waren. Wen betrachteten die Christen als ihren höchsten Herrn?	Nicht den Kaiser, sondern Jesus Christus. Wie nannte man diejenigen, die ihr Leben für Christus hingegeben hatten?	Märtyrer. Wo wurden diese Märtyrer bestattet?
Auch in den Katakomben. Warum pilgerten viele Christinnen und Christen zu den Märtyrergräbern?	Sie beteten dort und flehten die Märtyrer um Fürbitte bei Gott an. Es kamen immer mehr Pilger zu den Gräbern. Was war die Folge?	Der Platz an den Gräbern wurde zu eng und man errichtete darüber eine Kirche. Welcher Kaiser erlaubte den Christen die freie Religionsausübung?	Kaiser Konstantin. Was geschah mit den christlichen Friedhöfen unter der Kirche?
Sie wurden vergessen. Wann wurden sie erst wieder entdeckt?	Jahrhunderte später. Was fand man in der Katakombe an der Via Salaria?	Eine Inschrift aus dem 4. Jahrhundert. Was erkannte man in der Inschrift DOMINA PRISCILLA?	Man erkannte darin die Stifterin des Friedhofs.

Notizen für meine Katakomben-Führung

* Schreibe neben die Bilder eine kurze Erklärung zur Vorbereitung deiner nächsten Führung! Der Text Deuteseite 30–31 hilft dir dabei.

schen Staates wiederherstellen und alle Reichsbürger zur römische Staatsreligion und zum Kaiserkult zurückführen. Dabei waren die Christen die größte Bedrohung, da sie den Staatskult verweigerten. Decius setzte Sonderkommissionen ein, die den Opfervollzug überwachen und Opferbescheinigungen ausstellen mussten. Die Nachfolger von Decius, der schon 251 im Kampf gegen die Goten fiel, setzten die Verfolgungen nur mäßig fort, bis Valerian sie 257 erneut aufleben ließ. Sein Sohn und Nachfolger Gallienus (260–268) nahm die Verfolgungsedikte zurück, sodass die Christen 40 Jahre lang in Frieden leben konnten. Erst unter Kaiser Diokletian (284–305) setzten die bis dahin blutigsten Verfolgungen ein, die in alle vier Reichsteile getragen wurden. Besonders im Orient erreichten sie unter Galerius in den Jahren 305–311 ein nie gekanntes Ausmaß an Brutalität und Unmenschlichkeit. Trotzdem erkannte Galerius die Nutzlosigkeit seines Kampfes und erließ im April 311 das berühmte Toleranz-Edikt, das die Verfolgung beendete.

Die so genannte Konstantinische Wende
Die Tatsache, dass den Christen Religionsfreiheit gewährt worden war und dass entsprechend der Mailänder Vereinbarung das Christentum staatlicherseits sogar gefördert wurde, bezeichnete man als »Konstantinische Wende«. Nun wurde das Christentum für das Wohl des Staates in Anspruch genommen. Als Konstantin I. am 28. Oktober 312 an der Milvischen Brücke sich dem übermächtigen Heer des Kaisers Maxentius gegenübersah, erfuhr er angeblich die Hilfe des Christengottes und siegte. (Seine legendär überlieferte Vision vom Erscheinen des Christuszeichens am Himmel lässt sich auf eine seltene Planetenkonstellation zurückführen: An diesem Datum standen Venus, Mars, Saturn, Jupiter in einer Linie hintereinander in den Sternzeichen Steinbock und Adler, sodass die Himmelskörper durch eine gedachte Linie zum Christusmonogramm PX verbunden werden konnten.) Seit 312 bekannte Konstantin sich zum Christentum und erließ zusammen mit Licinius 313 das Mailänder Toleranzprogramm. Darin wurde den Christen die volle Gleichberechtigung mit den übrigen Religionen zuerkannt. Die von den Christen bereits zuvor praktizierte Armenspeisung wurde zu ihrer offiziellen Aufgabe und half den sozialen Frieden in der Gesellschaft sichern. Außerdem gab Konstantin seinem Heer die Kreuzesfahne und den Soldaten Schilde mit dem Christusmonogramm als Siegeszeichen. Er schaffte Kreuzigung und Gladiatorenkampf als Verbrecherstrafe ab, verbot die heidnische Opferschau zur Deutung des göttlichen Willens und der Zukunft und einige unsittliche Kulte und ordnete die Feier des Sonntags durch ein Reichsgesetz an (321). Prachtvolle Kirchenbauten unterstrichen das öffentliche Bekenntnis des Kaisers zum Christentum. Er ließ seine Kinder christlich erziehen und führte ein christliches Familienleben. Er starb 337, nachdem ihm Bischof Eusebius die Taufe gespendet hatte. Nach seinem Tod führten seine Söhne sein Erbe fort. Kaiser Gratian (375–383) und Kaiser Theodosius d. Gr. (379–394) erhoben das Christentum schließlich zur allein berechtigten Religion im römischen Reich. 380 verlangte ein kaiserliches Edikt von allen Untertanen die Annahme der christlichen Religion. Der Abfall vom Christentum wurde unter Strafe gestellt. 392 erklärte ein kaiserliches Edikt die Teilnahme am heidnischen Opferdienst zum Verbrechen. Das Christentum war zur Staatsreligion geworden, die Kirche zur Reichskirche. Viele Christen spürten schon damals die Gefahren, die mit dieser Entwicklung für den Glauben verbunden waren. Sie suchten nach konsequenteren Formen, die Nachfolge Christi zu verwirklichen. Die große Zeit des Mönchstums begann (vgl. Franzen 55 f., Blasig/Bohusch 22 f.).

2. Einsatzmöglichkeiten im RU

Beispiele finden, wo Menschen Andersgläubige verfolgen
Sch sollen erkennen, dass Menschen zu allen Zeiten wegen ihres Glaubens verfolgt werden.

– Ausgehend von dem Spottkruzifix sammeln Sch Bilder, auf denen Menschen in ihrer Religion(sausübung) dargestellt sind.
  Sch überlegen, wo sie schon Menschen begegnet sind, beobachtet haben oder sie in einem Film, auf einem Bild etc. gesehen haben, die eine andere Religion haben. Sch erzählen, was ihnen fremd, evtl. seltsam vorkam.
– Um Einseitigkeiten vorzubeugen, empiehlt es sich, auch die eigene Religion aus der Sicht der anderen zu beschreiben.

Plinius verhört eine Christin/einen Christen vor Gericht

- Bist du ein Christ?

- Du weißt, dass du mit dem Tod bestraft wirst, wenn du dabei bleibst, dass du ein Christ bist!

- Ich werde dich grausam foltern lassen, wenn du nicht sofort abschwörst und den Göttern und unserem Kaiser eine Opfergabe darbringst.

- Denk an deine Familie und deine Kinder. Sie müssen ohne dich weiterleben, wenn du jetzt nicht den Göttern und unserem guten Kaiser opferst.

- Sag mir bloß, warum willst du denn um Jupiter willen nicht unseren Göttern und unserem guten Kaiser opfern? Ich mache es doch auch!

- Was ist das für ein Gott, der dich daran hindert, anderen Göttern zu opfern? Er wird dir nicht helfen, wenn ich dich verbrennen lasse!

- Ich warne dich ein letztes Mal! Geh, opfere und verfluche diesen Christus!

- Der Kaiser sorgt für dich. Die Götter erhalten unser Reich. Warum willst du nicht zu ihnen beten und ihnen opfern?

Es soll deutlich werden, dass Menschen sich vor starker Fremdheit ängstigen, vor allem aus Unsicherheit fremdartige Menschen meiden oder gar verfolgen.

Spottkruzifix aus der Zeit vor Konstantin, mit dem ein heidnischer Junge seinen christlichen Mitschüler verspottete: »Anaxamenos betet seinen Gott an.«

Quellentexte, die die Unbeliebtheit der Christen beim Volk zum Ausdruck brachten:

> »... unterschob Nero die Schuld den Christen – so nannte das Volk diese Leute, die durch ihre Schandtaten verhasst waren – ... Dann überführte man ... eine gewaltige Menge ... wegen Hasses gegen das Menschengeschlecht.«
> (Tacitus über den Brand von Rom)

> »Aufzuspüren sind (die Christen) nicht. Werden sie angezeigt, so muss man sie strafen. ... Anonyme Anklageschriften dürfen aber bei keiner Anschuldigung Beachtung finden...«
> (Kaiser Trajan in seinem Bescheid über die Behandlung der Christen an den Statthalter Plinius)

> »Wenn der Tiber bis an die Stadtmauern steigt, ... wenn die Witterung nicht umschlagen will, wenn die Erde bebt, wenn es eine Hungersnot, wenn es eine Seuche gibt, sogleich hört man das Geschrei: die Christen vor die Löwen!«
> (Aus einer christlichen Quelle)

– Sch gestalten mit den Texten und dem Bild eine Heftseite oder ein Plakat.

Vor Gericht: Christinnen und Christen weigern sich zu opfern

Sch sollen den zentralen Konflikt der Christinnen und Christen mit dem römischen Staat erkennen.

> **Der Glaube der Römer**
> Die Römer sahen in allem göttliche Kräfte wirken und personifizierten sie in vielen Göttern (*Infoseite* 113 »Mythos«), die sie in Heiligtümern verehrten und denen sie Opfer darbrachten. Jupiter war der Haupt- und Staatsgott Roms. Er wurde meist auf Bergen verehrt und mit einem Blitz in der Hand dargestellt. Ein ihm geweihter Tempel stand auf dem Kapitol, dem höchsten Hügel Roms. Dorthin zogen auch die erfolgreichen römischen Feldherrn, die als Triumphator auf einem von vier Schimmeln gezogenen Wagen, in eine Purpurtoga gekleidet und mit einem Lorbeerkranz auf dem Haupt, den Jupiter verkörperten. Denn als oberster Staatsgott war Jupiter auch der Gott des politischen Erfolges, was im alten Rom meist den Erfolg im Krieg bedeutete. Seit der Zeit des Augustus setzte sich der Kaiserkult immer mehr durch. Die Behörden forderten von den Untertanen zum Zeichen ihrer loyalen Gesinnung als Beweis, sich an der Verehrung des Kaisers zu beteiligen. Seit Mitte des 1. Jh. begannen die vornehmen Priester in Rom, dem Genius des regierenden Kaisers zu opfern, und in den Provinzen verlangte man von jedem den Kaisereid und eine kleine Opfergabe vor der Statue des Kaisers (Blasig/Bohusch 22).

– L informiert Sch über den Glauben der Römer und die Opferpraxis (s.o).
* Die Bedeutung des Opfers wird durch die Opferbescheinigung (*Deuteseite* 32), die von den Römern eingefordert wurde, unterstrichen.
– Sch suchen in der Bibel nach Stellen, die es den Christinnen und Christen unmöglich machten, die Götter oder den Kaiser anzubeten und schreiben sie heraus: Ex 20,1–5; Dtn 6,4–5; Dtn 5,5.16; 2 Kön 17,35; Mt 22,36–37.
– Sch entwerfen eine Gerichtsverhandlung, in der ein römischer Statthalter eine/n angeklagte/n Christ/in überzeugen will, vom Christentum abzulassen und dem Kaiser und den Göttern zu opfern.
* Dazu gibt L auf Folie kopierte Argumente des römischen Statthalters vor (AB 6.2.8 *Arbeitshilfen* S. 63) und jede/r Sch schreibt in der Rolle des Christen Antworten in leere Sprechblasen.

Karpos und Papylos vor dem Prokonsul

Als der Prokonsul von Asien nach Pergamon gekommen war, wurden die Blutzeugen Christi, die Seligen Karpos und Papylos vor seinen Richterstuhl geführt.

Der Prokonsul nahm Platz und begann: Wie heißest du?

Der selige Karpos antwortete: Mein erster und vorzüglichster Name heißt: Christ! Willst du aber meinen irdischen Namen wissen: ich heiße Karpos.

Der Prokonsul: Es dürften euch die Erlasse der erhabenen Kaiser wohl bekannt sein, die euch befehlen, die Götter anzubeten, die das Weltall beherrschen. Ich rate euch somit gut, vorzutreten und zu opfern!

Karpos: Ich bin Christ. Ich bete Christus an, den Sohn Gottes, der erst vor kurzer Zeit zu unserem Heil herabstieg und uns aus den Täuschungen des Teufels befreit hat. Diesen Götzenbildern da opfere ich nicht! Tu mit mir, was du willst! Es ist mir unmöglich, diesen schwindelhaften Gebilden der Dämonen zu opfern. Denn wer ihnen opfert, wird ihnen gleich. Die wahren Anbeter Gottes, die nach der Mahnung unseres Kyrios Gott im Geiste und in der Wahrheit anbeten, werden gleichgestaltet der glanzvollen Herrlichkeit Gottes, werden unsterblich mit ihm, da sie durch seinen Logos das ewige Leben erlangen ... Wisse darum, dass ich ihnen nicht opfere!

Da wurde der Prokonsul zornig und sagte: Opfert den Göttern und macht keine Dummheiten!

Karpos entgegnete mit einem Lächeln: Zunichte sollen werden die Götter, die nicht erschufen Himmel und Erde!

Der Prokonsul: Aber es ist deine Pflicht zu opfern. So hat es der Kaiser befohlen.

Karpos: Nicht opfern die Lebendigen den Toten!

Der Prokonsul: So meint ihr also, unsere Götter seien tot?

Karpos: Willst du etwas hören? Diese so genannten Götter waren niemals richtige, lebendige Menschen. Darum konnten sie nicht einmal wirklich sterben! Willst du merken, wie es damit sich in Wahrheit verhält? Wohlan, gib den Kult auf, den du ihnen zu schulden glaubst, und du wirst erkennen, dass sie ein reines Nichts sind: Erdenstaub, der mit dem Zeitenlauf zerfällt. Unser Gott aber ist zeitenlos und hat die Jahrtausende erschaffen. Unvergänglich ist er und bleibt in Ewigkeit, immer der gleiche, ohne Zuwachs und ohne Eintrag...

Der Prokonsul: Jetzt habe ich dich aber viel dummes Zeug schwätzen lassen und ich bin schuld daran, dass du gegen die Götter und die gnädigsten Kaiser gefrevelt hast. Jetzt muss ich dir den Mund stopfen! Ich frage dich: Opferst du?

Karpos: Unmöglich – ich opfere nicht! Noch nie in meinem Leben habe ich Götzenbildern geopfert!

Sofort ließ ihn der Prokonsul an den Händen aufhängen und mit Eisenkrallen zerfleischen.

Karpos aber rief mit lauter Stimme: Ich bin ein Christ!

Immer von neuem zerfetzte man sein Fleisch, bis der Leib in sich zusammensackte und Karpos vor Schwäche kein einziges Wort mehr stammeln konnte.

* * *

Nun ließ der Prokonsul den Karpos wegschleppen und wandte sich an Papylos.

Er fragte ihn: Bist du vielleicht ein Mann von Amtsadel?

Papylos: Nein, ich bin nur ein schlichter Bürger.

Der Prokonsul: Wo hast du das Bürgerrecht?

Papylos: In Thyatira.

Der Prokonsul: Hast du Kinder?

Papylos: Mit Gottes Gnade sehr viele sogar.

Da rief jemand aus dem Volk mit lauter Stimme: Das mit dem Kinderhaben meint er im Sinne seines Christenglaubens!

Der Prokonsul: Was lügst du da zusammen mit deinen vielen Kindern?

Papylos: Willst du sehen, dass ich nicht lüge, sondern die Wahrheit sage? Siehe, in jeder Provinz und in jeder Stadt habe ich Kinder, Kinder in Gott!

Der Prokonsul: Opferst du? Oder was ist deine Antwort?

Papylos: Seit den Tagen meiner Jugend diene ich Gott. Nie habe ich Götzenbildern geopfert. Denn ich bin ein Christ und etwas anderes bekommst du nicht von mir zu hören. Nichts Besseres und nichts Köstlicheres könnte ich bekennen!

Da wurde auch er aufgehängt. Man zerfleischte ihn mit Krallen und drei Paar Henker mussten sich dabei ablösen. Nicht einen Schmerzenslaut gab er von sich und wie ein tapferer Wettkämpfer nahm er den Waffengang mit dem wütenden Widersacher auf.

Als der Prokonsul ihre unfassliche Geduld sah, befahl er, sie lebendig zu verbrennen.

Wurden vorher in der Bibel die biblischen Stellen nachgelesen, können sie als Argumente dienen.
- Die Gerichtsverhandlung wird wiederholt, indem ein Sch den Statthalter spielt und die anderen Sch ihre Argumente einbringen.
* Bei redefreudigen Klassen geschieht dies mündlich; es können auch zwei Sch die Gerichtsverhandlung frei gestalten.
- Sch lesen den Bericht des Eusebius, »wie die Christen auf den Opferkult reagierten« *Deuteseite* 32.
* Sie ordnen die Christen je nach den beschriebenen Reaktionen in Gruppen ein:
  1. Christen, die sofort opfern.
  2. Christen, die leugnen, je Christ gewesen zu sein.
  3. Christen, die nach Gefängnis und Folterung abfallen.
  4. Die »Säulen des Herrn«.
* Sie ordnen ihre Argumente, die sie in der Gerichtsverhandlung gefunden haben, den verschiedenen Gruppen zu.

- Zur Vertiefung kann der Prozess gegen Karpos, Papylos und Agathonike in Pergamon gelesen werden (AB 6.2.9 *Arbeitshilfen* S. 65).
* Sch suchen sich Argumente der zwei Märtyrer heraus, die sie am meisten überzeugen, und gestalten diese Sätze auf einem Blatt für die Zeitleiste (s. *Ideenseite* 26, »Sich einen Überblick verschaffen«).

Sich der Veränderungen für die Christen bewusst werden

Sch sollen die Veränderungen für das Leben der Christen nach der Anerkennung ihrer Religion im römischen Reich erfassen.

- Sch betrachten das Steinrelief *Deuteseite* 33 unten und überlegen, wie diese Darstellung möglich wurde.
- Sch lesen in KG die Texte *Deuteseite* 33 und notieren die Veränderungen für Christinnen und Christen auf AB 6.2.10 *Arbeitshilfen* S. 67.

In einer Rede zu den neuen Entwicklungen Stellung beziehen

Sch sollen sich bewusst werden, welche Chancen und Gefahren es für das Christentum mit sich brachte, als es zur Religion im römischen Reich anerkannt wurde.

- Sch lesen ein Gespräch unter Christen AB 6.2.11 *Arbeitshilfen* S. 69 mit verteilten Rollen.
- Sch wählen eine Person aus diesem Gespräch aus und verfassen mit Hilfe von deren Argumenten eine Rede an die Gemeindemitglieder.
* Sie warnen vor den Gefahren der neuen Situation für den Glauben und/oder heben die Vorteile heraus, die die neue Situation mit sich bringt.
* Die Reden werden vorgelesen. Evt. wird die Rede ausgesucht, die am meisten beeindruckt. Diese kann an die Zeitleiste angebracht werden (*Ideenseite* 26).
* Alternativ können die Reden auf Kassette aufgenommen und vorgespielt werden.

Das Christentum kam über die Alpen *Deuteseite* IV 34–35

1. Hintergrund

Erste Spuren

Schon vor Christi Geburt hatten die Römer unter Cäsar (100–44) Gallien, das heutige Frankreich, erobert und die Grenze bis zum Rhein vorgeschoben. Unter Kaiser Augustus (– 14 n.Chr.) gliederten sie auch das Alpenvorland bis zur Donau in ihr großes Reich ein. Im 2. Jh. bildeten deshalb der Rhein und die Donau die Nordgrenze des römischen Reiches. Das Gebiet zwischen Rhein und Donau wurde durch einen Grenzwall, den Limes, gesichert, um germanische Überfälle abzuwehren. Mit Rhein und Donau bildete er für zwei Jahrhunderte eine feste Grenze zwischen den römischen Provinzen und Germanien, in deren Schutz erste christliche Gemeinden entstehen konnten. Römische Soldaten und Kaufleute brachten den christlichen Glauben aus ihrer Heimat mit. Das älteste Zeugnis einer christlichen Gemeinde kennt man aus Trier (vgl. *Arbeitshilfen* S. 41).

Die früheste bekannte Christus-Darstellung auf einem fränkischen Grabstein stammt vom Ende des 7. Jh. aus Niederdollendorf/ Siegkreis. Auf der einen Seite ist in stilisierter Form ein Krieger mit einem Sax (germanisches Schwert) und einem Kamm in der Hand sowie einer Feldflasche am Boden dargestellt. Darüber windet sich eine Schlange. Die auf *Deuteseite* 34 gezeigte Rückseite stellt Christus im Strahlenkranz dar, mit einer Lanze in der Hand, unter seinen Füßen winden sich Schlangen. Die germanische Vorstellung von dem nach Walhall (Himmel) einziehenden Krieger verbindet sich mit dem christlichen Auferstehungs-

Veränderungen nach der Anerkennung des Christentums durch die Mailänder Vereinbarung

Bild auf einem römischen Sarg um 350 nach Christus: Ein römischer Soldat krönt Christus mit einem Lorberkranz.

glauben: Christus wird als »Herzog« mit den Zeichen der Lanze bzw. als Himmelskönig dargestellt, der das Gewürm zertritt. Neuerdings wird der Stein auch als Gedenkstein gesehen. Die Darstellungen sollen demzufolge an Bonifatius und seinen heidnischen Mörder erinnern (vgl. Schlette 177 f.).

Severin vermittelt zwischen den Stämmen
Spätestens seit dem 2. Jh. gab es Christen in Germanien; dazu gehörten auch die Provinzen Rätien und Noricum. Auch dieser Raum wurde nicht von der letzten großen Christenverfolgung (304) unter Kaiser Diokletian verschont (hl. Afra!). Als Kaiser Theodosius das Christentum 392 zur Staatsreligion erklärt hatte, entstand eine flächendeckende Kirchenorganisation, die von den bereits bestehenden Bischofsitzen ihren Ausgang nahm. Diese Bischofsitze befanden sich in geschützteren Siedlungen oder im alpinen Raum. Als mit den eindringenden Germanenstämmen das römische Reich sich aufzulösen begann, blieb nur im westlichen Alpenraum die römische Tradition lebendig und die Bischofsitze konnten sich erhalten. Im Zentral- und Ostalpenraum brachte zuerst die Völkerwanderung und später die germanische Staatenbildung die Auflösung der organisierten römischen Staatskirche mit sich. Das Christentum zerfiel in örtlich begrenzte und oft isolierte Christengemeinden, die sich aus der romanischen Restbevölkerung zusammenfanden und von den germanischen Siegern unbeachtet blieben.
Diese Kontinuität der römerzeitlichen christlich geprägten Kulttradition in das germanische Mittelalter hinein ist für einige Orte belegt: Neben der hl. Afra zu Augsburg (vgl. *Arbeitshilfen* S. 41 f.) wird in Passau und in Künzing bei Vilshofen an der Donau der hl. Severin verehrt. In seiner Lebensbeschreibung, der »Vita sancti Severini« berichtet Eugippius, der hoch gebildete erste Abt des Klosters Lussluanum bei Neapel, mit großer Ausführlichkeit und Zuverlässigkeit von Severins Wirken im Raum zwischen Salzburg, Passau und Wien. Die Herkunft Severins bleibt im Dunkeln. Fest steht nur, dass er sich aus Sehnsucht nach einem vollkommenen Leben in einer Wüste im Osten aufhielt und von dort in die an Oberpannonien angrenzenden Städte von Ufernoricum kam, die von häufigen Barbareneinfällen bedrängt wurden. Er ließ sich in Favianis (heute Mautern) in einer Mönchszelle nieder. Severin verkehrte mit den germanischen Stammesfürsten genauso vertraut wie mit den höchsten Kreisen Italiens; so nimmt man an, dass er von hoher sozialer Herkunft war. Seine Tätigkeit umfasste politisches, caritatives und geistig-religiöses Wirken. Er organisierte Maßnahmen zur Verteidigung der Romanen gegen feindliche Völkerschaften, verhandelte mit den Germanenkönigen und organisierte für die ansässige Bevölkerung samt den hinzugekommenen Flüchtlingen Essen, Unterkunft und Kleidung. Bisweilen traf er dabei auf den Widerstand der Bevölkerung. In den von Severin gegründeten Klöstern lebten die Mönche nach seinem Vorbild in strenger Askese. Severin starb am 8. Januar 482. Sein Leichnam wurde nach mehreren Zwischenaufenthalten in Lucullanum endgültig zur Ruhe gebettet (vgl. Breinbauer).

Die Franken bekehren sich als erster germanischer Stamm zum Christentum
Chlodwig war der Sohn Childerichs I., der König eines Teilstammes der salischen Franken in Nordgallien war und aus dem Geschlecht der Merowinger stammte. Chlodwig selbst kämpfte zunächst als fränkischer Teilkönig im 5. Jahr seiner Regierung als 16-jähriger gegen den römischen Statthalter Syagrius in Gallien. Als er ihn besiegt hatte, plünderten seine germanischen Krieger die christlichen Kirchen und und wüteten brutal unter der galloromischen Bevölkerung. In weiteren Kriegen brachte Chlodwig ganz Gallien unter die fränkische Oberhoheit. Die politische Heiratsverbindung mit der Tochter eines burgundischen Teilkönigs, Chlodehilde, die eine Christin war, entschied den weiteren Verlauf der Geschichte. Sie hatte so großen Einfluss auf diesen rücksichtslosen und brutalen Herrscher, dass er sich in einer Schlacht gegen die Alemannen entschloss, sich im Falle eines Sieges taufen zu lassen. Bei der Heeresversammlung, die nach der Schlacht im März 498 einberufen worden war, legte Chlodwig dem Heer die Frage der Taufe dar und erhielt durch Zuruf die Zustimmung. Mit großer Feierlichkeit wurde der Legende nach am Weihnachtstag 498 oder 499 die Taufe vollzogen. Dabei soll Bischof Remigius von Reims gesagt haben: »Beuge dein Haupt. ... Bete an, was du verbrannt hast! Verbrenne, was du angebetet hast!« Mit dem König haben sich nach den Aufzeichnungen Gregor von Tours 3000 Franken taufen lassen, nach späteren Quellen waren es 6000 (Chronik Fredegar). Die Getauften erhielten das Taufhemd zum Geschenk.

Irische Wandermönche kommen zu den Franken
Irland war nie von den Römern erobert worden. Wie das Christentum dorthin kam, ist nicht letztgültig belegt. Anscheinend hatte die Insel bereits um 400 von Britannien aus die erste Berührung mit dem christlichen Glauben. 431 sandte Papst Coelestian I. den Diakon Palladius als »ersten Bischof

Endlich anerkannt!

Bischof Eusebius, die Diakonin Johanna und der kaiserliche Beamte Lactantius stehen im Jahr 325 n.Chr. vor dem Konstantinsbogen in Rom und unterhalten sich über die Ereignisse der letzten 20 Jahre:

Eulogius: Wir können gar nicht dankbar genug sein, dass wir diesen Kaiser haben. Niemals werde ich vergessen, wie uns Kaiser Diokletian im ganzen Reich verfolgen ließ. Dabei haben sie unsere Gotteshäuser zerstört und wer den Göttern und dem Kaiser nicht opferte, der wurde grausam hingerichtet. Hier könnt ihr noch die Narben von meiner Auspeitschung sehen, als ich damals mit knapper Not dem Märyrertod entgangen bin.

Lactantius: Ja, es hat sich viel geändert in den letzten zehn Jahren, seit Konstantin die Schlacht gegen Maxentius gewonnen hat und Kaiser geworden ist. Seitdem dürfen wir uns offen zu Christus bekennen. Sogar die Feldzeichen seiner Soldaten tragen jetzt das Christuszeichen.

Johanna: Meiner Meinung nach will Konstantin nur die Christen für sich gewinnen. Er hofft, dass er sich dann keine Sorgen um seine Macht mehr machen muss. Er selbst ist ja noch nicht einmal getauft!

Eulogius: Trotzdem: Wir brauchen uns nicht mehr zu verstecken. Wir können ungehindert und ohne Angst unseren Gottesdienst feiern. Zudem kommen immer mehr Menschen in unsere Kirchen. Die Häuser werden bald zu klein sein. Deshalb dürfen wir jetzt mit kaiserlicher Erlaubnis neue, große und prächtige Gotteshäuser bauen. Konstantin gibt sogar Geld dafür her.

Johanna: Das finde ich auch schön. Aber für mich bleiben Fragen. Sind die Menschen, die sich taufen lassen, wirklich überzeugt von unserem Glauben? Oder meinen sie nur, dass sie im Staat schneller vorankommen, wenn sie Christen sind?

Lactantius: Sicher gibt es Mitläufer. Aber ich kenne auch sehr viele ernsthafte Christinnen und Christen.

Eulogius: Unser Einfluss im Staat wächst. Und das finde ich gut. Erst kürzlich hat Konstantin die grauenhafte Kreuzigungsstrafe abgeschafft. Und jetzt dürfen auch keine Gladiatorenkämpfe mehr stattfinden. Wer weiß, vielleicht wird bald auch das Los der Sklaven leichter.

Johanna: Das sind viele gute Entwicklungen. Aber es gibt auch genauso viel Schlimmes. Manche Christen haben schnell vergessen, dass sie verfolgt wurden, und verfolgen nun andere! In Ephesus zum Beispiel haben Christen eine Synagoge angezündet und die Behörden haben nicht eingegriffen. In Athen wurden Anhänger der alten Götter verspottet und verprügelt. Das kann man doch als Christ nicht machen!

Lactantius: Dafür schäme ich mich auch! Außerdem fällt mir auf, wie unbescheiden Bischöfe und Priester geworden sind. Sie reisen auf Staatskosten über Land und Priester zahlen keine Steuern.

Eulogius: Das sollte natürlich nicht sein. Aber wir müssen auch sehen, dass wir jetzt endlich die Gelegenheit bekommen haben, das Evangelium von Jesus Christus überall zu verkünden. Viele werden es richtig verstehen, da bin ich mir sicher. Wir müssen uns nur richtig Mühe geben.

zu den Iren, die an Christus glaubten« (Prosper von Aquitanien). Der eigentliche geistliche Missionar Irlands aber war der Brite Patrick (ca. 385–461), der die Insel auch kirchlich organisierte. Irland hatte keine Städte; die Menschen lebten in Clans zusammen. Die großen klösterlichen Gemeinschaften stellten in jedem der zahlreichen Clans das eigentliche kirchlich-religiöse Zentrum dar. Jedem dieser Gemeinschaften stand ein Abt vor; sie waren die verantwortlichen Leiter der irischen Kirche. Die Mönche, die immer auch Priester waren, übten Seelsorge, hielten Schule und feierten Gottesdienst mit dem Volk.

Wie Abraham wollten sie in die Fremde gehen, unter fremden Völkern leben und ihnen das Heil bringen. Obwohl sie – im Gegensatz zu den späteren Missionaren – unsystematisch arbeiteten, übertrugen sie ihre Bräuche und klösterlichen Formen auch auf den Kontinent. Dazu gehörten der Zölibat und das Stundengebet; beides wurde im weiteren Verlauf der Geschichte für den gesamten Priesterstand des Westens zum verpflichtenden Leitbild. Auch die strenge Bußdisziplin und Kasteiung der Mönche wurde nachgeahmt. Die private, geheime und freiwillige Buße und die Privatbeichte wurde auf die Laien übertragen.

Einer der bedeutendsten iro-schottischen Missionare und Klostergründer war Kolumban.

Auch Kilian und seine Gefährten Kolonat und Totnan gehörten zu den Nachfolgern Kolumbans. Kilian wurde wahrscheinlich um 650 in Mullagh geboren. Als seine geistige Heimat gilt das Kloster Hy, das zum Bistum Kilmore gehörte.

Als Kilian mit seinen Gefährten um 686 in die Gegend von Würzburg kam, fand er bereits ein Christentum vor, das mit der fränkischen Kolonisation dorthin gelangt war. Zur Zeit Kilians regierte der Herzog Gozbert, der von Kilian getauft wurde. Mit dieser Taufe entschied sich, wie damals üblich, auch die Religion seiner Untertanen; denn die Christianisierung im Frühmittelalter vollzog sich »von oben nach unten«, sie ging vom »Fürsten des Personenverbandes« aus. Die Taufe war somit der entscheidende Akt bei der Missionierung, sie bildete nicht den Abschluss, sondern stets den Anfang der Mission.

Die Frau Gozberts ließ die drei Mönche wahrscheinlich am 8. Juli 689 erschlagen. Sie war die Schwägerin des Herzogs; diese damals weit verbreitete Ehepraxis war nach geltendem Kirchenrecht nicht erlaubt. Die Forderung Kilians an das Ehepaar, diese Ehe aufzulösen, musste einen Konflikt heraufbeschwören.

Mit der Erhebung der Gebeine 752 durch den ersten Bischof von Würzburg, Burkhard, wurde der Wanderbischof der Schutzherr von Würzburg, wo er und seine Gefährten im Salvatordom ruhen.

Fränkische Wanderbischöfe missionieren in Bayern

Die frühen bairischen Siedler hatten die bei den Germanen übliche Religion. Spätestens seit der Ansiedlung und Stammesbildung müssen die Bajuwaren auch mit dem Christentum in Berührung gekommen sein. In der kämpferischen Zeit der Völkerwanderung lebte der christliche Glaube aber nur unter den zurückgebliebenen romanisierten Christen weiter. Die christlichen Nachbarvölker übten in dieser Zeit keinerlei religiösen Einfluss auf die Bajuwaren aus. Auch die Herzöge der Agilolfinger vollzogen kein offizielles Bekenntnis ihres Herrschaftsgebietes zum Christentum. Deshalb kam es nicht zu Klostergründungen im Stammesgebiet. Im Gegensatz dazu entstanden in den fränkischen Gebieten und in den Nachbarländern mit fürstlicher Unterstützung viele und bedeutende Klöster. Die Folge war, das im ersten Drittel des 7. Jh. in Bayern ein verwildertes romanisches Restchristentum existierte und die christlich-fränkische Mission auf den Raum um Regensburg beschränkt blieb.

Erst mit dem Wiedererstarken des Frankenreiches, das unter den Merowingern lange geschwächt war, konnte es seinen Einflussbereich wieder nach Osten ausdehnen. Damit setzte die Missionierung durch die fränkische Kirche in Bayern neu ein.

Der hl. Emmeram

In diese Zeit fällt das Wirken des hl. Emmeram, der wahrscheinlich früheste fränkische Missionar der Zeit. Sein Wirken wird auf die Zeit zwischen 652 und 715 eingegrenzt. Vermutlich brach Emmeram um 692 aus dem Frankenreich auf, um bei den Awaren zu missionieren. Der bayerische Herzog Theodo konnte Emmeram jedoch überreden, als Bischof und Abt in Bayern zu bleiben. Emmeram blieb und wanderte in den nächsten drei Jahren durch das Land, um bei der nicht-christlichen Bevölkerung den Götzendienst auszurotten. Die wenigen Kirchen, die es damals in Bayern gab, standen u.a. in Regensburg, Straubing und Augsburg (Bischof; antikes Kultzentrum St. Afra). Bischof Arbeo beschreibt in der »Vita Emmerami«, dass der Heilige gegen Ende des Jahres 695 vom Sohn des Herzogs, Lantpert, bei Kleinhelfendorf grausam verstümmelt wurde. Danach wurde er von seinen Begleitern nach Aschheim transportiert, starb aber auf dem Weg dorthin. Ihm war vorgeworfen worden, die Tochter des Herzogs geschwängert zu haben. Nachdem sich dies als unwahr he-

Erste Spuren des Christentums bei den Germanen

Dieser keltoromanische Grabstein aus der ersten Hälfte des 6. Jahrhunderts wurde in St. Georgen in Attergau gefunden. Deinem forschenden Blick entgeht nicht, warum es sich bei den Bestatteten wohl um Christen handelte.

_____

_____

_____

Diese Gegenstände wurden im Grab eines bajuwarischen Mädchens gefunden. Das Grab befand sich in Straubing bei Weltenburg und stammt aus der Zeit um 600 n.Chr. Hier vermischen sich vormalige Religion und Christentum. Woran siehst du das?

_____

_____

_____

Dieser Gegenstand stammt aus dem 7./8. Jahrhundert n.Chr. Es handelt sich um eine silbertuschierte Schuhschnalle eines Frauenschuhs aus Geisling bei Regensburg. Sieh dir den Gegenstand genau an. Du kannst bestimmt eine christliche Spur entdecken!

_____

_____

_____

rausgestellt hatte, wurde der in Aschheim Begrabene nach St. Georg in Regensburg umgebettet. Dort entwickelte sich die beliebte Wallfahrt St. Emmeram.

Der hl. Rupert
Dem hl. Emmeram folgte auf Einladung des bayerischen Herzogs Theodo der Bischof von Worms, der hl. Rupert, zur Mission in Bayern. Später begann er die Awaren und Slawen zu missionieren, doch scheiterte dieser Plan an der feindseligen Haltung dieser Stämme. Er siedelte deshalb weiter westlich in Seekirchen, 15 km nordöstlich von Salzburg am Südausgang des Wallersees, erbaute dort eine Kirche und ließ sich schließlich 696 im antiken Juvavum (Salzburg) nieder.

Salzburg hatte sich als Zentrum der Romanen im südöstlichen Voralpen- und Alpengebiet halten können und sich auch das romanische Christentum bewahrt. Die St. Martins-Kirche auf dem Festungsberg war schon vor Rupert von den Bajuwaren gegründet worden. Mit der Schenkung der Stadt durch Herzog Theodo ging diese Kirche in den Besitz des hl. Rupert über. Er selber ließ sich in St. Peter mit seiner romanischen Klerikergemeinschaft nieder und erneuerte sie. Die Verschmelzung des germanisch-bajuwarischen Christentums mit der antiken-romanischen Christenheit und die Übernahme von deren Traditionen, die bis zu den Anfängen des christlichen Glaubens im Lande zurückreichten, war der Erfolg des hl. Rupert.

Um über das Kloster St. Peter die materiellen Voraussetzungen für die weitere Christianisierung zu schaffen, erwarb Rupert umfassenden Besitz. Er gründete zwischen 712 und 715 das erste deutsche Frauenkloster auf dem Nonnberg in Salzburg, dessen Konvent von Anfang an überwiegend aus Bajuwarinnen bestand und vom Bischof und vom Herzog Theodo reiche Güter erhielt. Damit schuf Theodo die materielle Grundlage für die missionarischen Aufgaben der Salzburger Kirche. Herzog Theodo teilte das Herzogtum 715 unter seine drei Söhne auf: Theotpert erhielt den Südosten mit Salzburg; Tassilo II. Passau und Grimoald bekam Freising; Regensburg behielt Theodo selber. Der hl. Rupert starb vermutlich am 27. März 715/16 in seiner rheinländischen Heimat. 774 wurden seine Reliquien in den Salzburger Dom übertragen.

Der hl. Korbinian
Der bayerische Herzog Theodo wallfahrtete als erster Herzog seines Stammes nach Rom zu den Gräbern der Apostelfürsten. Dort erreichte er, dass Papst Gregor II. (715–731) die Errichtung einer unmittelbar Rom unterstehenden bayerischen Landeskirche anordnete. Dieser Auftrag konnte jedoch nicht verwirklicht werden, wohl wegen der politisch instabilen Lage während der Machtkämpfe im Frankenreich nach dem Tod Pippins II..

Als der hl. Korbinian an den Freisinger Herzoghof zum Sohn des Theodo, Grimoald, und dessen Frau Piltrud kam, konnte er die Grundsätze christlicher Lebensführung dort nicht durchsetzen. Das religiöse Leben am Herzogshof befand sich noch in der Übergangszeit vom germanischen zum christlichen Glauben. Z.B. rief die Herzogin Piltrud eine Zauberin zu ihrem kranken Kind, statt den Bischof, dem sie wegen der versuchten Auflösung ihrer Ehe (mit ihrem Schwager, s.o.) feindlich gesinnt war. Die Auseinandersetzungen eskalierten, sodass Korbinian in das von ihm gegründete Kloster Kuens nördlich von Meran fliehen musste. Erst als die Sippe des Grimoald 725 von Karl Martell besiegt wurde und Herzog Hucbert alle bayerischen Teilherzogtümer wieder vereinte, kam Korbinian nach Freising zurück und wurde dort Klosterbischof. Nach seinem Tod (um 729/30) wurde er auf dem Zenoberg in Mais bei Meran in der Nähe des Grabes des hl. Valentin von Rätien begraben. Erst 768 wurden seine Gebeine, die vorher nach Passau übertragen worden waren, nach Freising gebracht (vgl. Wurster 20 ff.).

2. Einsatzmöglichkeiten im RU

Nach ersten Spuren des Christentums bei den Germanen forschen Ideenseite 26
Sch sollen erste Spuren des Christentums aus der Zeit der Germanen zusammentragen.

– Ausgehend vom Text *Deuteseite* 34 bearbeiten Sch den Impuls *Ideenseite* 28 »Sich einen Überblick verschaffen.«
* *Hinweise: Themenseite* 24–25: Grabplatte der Sarmannina aus Regensburg; Bild der hl. Afra aus Augsburg; Miniatur zum Leben und Märtyrium des hl. Bonifatius. Weitere »Spuren« auf *Deuteseite* 34–35: Grabplatte aus dem 7. Jh. mit Christusdarstellung; Bild vom hl. Rupert in Salzburg, der Heiden tauft; Grabplatte des hl. Emmeram aus Regensburg.
– AB 6.2.12 *Arbeitshilfen* S. 71 zeigt Grabbeigaben aus den ersten christlichen Jahrhunderten in unserem Raum. Sch informieren sich anhand des Textes, wo diese Gräber gefunden wurden, und beschreiben selber, woran sie den christlichen Einfluss erkennen können.
(*Lösung v.o.n.u.:* Betend gefaltete Hände; Kreuz

Auf den Spuren unserer vorchristlichen Vergangenheit

Die nichtchristlichen Sitten waren sehr tief im Volk verankert. Wie versuchte die Kirche sie in christliche Bräuche umzuwandeln?
Hier ein Brief von Papst Gregor dem Großen:

»Die Tempel der Heidengötter soll man jedoch nicht zerstören, nur die Götzenbilder selbst, die sich in ihnen finden, die muss man vernichten. Dann aber sollen die Tempel selbst mit Weihwasser ausgesprengt werden, man soll Altäre in ihnen errichten. Es ist nur notwendig, die gut aufgeführten Tempel vom Götzenkult in den Dienst des wahren Gottes umzuändern. Wenn das Volk so seine Tempel nicht zerstört sieht, dann wird es aus seinem Herzen den Irrtum verbannen, wird den wahren Gott erkennen und zum Gebet auch ferner zu den Orten kommen, die es bisher gewohnt war zu besuchen. Und weil sie zum Opfer für ihre Dämonen viele Rinder zu schlachten pflegen, muss man an ihnen auch diese Gewohnheit in eine christliche Feier ändern. So soll man an den Festen der Kirchweih oder den Festen der Heiligen, deren Reliquien in den Kirchen aufbewahrt werden, die aus Heidentempeln entstanden sind, ein ähnliches Fest feiern, indem man grüne Zweige aufsteckt und einen Kirchenschmaus veranstaltet. Aber man soll nicht mehr zu Ehren des Teufels Tiere opfern, sondern zum Lob Gottes und zur eigenen Sättigung soll man die Tiere schlachten. Und man soll dem Geber aller Dinge deswegen Dank sagen, denn so, wenn man ihnen die äußere Freude weiter gewährt, vermögen sie der inneren Freude leichter zuzustimmen.

* Die heidnischen Germanen beteten ihre Götter in Tempeln an.
  Was schlägt Papst Gregor vor?

_____
_____
_____
_____

* Das christliche Fest der Kirchweih und andere christlichen Feste haben
  eine vorchristliche Gewohnheit bewahrt:

_____
_____
_____
_____

* Suche auf *Infoseite* 103 nach weiteren vorchristlichen Bräuchen,
  die die Christen übernommen haben!

_____
_____
_____
_____

= christlich, Nadel und Amulett = heidnisch; Auf der Schnalle oben eingeprägtes Kreuz).
- *Alternative:* Sch lesen Brief von Papst Gregor den Großen und bearbeiten Aufgaben dazu: AB 6.2.13 *Arbeitshilfen* S. 73).

Deine/n Diözesanpatron/in kennen lernen   **Ideenseite 26**
- Sch informieren sich im *Lexikon* über den Begriff Diözese.
- Im UG nennen Sch die sieben bayerischen Diözesen, die sie auf der Karte *Ideenseite* 26 finden.
- Damit Sch im Unterricht die Erkundigungen über ihre/n Diözesanpatron/in einholen können, stellt L ihnen diese Informationen zur Verfügung (Schülerbuch, *Arbeitshilfen* S. 68, 70, 72, Lexikonartikel, Heiligenbücher).
- *Alternative:* Sch verschaffen sich in KG Informationen: Schulbibliothek, Bücherei, Internet, Skulptur in der Kirche, Befragung des Pfarrers – nach Vorankündigung! (HA), Lexika, Heiligenlegenden, Bilder, Eltern oder Verwandte. Präsentation auf Plakaten im Unterrichtsraum oder als Ausstellung in Schulgebäude oder Kirche.

Diözesen in Bayern damals und heute   **Ideenseite 27**
- Sch vergleichen die bayerischen Diözesen im 8. Jh. und heute.
- Sch betrachten die Karte *Ideenseite* 27 (oder Folie) und nennen die Klöster und Diözesen (Bistümer) dieser Zeit.
- Sch vergleichen mit der heutigen Bistumskarte *Ideenseite* 26. Was gehörte im 8. Jh. zum Herzogtum Bayern? Was ist seit dem 8. Jh. zu Bayern hinzugekommen? Wie hießen die angrenzenden Länder? Wie heißen sie heute?

Spielend einander Fragen stellen
Sch sollen einige Persönlichkeiten kennen lernen, die für die Entwicklung des Christentums von Bedeutung waren.
Mit folgendem Spiel lernen Sch diese Persönlichkeiten näher kennen. Alle können mitspielen; Voraussetzung ist, dass Sch sich auf die sechs Missionare gut vorbereitet haben: Severin, Kilian, Chlodwig, Rupert, Emmeram, Korbinian. Es werden ausschließlich die Informationen der *Deuteseite* 34–35 verwendet.
* *Material:* Spielplan (AB 6.2.14 *Arbeitshilfen* S. 75); eine Spielfigur; Fragekärtchen (AB 6.2.15 bis 6.2.17 *Arbeitshilfen* S. 77–82). (Nach einer Idee aus: »Spielen im Religionsunterricht. Ein Praxisbuch, hg.v. Gebhard Neumüller, Kösel, München 1997, S. 19–20).

* *Spielanleitung:* Die sechs »Personen« sitzen mit ihren Fragekärtchen im Klassenzimmer verteilt. In der Mitte steht der Spieltisch mit den Spielern. Ein/e Sch/in beginnt (evtl. alphabetische Reihenfolge), startet von A (rechts unten) aus, rückt die Spielfigur um ein Feld im Uhrzeigersinn vor und kommt auf eine bestimmte Farbe (vorbereiten!). Sch geht zu dem Missionar mit dem entsprechenden farbigen Kärtchen. Der Missionar (z.B. Kilian) liest die Fragekarte vor. Ist die Frage richtig beantwortet, wird »Kilian« durch den antwortenden Sch abgelöst. »Kilian« setzt sich nun an den Spieltisch und entscheidet, wer die Spielfigur weiterrücken darf.
Beantwortet Sch die Frage innerhalb einer abgesprochenen Zeit nicht, raten alle mit. Die/der Schnellste darf ablösen.
Kommt Sch auf ein Feld mit mehreren Farben, kann die Farbe frei gewählt werden.
Mehrere Felder mit einer neutralen Farbe werden als »Joker« benutzt. Sch kann sich die Farbe aussuchen.
Das Spiel ist beendet, wenn alle Fragekarten beantwortet wurden.

3. Weiterführende Anregungen

Ein Referat vorbereiten
Sch sollen durch Referate der Lerngruppe einzelne oder mehrere bedeutende Personen bekannt machen.

- Je nach Diözese bereiten Sch zu wichtigen Personen ein Referat mit Anschauungsmaterial vor und tragen es der Klasse vor.

Auf den Spuren des hl. Severin
Mit der Klasse (auch fächerübergreifend) in Passau das Museum Boiotro besuchen. Adresse: Römermuseum Kastell Boiotro Passau, Ledererergasse 43, 94032 Passau, Tel. 0851/ 37469.
Im Raum 2 im Erdgeschoss können viele Bezüge zum Leben des hl. Severin hergestellt werden.
Anschließend kann die nahe gelegene Severinskirche besucht werden. (Achtung: Nicht immer für Schulklassen zugänglich!)

Den Mariendom in Freising besichtigen
Die Führung durch den Dom ist für Schulklassen kostenlos, Anmeldung unbedingt erforderlich.

Das Diözesanmuseum in Würzburg erforschen
Spuren des hl. Kilian entdecken und Experten befragen. Zur Vorbereitung empfehlenswert: Der

Spielplan: Das Christentum kam über die Alpen – aber durch wen?

Freisinger Dom. Ein Wegweiser für Kinder, hg.v. Schulreferat der Erzdiözese München-Freising. Bestelladresse: Materalstelle des Katholischen Schulkommissariats in Bayern, Schrammerstr. 3, 80333 München, Tel. 089/2137-411.

Ein Buch über den hl. Korbinian lesen
Matthias Pöschl: Sankt Korbinian, München 1989 (79 S., groß geschrieben): Der Erzähler konfrontiert Überliefertes mit den Ergebnissen der Forschung im Raum frühbajuwarischer Geschichte und der bajuwarisch-fränkischen Mönchswelt. Aus vielen Einzelheiten, die belegt sind, gestaltet der Autor ein mosaikartiges Zeitbild, das das Miterleben der vergangenen Epoche ermöglicht.

Vom Wirken der benediktinischen Mönche

1. Hintergrund

Benedikt und sein Orden

Der Benediktinerorden war maßgeblich an der Kultivierung und Missionierung Europas beteiligt. Benedikt von Nursia wurde um 480 als Sohn einer vornehmen Familie in Nursia (Mittelitalien) geboren und studierte in Rom. Durch die ständigen Auseinandersetzungen zwischen Goten und Byzantinern waren die profane Kultur Italiens, die Ordnung der römischen Kirche und des Staates verfallen. Vermehrt traten nun Mönche auf, die als Eremiten in strenger Askese dieser heillosen Welt den Rücken kehrten. Auch Benedikt schlug zunächst diesen Weg ein; doch bald sammelten sich Gefährten um ihn. Deswegen gründete er eine Klostergemeinschaft, deren Regel mit 73 Kapiteln vorsieht, dass gemeinsamer Gottesdienst, Chorgebet und Arbeit, also die Sicherung des Lebensunterhalts, gleich wichtig sind: »ora et labora!«, d.h. bete und arbeite.

Benedikt dachte nicht an Mission oder an Ausbreitung seines Ordens. Für ihn gab es nur das Kloster Montecassino, das er 529 gründete, das er als Abt leitete und in dem er 547 starb (vgl. *Arbeitshilfen* S. 42). Als das Kloster 577 von den Langobarden zerstört wurde, konnte noch niemand ahnen, dass die Regel Benedikts einmal zum Grundbuch mittelalterlichen Zusammenlebens werden würde.

Papst Gregor der Große (540–604), ein Verehrer des hl. Benedikts, nahm sich der nach Rom geflohenen Mönche an. Gregor hatte längst die wachsende Bedeutung der germanischen Völker erkannt und wollte deren Christianisierung neu initiieren und in geordnete Bahnen leiten. Dazu schickte er die Benediktiner von Rom nach England, wo sie entgegen ihrer Regel Mission und Seelsorge betreiben sollten. Doch anders als die iro-schottischen Mönche wollten die Benediktiner ihre klösterliche Ordnung nicht völlig aufgeben, um etwa zu unsteten Wanderpredigern zu werden. Von ihrem Kloster aus wollten sie auf ihre Umwelt wirken (*stabilitas loci*). Mission und Seelsorge erforderten nach römischen Brauch priesterliche und lateinische Bildung. In den Klöstern wurden daher Schreibstuben eingerichtet, man holte sich aus Rom Bücher und widmete sich dem Studium der philosophisch-theologischen Tradition. In Klosterschulen wurden die Mönche auf ihr Priesteramt in liturgisch korrektem Latein, mit Kirchengesang und Osterfestberechnung vorbereitet. Für ihre Predigt wurden sie dogmatisch geschult. Auch Teile der antiken Bildung – Grammatik, Metrik, Zeitrechnung, Naturkunde – wurden einbezogen. Die Söhne der Adeligen aus der Umgebung der Klöster wurden in den Schulen zum Lesen und Schreiben und zur lateinischen Ordnung erzogen.

Als die angelsächsischen Benediktiner sich von England zum europäischen Festland aufmachten, wirkten sie dort nachhaltiger als ihre irischen Vorgänger. Sie waren daran interessiert, die einheimische Bevölkerung durch Argumente vom Christentum zu überzeugen. Ihre Klöster wurden zu Kulturzentren: Neben der Sammlung antiker Literatur sowie deren Erhaltung und Vervielfältigung lag den Mönchen auch die Geschichtsschreibung am Herzen. Bildung wurde ein wichtiger Bestandteil des geistigen Lebens.

Auch in wirtschaftlicher Hinsicht wirkten die Mönche über die Mauern ihres Klosters hinaus. Um weitgehend autark zu leben, betrieben sie Viehzucht, Acker- und Weinbau auf den Feldern außerhalb des Klosters. Die Bildgeschichte *Deuteseite* 36–37 spielt mit dem Hinweis auf den 12. März 744 auf das Gründungsdatum des Klosters zu Fulda an.

Frage-Kärtchen zu Severin und Kilian

*
Was passierte zur Zeit der Völkerwanderung?

**
Aus welchem Land kam der hl. Kilian?

*
Was war die Folge, als germanische Stämme in römisches Gebiet eindrangen?

**
Um welche Zeit kamen die irischen Wandermönche ins Frankenland?

*
Warum drangen die germanischen Stämme in römisches Gebiet ein?

**
Woher stammte der hl. Kilian?

*
Wo linderte der hl. Severin die größte Not?

**
Nenne die Jahreszahl: Wann kam Kilian in die Gegend von Würzburg?

*
Was unternahm der hl. Severin zu Zeit der Völkerwanderung?

**
Wie heißt die Stadt, in deren Nähe sich der hl. Kilian begab?

*
Welche Religion hatten die Germanen?

**
Beschreibe den Charakter des hl. Kilian!

*
Verschwanden zu Zeit der Völkerwanderung alle christlichen Regionen aus unserer Gegend?

**
Wie kam der hl. Kilian ums Leben?

Reli **6**.2.15
© by Kösel-Verlag, München

Antworten zu Kilian und Severin

**
Kilian kam aus Irland bzw. Schottland.

*
Germanische Stämme drangen in römisches Gebiet ein.

**
Um 590 kamen die irischen Wandermönche ins Frankenreich.

*
Vertreibungen, Hunger und Krankheit waren die Folge.

**
Kilian stammte aus einer vornehmen schottischen Familie.

*
Sie waren auf der Suche nach neuen Lebensgrundlagen.

**
Um 685 kam Kilian in die Gegend von Würzburg.

*
Im Donauraum.

**
Kilian ging in die Nähe von Würzburg.

*
Er bemühte sich die größte Not zu lindern und zwischen den Menschen zu vermitteln.

**
Kilian begeisterte die Menschen durch sein liebenswürdiges Wesen, seine Hilfsbereitschaft und seinen Lebenswandel.

*
Die heidnischen Germanen verehrten Naturgötter.

**
Kilian starb eines gewaltsamen Todes, er wurde umgebracht.

*
Nein, kleine christliche Regionen blieben erhalten.

Frage-Kärtchen zu Chlodwig und Rupert

***
Zwischen welchen Flüssen ließen sich die eingewanderten Germanenstämme der Franken nieder?

***
Welcher germanische Stamm dehnte seinen Besitz immer weiter nach Gallien aus?

***
Wann ließ sich der Frankenkönig Chlodwig taufen?

***
Wer taufte den Frankenkönig Chlodwig?

***
Ließ sich der germanische Stamm der Franken taufen, nachdem sein König getauft worden war?

***
Welcher Stamm wurde zum einflussreichsten unter den Germanen?

***
Beschreibe, warum außer den Franken auch andere germanische Stämme Christen wurden!

****
Wann kam der hl. Rupert nach Bayern?

****
Bei welcher Stadt ließ sich der hl. Rupert nieder?

****
Wie heißt die Kirche in Salzburg, die der hl. Rupert erbauen ließ?

****
Ergänze den Satz: Die Klöster des hl. Rupert waren Mittelpunkt für den ... und für die ...

****
Wohin kam der hl. Rupert im Jahre 693?

****
Wann starb der hl. Rupert?

****
Wie nennt man den hl. Rupert noch?

Antworten zu Rupert und Chlodwig

****
Um 693 kam Rupert nach Bayern.

****
Rupert ließ sich in Salzburg nieder.

****
Rupert ließ St. Peter in Salzburg bauen.

****
Die Klöster waren Mittelpunkt für den Gottesdienst und für die Bildung.

****
Um 693 kam Rupert nach Bayern.

****
Rupert starb um 716.

****
Rupert wird auch ›Apostel der Bayern‹ genannt.

***
Die eingewanderten Germanen ließen sich zwischen Rhein, Elbe und Donau nieder.

***
Die Franken dehnten ihren Sitz immer weiter nach Gallien aus.

***
Chlodwig ließ sich 498 taufen.

***
Der Bischof Remigius von Reims taufte Chlodwig.

***
Ja, die Franken folgten ihrem König in Gefolgschaftstreue zur Taufe.

***
Die Franken wurden zum einflußreichsten Stamm der Germanen.

***
Das einflussreiche fränkische Königshaus förderte die Ausbreitung des Christentums.

Frage-Kärtchen zu Emmeram und Korbinian

*****
In welche Stadt ging der hl. Emmeram?

******
Wo befindet sich die im Buch abgebildete Figur des hl. Korbinian?

*****
Welchen Auftrag bekam der hl. Emmeram vom Herzog von Regensburg?

******
Von wem wurde der hl. Korbinian nach Bayern geschickt?

*****
Aus welcher Zeit stammt eine der ältesten Steinskulpturen, die den hl. Emmeram darstellen?

******
Wie viele Bischöfe gab es vor dem hl. Korbinian in Freising?

*****
Hatte der hl. Emmeram viel Zeit, seinen Auftrag zu erfüllen?

******
Warum wurde der hl. Korbinian in Mais bei Meran begraben?

*****
Wann wurde der hl. Emmeram ermordet?

******
Wo werden die Gebeine des hl. Korbinian jetzt verehrt?

*****
Wo befindet sich Emmerams Grab jetzt?

******
Wie hieß der Bischof, der die Gebeine des hl. Korbinian von Mais nach Freising holte?

*****
Als was kam der hl. Emmeram nach Regensburg?

******
Zu welchem Datum wallfahren jährlich viele Jugendliche an das Grab des hl. Korbinian nach Freising?

Antworten zu Korbinian und Emmeram

******
Die Statue des hl. Korbinian steht am Hauptportal des Freisinger Doms.

*****
Emmeram kam nach Regensburg.

******
Korbinian wurde vom Papst nach Bayern geschickt.

*****
Emmeram sollte sich um die Märtyrer kümmern.

******
*Keinen.
Korbinian war der erste Bischof von Freising.*

*****
Die Steinplastik stammt von 1052.

******
Weil Korbinian es sich so gewünscht hatte.

*****
Bereits nach wenigen Jahren seiner Arbeit wurde er ermordet.

******
Die Gebeine des Korbinian werden im Mariendom in Freising verehrt.

*****
Um 680 wurde Emmeram ermordet.

******
Bischof Arbeo holte Korbinians Gebeine von Mais nach Regensburg.

*****
Unter dem Kloster St. Emmeram in Regensburg.

******
Am Gedenktag, dem 20. November, findet die Korbinianswallfahrt statt.

*****
Emmeram kam als Wanderbischof nach Regensburg.

Eine Aufgabe im Kloster finden

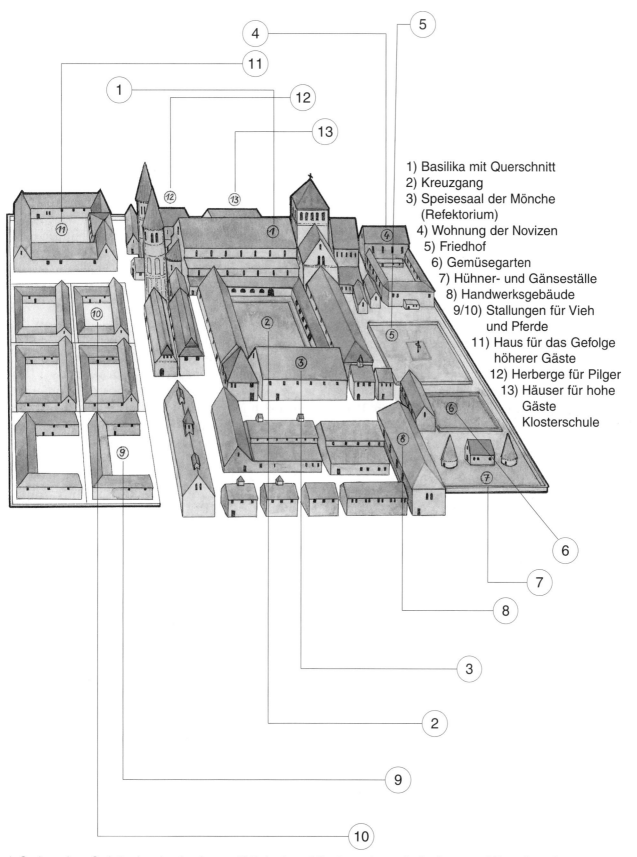

1) Basilika mit Querschnitt
2) Kreuzgang
3) Speisesaal der Mönche (Refektorium)
4) Wohnung der Novizen
5) Friedhof
6) Gemüsegarten
7) Hühner- und Gänseställe
8) Handwerksgebäude
9/10) Stallungen für Vieh und Pferde
11) Haus für das Gefolge höherer Gäste
12) Herberge für Pilger
13) Häuser für hohe Gäste
Klosterschule

* Ordne den Gebäuden in der benediktinischen Klosteranlage Aufgaben und Berufe zu!
* Und wo würdest du gerne mitarbeiten?

2. Einsatzmöglichkeiten im RU

Die Heimat kultivieren
Sch lernen den Beitrag der Benediktinerklöster zur Kultivierung unserer Heimat kennen.

- Sch lesen die Bilderfolge *Deuteseite* 36–37.
- L fragt, was die Mönche in nächster Zeit alles tun müssen, um ihr Kloster aufzubauen. TA.
- Jede/r Sch wählt eine Aktion und malt ein Comicbild auf ein Kärtchen (12 x 10 cm).

Hinweis: L achtet darauf, dass alle Tätigkeiten der Mönche zeichnerisch umgesetzt werden.

Einen heiligen Ort wählen *Ideenseite 27*
Sch entdecken am Beispiel von Kloster Weltenburg wichtige landschaftliche Voraussetzungen für den mittelalterlichen Klosterbau.

- In PA betrachten Sch das Foto *Ideenseite* 27 und suchen nach Gründen für einen Klosterbau in einer solchen Lage (Wasser, Holz, fruchtbares Land, Sicherheit durch Uferlage).
- Im UG stellt L die Frage, welche Orte ähnliche Voraussetzungen für einen Klosterbau bieten (z.B. Berg (-hänge, vgl. Montecassino *Themenseite* 24, über Serpentinenstraßen auf dem Bergplateau erreichbar).

Eine Aufgabe im Kloster finden *Ideenseite 27*
Sch werden sich bewusst, welche Berufe und Arbeiten nötig sind, damit ein geordnetes und von der Umgebung weitgehend unabhängiges Zusammenleben im Kloster möglich ist.

- In EA betrachten Sch den Grundriss eines Klosters und verschaffen sich einen Überblick anhand der Legende.– Im UG nennen sie die verschiedenen Einrichtungen der Anlage.
- Mit Hilfe der Legende benennen Sch die verschiedenen Arbeiten, die die Mönche tun mussten, um das Leben im Kloster aufrecht zu erhalten, und notieren sie auf AB 6.2.18 *Arbeitshilfen* S. 83.

Hinweis: Fast jedem Gebäude lassen sich bestimmte Berufe und Aufgaben zuordnen.

- Im UG nennen Sch ihre Ergebnisse und wählen eine Aufgabe, die sie im Kloster als Nonne oder Mönch übernommen hätten.

3. Weiterführende Anregungen

Besuch eines Benediktiner/innenklosters
Wie läuft das Leben im Kloster ab? Sch informieren sich über Stundengebet, Tagesablauf, Arbeiten im Kloster und über die Möglichkeiten, das Kloster auf Zeit kennen zu lernen.

Steckbriefe: christliche Persönlichkeiten *Infoseite 38–39*

1. Hintergrund

Durch biografische Texte lernen Sch das Leben und Werk dreier wichtiger christlicher Persönlichkeiten kennen: Paulus, Benedikt von Nursia und Bonifatius. Zum Text »Waren die Christen Juden?« vgl. *Arbeitshilfen* S. 48 und S. 56. Zur Paulus-Biografie vgl. *Arbeitshilfen* S. 43 ff.

Bonifatius
Bonifatius (Winfried), von Haus aus Angelsachse, wird auch Missionar der Deutschen genannt. 722 wurde er zum Bischof geweiht und 732 zum Erzbischof. Er missionierte vor allem in Hessen und Thüringen, errichtete die Bistümer Salzburg, Regensburg, Freising und Passau, Würzburg, Erfurt. 746 wurde er Bischof von Mainz. Er starb den Märtyrertod in Friesland, sein Grab befindet sich in Fulda. Ursprünglich stammte er aus Exeter in England, die Kirche dort war romorientiert, während die iro-schottische Kirche eher auf Unabhängigkeit und Eigenständigkeit achtete. Mit 30 Jahren wurde Bonifatius Priester und Lehrer für Grammatik und Dichtung. Mit 40 zog es ihn zur Mission auf das Festland. Seine ersten Erfahrungen machte er mit Willibrord in Friesland und lernte von ihm: zum einen die Einbeziehung des politischen Umfelds in seine Planungen, zum anderen die Verankerung seiner Arbeit in Rom. Bonifatius legte das organisatorische Fundament für die ganze deutsche Kirche und mehr noch: Durch seine Verbindungen zu Rom und zu den Karolingern gehörte er zu denen, die mithalfen, das Papsttum aus seinen byzantinischen Bindungen zu lösen und enger in die Entwicklung in Mitteleuropa zu einzubinden. Am Ende seines Lebens machte er sich noch einmal mit einigen Gefährten auf zur Friesenmission. Dort wurde er von einer räuberischen Friesenbande überfallen und erschlagen. Sein Grab fand er bei seiner Lieblingsgründung: in Fulda.

Benedikt von Nursia: Leben und Wirken

Um das Jahr 480 wurde Benedikt in _____ im sabinischen Bergland geboren. Seine wohlhabenden Eltern schickten ihn zum Studium in die Stadt Rom. Die Stadt schien dem Untergang geweiht, weil sie von einfallenden _____ Stämmen bedroht wurde. Benedikt erkannte die Zeichen der Zeit und zog sich als _____ in eine Höhle zurück. Hier erkannte er den Auftrag Gottes, Licht für viele Menschen zu sein. Mönche eines Klosters baten ihn, ihr Oberhaupt zu werden. Doch wollten sie sich nicht seinen _____ beugen, sodass Benedikt wieder in seine Höhle zurückkehrte.

Dieses Erlebnis führte ihn zu der Erkenntnis, dass _____ Leben ohne _____ unmöglich ist, und so entstand seine bedeutende Regel, die zum Gesetzbuch für das abendländische Mönchtum wurde. Sein Wahlspruch lautete: _____ . So entstand zunächst in der Einöde eine Gemeinde mit über 100 Brüdern, die in zwölf kleinen Klöstern lebten und in Benedikt ihren Vater und Abt sahen. Im Jahr 529 zog Benedikt mit seinen Mönchen nach _____ . Dort auf einem steilen Berg zwischen Rom und Neapel baute Benedikt über den Ruinen eines _____ ein neues Kloster.

In dieser Stunde war Benedikt sicher noch nicht bewusst, dass von hier aus der Glaube in die ganze Walt hinausgetragen würde. Sein Hauptwerk ist die Klosterregel, die in 73 Kapiteln eine kurze Lehre für mönchisches Leben gemäß dem _____ darstellt. Sie legt besonderen Wert auf:
_____ , die Mönche lebten an einem Ort
_____ als Ort einer gemeinsamen Gotteserfahrung
_____ , wobei allen alles gemeinsam gehört
die Verbindung von _____ und _____ , weil Müßiggang den Menschen schadet,
und die Stellung des _____ , der für alle väterlich sorgt.

Alle, die in Benedikts Gemeinschaft eintraten, waren gleich. Seine Mönche trugen den mantelartigen Überwurf mit Kapuze, wie ihn damals die einfachen _____ hatten.

Benedikt von Nursia
Vgl. *Arbeitshilfen* S. 42 und S. 76.

2. Einsatzmöglichkeiten im RU

Der hl. Benedikt von Nursia
Sch machen sich mit den Leben und Schaffen des Heiligen vertraut (*Infoseite* 39, Lexika etc.).

Der Lernkontrolle dient der Lückentext AB 6.2.19 *Arbeitshilfen* S. 85.
Lösungswörter: Nursia; germanischen; Eremit; Reformen; mönchisches; Regel; Ora et labora; Monte Cassino; Apollotempels; Evangelium; stabilitas loci; Chorgebet; Armut; Gebet; Arbeit; Abtes; Landbewohner.

Wenn viele gemeinsam träumen   Stellungnahmen 40

1. Hintergrund

Das vorliegende Kapitel gibt einen Überblick über die Geschichte des Christentums bis ins 7./8. Jh.. Die Fülle des Stoffes zwingt dazu, einzelne Inhalte auszuwählen und sie schwerpunktmäßig zu behandeln. L muss, ggf. in Absprache mit L für Geschichte, die Auswahl treffen.

2. Einsatzmöglichkeiten im RU

Symbole für den Heiligen Geist finden
Sch sollen mit Redewendungen aus dem täglichen Sprachgebrauch den Symbolen für den hl. Geist auf die Spur kommen.

– Es wird auf Apg 2,1–42 (*Ideenseite* 26) zurückgegriffen.
– Sch sitzen im Kreis. In der Mitte liegen drei Plakate mit jeweils der Beschriftung Sturm, Feuer, Geist und Stifte. Sch schreiben auf die einzelnen Plakat Redewendungen, die ihnen dazu einfallen. Zur Erleichterung steht evt. schon jeweils eine Redewendung auf dem Plakat (Sturm: Er rannte stürmisch auf ihn zu. Feuer: Sie waren feurige Redner. Geist: Sie waren begeistert von der Sache Jesu.).

Eine Geschichte über den Hl. Geist schreiben
Sch sollen in einer eigenen Erzählung erfassen, wo der Hl. Geist in der Geschichte der Kirche gewirkt hat.

– Sch suchen nach Personen und Ereignissen, die im Kapitel behandelt wurden, in denen ihrer Meinung nach der Hl. Geist gewirkt hat. Sie schreiben dazu eine entsprechende Geschichte mit ihren eigenen Worten unter der Überschrift: »So wirkt der Hl. Geist« o.Ä. Dies kann mit dem Impuls der *Stellungnahmen* rechts oben verbunden werden.

Sich eine Person als Vorbild wählen
Sch wählen eine sie beindruckende Person aus dem Kapitel aus und machen sich bewusst, welche Tat(en) oder Eigenschaften sie vorbildlich finden.

– Sch gehen das Kapitel anhand ihrer Hefteinträge und Plakate noch einmal durch.
– Die Anregung zum Titelbild (*Arbeitshilfen* S. 41) wird umgesetzt. Sch wählen die Person, die ihnen am meisten imponiert hat, und malen oder kleben sie als Titelbild auf die erste (frei gelassene) Seite ihres Heftes.
– Sch stellen »ihre Person« vor. Dazu kann nach jeder Vorstellung das Lied »Wenn eine/r alleine träumt« gesungen werden.

Sein Leben einsetzen?
Sch werden sich bewusst, warum Menschen für ihren Glauben ihr Leben einsetzen.

– Sch suchen nach Menschen in dem Kapitel, die für ihren Glauben ihr Leben eingesetzt haben.
– Sch bilden zwei KG und suchen gemeinsam nach Für- und Wider-Argumenten, warum die Person ihr Leben eingesetzt hat. Dabei sollen auch die Folgen berücksichtigt werden: »Was wäre passiert, wenn er/sie es nicht getan hätte?«
– In einer Pro- und Contra-Diskussion erörtern die Gruppen ihre Argumente.

Auf christliches Verhalten in unserer Welt aufmerksam werden
Sch werden auf christliche Wertvorstellungen, die unsere Gesellschaft prägen, aufmerksam.

– Sch lesen den Text von Heinrich Böll. Sie benennen konkrete Handlungen, Einstellungen und Werte in ihrer Umgebung, die dem Ausspruch Recht geben (Krankenhäuser; behindertengerechte Umwelt; Einrichtungen für Schwerkranke; Erziehung, auf Schwache Rücksicht zu nehmen).

3. Weiterführende Anregungen

Menschen zu ihren Wertvorstellungen befragen
Sch führen ein Interview zum Thema »Wofür ich mein Leben einsetzen würde«.

– Sch befragen ihre Mitschüler/innen, Eltern, Nachbarn, L etc., für was sie evt. ihr Leben einsetzen würden. Die Beiträge werden per Cassettenrecorder aufgezeichnet. Sie können im Rahmen eines Projekts zum Thema Werte *Projektideen* 105 ff.) gesendet und weiter bearbeitet werden.

Eine Geschichten-Sammlung zusammenstellen
Sch schreiben Geschichten, die das Antlitz der Erde verändert haben und verändern könnten.

– Die Frage der *Stellungnahmen* unten führt zu Antworten in Geschichten, die Sch selber erlebt haben oder die sie sich erträumen. Die Geschichten handeln von Ereignissen, die das Antlitz der Erde im Sinne des Christentums verändern (vgl. Zitat von Heinrich Böll). Der Titel der Geschichten-Sammlung lautet: »Das Antlitz der Erde verändern« o.Ä.
– Möglichst alle Sch sollen eine Geschichte abliefern, evt. ein Bild dazu malen. Das Buch wird mit einem Inhaltsverzeichnis und Umschlagbild versehen, schön gebunden und im Klassenzimmer ausgelegt.

Literatur

Blasig, Winfried/Bohusch, Wolfgang: Von Jesus bis heute. 46 Kapitel aus der Geschichte des Christentums, München 1973 (Quellentexte!)

Breinbauer, J.: Der heilige Severin. Museumspädagogisches Zentrum, Themenhefte zur römischen Geschichte. Römermuseum der Prähistorischen Staatssammlung, München 1996

Brox, Norbert: Kirchengeschichte des Altertums, Düsseldorf 1988

Gessel, Wilhelm: Zentrale Themen der Alten Kirchengeschichte, Donauwörth 1992

Gnilka, Joachim: Paulus von Tarsus. Apostel und Zeuge, Freiburg im Breisgau 1997

Schauber, Vera/Schindler, Hanns: Heilige und Namenspatrone im Jahreslauf, Augsburg 1998

Spielen im Religionsunterricht. Ein Praxisbuch, hg. v. Gebhard Neumüller, München 1997

Welt und Umwelt der Bibel (Zeitschrift), Heft 7: Rom und die Bibel, Stuttgart 1998

Wer waren die Bajuwaren? Juniorkatalog. Museumspädagogisches Zentrum, München 1988

Wurster, Herbert W.: Christentum und Kirche im frühmittelalterlichen Bayern. Hefte zur Bayerischen Geschichte und Kultur, Band 8, hg. vom Haus der bayerischen Geschichte, Augsburg 1989

3 Zeit vertreiben – Zeit gestalten

Das Thema im Schülerbuch

Zeit, die Sch »vertreiben« können, wie sie wollen, wird von ihnen oft einfach mit schulfreier Zeit gleichgesetzt. Schule nimmt sie in die Pflicht und wo sie entfällt, kann die Zeit verbracht werden, wie man möchte. Von einer bewusst erlebten und bedachten Freizeitgestaltung kann deshalb noch nicht gesprochen werden. Das Kapitel regt an, über das Phänomen Zeit und über den Umgang mit ihr ins Gespräch zu kommen. Da in unserer Gesellschaft nicht nur bei Jugendlichen Medien eine große Rolle für die Freizeitgestaltung spielen, nimmt dieser Aspekt in diesem Kapitel breiten Raum ein. Tendenzen bei Erwachsenen, Jugendliche vor Mediengebrauch zu warnen und einseitig von den negativen Wirkungen der Massenmedien zu sprechen, wirken im Unterricht eher kontraproduktiv. Vielmehr gilt es die Sch anzuregen, sich die unterschiedlichen Ebenen bewusst zu machen, die der Mediengebrauch berührt. Im Schülerbuch geht es besonders darum, den Bereich »Gefühl und Medien« zu reflektieren.

Die zeigerlose Uhr mit Maske (*Titelseite* **41**) lässt viele Deutungsmöglichkeiten offen, stößt aber unweigerlich das Thema Zeit an. Was soll die Maske auf der Uhr? Was verbirgt die Maske? Was sagt uns eine Uhr ohne Zeiger beim Betrachten? Warum wird sie mit dem Symbol des Narren, der Maske, verbunden?

Die *Themenseite* (**42–43**) reißt die Themenschwerpunkte des Kapitels an und bietet gleichzeitig eine reiche Materialsammlung zum Thema. Es geht um die subjektiv erlebte Zeit im Gegensatz zur objektiv messbaren. Zeit kann gestaltet werden. Während vieler Zeiten ist man eingespannt in feste Arbeits- oder Zeitläufe. Die Karikatur mit dem Punker kann einen weiteren Einstieg zum Thema »Medien« bieten.

Die *Ideenseite* (**44–45**) greift viele Aspekte des Kapitels auf. Die Sch können gemeinsam oder im persönlichen Nachdenken Erfahrungen machen bzw. bedenken, wie sie Zeit erleben oder mit ihr umgehen.

Die *Deuteseite* I (**46–47**) ist mit »In der Gegenwart leben« überschrieben. Viele Dinge der Gegenwart gehen an uns vorüber, wenn wir nur mit Vergangenem oder Künftigem beschäftigt sind. Die Texte zeigen unterschiedlichste Zeiterfahrungen auf und laden ein, den eigenen Umgang mit Zeit zu bedenken und vor allem die Gegenwart zu achten; denn Gegenwart ist die Zeit, in der der Mensch Zeit als erfüllt oder entfremdet erfahren kann.

Die *Deuteseite* II (**48–49**) legt mit der Geschichte und dem Chagallbild den Schwerpunkt auf die Vieldeutigkeit und Unfassbarkeit der Zeit. Wo Zeit nicht mehr fassbar, wo sie unfassbar ist, befinden wir uns in der Ewigkeit. Die Ewigkeit soll nicht als eine unvorstellbar lange Zeit gedacht werden, sondern als eine erfüllte Dimension jenseits der Zeit.

Den Themenbereich »Medien« präsentiert die *Deuteseite* III (**50–51**). Auf dieser Doppelseite wird schwerpunktmäßig auf den Bereich »Medien und Gefühle« eingegangen. Medien beeinflussen unsere Gefühle oft unmerklich und die Gefühle wiederum unseren Mediengebrauch. Diesen Zusammenhang für die Sch durchsichtiger zu machen, dienen die Texte und Arbeitsanregungen.

Wie Sch mit Medien und diese mit ihnen umgehen, ist Inhalt der *Deuteseite* IV (**52–53**). Die Gegenüberstellung von informativem Interview und medialer Vermarktung führt vor Augen, wie sich Medien auf die Bedürfnisse ihrer KonsumentInnen einstellen. Die Frage nach der Wahrheit des Inhalts kann dabei offensichtlich in den Hintergrund treten. Der kritische Umgang mit Medien wird durch das Beispiel gefördert oder vielleicht erstmals angestoßen.

Die *Deuteseite* V (**54–55**) regt noch einmal dazu an, den Umgang mit der eigenen Freizeit zu überdenken, alternative Freizeitangebote kennen zu lernen und nach ihnen zu suchen.

Auf der *Infoseite* (**56–57**) wird zum Thema Zeit und Medien in Texten, Schaubildern und Zeichnungen systematisiert, was im Kapitel erarbeitet wurde. Wie Zeit empfunden werden kann bzw. wie wir mit ihr umgehen, wird dargestellt. Zusätzlich bietet die Seite eine Kurzinformation zur Relativitätstheorie Einsteins. Zum Thema Medien bzw. Kommunikation werden schülergerecht die wichtigsten kommunikationstheoretischen Grundlagen erläutert.

Die *Stellungnahmen* (**58**) fordern die Sch abschließend auf, zu ihrem Umgang mit Freizeit und Medien spielerisch Stellung zu nehmen. Sie sollen zu dem angeregten Spiel selbst »Zeitkarten« entwerfen, auf denen sie ihr eigenes Freizeit- und Medienverhalten bewerten.

Verknüpfungen mit anderen Themen im Schülerbuch

Kap. 1 Von Gott in Bildern sprechen: Der Gottesname verspricht Fürsorge durch alle Zeiten (21: Jahwe).

Kap. 2 Christengemeinden entstehen: Im Zusammenhang mit der Erzählung der Priscilla-Katakombe wird eine Zeitreise zu den Christen im Römerreich angeregt (48).

Kap. 6 Mit Symbolen Welt und Gott entdecken: Es kann reizvoll sein, Symbole für zeitliches Erleben zu finden und zu gestalten (90: Deine Gefühle ausdrücken).

Projekt Gemeinsam Werte filmen: Handlungsorientiert werden Medien selbst hergestellt und somit am besten deren Entstehungsbedingungen und Wirkung durchschaut (105 ff.).

Verbindungen mit anderen Fächern

GSE: Wie Freizeit sinnvoll gestaltet werden kann, wird in GSE thematisiert (6.3.4 Freizeit gestalten).
Evangelische Religionslehre: Da keine konfessionsspezifischen Unterschiede zu erwarten sind, ergeben sich zahlreiche Möglichkeiten der Zusammenarbeit (6.6.1 Alltag und Feiertag – immer das Gleiche).
Deutsch: Der Umgang mit Medien gehört zum Fachprofil (Teilbereich Lesen und Mediengebrauch; 6.2.2 Über die Rolle der Medien in der Freizeit nachdenken). Evtl. kann das Projekt des Schülerbuches in einen integrativen Unterricht eingebunden werden.
Englisch: Wichtige Aspekte werden unter den zu behandelnden Themenbereichen »Freizeit«, »Hobbys«, »Computer« angeführt (6.2.2).

Zeit vertreiben – Zeit gestalten Titelseite 41

1. Hintergrund

Das Bild »Zifferblatt mit Maske« (1986) stammt von der zeitgenössischen Künstlerin Ingrid Pape, die derzeit in Berlin lebt. Es zeigt das zeigerlose Zifferblatt einer Pendeluhr, das mit einer Maske bedeckt ist. Das Bild ist Bestandteil einer Ausstellung und eines Hörbildes zum Thema Zeit. Bei der Arbeit mit Sch der 6. Klasse Hauptschule ist zu beachten, dass zwei recht deutungsoffene Symbole zu einer Darstellung verbunden werden. Das kann die Sch verwirren. Es empfiehlt sich daher, die beiden Elemente des Bildes gesondert zu erschließen. Wozu Masken verwendet werden, ist für Sch klar. Schwieriger wird es mit dem *Symbol* »Maske«. Was bedeutet es, wenn ein Mensch eine Maske trägt? Hinter welchen Verhaltensweisen, Angebereien usw. verstecken wir uns? Ebenso können Situationen des täglichen Lebens zusammengetragen werden, in denen wir uns am liebsten verstecken.
Ein Zifferblatt ohne Zeiger bietet genügend Anregungen, sich damit auseinander zu setzen. Wiederum werden die Sch zunächst ganz »real«, »praktisch« erklären, was ein zeigerloses Zifferblatt bedeuten könnte bzw. warum eine Künstlerin es in ein Kunstwerk »einbaut«. Im Beiheft zum Hörbild wird die zeigerlose Uhr mit Maske durch folgenden Dialog erschlossen:

»Du weißt: Noch will kein einziger Mensch, was ewig ist, bedenken. –
Ich habe keine Zeit, mich mit der Ewigkeit abzugeben. Was soll die Maske auf der Uhr? Was soll sie verbergen? –
Die zeigerlose Uhr mit Maske: Verbirgt sie, was ich ewig nenne? Schau her: Ich bin ein Narr und werde Narr genannt, weil ich die Ewigkeit bedenke. Ist es das, was du meinst? –
Ich hab' nichts gegen Narren. Denk weiter nach, ein bisschen noch. –
Nun, gut. Ich denke, fragend, und ich frage so: Was ist und prächtig blüht, soll bald zertreten werden. Wie kommt es, dass ich lachen kann? Und wohin fällt mein Augenblick? Fällt er ins Nichts? Fällt er in Etwas?«
(Hörbild: Zeit meines Lebens, Dias, MC, Textheft. © Kunstdienst der Ev. Kirche Berlin, Tel: 030/20269112).
Bei der vorgeschlagenen Erschließung mit den Sch treten sicherlich die unterschiedlichsten Deutungen zu Tage. Der Gedanke der Ewigkeit, der im obigen Dialog angesprochen wird, wird aber womöglich nicht geäußert. Wichtig ist vielmehr, dass die Sch das Thema »Zeit« mit Hilfe der Titelseite in ver-

schiedenen Dimensionen erfassen und individuell ihren eigenen Zugang finden. Das geschieht, indem sie schrittweise mit der symbolischen Tiefe des Bildes in Beziehung treten. Eine Vorgehensweise, die moderner Kunst gerecht wird und zugleich die Sch einlädt, sich auf das Thema des Kapitels einzulassen.

2. Einsatzmöglichkeiten im RU

Den Sch soll mit der schrittweisen Erschließung des Symbolgehaltes des Titelbildes die Möglichkeit geboten werden, sich induviduell und offen dem Thema Zeit zu nähern.

– Sch erhalten die Maske (AB 6.3.1 *Arbeitshilfen* S. 91), legen sie auf ein weißes Blatt und schreiben ihre Assoziationen dazu auf (evtl. Schweigegespräch in GA).
– Sch denken sich Situationen aus, in denen wir/sie Masken tragen um etwas zu verbergen (evtl. vorher übertragene Bedeutung von »Masken tragen« klären). Die Eigenschaften oder Situationen können auch gespielt oder pantomimisch dargestellt werden.
– Auf das Zifferblatt ohne Zeiger schreiben die Sch ihre Überlegungen, was es (symbolisch) bedeuten könnte. Möglicher Impuls: »Wenn ich das Zifferblatt ohne Zeiger sehe, denke ich an...«
– Sch betrachten das Bild *Titelseite* 41 und überlegen aufgrund ihrer Vorüberlegungen, was das Bild bedeuten könnte. Sch legen dazu evtl. die Maske auf ihr Zifferblatt und überlegen, ob und was verborgen wird.

Themenseite 42–43

1. Hintergrund

Von der *Themenseite* her ergeben sich viele inhaltliche Bezüge zum später Behandelten und umgekehrt. Man kann demnach z.B. von der *Themenseite* her eine UE beginnen oder die Materialien zur Vertiefung oder Weiterführung einsetzen. Entsprechende Anregungen werden gegeben.

Wörter und Sprüche über die Zeit

Einen (wort-)spielerischen Einstieg bietet »Wörter und Sprüche zur Zeit«. Es werden viele Erfahrungen ins Wort gebracht, was eine wichtige (sprachliche) Vorübung ist, das vorliegende Kapitel bearbeiten zu können. Die Sch haben in diesem Alter noch nicht voll ihr Geschichtsbewusstsein und damit ihr Zeitbewusstsein entwickelt. Mit einsetzender Pubertät und dem damit verbundenen Rückzug in die eigene Innenwelt wird Zeit verstärkt als eigene Lebenszeit erfahren. Die »Wörter und Sprüche zur Zeit« können im Alter der SechstklässlerInnen zunehmend auf eigene Zeiterfahrungen bezogen werden. Hinter den Sprüchen und Wörtern zur Zeit steht aber letztlich die Erfahrung, womit die Zeit gefüllt wird. Ist das, womit ich die Zeit verbringe, sinnvoll oder für mich sinnlos? Ist es für mich eine lange Weile oder ist es kurzweilig? Das hängt vom subjektiven Empfinden gegenüber dem ab, womit die Zeit verbracht wird. Manchmal fällt es den Sch schwer, die metaphorische Sprache der Sprüche zu erfassen und ins Bild zu setzen. Doch wird dadurch spielerisch ihr metaphorisches Verständnis gefördert.

Der Spruch »Ich schenke dir etwas Zeit« kann mit der Anregung (*Ideenseite* 45) im beschriebenen Sinn exemplarisch vertieft werden. Konkret sollen sich die Sch überlegen, wem sie, wie viel Zeit, wozu schenken wollen. Ein Vorgang, der ihnen mit FreundInnen ganz selbstverständlich ist, wird bewusst gemacht. Wie kostbar Zeit sein kann, ist den Sch ein oft noch fremder Gedanke. Sie haben oft noch das Gefühl, ihnen stünde eine unvorstellbare »Masse« Zeit zur Verfügung. Dass dem nicht so ist, müssen sie selbst erfahren. Dass Zeit ein kostbares Gut ist, kann indirekt, auf erzählerischem Wege erfahrbar gemacht werden (vgl. Geschichten: Zeitgutscheine, Eine Stunde des Glücks, AB). Wiederum ist das Schenken von Zeit metaphorisch zu verstehen, da das, was man schenkt, die Begegnung oder eine Tat ist oder ganz schlicht Zugegensein.

Erich Fried: Du liebe Zeit

Viele Gedichte Erich Frieds haben einen streng konstruierten Aufbau, spielen mit Worten und rufen in der Konsequenz zum Handeln auf. Alltäglich beginnt es im Titel mit dem bekannten Ausspruch: »Du liebe Zeit!« Jeder kennt Situationen, in denen er oder jemand anders sich des Ausspruchs bediente. Die erste Strophe verwickelt den Leser/Hörer noch mehr in die Vorstellung eines realen, selbst erlebten alltäglichen Geschehens. Mit dem entsetzten Ausruf des Dichters »Was heißt da ›Du liebe Zeit‹?« (3. Zeile) wird diese vertraute Ebene jäh unterbrochen und damit die Wirkung des nun fol-

Zifferblatt mit Maske

genden Wortspiels verstärkt. »›Du unliebe Zeit‹, muss es heißen« ruft zunächst beim Leser die Frage nach dem Warum hervor und was Fried überhaupt damit meint. »Du liebe Zeit« ist nämlich keinesfalls wörtlich zu verstehen, sondern es ist eher ein Ausruf in widrigen Situationen. Wenn Fried nun von der »unlieben Zeit« spricht, zielt er auf die konkreten Zeitumstände. Im Umkehrschluss bedeutet das, dass er im Gegensatz zum Seufzer in der ersten Strophe bereits in der zweiten spielerisch dem Ausruf einen anderen Sinn gibt. Er unterstellt, man meine mit »Du liebe Zeit« die gegenwärtigen Zeitumstände. Wenn Fried schließlich von der Unzeit spricht, in der wir alle leben müssen, ist klar, dass er damit die gesellschaftlichen, politischen Verhältnisse seiner/unserer Zeit meint.

Genau in der Mitte des Gedichts schwenkt Fried um und ruft zur Annahme der Jetztzeit und zum Handeln auf. Da die Zeit einmalig und unwiederbringlich voranschreitet, sind wir aufgerufen, den rechten Augenblick zu achten (vgl. Sir 4,20) und die Zeit zu gestalten, um das Leben zu leben und nicht achtlos zu vertun. Auch wenn wir in der Unzeit leben müssen, so müssen wir die Geschehnisse in der Zeit noch lange nicht ungestaltet lassen. »Müssen« steht zweimal im Gedicht, jeweils am Ende der beiden Teile, und bedeutet in der letzten Strophe alles andere als blinde Ergebenheit. Der Mensch ist der Zeit nicht passiv ausgeliefert. In seiner Zeit kann und »muss« er handeln.

Erich Fried (1921–1988)

gehört zu den wichtigsten politischen Lyrikern der 60er und 70er Jahre. Er war für viele junge Menschen eine Leitfigur. Frieds Lyrik steht in der Nachfolge Brechts und hat meist (wie auch beim vorliegenden Gedicht) stark reflektierenden Charakter. Oft ist sie raffiniert konstruiert, da Fried häufig aufgreift, was die »konkrete Poesie« anregt. Damit sind die Wortkombinationen gemeint, wie sie die »Konkreten« als wichtige formale Mittel der Lyrik anwandten. Vor allem ist es aber das hintergründige Spiel mit Worten, mit dessen Hilfe er seine Absicht vermittelt. Diese ist zumeist eine politische. Seine frühen Gedichte sind romantisch, ähnlich denen Enzensbergers. Später bekennt er (entsetzt): »Als Menschen starben/sprach ich/von Ameisen/Spinnen und Schlangen.« Als er 1968 eine Auswahl früher Gedichte veröffentlicht, stellt er ihnen »Gegengedichte« zur Seite. Das soll seine Wandlung von selbstbezogener Innerlichkeit zum politischen Engagement deutlich machen.

Karikatur: Punker vor E-Mail

Der hintersinnige Witz der Karikatur liegt im Kontrast zwischen dem Punker, dem Inhalt der Nachricht und deren Vermittlung. Der junge Mann, der sonst sicherlich selbst entscheidet, welche Disko er besucht, was er trinkt oder welche Computerspiele er bevorzugt, erhält von seiner Mutter über E-Mail Anweisungen, was er anzuziehen habe. Anlass zur Diskussion bietet zum einen der Inhalt der Nachricht, bezogen auf den Empfänger, und zum anderen die Art und Weise der (medialen, indirekten) Kommunikation. Gerade der autonome Punker erhält Vorschriften über das »Markenzeichen« seiner Autonomie, die er zu befolgen scheint. Befolgt er sie, weil sie ihm medial vermittelt werden und er davon »abhängig« ist? Weiß das die Mutter vielleicht und setzt es gezielt ein? Haben die beiden keine anderen Möglichkeiten (mehr), miteinander zu kommunizieren? Bestimmt das Medium Computer wirklich bis ins Familiengespräch hinein die Lebenswirklichkeit der Sch? Auf jeden Fall setzt die Abbildung viele Möglichkeiten der Deutung frei, die anders ausfallen werden, je nachdem, ob man sie am Anfang oder am Ende der UE einsetzt.

Karikatur: Jenny hat Langeweile

Das Durcheinander des Kinderzimmers bzw. die Art der Zeichnung lassen die Gestalt auf dem Bett nicht sofort als »Hauptfigur« erkennen. Der Blick wird zunächst auf die Vielzahl der Spielsachen gelenkt, was unterschiedliche Reaktionen bei den Sch hervorrufen kann. Oft wird es der Wunsch sein, auch eine Katze oder andere abgebildete Dinge zum Spielen zu besitzen. Der Blick auf den Text und damit auf die innere Situation des Mädchens Jenny kann bei den Sch Unverständnis hervorrufen, da sie doch viele Sachen hat, die sich Sch auch wünschen. Das kann sogar so weit führen, dass sich die Sch in die Rolle von Erwachsenen stellen und Jenny den Rat geben, sie solle erstmal aufräumen, wenn ihr langweilig sei.

Diese Reaktion ist normal, da selbst Sch, denen es manchmal ähnlich wie Jenny geht, das nicht auf sich selbst beziehen (können). Ein Grund, weshalb es Jenny langweilig sein könnte, ist am Rand durch die kleinen Vögel genannt: »Ich glaube, sie ist einsam«. Auch diese Erklärung für Jennys Situation muss nicht zwangsläufig Verständnis bei den Sch wecken. »Sie kann sich ja Freunde einladen. Die würden sicher gerne mit ihren Spielsachen spielen.« Selbst wenn diese emotionale Reaktion alles andere als empathisch ist, so kann sie doch die Erinnerungen an eigene Erlebnisse wecken, in denen Langeweile empfunden wurde. Oft ist es ja

Sprüche über die Zeit I

die Zeit vergeuden
Zeit verschenken

keine Zeit haben

die Zeit nutzen

die Zeit läuft davon

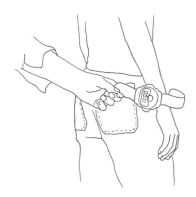
jemandem Zeit stehlen

mit der Zeit gehen

der verlorenen Zeit nachtrauern

die Zeit totschlagen

Sprüche über die Zeit II

 sich Zeit nehmen

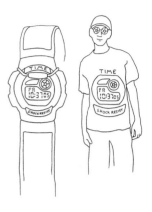 sich der Zeit anpassen

 die Zeit ist abgelaufen

 hinter der Zeit zurückbleiben

 kommt Zeit, kommt Rat

 die Zeit heilt alle Wunden

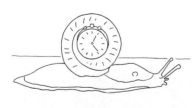 alles braucht seine Zeit

 Zeit ist Geld

so, dass eine Überfülle von Reizen Langeweile erzeugt.

Ich bin da... – Ich habe Zeit... –
Der kurze Abschnitt stammt aus Materialien zu Exerzitien im Alltag. Diese haben wiederum ihre Grundlage in den ignatianischen Exerzitien. Es handelt sich dabei eigentlich um eine vorbereitende Übung für eine Gebets- oder Meditationszeit. Der Beter soll sich innerlich und äußerlich Raum schaffen und sich ganzheitlich wahrnehmen, wie er vor Gott tritt. Am Anfang der Gebetszeit soll er sich bewusst machen, dass er jetzt Zeit hat für sich, vor Gott zu sein. Störungen, die dabei auftreten können, lässt der Beter am besten kommen und gehen, er soll nicht durch Abwehr daran festhalten oder nach Lösungen suchen. Die Gebetszeit soll letztlich den betenden Menschen in die Gegenwart führen und ihm sein Da-Sein bewusst machen. Abgesehen von diesem ursprünglichen Gebrauch des Textes als Vorbereitungsgebet kann es ohne weiteres als Einleitung in einen kurzen Augenblick der Stille gesprochen werden. Am »effektivsten« ist es für das Schul-Leben gerade im RU Erfahrungsräume zu schaffen, in denen die Sch überhaupt erst die Chance haben, im beschriebenen Sinn sich selbst zu begegnen. Auf die Erfahrungen der Ruhe und der »Verlangsamung« des Unterrichts im Fach Religion kann dann zurückgegriffen werden, wenn über den Text gesprochen wird bzw. dieser im Sinne eines Meditationstextes eingesetzt wird.

Bild: Charlie Chaplin
Das Bild stammt aus dem Film »Modern Times« (»Moderne Zeiten«), den Charles Chaplin 1936 drehte. Dabei spielt er einen Arbeiter, der in der Fließbandproduktion tätig ist. Seit den 20er Jahren hat sich diese in den Vereinigten Staaten vor allem in der Automobilindustrie immer mehr durchgesetzt. Auf tragisch-komische Weise wird der Arbeiter Charlie, der nur kleinste Handgriffe am Band auszuführen hat, schrittweise selbst zur Maschine, die in der gewohnten Handbewegung alle Schrauben anziehen möchte/muss. So gerät er in die riesige »Zahnradmaschine« (Abbildung), deren Schrauben er im wechselnden Arbeitstakt als »Teilmaschine« festzieht. Wie immer entkommt Charlie am Ende seiner Filme der Falle, in die er meist auf unschuldige Weise geriet.

> **Charles Chaplin**
> geb. 16.04.1889 in London, gest. 25.12.1977 in Corsier-sur-Vevey (Schweiz), stand bereits mit sieben Jahren auf der Bühne. Während einer USA-Tournee bekam er 1913 seine erste Filmrolle und wurde 1919 schließlich Mitbegründer der Filmgesellschaft United Artists. Er galt als der Meister der Komik- und Bildregie und entwickelte als solcher die Slapstick-Komödie zu einer eigenen Form des Films weiter. Bei einer Slapstick-Comedy (dt. »Narrenpritsche«) handelte es sich im frühen amerikanischen Stummfilm um eine Groteske, in der die Polizei meist durch einen einfachen Filmhelden überlistet wird. Seit 1915 war er Autor seiner eigenen Filme. In den frühen Filmen trägt er immer die Maske des Vagabunden, der durch die Tücke des Objekts bzw. die Bosheit seiner Mitmenschen unschuldig in Gefahr gerät. Auf abenteuerliche und groteske Weise kommt er schließlich gerade davon. Seit Anfang der 20er Jahre haben die Filme auch sozialkritischen Charakter. »Modern Times« ist zweifelsohne hier einzuordnen und stellt wie kaum ein anderer Film die Folgen einer Herrschaft der Beschleunigung dar.

2. Einsatzmöglichkeiten im RU

**Wörter und Sprüche
über die Zeit**   Themenseite 42
Die Sch sollen den Zeiterfahrungen in den Sprüchen nachspüren und einen Einstieg in die Dimensionen des Themas finden.

– Angeregt durch kleine Karikaturen (AB 6.3.2 und 6.3.3 *Arbeitshilfen* S. 93 und S. 94, Folienvorlage) oder durch Themennennung sammeln Sch Sprüche und Wörter über die Zeit.
* Sind dir im Vergleich zu den Sprüchen *Themenseite* 42 neue eingefallen? Wie unterscheiden sie sich?
* Vergleiche den Sinn der Sprüche mit den Bildern (AB, Folie)!
* Veranstaltet ein Ratespiel à la ›Montagsmaler‹! Dazu teilen sich Sch in zwei Gruppen. Ein Sch stellt an der Tafel einen Spruch zur Zeit zeichnerisch dar, während die beiden Rateteams im Wettbewerb herauszufinden versuchen, was gezeichnet wird.

– Je nach Abstraktionsvermögen der Lerngruppe kann L die AB 6.3.2 und 6.3.3 zerschneiden, Sch ordnen Skizzen und Zeit-Sprüche einander zu.

– Auf *Ideenseite* 45 wird die Anregung gegeben, ein Zeit-Bild zu malen, es auszustellen und einen passenden Spruch zuzuordnen.

– Greift die Anregung der *Ideenseite* 45, »Einander Zeit schenken«, auf und setzt den Spruch in die Tat um.

Gedicht: Du liebe Zeit　　　　　　**Ideenseite 44**

In poetischer Sprache begegnet den Sch eine weitere Form, wie die Erfahrungen mit dem Phänomen Zeit formuliert werden können.

– Sch beschreiben, zeichnen, sammeln Situationen, in denen ihres Erachtens der Spruch »Du liebe Zeit« verwendet wird.

* Wie könnte man den Spruch zeichnerisch darstellen? (Anknüpfung s.o.: Wortbedeutung, tatsächliche Aussage)

– Nach dem (zweimaligen) Vortrag durch L (!) sammeln Sch Fragen an den Autor, die sie ihm schreiben/stellen würden, wenn er noch lebte.

– Herausarbeiten der Gegensatzpaare: liebe Zeit – unliebe Zeit

– Unzeit – einzige Zeit = Lebenszeit

– Sammeln von aktuellen Pressemeldungen zu dem, was mit »Unzeit« gemeint sein könnte.

– Entwurf von Möglichkeiten, Lebenszeit anders zu gestalten (*Ideenseite* 44, »Allein oder zusammen« kann hierzu eingesetzt werden).

* Zu »Unzeit« bzw. den Möglichkeiten der Zeitveränderung jeweils Strophen hinzudichten (evtl. ohne Reim und Passung der Struktur).

* Eine Geschichte (Prosaerzählung) zum Gedicht schreiben.

* Fiktives Interview mit dem Dichter (vor)führen.

* Hintergrund und passenden Rahmen zum Gedicht gestalten (vgl. Schülerbeispiel):

Du liebe Zeit (Michael Pfeifer, 6. Klasse)

* Sch zeichnen zum Gedicht/zu einzelnen Strophen kleine Karikaturen.

Karikatur: Punker – E-Mail

Die Sch sollen durch die überspitzte Botschaft der Karikatur zum Nachdenken über den Mediengebrauch angeregt werden.

– Als Aufreißer können die Sch raten, warum das Bild im Zusammenhang des Zeitkapitels ins Buch kam.

– Sch überlegen sich und sammeln ähnliche Vorschriften wie die in der Karikatur dargestellte und die Art, wie sie ihnen vermittelt werden.

– Sch vermuten, wie ein Punker wohl normalerweise darauf reagieren würde und erkennen dadurch die Verfremdung der Darstellung.

– Sch entwerfen eine eigene Karikatur, in der eine ihnen bekannte, ähnliche Vorschrift medial vermittelt wird. Sie sollen beurteilen, ob sich dadurch für sie etwas ändern würde.

– Wenn das Schema unter der Überschrift »Medien werden gemacht« (*Infoseite* 57) bereits behandelt wurde, kann man versuchen, die vorliegende Form der medialen Vermittlung in die Schemata einzupassen. Was ist der Unterschied? Was ist gleich oder ähnlich?

Karikatur: Jenny hat Langeweile　**Ideenseite 45**

Die Sch sollen zur Erkenntnis geführt werden, dass materieller Wohlstand nicht zwangsläufig zu der Zufriedenheit führen muss, dass dem Menschen die Zeit als erfüllte Zeit erscheint.

– Sch äußern sich spontan zur dargestellten Fülle in der Zeichnung.

– L lenkt Blick auf Jenny, die auf dem Bett liegt.

– Sch erlesen und besprechen Texte zur Situation Jennys.

– Sch denken darüber nach und äußern sich dazu, wie sich Langeweile anfühlt, wie sie sich zeigt.

– Sch bearbeiten eines ihrer »Langeweile-Gefühle« nach der Anregung auf *Ideenseite* 45.

* Sch beurteilen, ob sich nicht manches Mal ihre Lage mit der Jennys vergleichen lässt, trotz guter materieller Möglichkeiten nichts mit ihrer Zeit anfangen zu können.

– Eine Zusammenfassung dessen, wie Zeit empfunden wird und im Gegensatz dazu gemessen wird, bietet der Text *Infoseite* 56 (Was ist Zeit?).

* Übung dazu: Sch stehen und setzen sich dann, wenn sie nach ihrem Gefühl meinen, eine Minute sei vorbei. L stoppt und merkt sich Sch, die sich zum richtigen Zeitpunkt setzten.

Zeitgutscheine

Es war einmal ein Mann, der sich durch nichts von seinen Mitmenschen unterschied. Wie die meisten lebte er mehr oder weniger gedankenlos vor sich hin. Eines Tages aber sprach ihn ein Unbekannter an und fragte, ob er Zeitgutscheine wolle. Weil der Mann gerade nichts zu tun hatte und ohnehin eine gewisse Langeweile spürte, ließ er sich auf ein Gespräch ein und wollte wissen, was denn diese Zeitgutscheine seien. Statt einer Antwort zog der Unbekannte ein Bündel verschieden großer Scheine hervor, die wie Banknoten und doch ganz anders aussahen: »Deine Lebenszeit«, erklärte der geheimnisvolle Fremde kurz. »Wenn du alle Gutscheine angelegt hast, ist es Zeit zu sterben.«

***

Bevor der überraschte Mann eine Frage stellen konnte, war der andere verschwunden. Neugierig und erstaunt blätterte der Alleingelassene in dem Bündel. Zuerst kam ihm der Gedanke, die genaue Dauer seines Lebens zu errechnen, und ihn schauderte, als er die Zahl der Jahre und Tage vor sich hatte. Dann begann er eine Einteilung zu überlegen und machte kleine Stöße von Scheinen entsprechend seinen Absichten. Zwar wollte er für Kegelabende und Fernsehen eine große Zahl von Stunden-Scheinen bereitlegen, musste aber zu seinem Bedauern bald feststellen, dass allein durch Essen und Schlafen eine unglaubliche Menge von vornherein gebunden war.
Tagelang war er damit beschäftigt, seine Zuwendungen an Lebenszeit immer neu zusammenzustellen, um sie bestmöglich zu nutzen. Jedesmal, wenn ihn jemand dabei störte oder gar etwas von ihm wollte, sah er im Geiste einen seiner kostbaren Scheine verloren gehen und sagte nein; seine Zeit hatte er nicht zu verschenken!

***

So wachte er eifersüchtig und geizig über die Gutscheine. Als ihm endlich eine perfekte Einteilung der Stunden, Tage und Jahre gelungen zu sein schien, war plötzlich der Unbekannte wieder da: Ob er denn von Sinnen sei, fragte er, nahm einen der Scheine, drehte ihn um und hielt ihn dem erstaunten Mann vor die Augen. Zum ersten Mal entdeckte dieser einen Hinweis auf der Rückseite, dass die Zeitgutscheine in Ewigkeit umgewandelt werden können. Wer sie jedoch nicht in diesem Sinne umsetze, verspiele sein Leben.
Aber da war der Fremde auch schon wieder verschwunden und der Mann neuerlich allein mit einem erregenden Geheimnis – auf welche Weise war der begrenzte Schatz an Zeit in Ewigkeit zu verwandeln?

Andreas Laun

Ich bin da... – Ich habe Zeit... –
Sch sollen erfahren, dass Zeiten der Ruhe und Meditation ein Geschenk für sie selbst sind, in dem Gottesbegegnung möglich wird.

– Sch werden ruhig (Musik, Mandala, Mandala selbst entwerfen, Atemübungen, Übung *Deuteseite* 47, eutonische Übungen, Phantasiereise etc.). Text kann an passender Stelle eingesetzt werden.
– Nach dem Vortrag durch L denken Sch kurz nach und schreiben auf, welche Gedanken ihnen durch den Kopf gingen, und berichten, was damit geschehen ist.
* L legt Sch den Text aus dem Kleinen Prinzen von Antoine de Saint-Exupéry vor (Kapitel XXII: Händler mit den Zeitpillen). Der Schluss bleibt offen: »Wenn ich dreiundfünfzig Minuten übrig hätte«, sagte der Kleine Prinz, »würde ich...« Sch schreiben den Text zu Ende und vergleichen ihn mit dem Original. Welche Gründe könnte der Kleine Prinz haben, gemütlich zu einem Brunnen zu gehen? Meint er damit vielleicht etwas Ähnliches wie der Text *Themenseite* 43?
* Sch singen ruhig das Lied »Nimm dir Zeit« *Deuteseite* 46.

Bild: Charlie Chaplin **Ideenseite 44**
Sch denken darüber nach, dass es Zeiten gibt, in denen sie gebunden sind, und solche, in denen sie frei ihre Zeit gestalten können.

– Sch vermuten (in PA; UG) zum Bild bzw. dessen Zusammenhang mit dem Thema Zeit. Evtl. sind Kenntnisse zum Film und Charlie Chaplin vorhanden.
– L kann Informationen zur strengen Fließbandarbeit der 20er Jahre geben.
– Sch sammeln Zeiten in ihrem Leben, in denen sie frei verfügen können, was sie tun, und Zeiten, die ihnen fest vorgegeben sind.
* Gibt es auch in der Freizeit ähnliche Gelegenheiten, bei denen wir uns unter Druck setzen wie bei einer Fließbandarbeit?
– Eine weitere Anregung, optisch zu gestalten, wie Sch in die Zeit eingespannt sind, wird *Ideenseite* 44 (Mein »Rad der Zeit« abrollen) gegeben. Probleme im Verständnis können durch die Metapher »Rad der Zeit« auftreten. Die Zeit dreht sich unaufhaltsam und stetig weiter wie ein Rad. (Das antike Verständnis vom Rad der Zeit, bei dem schicksalhaft aufsteigende und absteigende Zeiten nacheinander folgen, bringt man am besten nicht in den Unterricht ein.)

3. Weiterführende Anregungen

Geschichte: Zeitgutscheine
Hinweis: Sch der 6. Klasse fassen das Umwandeln der Zeitgutscheine sehr realistisch auf. Dennoch kann die Geschichte einladen, über die auch für Erwachsene schwer zu begreifende Zeitdimension »Ewigkeit« nachzudenken.

– Sch erlesen die Geschichte AB 6.3.4 *Arbeitshilfen* S. 97 und äußern Gedanken über das, was sie erstaunt.
– Sch versetzen sich in die Situation des Mannes und überlegen, was sie mit den Zeitgutscheinen machen würden. Wie ändert sich die Zeiteinteilung? Wem/was schenken sie jetzt vielleicht Zeit, um sie in Ewigkeit umzuwandeln?
Evtl. 24 Gutscheine für einen Tag basteln und verteilen. Wem schenke ich an diesem (gedachten) Tag die Zeit meines Lebens?
– Vergleich zwischen dem folgenden Text »Ewigkeit« und der Geschichte.

Ewigkeit
In dem Satz »Das dauert ja eine Ewigkeit« versteht man unter Ewigkeit eine unendlich lange Zeit. Doch Ewigkeit ist nicht eine lange, lange Weile. Ewigkeit ist jetzt, ist der Augenblick, in dem wir leben. Wenn wir etwas tun und dabei die Zeit vergessen, dann ist Ewigkeit.

Geschichte: Eine Stunde des Glücks
Hinweis: Die erfundene Geschichte beruht auf einem alten chinesischen Brauch, mittels alter Kupfermünzen, in die man Wollfäden hineinbindet, eine Glücksstunde einem anderen Menschen zu schenken. Durch das Geschenk einer Glücksstunde wird der intensive Wunsch nach Wohlergehen unterstrichen und tiefe Verbundenheit signalisiert. Die Wollfäden, die sich im Laufe der Zeit an der Münze ansammeln, zeugen von einer Vielzahl Menschen, die dem anderen zutiefst Glück und Wohlergehen wünschen. Da eine wirkliche Stunde Glück (in abmessbaren Minuten) nicht gemeint sein kann, werden Sch angeregt darüber nachzudenken, dass mit dem Verschenken letztlich zwischenmenschliche Begegnung gemeint ist, die unsere Gegenwart verändert.

– Sch erlesen/L liest Geschichte AB 6.3.5. *Arbeitshilfen* S. 99; Sch brauchen Möglichkeit, Fragen stellen zu können.
* Rubi hat nach der Geschichte 32 Stunden Glück erhalten. Sind es 32 Stunden oder hat sich nicht

Eine Stunde des Glücks

»Miss Lubi kommen!«, hörte Rubi Miller den chinesischen Oberdiener Sun rufen: »Geschenk für Miss Lubi«. Er konnte wie alle Chinesen kein R sprechen, weshalb der englische Name Rubi immer wie »Lubi« klang. »Ich komme gleich! Ich muss mich nur noch fertig umziehen«, gab Rubi ihm zur Antwort, obwohl sie wusste, dass er kein Wort davon verstand. Überhaupt konnte sie sich mit fast niemanden unterhalten in diesem fremden und für sie so unheimlichen China. Die Herrschaft, ein chinesisches Ehepaar, konnte zwar Englisch, aber mit ihnen hatte sie kaum etwas zu tun. Mister Yang-Min war Botschafter in London gewesen. Dort hatte Rubi für ihn gearbeitet. Es machte ihr Spaß, den beiden Kindern Englisch beizubringen, sie zu versorgen und mit ihnen zu spielen. Gerade als sie ihr so richtig ans Herz gewachsen waren, musste Mister Yang-Min zurück. Was blieb Rubi anderes übrig?
Es war hoffnungslos, in London eine andere Stelle zu finden.
Mr. Yang-Min wollte sie unbedingt mitnehmen. Auf der langen Schiffsreise und in den zwei Monaten seither hatte sie ihr Heimweh kaum bemerkt. Es war alles so aufregend und neu für sie. Aber jetzt am Weihnachtstag konnte sie sich durch nichts mehr ablenken. Während ihrer ganzen Stunde Mittagspause hatte sie sich in ihrem Zimmer eingeschlossen und geweint. Aufgeschreckt durch Suns Rufen wusch sie sich schnell die Tränen aus den Augen, zupfte ihre Dienstmädchenhaube zurecht und machte sich auf den Weg. Sie hatte wohl etwas von einem »Geschenk« verstanden, wusste aber nichts damit anzufangen.

***

Als Rubi im Dienstbotenraum ankam, traute sie ihren Augen nicht. Vom Stallknecht Li bis zum Oberdiener Sun standen alle 32 Dienstboten da, fein säuberlich rausgeputzt im Festtagsgewand. Auf einem mit roter Seide bezogenen Kissen lag etwas Seltsames. Eine wohl sehr alte Kupfermünze, die in der Mitte ein Loch hatte. In das Loch waren bunte Wollfäden gebunden. Sun hatte offenbar mit Hilfe der Kinder eine kleine Ansprache vorbereitet, bei der jedes R wiederum wie ein L klang. »Miss Lubi feieln Weihnachten. Alte Münze Geschenk fül sie: Glücksblingel. Jedel hat Wollfaden hineingebunden. Bedeuten, dass jedel eine Stunde von seinem Glück ihnen schenken will. Müssen Miss Lubi nicht mehr so tlaulig in China sein.«

***

»Vielen Dank!«, stammelte Rubi mit tränenerstickter Stimme. »Ich dachte, ich kann hier nie mehr glücklich sein. Ich hatte ja niemanden zum Reden und niemanden, der mich versteht. Jetzt weiß ich, hier sind Menschen, die mich verstehen. Danke, dass sie mir Stunden ihres Glücks geschenkt haben.« Keiner verstand die ausländischen Worte, doch Rubis Gesicht sprach für sich.

bei ihr in der Einstellung zu China/der Fremde etwas geändert?
* Sch überlegen, was für sie selbst Stunden des Glücks sind und ob sie diese herschenken wollen.
– Sch denken an Menschen, denen sie Glücksstunden schenken würden, und gestalten Karten (in Form von runden Münzen?), die das zum Ausdruck bringen.

Ideenseite 44–45

Die Anregungen der *Ideenseite* werden in den *Arbeitshilfen* auf folgenden Seiten aufgegriffen:

Mein »Rad der Zeit« abrollen: S. 98
Allein oder zusammen?: S. 96

Welche Medien leistest du dir?: S. 110 und S. 116
Einander Zeit schenken!: S. 95 f.
Ein Zeit-Bild malen: S. 95
Alles hat seine Zeit: S. 101
Jenny hat Langeweile: S. 96

In der Gegenwart leben

Deuteseite I 46–47

1. Hintergrund

Die *Deuteseite* I des Kapitels lädt zu einer tieferen Auseinandersetzung mit dem Phänomen Zeit ein. Der Kohelet-Text eröffnet schon durch sein Alter, aber auch wegen seiner Irritationen neue Horizonte. Wozu man sich gemäß dem Lied (»Nimm dir Zeit«) Zeit nehmen soll, sprengt die Alltagstheorie ›Zeit ist Geld‹. Eigenartig und ungewohnt erscheint es manchem vielleicht, sich bewusst dafür zu entscheiden, »im richtigen Augenblick« sich selbst Zeit zu schenken und anderen »Nein« zu sagen.

Kohelet 3, 1–8: Alles hat seine Zeit
Wenn es um das Thema Zeit geht, ist Kohelet 3 der wohl am häufigsten herangezogene Bibeltext. Er hat unterschiedliche Interpretationen erfahren. Meist wird er in folgende Richtung gedeutet: Die Zeit ist voll von gegensätzlichen Erfahrungen. So gibt es für alles eine Zeit: zum Reden und Schweigen, zum Lachen und Weinen usw. So bekommt die jeweilige Zeit eine Bestimmung, die nicht austauschbar ist. Wenn gearbeitet werden muss, ist eben Arbeit an der Reihe usw. Es muss erkannt und erspürt werden, wozu es gerade Zeit ist. Es stellt sich bei dieser Deutung folgerichtig die Frage, ob Hassen und Töten erlaubt sind, wenn es eine Zeit auch für sie gibt.
Der Blick auf den Gesamtkontext des Buches wirft auf den vorliegenden Abschnitt aber ein anderes Licht. In der Bibelauslegung wird das Koheletbuch insgesamt und damit auch die zitierte Stelle unterschiedlich interpretiert. Die einen sehen Kohelet 3 als eine neue Abwandlung des Hauptthemas, dass alles eitel, nichtig oder eben Windhauch sei. Das wird bei Kohelet durch das regelmäßige Werden und Vergehen der Naturphänomene und die Vergänglichkeit aller Werte augedrückt. In Koh 3,1–8 werden die Menschen als in die Zeit eingebunden dargestellt. Der unaufhörliche, von ihnen unabhängige Wechsel der Zeitereignisse setzt ihnen Grenzen. Die Menschen haben keine andere Möglichkeit, als die gegebenen Zeiten anzunehmen. Hinter allem steht Gott mit seiner unbegreiflichen Weltordnung. Er qualifiziert die Zeit, sie liegt in seinen Händen. Die Unsicherheit, in der sich die Menschen bewegen, ruft das Gefühl der Zwecklosigkeit ihres Tuns hervor.
Die anderen betonen: Selbst wenn Kohelet ein ferner, verborgener Gott (Deus absconditus) unterstellt wird, so muss deshalb nicht eine pessimistische Weltsicht angenommen werden. Nach Kohelet ist alles, was auf Erden geschieht, Werk Gottes. Im Blick auf Positives bereitet diese Grundannahme keine Schwierigkeiten. Für die Erfahrung unheilvoller Zeiten bleibt die Annahme, dass die Menschen den Sinn nicht erkennen können, er bleibt ihnen verborgen. Die moderne Frage, ob Töten und Hassen erlaubt seien, ist im Blick auf den so genannten Weisheitstext des AT nicht von Bedeutung. Entsprechend weishheitlicher Literatur wird nämlich zunächst die Welt analysiert, wie sie – auch mit ihren dunklen Seiten – ist, und dann Gott als derjenige eingeführt, der alles geschaffen hat. Skeptisch bleibt Kohelet hinsichtlich der menschlichen Möglichkeiten, die Zusammenhänge der Welt und ihrer Zeiten (und damit des Leids in der Welt) zu durch-

schauen. Das Gedicht ermutigt je nach Lebenssituation zu Gelassenheit und Vertrauen oder provoziert auch Widerspruch. Die Kunst des Weisen besteht darin, den »rechten Zeitpunkt« für das Handeln abzupassen. Er ist wachsam für den Ablauf zeitlicher Vollzüge bei aller Schwierigkeit und Begrenztheit (vgl. Koh 3,9).
Der über 2000 Jahre alte Text regt jedenfalls an, über das Verhältnis der Menschen zur Zeit nachzudenken. Gerade das Alter des Textes lässt staunen, da es sich offenbar um eine existenzielle Frage handelt, die Menschen immer beschäftigt (zur Vertiefung: Walter Bühlmann/Vreni Merz: Kohelet – der Prediger, Luzern/Stuttgart 1988).

Lied: Nimm dir Zeit
Die Metapher (!) dürfte Sch der sechsten Klasse bekannt und verständlich sein. Sie selbst setzten wohl andere »Tätigkeiten«, für die sie sich Zeit nehmen würden. Jedenfalls werden es keine Gefühle sein, für die man sich extra Zeit nimmt, da sie einfach »von selbst« kommen und gehen. Gerade anlässlich des Themas Medien geht es jedoch darum, den Sch den Zusammenhang zwischen Medien(gebrauch) und Gefühlen bewusst zu machen. Gefühle zu bedenken und ihnen nachzuspüren, kann gut an dieser Stelle geübt werden.

Dir selbst Zeit schenken
Anderen Zeit zu schenken, also für sie da zu sein, Gesellschaft mit ihnen zu haben, ist ungeheuer wichtig für Jugendliche und sie tun es wie selbstverständlich. Hin und wieder ziehen sie sich auch zurück, wenn sie niemanden sehen wollen. Nur dürfte es sich dabei meist um einen spontanen Vorgang handeln, etwa aus Ärger. Dass es ein menschliches Grundbedürfnis ist, Zeit für sich selbst zu haben, werden sie wohl noch nicht bedacht haben. Welche Gefühle solche Zeiten auslösen können, ist vielleicht für sie erahnbar. Zumindest können sie darüber nachdenken, wenn ihnen Gelegenheit und Anleitung dazu gegeben wird.

Sven, Lisa, Ben und ihre Zeit
Die drei Geschichten schlüsseln alte Meditationserfahrungen, die in fast allen Religionen zu finden sind, didaktisch auf, um den Sch einen anfänglichen Zugang zu ermöglichen. Die Gedanken an Vergangenes und unsere Erwartungen an Künftiges verhindern oft, voll leben zu können, was jetzt gerade ist. Meditation möchte uns eigentlich »nur« in die Gegenwart holen, damit wir ganz bei uns sind und die Dinge, die uns momentan begegnen, »von innen her verkosten« können, wie Ignatius von Loyola es immer wieder formuliert. In diesem Dasein-Können in der Gegenwart geschieht Gottesbegegnung. Jeder Mensch, vielleicht besonders Kinder, kennt auf irgendeine Weise solche Erfahrungen. Durch die Geschichten, die den gedanklichen Umgang mit Vergangenheit, Gegenwart und Zukunft personalisieren, wird eine gewisse Systematik geschaffen, über das nachzudenken, was jeder Mensch mehr oder weniger kennt. Die Übung führt das in den Erzählungen Getrennte wieder in der Person der Sch zusammen und ermöglicht einen der Situation des Unterrichts angemessenen Einstieg in Meditation.

2. Einsatzmöglichkeiten im RU

Alles hat seine Zeit **Ideenseite 45**
Die Sch sollen erfahren, dass bereits vor etwa 2100 Jahren Menschen über Zeit nachdachten und es sich noch heute lohnt nachzuspüren, was sie damit meinten, um dadurch selbst Anregungen zu erhalten.

– Der Text eignet sich besonders gut, einen Vortrag durch Gruppen gestalten zu lassen. Manches kann dabei zusätzlich durch pantomimische Darstellungen unterstrichen werden (z.B. der erste Satz).
Beispiel:
1. Leser: Einleitungssatz
2. Leser: eine Zeit 3. Leser: zum Gebären 4. Leser: und 2. Leser: eine Zeit 5. Leser: zum Sterben
2. Leser: eine Zeit 3. Leser: zum Pflanzen 4. Leser: und 2. Leser: eine Zeit 5. Leser: zum Abernten
– Der Text wird mit passender Musik bzw. einzelnen Tönen unterlegt. Sch wählen ein Gegensatzpaar aus und gestalten es mit Farben. Dies kann auch nur die ›Gefühlsqualität‹ betonen und eine entsprechende abstrakte Farbgestaltung ergeben.
– Um das Erfahrungsspektrum des Textes bewusst zu machen, werden die Wortfelder der einzelnen Begriffe in einem Clustering erschlossen (Zusammenarbeit mit Deutschunterricht).
– Diese Wortfeldübung erleichterte es, Karikaturen zu erstellen (vgl. AB 6.3.6 *Arbeitshilfen* S. 103).
– Der Text wird mit Bildern und Schriftzeilen aus Zeitungen und Zeitschriften zu einer aktuellen Collage zusammengestellt.
– Der Text wird in die einzelnen Sätze zerlegt und

von Sch mit Begründung in eine neue Reihenfolge gebracht (eine Zeit zum ..., eine Zeit für ...).
- Sch ergänzen den Text um weitere Gegensatzpaare.
- Sch nennen Zustände und Aktivitäten, die sie sich wünschen oder für die sie sich gerne Zeit nehmen würden. Anschließend werden diese Nennungen in das Lied *Deuteseite* 46 eingesetzt.

Lied: Nimm dir Zeit
Hinweis: Für Sechstklässler ist es schwierig, beim Ostinato den Rhythmus einzuhalten. Durch Taktschlagen oder -klatschen kann hier Abhilfe geschaffen werden. Damit das Singen von C-Flöte oder Gitarre leichter begleitet werden kann, kann das Lied einen Ton höher gesetzt werden; es ist dann allerdings etwas schwerer zu singen.

Sch sollen erfahren und erproben, dass es Zeiten braucht, in denen die eigenen Gefühle Raum haben.

- Sch lernen das Lied zu singen, ohne den ganzen Text zu kennen (Nimm dir Zeit zum ... und ... !). Die Lücken sollen selbst gefüllt werden.
- Sch vergleichen ihren Text mit dem des Buches.
- Sch suchen zum Text des Buches oder ihrem eigenen Text Bilder aus Fotomappen. Durch Hochhalten kann die Strophe angezeigt und die Reihenfolge der Strophen so verändert werden.
- Im Wettbewerb oder arbeitsteilig können zu den Strophen Rußbilder erstellt werden, die den Liedvortrag visualisieren. Rußbilder stellt man her, indem man Diarahmen mit Glas über einer Kerze schwärzt. In den Ruß wird mit einer Nadel gezeichnet.

Dir selbst Zeit schenken
Die Sch sollen angeregt werden, sich Zeiten des Alleinseins als Geschenk zu nehmen und sie mit positiver Grundstimmung zu verbinden.

- Sch sammeln, wofür sie sich gerne Zeit nehmen, wenn sie alleine sind.
- Sie diskutieren über die Gefühle, die dadurch ausgelöst werden können und ergänzen sie evtl. auch durch negative.

Sven, Lisa, Ben und ihre Zeit
Sch sollen den Wert erkennen und sollen einüben, sich nicht durch Vergangenes oder Künftiges von den Möglichkeiten der Gegenwart abbringen zu lassen und so das Grundprinzip der Meditation anfanghaft erfahren.

- Die Geschichten bieten im Erlesen und Zuordnen einen systematisierenden, kognitiven Einstieg und erleichtern die Übung.
- Die Übung in schriftlicher Form erleichtert es, sie nachzuvollziehen (evtl. in der nächsten Stunde wieder aufgreifen).
- Die Texte der *Infoseite* 56 (»Vertane Zeit« von Marika Specker) verdeutlichen das Ziel der Übung. Sch erörtern in einer Pro- und Contra-Debatte, ob Tagträume als vertane Zeit beschrieben werden sollen.
- Sch sammeln bis zur nächsten Stunde Tagträume (Hausaufgabe), schreiben sie auf und verschließen den Text in einem Kuvert. Nach einiger Zeit werden die Texte hervorgeholt: Wer möchte erzählen, ob (schon) etwas in Erfüllung gegangen ist?

Zeit und Ewigkeit — Deuteseite II 48–49

1. Hintergrund

Die vorliegende Doppelseite wirft ein anderes Licht auf das Phänomen Zeit. Vertieft wird der Gedanke, dass der Mensch, »gesteuert« durch sein Denken, seine Erinnerungen und seine Emotionen, Zeit unterschiedlich empfinden kann.

Susanne Kilian: Die Zeit und Lena mittendrin
Die Erzählung bringt anhand der Gedanken des Mädchens Lena zum Ausdruck, wie unterschiedlich und geheimnisvoll Zeit empfunden werden kann. Die Zeit ist zum einen wie ein riesiges Loch, in dem alles zu verschwinden droht. Das eigene Leben erscheint wie ein flüchtiger Augenblick, es ist im Vergleich zur Weltzeit ein Windhauch. Einseitig so betrachtet, scheint das Leben nichtig und sinnlos zu sein. Noch mehr, der Mensch ist hin und her gerissen vom Faszinierenden der Zeit und dem gleichzeitigen Erschrecken, das sie hervorruft. Gewaltiges hat sie hervorgebracht und droht es wieder zu verschlingen. Dennoch wird Lebenszeit, in der Geschichte »Kinderzeit«, als langer Zeitraum empfunden, der viele Sommer erleben lässt. Schwierigkeiten bereiten den Sch möglicherweise die vielen Metaphern des Textes, die mit einem »wie« formuliert leichter verständlich wären:

– Sie ist ja Stein – Sie fühlt sich an wie ein Stein.
Ich bin nicht, denkt Lena ... – Ich fühle mich so ...
– Ich war schon, denkt Lena... – ... und als wäre ich doch ...

Alles hat seine Zeit

Reli 6.3.6

- Die Zeit ist ein riesiges Loch – ... wie ein riesiges Loch ...
- Menschen gibt es im Vergleich zur Welt erst ein paar Minuten ...
- Wie ein unendliches Loch scheint sich die Zeit auszudehnen.

Marc Chagall: Die Zeit hat keine Ufer

Die Fülle der Eindrücke und die ungewöhnliche Kombination der Motive macht neugierig und regt die Phantasie an. Die Motive scheinen sich zu überstürzen. Beim Betrachten möchte man Zusammenhänge erschließen. Neben der Bedeutung der Motive kann auch die raffinierte Komposition des Bildes einige Hinweise geben. Der Hintergrund des Bildes (Öl auf Leinwand) bildet eine überwiegend in Blau- und Grüntönen gehaltene Landschaftsansicht. Im unteren Drittel fließt ein Fluss. Sein linkes Ufer lässt sich durch die ebenfalls in Blautönen angedeuteten Häuser, die sich im Wasser spiegeln, nur erahnen. Das rechte Ufer des Flusses hat ein Liebespaar in Besitz genommen. Zärtlich liebkost der Mann die Brust seiner Geliebten. Der weitere Verlauf des Flusses verliert sich am rechten Bildrand zwischen Hausdächern und Kirchtürmen ins Grenzenlose. In gleichen Farbtönen, beinah übergangslos, ist in den oberen zwei Dritteln des Bildes ein weiter Himmel gestaltet. Seine Farbigkeit, die verwischten Konturen der Häuser und der rechten Uferlinie, der Kahn auf dem Fluss links unten, das Liebespaar am Ufer vor der Stadt eröffnen die Stimmung eines Abends fern vom Treiben der Welt; das eher kalte Blau des Bildes bekommt durch die Szene das Gepräge der einsetzenden Dunkelheit einer lauen Sommernacht. Fast plump in die Silhouette der scheinbar grenzenlosen Fluss- und Himmelslandschaft hineingemalt ist der Zeitmesser in Gestalt einer Pendeluhr, die den Vordergrund der unteren beiden Drittel dominiert, sowie ein riesiger fliegender, Geige spielender Fisch im Vordergrund des oberen Drittels. Sowohl das Gehäuse der Uhr als auch die Flügel des Fisches sprengen die Bildbegrenzung. Das Gelb des Pendels kehrt wieder im Holz der Geige und in den Flügeln des Fisches. Nichts in dem Bild verläuft horizontal. Der Verlauf des Flusses, die Neigung der Pendeluhr und der Ausschlag des Pendels, der geflügelte Fisch: Alles ruft den Eindruck von Fließen, Schwingen, Schweben hervor, und zwar in einer ruhigen, gleichmäßigen Weise. Dass dieser Eindruck der Harmonie trotz der disparaten Elemente erzeugt wird, mag an der doppelten Gestaltung gemäß dem goldenen Schnitt liegen: Während im Vordergrund der Fisch im oberen Drittel des Bildes (in etwa goldener Schnitt) dominiert, kehrt der Hintergrund das Verhältnis des goldenen Schnittes um. Der Himmel oben nimmt den größeren Teil ein, die Flusslandschaft unten den kleineren. Der Himmel erscheint somit trotz des mächtigen Fisches im Vordergrund als ungeheuer weit und damit wirkt der Horizont, in dem der Fluss fast uferlos versinkt, umso ferner.

Der fliegende Fisch musiziert zur Stimmung des Bildes. Das Motiv veranlasst den Betrachter, die passende Musik zu assoziieren. Gerade Musik, die den Geschmack des Hörers trifft, vermag Schranken der Zeit zu öffnen. Die große, klotzige Wanduhr scheint den Betrachter des Bildes von der uferlos dahinschwebenden Zeit in die Realität des Alltagsgeschehens zurückholen zu wollen. Als Symbol für messbare Zeit beherrscht sie die verträumte Seite des Bildes zu einem großen Teil. Dennoch wird gerade durch das Verdecken so viel Fantasie angeregt, dass sie in den Köpfen der Betrachter übermalt wird. Hinzu kommt: Wenn alte Uhren nur ein paar Millimeter schräg hängen, gehen sie falsch.

Auch im Blick auf den Maler wirft das Bild Fragen auf: Verweisen Fluss und Ufer auf Chagalls Heimat, auf die langsam dahingleitenden Wasser der Drina? Erinnert Chagall sich an den vielfachen Stundenschlag der Wanduhren im Geschäft seiner Schwiegereltern? Oder ist Paris gemeint, träumt der Maler vielleicht von einer Liebesnacht an der Seine? Das Bild ist datiert 1930–39. Seit 1923 lebte der aus Russland stammende Jude Marc Chagall mit seiner Frau Bella (wieder) in Paris. Fliegende Fische, Geiger und Wanduhren tauchen schon in seinen früheren Bildern auf, ebenso wie schwebende Bräute mit Blumenstrauß, Liebespaare, Hähne und Kopf stehende Akrobaten. Sie gehören von Anfang an fest zum Bildbestand und bleiben es bis zu Chagalls Tod, gleichgültig, ob er profane oder religiöse Themen bearbeitete.

Das Bild verlangt ein intensives Hinsehen und Ausdauer, es auf sich wirken zu lassen. Beides kann durch methodische Anleitung erreicht werden. Leichter wird es für Sch sein, wenn sie

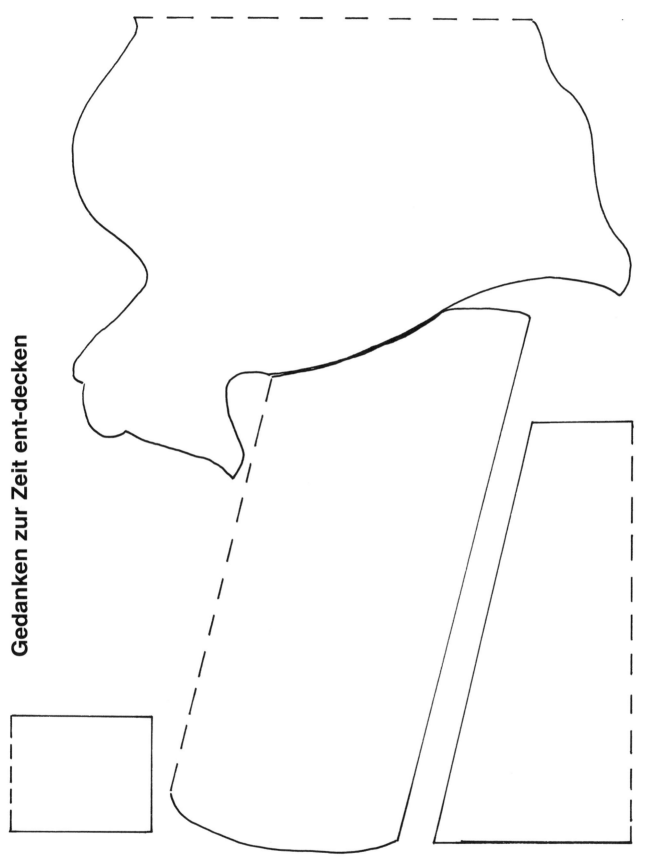

Gedanken zur Zeit ent-decken

* Schneide an den durchgezogenen Linien entlang. An den gestrichelten Linien kannst du das Papier anschließend umknicken und wie ein Türchen öffnen. Schließe alles.
* Lege das Arbeitsblatt auf das Gemälde Deuteseite 49. Die gestrichelten Linien am Rand des Arbeitsblattes sollen dabei auf dem Rand des Gemäldes liegen.
* Klappe ein Türchen auf und betrachte den Bildausschnitt genau! Welche Gedanken zur Zeit machst du dir dazu? Notiere sie »innen« auf dem Türchen.
* »Außen« auf dem wieder zugeklappten Türchen kannst du dem Bildausschnitt eine Überschrift geben.

bereits anhand anderer Materialien über das Thema Zeit reflektiert haben und Aussagen im Bild wiederentdecken können. Wie bei allen Kunstwerken gilt auch hier, dass es nicht die »richtige« Interpretation gibt, sondern dass das Bild mit dem Betrachter in Beziehung tritt und das Kunstwerk so »weiter entsteht«.

2. Einsatzmöglichkeiten im RU

Die Zeit und Lena mittendrin
Die Sch sollen sich bewusst machen, wie unterschiedlich Zeit erlebt werden kann.

Hinweis: Damit durch die vielen Eindrücke, die die Geschichte vermittelt, bald zum Kern vorgedrungen wird, empfiehlt sich die Erschließung durch Leitfragen. Grundsätzlich geht es darum herauszuarbeiten, auf welche unterschiedlichen Weisen Lena das Phänomen Zeit erlebt.

– Leitfragen (Folie)
1. Lena erlebt Zeit als ein riesiges Loch. Was sind die Gründe dafür?
2. Menschen gibt es in Lenas Gedanken erst seit ein paar Minuten. Wie kommt sie darauf?
3. Lena denkt an die Zeitleiste in der Schule. Wie unterscheiden sich ihre Gedanken über Zeit von denen im Geschichtsunterricht?
4. Warum kommt ihr ihr eigenes Leben am Schluss wieder sehr lang vor?

– Der Text *Infoseite* 56 (Was ist Zeit?) systematisiert unterschiedliches Zeiterleben. Er kann als Gesprächsanregung oder als Zusammenfassung eingesetzt werden.
* Angenommen Lena schreibt am Abend in ihr Tagebuch, was sie über die Zeit nachdachte. Schreibe diesen Tagebucheintrag!
* »Na, Lena!«, sagte die Mutter auf dem weiteren Weg durch die Ruinen, »du warst ja richtig in Gedanken versunken, als du auf dem Felsen saßt. Erzähl doch mal, woran du dachtest!« »Ja gerne!«, erwiderte Lena, » ...« (Was könnte sie gesagt haben? Schreibe ein Gespräch mit Lenas Eltern über die Zeit.)

Marc Chagall: Die Zeit hat keine Ufer
Die Sch sollen ein Gemälde kennen lernen, in der Auseinandersetzung mit ihm ihre Gedanken zur Zeit weiterführen und so ihr Bewusstsein von der Mehrdimensionalität der Zeit vertiefen.

– Sch entdecken schrittweise die einzelnen Motive des Bildes. Folgende Methoden lassen sich dazu alternativ oder kombiniert einsetzen:
* Sch erzählen sich, was sie entdecken. (Quiz: Ich sehe was, was du nicht siehst, ... Es sollen dabei nicht nur Farben erraten werden.)
* Wenn eine gute Folie oder ein Plakat vorhanden ist, werden die Bildelemente einzeln »enthüllt«.
* Ein Sch »diktiert« dem zweiten, was er sieht, der zweite zeichnet das Beschriebene (evtl. ohne Farben).
* Sch wählen – je nach verfügbarer Zeit – ein oder mehrere Motiv/e aus und malen es/jedes in die Mitte eines DIN-A4-Blatts (blaues Papier nehmen!). Sie gestalten einen »Rahmen«, indem sie ihre Gedanken um das Motiv herumschreiben.
* Bildinterview: Sch richten Fragen an das Bild, die andere Sch, L oder Kunst-L zu beantworten suchen.
* Aus einer Kopie des Bildes werden die dominanten Motive (Fisch, Uhr) herausgeschnitten. Zeichnerisch wird der Hintergrund in der entstandenen Lücke mit Bezug zum Thema Zeit ergänzt.
* Jede/r Sch erhält eine Kopie des Bildes (auf blauem Papier). Sie wird mit AB 6.3.7 *Arbeitshilfen* S. 106 bedeckt und zunächst an einem Rand fixiert (Klebestreifen, Büroklammer). Entlang der Umrisslinien werden »Türchen« geschnitten, die wie bei einem Adventskalender an der gestrichelten Linie aufgeklappt werden können und die konzentrierte Betrachtung einzelner Bildelemente ermöglichen. Außen auf den »Türchen« notieren Sch Stichworte zu ihren Beobachtungen und Gedanken zur Zeit. (*Achtung*: setzt wegen Gebrauchs von Scheren disziplinierte Gruppe voraus; evtl. gemeinsam mit Kunstunterricht).
– Welche Motive des Bildes passen zu gelernten Aussagen über die Zeit? (Systematisierender Text »Was ist Zeit?« *Infoseite* 56)
– Jede/r Sch findet einen eigenen Titel zum Bild und vergleicht ihn mit denen der anderen und dem des Malers: Welcher Aspekt wird jeweils betont?

Methode zur intensiveren Farberschließung: In GA werden Plakate mit allen möglichen Blautönen erstellt und beschrieben (Stifte, Collagentechnik, Wasserfarben etc.). Dadurch wird die Wahrnehmung von Farben intensiviert und die Bildbetrachtung und Beschreibung lebendiger. Das Ganze kann auch vor der eigentlichen Bildbetrachtung in Zusammenarbeit mit dem Kunst- und Deutschunterricht (Sprachgebrauch) erfolgen.

Wie Medien wirken

1. Hintergrund

Kinder und Jugendliche unserer Gesellschaft können zu Recht und wertfrei als »Medienkinder« bezeichnet werden. Medien sind selbstverständlicher Bestandteil ihrer Lebens-, Erfahrungs- und Gefühlswelt. Die Medien sprechen die Kreativität und Produktivität der Jugendlichen an. Angebote und Ansprüche der Medienindustrie haben großen Einfluss auf das alltägliche Leben der Sch. Neue Symbolsysteme wie Musikstile, Kleidung, Film vermitteln ein bestimmtes Gruppenzugehörigkeitsgefühl, das gerade dieser Altersstufe wichtig ist. Einigkeit besteht in der Forschung darüber, *dass* Medien wirken: Sie beeinflussen die Wahrnehmung, sie bestimmen dadurch mit, was wir für wirklich halten, und sie setzen Themen, mit denen die Menschen sich beschäftigen. Des Weiteren nutzen wir Medien in bestimmten Gefühlslagen und Medien beeinflussen und erzeugen wiederum Gefühle. Kontroversen gibt es dagegen unter Jugendschützern, Medienwissenschaftlerinnen, Politikern und Pädagoginnen darüber, wie dieser Einfluss zu *beurteilen* ist. Für die einen geht in der Flut der Medieneindrücke der Bezug zur Wirklichkeit verloren, während die anderen in der Mediengesellschaft einen Raum sehen, in dem man sich auf ganz neue Weise informieren, auf individuelle Weise selbst ausdrücken und verwirklichen kann.

Forschungsergebnisse aus dem umfangreichen Themenzusammenhang »Aggression und Medien« belegen, dass kein direkter Einfluss von Gewaltdarstellungen in Medien (TV, Computerspiele) auf das Verhalten von Jugendlichen festzustellen ist. Entscheidend ist vielmehr das Wertesystem, auf das der mediale Eindruck trifft. Mediale Gewaltverherrlichung zeigt dort eher Wirkung, wo auch im sozialen Umfeld der Jugendlichen Gewalt herrscht. Bei allen Themen, die den Jugendlichen medial vermittelt entgegentreten, spielt immer die Art und Weise eine Rolle, wie sie von den jungen EmpfängerInnen verarbeitet werden. Dazu ist die Hilfestellung der Erwachsenen nötig. Analog zum Themenbereich »Aggression und Medien« ist der Einfluss der Medien auf die gesamte Gefühlswelt zu sehen. *Deuteseite* 50-51 thematisiert daher das Wechselspiel zwischen Medien und Gefühlswelt: Gefühle motivieren, wie gesagt, Medien zu konsumieren und der Medienkonsum erzeugt Emotionen.

Agathes Fernsehgeschichte

Agathe selbst durchschaut den Sog, den das Fernsehen auf sie ausübt, und fühlt sich schlecht dabei. Wird sie sich ihm entziehen können? Der offene Schluss lässt Raum für Spekulationen. Mit diesem Wissen können Sch reflektierter und kritischer mit Medien umgehen und ihre Emotionen im Zusammenhang mit Medien einschätzen lernen.

Leo hat Angst

Wenn Sch ihre Gefühle beschreiben sollen, fällt es ihnen oft schwer, sie wahrzunehmen und differenziert auszudrücken. Da die Benennung und Qualifizierung von Gefühlen erlernt wird, machen sich auch geschlechtstypische Unterschiede bemerkbar: Mädchen benennen ein bestimmtes Gefühl häufiger als Angst, Jungen kennen als Gefühl oft nur die Wut. Ein Ziel ist es, Sch für ihre differenzierte Gefühlswelt zu sensibilisieren.

Computerleben

Das Gedicht schildert viele Vorteile des Computers. In Sekundenschnelle können Programme, Informationen usw. per Mouse-Klick abgerufen werden. Viele Sch sind Profis auf den unterschiedlichsten Gebieten der Computeranwendung. Es dürfte ihnen nicht schwer fallen, die neuesten Action-Spiele, Adventures oder Jump-and-Run-Spiele zu nennen. Ungewohnt dürfte es für sie sein, dass die Spiele mit bestimmten Gefühlslagen in Verbindung gebracht werden. Im Sinne einer Vorübung sammeln Sch, was sie tun, wenn sie »mal nicht so gut drauf«, »gelangweilt« oder »guter Laune« sind. Sch werden feststellen, dass sie nicht unbedingt zu den genannten Spielen greifen, sondern durchaus anders reagieren. Damit ist die überspitzte Aussage des Gedichts schon fast entlarvt. Der Computer ist eben doch keine »Medizin«, die man sich entsprechend der emotionalen Stimmung verabreicht. In der vierten Strophe (Ja, ein Computer ...) wird die Verquickung mit den Gefühlen aufgehoben und es werden eigentliche Vorteile der Anwendung genannt. In der letzten Strophe wird schließlich zusammengefasst, wofür die ersten drei Strophen Beispiele liefern. Es wird behauptet, man könne mittels des Computers per Knopfdruck Gefühle an- oder ausklicken wie andere Anwendungsgebiete. Geschickt aufgebaut, führt das Gedicht vor der letzten Strophe tatsächliche Vorteile des Computers an und bewirkt eine zustimmende Lesehaltung: Tatsächlich kann man das Vokabelprogramm, mit dem man für die »Schule büffelt«, einfach ausklicken, wenn man »keinen Bock« mehr hat. Genau das funktioniert jedoch mit den Gefühlen nicht. Hier ist der Zusammenhang komplizierter. Es kann nämlich durchaus sein, dass man nicht gut drauf ist, *weil* man ein Action-Spiel (zu lange) gespielt hat. Ein fanatischer Computerspieler hat vielleicht Langeweile, weil sich niemand mehr mit ihm treffen mag, da er über nichts anderes redet.

2. Einsatzmöglichkeiten im RU

Vorübungen: Gefühlsäußerungen erkennen und Gefühle ausdrücken
Zwei Vorübungen liefern das »Handwerkszeug«, das es den Sch erleichtert, den Zusammenhang zwischen Medien und Gefühlen zu erkennen bzw. ihn ins Wort zu bringen. Die zweite Übung, das Interaktionsspiel, kann darüber hinaus weit reichende positive Auswirkungen auf das Zusammenleben in der Klasse und Schule haben.

<u>Bilder zu den universell erkennbaren Emotionen</u>
Sch sollen einen Überblick über die »sieben universell erkennbaren Emotionen« bekommen, wie sie die Psychologie nennt. Es geht nicht darum psychologisches Wissen zu vermitteln. Vielmehr wird die psychologische Erkenntnis didaktisch eingesetzt um Sch bewusst zu machen, welche Emotionen Menschen eigen sind.

– Sch erhalten AB 6.3.8 *Arbeitshilfen* S. 109 und äußern Vermutungen, was die abgebildeten Menschen fühlen (auch als Folienvorlage einsetzbar).
* Ordne folgende Begriffe den Gesichtern zu: Fröhlichkeit, Überraschung, Wut, Ekel, Furcht, Traurigkeit, Verachtung (hier in der Reihenfolge zu den Bildern aufgelistet)
* Von Sch gezeigte Mimik wird durch Gesten pantomimisch unterstrichen.
– Sch denken sich Sätze oder komplexe Situationen aus, die zu dem Gesichtsausdruck passen.

<u>Wenn-ich ..., dann-Spiel</u>
Das Wenn-ich ..., dann-Spiel ermöglicht, das Spektrum menschlicher Gefühle näher kennen zu lernen und eigene Emotionen in Worte zu fassen. Dabei sollen Ich-Botschaften gesendet werden, was ein gewisses Vertrauensverhältnis unter den Sch bzw. zwischen Sch und L erfordert, aber auch bewirken kann; L spielt deshalb am besten mit.

– Von L vorbereitete Wenn-ich ..., dann-Karten AB 6.3.9 *Arbeitshilfen* S. 111 werden gemischt und aufgestapelt. Sch zieht die oberste Karte, liest den Satzanfang laut vor und erzählt ein passendes Erlebnis. Die Karte wird neben dem Stapel abgelegt. Der nächste Sch zieht die nächste Karte usw. Wem zu einem Satzanfang keine Begebenheit einfällt, gibt die Karte an eine/n Mit-Sch weiter und zieht eine neue Karte.

Agathes Fernsehgeschichte
Sch sollen anhand eines drastischen Beispiels nachvollziehen, wie Fernsehkonsum sozial isolieren kann, ihre eigene Situation damit vergleichen und kritisch überdenken.

– Stell dir vor, du wärst an Agathes Stelle! Welche Filme oder Serien würdest du zusammenstellen, damit es ein »gelungener« Fernsehabend wird? Du kannst auch Videofilme nennen. Mache einen Fernseh-/Videoplan für drei Abende!
– In der Geschichte heißt es: »Immer wenn ich mich gerade mal aufraffen wollte, ... den ich unbedingt sehen musste.« Erfindet ein Rollenspiel zwischen Agathe und einer ihrer UrlaubsfreundInnen zu diesem Satz. Ihr könnt verschiedene Entscheidungen Agathes spielen.
– Agathe schreibt am Schluss, dass sie ihr Verhalten »ganz schön bescheuert« findet. Stell dir vor, du bist ihre Freundin oder ihr Freund und willst in der Freizeit mit ihr etwas unternehmen. Nenne ihr konkrete Vorschläge, was ihr gemeinsam an einem Nachmittag/frühen Abend machen könntet!
– Mit dem Arbeitsauftrag »Schreib deine eigene Fernsehgeschichte!« sollen Sch zu einer Bewertung kommen. Eine einfache Hilfe kann ihnen dabei der Würfel mit den Smilies sein: Sie sollen ihrer Geschichte einen Gesichtsausdruck zuordnen.

Leo hat Angst
Sch sollen darüber nachdenken, dass erfundene und unreale Horrormedien durch grausame Darstellungen und subtile Machart allen Menschen Angst machen.
Sollten Sch, vor allem Jungen, nicht zugeben können, dass es Videos, Musik, Filme oder Computerspiele gibt, die ihnen Angst machen, so formuliert L den Arbeitsauftrag distanzierender: »Du kennst sicherlich Videos, vor denen Jugendliche eures Alters Angst haben könnten.«

Wer fühlt was?

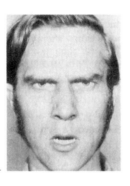 

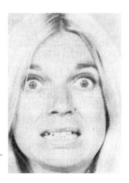 

* Welche Gefühle spiegeln sich in den Gesichtern der Menschen?
* Ordne folgende Gefühle zu und notiere sie neben dem passenden Gesichtsausdruck: Ekel, Fröhlichkeit, Furcht, Traurigkeit, Überraschung, Verachtung, Wut

- Anknüpfung an das Wenn-ich ..., dann-Spiel: »Wenn ich Angst habe, dann ...«. Den Sch wird dadurch Angst als sinnvolle Schutzreaktion angesichts Furcht einflößender Geschehnisse bewusst.
- Sch stimmen darüber ab, warum Leo Angst hat. Weiß er nicht, dass das Horrorvideo erfunden ist, oder weiß er es und hat trotzdem Angst? Im zweiten Fall kann nach den Gründen gesucht werden.
* Schreibe einen Dialog zwischen Leo und Peter: Beide treffen sich am anderen Morgen in der Schule. Peter gibt damit an, heimlich einen Horrorfilm seines Vaters angesehen zu haben und wie stark es war, als die Menschen abgeschlachtet wurden. Was wird Leo dazu sagen? Kann er zugeben, dass er Angst davor hat? Macht er mit beim Angeben?
* Die Angstbilder zu malen, ermöglicht es den Sch, evtl. gemachte Erfahrungen auszudrücken. Sollte das einigen Sch nicht möglich sein, was vorkommt, können sie ein Bild an Leos Stelle malen.

Computerleben   **Ideenseite 44**
Sch sollen nachspüren und benennen, welchen Einfluss der Computer auf ihre Gefühlswelt hat.

- Sch knüpfen an das Wenn-ich ..., dann-Spiel an. L gibt nachfolgende Sätze vor und zugleich den Hinweis, dass im Dann-Satz der Computer ins Spiel gebracht werden soll:
Wenn ich mal nicht gut drauf bin, dann...
Wenn ich gelangweilt bin, dann...
Wenn ich zu viel Zeit habe, dann...
Wenn ich guter Laune bin, dann...

* Nach dem Gedichtvortrag wird es vielen Sch ein Bedürfnis sein, die genannten Spiele zu aktualisieren. Das Gedicht kann dadurch erweitert werden. Gleiches kann in der vierten Strophe geschehen, wo es um Arbeitsmöglichkeiten mit dem Computer geht.
* Vom Satz her »Du kannst dir alles anklicken« (letzte Strophe) gehen die Sch das erweiterte Gedicht noch einmal durch und haken ab, ob man mit dem Computer wirklich alles, was man will, herholen und anklicken kann.
- Sch bearbeiten Impuls *Ideenseite* 44: »Welche Medien leistest du dir?« (zum Vergleich: 1997 verbrachten die Bundesbürger täglich durchschnittlich 168 Minuten vor dem Fernseher, 177 Minuten vor dem Radio (Dt. Gesellschaft für Freizeitforschung, Globus 53. Jg., Nr. RC 4967 v. 13.7.1998).

3. Weiterführende Anregungen

Geschichte: Ein missglückter Videoabend
Die Geschichte soll Sch auf das oft in Vergessenheit geratene Medium des Erzählens aufmerksam machen.

- L liest die Geschichte (ohne Überschrift) vor oder verteilt AB 6.3.10 *Arbeitshilfen* S. 113 (ohne Überschrift).
* Sch sollen darüber abstimmen, was sie spannender finden: das Erzählen oder das Anschauen des Familienvideos. Wie begründen sie ihre Entscheidung?
* Sch finden eine Überschrift für die Geschichte.
* Sch berichten von eigenen Erfahrungen mit dem Erzählen.
* Sch bekommen den Auftrag, spannende Familiengeschichten herauszufinden und sie aufzuschreiben oder zu erzählen (Hausaufgabe).

Geschichte: Computer-Miri
Die Geschichte AB 6.3.11 *Arbeitshilfen* S. 114 zeigt den Sch erzählerisch auf, welche positiven und negativen Auswirkungen der Einfluss des Computers auf das zwischenmenschliche Miteinander haben kann.

* Welche Erleichterungen hat Miri durch den Computer?
* Was unterscheidet sie von Rudi bei der Nutzung des Computers?

- Stell dir vor: Miri löscht am Ende nicht die Datei »Rudi 1«, sondern eröffnet »Rudi 2« und schreibt ihm das, was sie an dem Nachmittag störte und was sie gern anders gemacht hätte. Schreibe den Brief!

- An welchen Stellen der Geschichte hätte Rudi anders reagieren können, sodass Miri nicht enttäuscht nach Hause gekommen wäre? Wie hätte die Geschichte dann anders ausgehen können?

Wenn-ich..., dann-Spiel

Wenn ich traurig bin, dann ...	Wenn ich fröhlich bin, dann ...	Wenn ich wütend bin, dann ...
Wenn ich müde bin, dann ...	Wenn ich unsicher bin, dann ...	Wenn ich mich einsam fühle, dann ...
Wenn ich mich missverstanden fühle, dann ...	Wenn ich aufgeregt bin, dann ...	Wenn ich hungrig bin, dann ...
Wenn ich gute Laune habe, dann ...	Wenn mir langweilig ist, dann ...	Wenn ich Probleme habe, dann ...
Wenn ich mich geärgert habe, dann ...	Wenn ich mich schäme, dann ...	Wenn ich Spaß habe, dann ...
Wenn ich eifersüchtig bin, dann ...	Wenn ich mich gehetzt fühle, dann ...	Wenn ich enttäuscht bin, dann ...
Wenn ich gelobt wurde, dann ...	Wenn ich Angst habe, dann ...	Wenn ich mich beobachtet fühle, dann ...

Mit Medien umgehen

1. Hintergrund

Die Deuteseite geht auf eine Begebenheit zurück, die eine Münchner Hauptschülerin im Schuljahr 1997/98 erlebt hat und zu der sie in der Schülerzeitung interviewt wurde. Mit den Jugendzeitschriften Bravo, Bravo-Girl oder Bravo-Sport, aber auch mit den die Soap-Operas des Fernsehens begleitenden Heften zu arbeiten, motiviert die Jugendlichen im höchsten Maße. Es muss die Motivation meist »kanalisiert« werden, um trotz der »großen Aufregung« in der Sache inhaltlich voranzukommen. Dazu empfiehlt es sich, die Sch vorher an ihren eigenen mitgebrachten Zeitschriften arbeiten zu lassen. Neben sonstigen Inhalten (Bravo-Aufklärung etc.) interessieren besonders die Foto-Lovestorys. Dabei ist den Sch in der Regel durchaus bewusst, dass Fotogeschichten (mit gestellten Fotografien und Texten in Comic-Sprechblasen) erfunden sind. Die Geschichten werden gern gelesen, wofür Sch viele vernünftige Gründe nennen: Man lernt dadurch auf andere zuzugehen, wie man »ein Mädchen/Jungen anspricht«. »Die Geschichten sind einfach schön zu lesen«, sagen sie, »es ist wie ein schöner Traum«. Den Sch geht es dabei nicht anders als Erwachsenen, die sich durch Liebesromane, -gedichte oder -filme in romantische Stimmung versetzen lassen. Auch dabei spielt es eine untergeordnete Rolle, ob die Story erfunden oder wahr ist. Bei Anerkennung dieses Bedürfnisses will *Deuteseite* 52–53 Sch zu einem kritischeren Umgang mit ihren Printmedien führen. Die Lovestory ist so gestaltet, als sei sie wirklich geschehen. Angeblich hat also Nicola auf eine Partnerschaftsanzeige von Georg reagiert, durch die sie ihre große Liebe fand. Die schöne Liebesgeschichte spricht die Bedürfnisse der Sch genau an; das ist der Grund, warum sie erfunden wurde. Den Sch wird aus kommerziellen Gründen etwas vorgegaukelt; dazu wird ihr Bedürfnis nach solchen Geschichten ausgenutzt. Wenn man die Sch ohne Kenntnis des nebenstehenden Interviews fragt, ob die Geschichte stimmt, sind sie in der Regel so realistisch zu gestehen, dass »die beiden schon auch mal streiten«; »das wird natürlich nicht gedruckt!« Diese Frage stellt L am besten vor dem Erlesen des Interviews, auch wenn sie suggestiv ist. Es wird dadurch das Nachdenken intensiviert, wenn die ganze Wahrheit ans Licht kommt. Schließlich lohnt es sich weiterzufragen, was in den Heften noch alles erfunden sein könnte. Das Allermeiste ist ausgedacht, einschließlich der »berühmten« Anfragen an »Dr. Sommer«. Wenn die interessegeleitete und absichtsvolle Produktion und die Wirkung von Medien anhand dieses exemplarischen Beispiels erarbeitet ist, werden auf der »Metaebene« die Schaubilder und Texte *Infoseite* 57 erarbeitet und von den Sch mit praktischen Beispielen gefüllt. Diese induktive Vorgehensweise ist in der Regel der deduktiven vorzuziehen. Kooperation mit dem Deutsch-Unterricht liegt nahe.

2. Einsatzmöglichkeiten im RU

Sch sollen Inhalte von Jugendmagazinen kritisch hinterfragen lernen. Sie sollen die Gründe benennen, warum Jugendliche solche Lovestorys (zu Recht) gerne lesen/kaufen und warum diese deshalb erfunden werden.

– Sch erstellen zum Inhalt einer ausgewählten Jugendzeitschrift ein Cluster und ermitteln die in ihrer Klasse am meisten gelesenen Inhalte/Gattungen (evtl. anonym, falls es vielen peinlich erscheint oder manche aufschneiden wollen). Dazu können Gründe gesammelt werden.

* Sch ordnen die Story *Deuteseite* 53 dem Inhalt der Zeitschrift (Cluster) zu und nennen mögliche Absichten, warum eine Mädchenzeitschrift diese Fotogeschichte abdruckte (Hilfe bietet Sender-Empfänger-Modell *Infoseite* 56).

* Eine Abstimmung und Diskussion, ob und wie viel an der Geschichte wahr ist, sollte vor dem Erlesen des Interviews erfolgen (Interview kann auf Cassette gesprochen werden).

* Sch sammeln Artikel, die ebenso erfunden sein könnten.

– Sch formulieren Fragen, die sie dem/der Reporter/in stellen würden, falls sie ihnen einen Brief schreiben könnten oder sich die Gelegenheit zu einem Gespräch ergäbe.

– Sch bearbeiten Impuls *Infoseite* 56. In arbeitsteiligen KG werden z.B. eine Tageszeitung, eine Computerzeitschrift, ein Werbeheft in das Schaubild »Wie Medien wirken« eingeordnet. Gegenseitige Vorstellung im Plenum. Auch hier sollten sich Vermutungen über die Wahrheit des Inhalts anschließen.

3. Weiterführende Anregungen

Eine vergleichende Medienanalyse wird dann ergiebig, wenn ein kirchliches Großereignis (Diözesanjubiläum, Jugendtreffen, Papstbesuch) oder

Ein missglückter Videoabend

»Dass man auf deine Mutter immer warten muss!«, knurrte Herr Walter seine Frau an, »wir haben diesen Videorekorder doch nur heute ausgeliehen!«. Darauf begegnet Frau Walter nur etwas locker: »Hättest du damals das richtige Videosystem gekauft, könnten wir die Videos von unseren Kindern ohne Probleme ansehen und wir müssten nicht so ein Theater machen, bis alle zusammengetrommelt sind.« »Jetzt fang bloß nicht schon wieder damit an! Das bekomm ich ja in hundert Jahren noch zu hören!«, wettert Herr Walter dagegen. »Omi ist ja schon da!«, wirft Elke schnell dazwischen, bevor das Ganze im Streit endet. »Komm, Heinz, rück ein Stück, wir nehmen Omi in die Mitte!«, sagt sie zu ihrem Bruder.

Nach der kurzen Begrüßung der allein lebenden Großmutter kann die Vorführung der Kindheitsvideos endlich beginnen. Doch für Herrn Walter ist es kaum zu glauben, die Oma quasselt andauernd dazwischen: »Siehst du Heinz? Das Märchenbuch! Ins Bett gehen wolltest du ja nie, weil du Angst hattest«, erinnert sich die Oma, worauf es Heinz aufleuchtet: »Richtig! Dann hast du uns vorgelesen, vielmehr erzählt, jedesmal anders und doch so spannend.«
»Manchmal war es so aufregend, dass wir uns gegenseitig festhalten mussten«, fällt Elke ein.
»Streiche sind euch eingefallen! Ich glaube, die Nachbarn waren manchmal richtig froh, wenn ihr wieder weg wart«, erzählt die Oma lächelnd.
»Solche Lausekinder wart ihr?«, will Herr Walter wissen.
»Ja, natürlich, Schwiegersohn!«, sagt die Oma streng, »freilich nicht vor laufender Kamera. Aber sie waren dabei immer nett.«
»Gott sei Dank, dass ihr schon so alt seid und ich es nicht vorher gewusst habe«, brummte Herr Walter.
»Das Erfinderische haben sie sicherlich von dir!«, hält Oma dagegen, »was dir alles eingefallen ist, um deine Johanna zu sehen.«
»Das hast du damals alles mitbekommen?«, fragt Frau Walter etwas verlegen und es wird still. –
Plötzlich bricht schallendes Gelächter aus. Die Kinder wollen Genaueres wissen. Zwischen allen Generationen wurde den ganzen Abend lang erzählt und gelacht. Der Videorekorder? Irgendwann drückte Herr Walter die Stopp-Taste und keiner merkte es.

Computer-Miri

Miri schaltet den Computer ein. Schon wird sie begrüßt: Willkommen!
Der Schreibtisch erscheint: kleine Ordner, säuberlich beschriftet:
Rudi, Briefkopf, Englisch.
Miri öffnet das Englisch-Programm. Es gongt; auf dem Bildschirm steht:
Hello, how are you?
☺ ☻ ☹   Miri klickt in den lächelnden Smiley.
Es geht ihr ganz gut.

That's fine. Let's begin.
Der Computer fragt Miri Vokabeln ab. Er hat Geduld, immer wieder kommt er auf die Vokabeln zurück, die Miri nicht in den Kopf wollen. Er lobt Miri, wenn sie sich einen Begriff merkt. Der Computer warnt Miri sogar, wenn ein Wort folgt, das sie immer mit einem anderen verwechselt. Der Computer ist erträglicher als der Nachhilfe-Unterricht von Miris Mutter. »In deinem Alter habe ich in Englisch eine 1 gehabt«, hat er noch nie behauptet. »Du bist unkonzentriert«, ist bei ihm nicht einprogrammiert. Ein Glück!
Zur Entspannung, nach Englisch, verziert Miri ihr Computer-Briefpapier. Den Brief an Rudi hat sie 13-mal umgeschrieben, verbessert, neu bemalt. Rudi hat auch einen Computer. Und Miri interessiert sich für ihn, für Rudi, für seinen Computer nicht ganz so sehr. Der Brief ist jetzt so schön, dass Miri sich kaum traut, ihn Rudi zu geben. Sie ruft die allererste Fassung aus dem Speicher auf, druckt sie aus.

Für Rudi
Hallo, hast du Lust, mir auch mal einen Computer-Brief zu schreiben?
Ich habe japanische Kalligrafie-Pinsel.
`Und auch einfache Schrift.`

Am nächsten Tag, in der Mathestunde, schiebt Miri Rudi das Briefchen zu. Rudi grinst. Er schreibt: »Kannst ja heute Nachmittag zu mir kommen, ich habe 120 Spiele!«
Drei Stunden später sitzt Miri neben Rudi an dessen Computer. Rudi hat ein Spiel eingelegt. Die Joysticks zwischen den Oberschenkeln, starren beide auf den Bildschirm: Wer reagiert schneller, bewegt den roten Knüppel geschickter hin und her? Rudi natürlich, schließlich hockt er tagelang am Computer und knallt und schießt wie wild um sich.

»Sag mal, macht dir das eigentlich Spaß, dieses ewige Rumballern?«, fragt Miri, nachdem sie das erste Spiel verloren hat.

»Wieso? Magst du lieber 'n anderes?« Rudi wartet die Antwort nicht ab, legt ein neues Spiel ein. Wieder geht es um Zeit, um Reaktionsgeschwindigkeit. Rudi sitzt da mit hochrotem Kopf, die Hände an den Joystick gepresst. Er sieht gebannt auf den Bildschirm, merkt nicht, wie Miri ihren Joystick beiseite legt und sein Zimmer betrachtet.

An den Wänden hängen Poster, überall liegen Disketten herum, auch einige Musikcassetten sind dazwischen. Die hätte Miri lieber angehört. Überhaupt hatte sie gedacht, dass man sich etwas unterhalten könnte...Rudi brüllt auf: »Wahnsinn! Wahnsinn!« Er hat seinen eigenen Geschwindigkeitsrekord unterboten.

Miri dreht sich zu ihm um: »Am besten spielst du nur noch gegen dich selbst!« Rudi spürt die feine Ironie nicht. »Ja, du, ich hab auch tolle Adventure games. Da musst du dich durch den Urwald schlagen.«

Miri winkt ab: »Wenn Abenteuer, dann richtige. Bildschirm-Urwald interessiert mich nicht.«

Rudi ist überrascht: »Was willst du eigentlich?« Er dämpft seine Stimme: »Ich habe auch verbotene Spiele, richtige fiese Kriegsspiele, hab ich mir heimlich kopiert.«

Miri holt tief Luft. »Mensch, Krieg find ich grauenvoll, ich hab keinen Spaß, andere umzubringen. Ich kann darüber nicht lachen.«

»Aber es geht doch nur um Punkte!«

»Und dieser Geschwindigkeitsfanatismus geht mir auch auf den Nerv. Ich würde doch nie zu einem Autorennen latschen und zugucken, wer als erster um die Ecke quietscht.«

»Ich finde das geil.«

»Und ich find's kindisch. Na ja, das sind die gewissen Unterschiede...«

»Wofür hast du dann überhaupt einen Computer?«

Miri sieht Rudi gequält an: »Ach, das verstehst du sowieso nicht.«

Zu Hause setzt Miri sich gleich wieder an den Computer. Sie gibt den Befehl ein:

Rudi 1 – 13 Exit.

Auf dem Bildschirm erscheint die Nachfrage:

Wollen Sie den Inhalt wirklich löschen?

Und Miri bestätigt: **Exit.**

Miris Mutter steckt den Kopf durch die Tür: »Du wirst ja noch ein richtiger Computer-Freak.«

Miri lacht ihre Mutter an: »Wirklich nicht!«

Sabine Jörg

ein spirituell oder theologisch bedeutsames Thema (ethische Fragen, Heiligsprechung, Kirchenasyl) in der medialen Öffentlichkeit verhandelt wird. In Absprache mit dem Deutsch- und Informatik-Unterricht oder im Rahmen eines Projekttages

– untersuchen Sch mit Hilfe des Schaubildes *Infoseite* 56, wie ein solches Ereignis/Thema in ausgewählten Printmedien dargestellt wird (Tageszeitungen, Wochenzeitungen, Magazine, Jugendzeitschriften, Kirchenzeitung, Nachrichten, kirchenamtliche Verlautbarungen).
– zeichnen Sch auf und vergleichen, ob und wie das Ereignis/Thema in Radio und Fernsehen vorkommt (Nachrichten, Kommentar, Reportage, Themenabend, Wort zum Sonntag, Kirchenfunk, Sondersendung). (Wie) unterscheidet sich die Berichterstattung in öffentlich-rechtlichen, Privat- und Lokal-Sendern?
– informieren sich Sch im Internet, ob es Chat-Rooms zum Ereignis/Thema gibt und welche Meinungen dort diskutiert werden.

– Bei Beteiligung des Englischunterrichts oder mit entsprechenden Kontaktmöglichkeiten in andere Länder finden Sch heraus, wo und wie in England und ... über das Ereignis/Thema berichtet und diskutiert wird
– befragen Sch Gemeindemitglieder und interessierte Familien-Angehörige dazu, welche Medien sie als Informationsquelle zum Thema nutzen und welche Stellung sie zum Thema beziehen.
– befragen Sch, wenn möglich, Menschen, die nicht nur medial vermittelt, sondern unmittelbar von Thema oder Ereignis wissen, direkt beteiligt sind.

Gemeinsames »Forschungsinteresse« in allen arbeitsteiligen KG: Wie wird mittels des Mediums Wirklichkeit hergestellt?
Hinweis: Um die Vergleichbarkeit der Arbeitsergebnisse sicherzustellen und einen anschließenden Austausch zu ermöglichen, sind vorab gemeinsam verbindliche Frageraster zu entwickeln!

Freie Zeit – einmal anders! Ideenseite 54–55

1. Hintergrund

Da Sch zunehmend ihre Freizeitgestaltung selbst in die Hand nehmen (müssen), besonders an Wochentagen, ist auch für sie die Mediennutzung der bequemste Weg, Langeweile und das Heimkommen in eine leere Wohnung zu ertragen. Bei der Bestandsaufnahme dessen, was sie in ihrer Freizeit tun, werden Sch meist nachdenklich, wenn sie realisieren, welchen breiten Raum Medien einnehmen. Durch eine »Statistik der Freizeitgestaltung« werden aber auch Alternativen aufgezeigt, die Sch vor Ort bereits praktizieren.
Ideenseite 54–55 versammelt Impulse, bewusst nach »outdoor-Aktivitäten« zu suchen, die direkte Begegnungen und Bewegung ermöglichen. Bei der Suche nach schülergerechten Angeboten zur Freizeitgestaltung soll unter allen Umständen der Ortsbezug hergestellt werden (Zusammenarbeit mit *GSE* 6.3.1/6.3.4.).

2. Einsatzmöglichkeiten im RU

Drei Geschichten... **Ideenseite 44**
Sch sollen erkennen, dass Freizeitgestaltung und Mediennutzung von ihren Entscheidungen abhängt und sie von den Folgen betroffen sind.

– *Bestandsaufnahme:* Sch ermitteln ihre Freizeitaktivitäten und stellen sie in einem Schaubild dar (Plakat). Folgende Stichworte können vorgegeben werden:

Fernsehen, Computer, Rad fahren, Fußball, Musikhören, Skaten/Sport, mit Freund/in reden, Lesen, Instrument spielen.
Das ermittelte Freizeitverhalten kann mit Ergebnissen aus anderen Klassen verglichen werden, wenn auch dort eine Umfrage durchgeführt wird.

– Sch füllen Fragebogen AB 6.3.12 *Arbeitshilfen* S. 117 aus. Auswertung/Vergleiche auf Folie/Plakat (AB).
– Sch schreiben eigene Mediengeschichte (Es können auch durch Medien positive Begegnungen zu Stande gekommen sein).
– Sch wählen eine Geschichte aus dem Buch, entwerfen einen alternativen Verlauf und benennen mögliche Folgen der jeweiligen Entscheidungen.
– Sch bearbeiten Impuls *Ideenseite* 44, »Welche Medien leistest du dir?«

Am Nachmittag
Die Sch sollen konkrete »medienfreie« Alternativen für die eigene Freizeitgestaltung entwickeln. Im Rollenspiel wird durch das methodische Vorgehen das praktiziert, was inhaltlich vermittelt werden soll: Mit anderen zusammen zu sein, bedeutet

Was machst du in deiner Freizeit?

1. Bist du in deiner Freizeit alleine? (Kreuze an!)
   - Fast nie ☐
   - Selten ☐
   - Immer ☐

2. Mit wem bist du in der Freizeit zusammen?
   - Mit der Familie ☐
   - Mit Älteren ☐
   - Mit Jüngeren ☐
   - Mit Gleichaltrigen ☐
   - Mit _____
   - Mit _____

3. Liest du Bücher oder Zeitschriften?
   - Oft ☐
   - Selten ☐
   - Nie ☐

4. Spielst du ein Instrument? Welches? Wie lange in der Woche?
   _____

5. Hörst du gerne Musik? Welche? Wie viele Stunden in der Woche?
   _____

6. Treibst du Sport? Was? Wie viele Stunden in der Woche?
   _____

7. Wie viele Stunden am Tag siehst du fern? Was am meisten?
   _____

8. Wie viele Stunden siehst du am Wochenende fern? Was?
   _____

9. Gehörst du einem Verein oder einer Gruppe an? Welcher?
   _____

10. Was tust du in deiner Freizeit am liebsten?
    _____

11. Was bedeutet dir Freizeit?
    _____

Auseinandersetzung mit ihnen; das findet im Rollenspiel statt.

- Als Anregung für ein Rollenspiel dient die offene Szene zwischen Petra und Niki. Der Arbeitsauftrag ergibt sich aus der Szenen selbst.
* Entwerft ein kurzes Gespräch, wozu sich die Mädchen entscheiden, und bringt evtl. auch die Freundin Tina mit ins Spiel.
- Sch erzählen ein lustiges, spannendes, besonderes Freizeiterlebnis (auch als kreativer Schreibprozess möglich).
- Sch entwickeln in GA ein Rollenspiel und spielen es (AB 6.3.13 *Arbeitshilfen* S. 119).

Was ist eigentlich los bei uns?
Sch sollen konkrete Freizeitangebote in ihrem Lebensraum finden und auch kennen lernen. Dabei sollte auch auf die oft vielfältigen Angebote von Pfarreien und kirchlichen Vereinen hingewiesen werden.

- Sch berichten, erstellen Plakate zu den Freizeitangeboten, die sie kennen und wahrnehmen. Dabei sollen sich die Sch vorstellen, sie müssten für ihre Jugendgruppe oder ihren Verein Mitglieder werben.
* Findet über Verein, Rathaus, Pfarrei etwas über deren Angebote für Jugendliche heraus (evtl. Interview mit Zuständigen)!
* Erstellt aus (mehreren) Pfarrbriefen eine Collage über die Freizeitaktivitäten Jugendlicher. Fragt nach, warum Mädchen und Jungen ihre Freizeit »opfern«, um z.B. als Sternsinger Geld für Not leidende Kinder zu sammeln.

Wann sagst du denn so etwas?
Sch sollen für zwischenmenschliches Miteinander sensibilisiert werden.
Dadurch wird deutlich, wo Medien in Konkurrenz zu direkten Begegnungen zwischen Mensch und Mensch treten.

- Sch erhalten eine Kopie der Sprechblasen und wählen eine oder mehrere aus, die sie gemäß dem Arbeitsauftrag bearbeiten.
- Mehrere Sch gestalten zusammen eine Szene in Form eines Comics, in die die vorgegebene Sprechblase eingebunden wird.
Hinweis: Die Methode der GA oder PA ist hier angebracht, da diese Sozialformen das verlangen, worum es inhaltlich geht, nämlich zwischenmenschliche Interaktion.
- Der Vergleich der entworfenen Szenen erweitert das Spektrum der Sch. Dabei können folgende Arbeitsaufträge bei der Auswertung der Gruppenarbeit gestellt werden:
* Ist der Verlauf der Szenen so denkbar oder ist es eher unwahrscheinlich, dass es so geschah?
* Überprüfe für dich, ob du vielleicht Ähnliches erlebt hast!
* Was sind die Unterschiede zwischen den Gruppen, die die gleichen Sprechblasen bearbeitet haben?

Zeit messen – Zeit erleben   Infoseite 56–57

1. Hintergrund

Was ist Zeit?
Der kurze Sachtext gibt die Grunderfahrungen der Menschen mit der Zeit wieder, die Sch selbst kennen. Es wird verallgemeinert und definiert, was allen aus ihren Erfahrungen bekannt ist und im Laufe des Unterrichts sicher thematisiert wurde. Im Schülerbuch wurde der hier systematisierte Inhalt an mehreren Stellen angeschnitten (Sprüche zur Zeit *Themenseite* 42, Jenny hat Langeweile *Deuteseite* 43 bzw. 45, Die Zeit und Lena mittendrin *Deuteseite* 48).
Gerade bei solchen von den Sch benennbaren Erfahrungen ist es sinnvoll, eine allgemeine Formulierung bzw. »beschreibende« Definition anzuschließen. Es wird dadurch methodisch gelernt, wie Definitionen entstehen und wozu sie gut sind. Des Weiteren ist das eine wichtige Voraussetzung für Sch, sich in einer verwissenschaftlichten Welt zurechtzufinden.

Zurück in die Zukunft
Der Text erweitert die Aussagen des Schülerbuches um die wichtige Entdeckung Albert Einsteins. Die Sch der sechsten Klasse sind sehr an realen Dingen interessiert, weshalb die stark vereinfachten Aussagen zur Relativitätstheorie mit Spannung zur Kenntnis genommen werden. Ähnlich wie Erwachsene werden Sch darüber staunen. Die Aussagen zur physikalisch messbaren Zeit und subjektiv erlebten Zeit, wie sie im Text zusammengefasst sind, werden dadurch relativiert. Auch die scheinbar exakte, objektiv abzählbare Zeit ist relativ, d.h. an ihre physikalischen Prämissen gebunden.

Anleitungen für ein Rollenspiel: Freizeitgestaltung

1. Bildet Gruppen zu fünft für verschiedene Rollen.
   Dabei können auch Mädchen Jungen oder Jungen Mädchen spielen.

2. Sandra, Leo, Maria, Viktor und Brian treffen sich mit ihren Fahrrädern, um gemeinsam etwas zu unternehmen. Nur sind sie sich nicht einig, was genau sie tun wollen.

3. Überlegt euch, was Sandra, Leo, Maria, Viktor und Brian vorschlagen könnten. (Mögliche Beispiele: zum Flugplatz radeln, in die Stadt fahren usw.)

4. Plant in das Spiel ein, wie sich die einzelnen Personen verhalten sollen! Plant auch vorher die Lösung! Beispiele für mögliches Verhalten (ihr müsst euch nicht daran halten):
   – Brian ist meistens alles egal.
   – Leo schlichtet Streit, wenn es so weit kommen sollte.
   – Maria ist schnell mit Vorschlägen einverstanden.
   ...

5. Jede Gruppe spielt die Lösung vor.

6. Wer nicht am Spiel beteiligt ist, beobachtet.
   Besprecht vorher, wer wen beobachten soll.

7. Die Rollenspiele werden anschließend ausgewertet.
   Dabei können folgende Fragen helfen:
   – Wie haben sich die einzelnen Personen verhalten?
   – Wer hat geholfen, eine Lösung zu finden?
   – Wie wurde der Streit gelöst? Gibt es Sieger, Verlierer usw.?
   – Wurde von den Spielerinnen und Spielern echt gespielt?
   – Hältst du die Lösung wirklich für möglich?

Albert Einstein
Einstein wurde am 14.3.1879 geboren und starb am 18.4.1955. Er studierte Physik an der Technischen Hochschule Zürich. Von 1902 bis 1909 war er im Patentamt Bern tätig. Von 1909 bis 1914 hatte er Professuren an den Universitäten in Zürich und Prag inne. Im Jahre 1914 wechselte er nach Berlin, wo er neben der Tätigkeit an seinem Lehrstuhl Direktor des Kaiser-Wilhelm-Instituts für Physik war. Als Jude musste er 1933 aus Deutschland emigrieren. Es ist nicht auszudenken, was die Nationalsozialisten mit den physikalischen Forschungen Einsteins und anderer emigrierter Physiker anrichten hätten können. Amerikanischer Staatsbürger wurde Einstein 1940. Er lehrte an der Universität von Princeton, wo z.B. auch Thomas Mann während seines Exils tätig war. Im Jahre 1921 erhielt er den Nobelpreis für Physik.

Vertane Zeit – Gegenwart erleben – Tagträume

Die drei Texte bieten Hintergrundinformationen zu den Deutungsangeboten und Vorschlägen *Deuteseite* 47. Sie versuchen dabei das »Ideal« der Meditation, das Dasein in der Gegenwart (vor Gott) pointiert herauszustellen. Der Text »Vertane Zeit« von Marika Specker soll dabei bewusst einseitig wirken. Es ist durchaus möglich, dass er Sch, die in der Pubertät stehen, provoziert, da diese sich häufiger in so genannte Tagträume flüchten. Dass es sich dabei nicht nur um eine Flucht aus dem Jetzt handeln muss, versucht der anschließende Text »Tagträume« klarzustellen. Tagträume verdeutlichen uns aber nicht nur, was wir wünschen, sondern gerade in schwierigen Situationen können sie zu einer Art »psychischem Schutzschild« werden. Sch der sechsten Klasse wenden sich mit einsetzender Pubertät immer mehr der eigenen Innenwelt zu. Zur »Hilfe« in der Krisensituation »Pubertät« und als Ausdruck des eigenen inneren Sehens sind Tagträume als normal anzusehen. Sch sollen aber darauf aufmerksam werden, dass Tagträume viele Dinge in ihrem Leben verhindern können, nämlich dann, wenn sie nur noch in einer Wunschwelt leben.

Medien werden gemacht – Direkte und vermittelte Kommunikation

Die Texte beinhalten die wichtigsten kommunikationstheoretischen Grundlagen, die mittels der Unterrichtsanregungen *Deuteseite* 52–53 induktiv erschlossen werden können. Sch verfügen i. d. R. über ein erstaunlich breites Medienwissen und erschließen meist selbst die Unterschiede zwischen direkter und indirekter Kommunikation. Beim Schaubild handelt es sich um ein weiterentwickeltes Modell zum so genannten Minimalmodell der Kommunikationstheorie der 60er und 70er Jahre. Das Sender-Empfänger-Modell nimmt dabei den Prozess der Informationsvermittlung in den Blick und unterscheidet vier Komponenten: 1. Sender (der Informationen semantisch und syntaktisch kodiert), 2. Nachricht, 3. Kanal (akustisch, visuell, motorisch), 4. Empfänger (der die Informationen decodiert und rezipiert). Der Empfänger prüft die Nachricht, ob er sie verwerten kann. Wenn Nachrichten über einen »Kanal« übertragen werden, kann es zu Störungen kommen, die absichtlich oder unabsichtlich erfolgen. Es handelt sich um ein nicht besonders differenziertes »Grundmodell«, das immer der genaueren Ausführungen bedurfte.

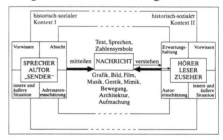

Für das Kapitel wurde das einfache Modell erweitert. Das geschah nicht, um den Sch einen kommunikationstheoretischen Grundlagenkurs zu geben. Vielmehr sollen die anhand einer Vielzahl von Beispielen erarbeiteten grundsätzlichen und immer gleichen Zusammenhänge mit Hilfe des Schaubildes transparent gemacht werden.

2. Einsatzmöglichkeiten im RU

Was ist Zeit?

Der Einsatz des Textes wurde im Zusammenhang der Karikatur »Jenny hat Langeweile« (*Themenseite* 43 bzw. *Ideenseite* 45, vgl. *Arbeitshilfen* S. 96), der Geschichte: »Die Zeit und Lena mittendrin« (*Deuteseite* 48, vgl. *Arbeitshilfen* S. 106) und dem Bild: »Die Zeit hat keine Ufer« (*Deuteseite* 49, vgl. *Arbeitshilfen* S. 106) erläutert.

Zurück in die Zukunft

Im Anschluss an die Besprechung unterschiedlichen Zeiterlebens (messbare Zeit – erlebte Zeit) werden Sch durch die Relativitätstheorie erneut zum Staunen über das Phänomen Zeit geführt. Es empfiehlt sich evtl. die Befragung eines Physikexperten, die Zusammenarbeit mit dem Physik-L oder es interessieren sich einzelne Sch über den Text hinaus.

**Vertane Zeit – Gegenwart
erleben – Tagträume**

Der unterrichtliche Einsatz der Texte ist im Zusammenhang mit den Beispielerzählungen (*Deuteseite* 47) sinnvoll, vgl. *Arbeitshilfen* S. 101 f.

**Medien werden gemacht –
Direkte und vermittelte
Kommunikation**

Sch sollen durch die Informationen *Infoseite* 57 angeleitet werden, ihr Wissen über Medien und Kommunikation zu systematisieren, dadurch die Zusammenhänge schneller zu erkennen und Transferleistungen leichter zu vollziehen.

– Als »Vorübung« wird ein Cluster angefertigt zum Stichwort »Medien«
– L setzt evtl. Impuls, ob eine Erzählung von einem Menschen auch eine mediale Vermittlung ist. Unterschiede werden dadurch klarer.
– Sch ordnen die Karikatur *Themenseite* 42 in das Schaubild ein und entscheiden, ob es sich um direkte oder vermittelte Kommunikation handelt.
– Sch überlegen sich und zeichnen evtl. zu den gefundenen Medien (Cluster) Szenen, die denen des Schaubilds ähnlich sind. Es soll überlegt werden, ob die mediale Vermittlung durch direkte Kommunikation ersetzt werden könnte.
– Der Einsatz der *Infoseite* 57 empfiehlt sich im Zusammenhang der *Deuteseite* 52–53 und ihren Impulsen.

Im Land der Freizeit

Mittels der *Stellungnahmen* erhalten Sch die Möglichkeit, sich zu ihrem Umgang mit Zeit und Medien im Sinne eines vorläufigen Fazits zu äußern. Dabei ist es wichtig, den Sch Raum für ihre Meinungen zu geben. Darauf ist besonders zu achten, da sonst Meinungen wiedergegeben werden, die der Intention des Lehrers entsprechen und keine echten Stellungnahmen sind. Somit sind die Spielkärtchen als Beispiele zu sehen, die keinesfalls eine Richtung vorgeben wollen. So kann es für einen Sch durchaus positiv sein, einen Sonntag Nachmittag vor der Glotze zu verbringen. Dafür muss im Rahmen der Stellungnahmen Raum sein. Durch die GA, die sich hier besonders empfiehlt, wird praktiziert, was alternative Freizeitgestaltung ausmacht, Interaktion zwischen Menschen.

Im fächerübergreifenden Unterricht mit *Deutsch* kann dem Spiel mehr Zeit gegeben werden (Aufsatz; Spielanleitungen).

Stellungnahmen 58

Literatur

Achtner, Wolfgang/Kunz, Stefan/Walter, Thomas: Dimensionen der Zeit. Die Zeitstrukturen Gottes, der Welt und des Menschen, Darmstadt 1998
Bühlmann, Walter/Merz, Vreni: Kohelet – der Prediger. Impulse und Hilfen beim Bibel- und Religionsunterricht 6, Luzern/Stuttgart 1988
Geflimmer im Zimmer. Informationen, Anregungen und Tipps zum Umgang mit dem Fernseher in der Familie, hg. v. Bundesministerium für Familie, Senioren, Frauen und Jugend, Autor: Dieter Baacke, Bonn 1991
Nolting, H.-P.: Lernfall Aggression, Hamburg 1997
Nowotny, Helga: Eigenzeit. Entstehung und Stukturierung eines Zeitgefühls, Frankfurt a.M. 1993

Oberthür, Rainer: Kinder und die großen Fragen, München 1995, Kap. 5: Alles hat seine Zeit
Sandbothe, Mike/Zimmerli, Walther Ch.: Zeit – Medien – Wahrnehmung, Darmstadt 1994

Adressen

Blickwechsel e.V.
Waldweg 26, 37973 Göttingen
Telefon/Telefax 05 51/48 71 06
e-Mail: blickwechsel@medienpaed.de

Bundeszentrale für politische Bildung,
Referat Medienpädagogik
Postfach 2325, 53013 Bonn
Internet: www.bpb.de
(Bei der Bundeszentrale für politische Bildung können kostenlos Bücher und Informationsbroschüren zum Thema Medien bestellt werden)

Deutsches Jugendinstitut
Nockherstraße 2, 81541 München
Telefon 0 89/62 30 60
Internet: www.dji.de

Gesellschaft für Medienpädagogik und Kommunikationskultur (GMK)
Körnerstraße 3, 33602 Bielefeld
Telefon 05 21/6 77 88, Telefax 05 21/6 77 27
e-Mail: gmk@medienpaed. de
Internet: www.gmk.medienpaed.de

Institut Jugend Film Fernsehen JFF
Pfälzer-Wald-Straße 64, 81539 München
Telefon 0 89/68 98 90
Internet: www.jff.de

4 Geschichten der Befreiung

Das Thema im Schülerbuch

Mit dem Wort Befreiung verbinden Sch zunächst kaum die Befreiung aus politischer und gesellschaftlicher Unterdrückung. Trotzdem hören sie aus der täglichen Medienwelt von Menschen, die in diesen Situationen leben müssen und erfahren von ihrer Not. Durch Asylsuchende kommen sie auch mit Menschen in persönlichen Kontakt, die diese Situationen erlebt haben und daraus befreit wurden. Aber Befreiung und Rettung aus akuten Notsituationen haben auch unsere Sch in unterschiedlich dramatischer Form in ihrem Leben schon erfahren. Hier kann die Verbindung zwischen der eigenen elementaren Noterfahrung und Befreiung daraus und den Erzählungen anderer Menschen hergestellt werden.

Die Juden sind die Nachfahren der befreiten Israeliten der Exodus-Geschichte. Da sich Christen in der Kontinuität der Geschichte Gottes mit seinen Menschen sehen, erkennen sie in der Hebräischen Bibel ihre eigene Geschichte. Deshalb können Christen teilhaben an den Erinnerungen der Juden an ihr Leiden, ihre Befreiung und an ihre Hoffnung. Dazu gehört immer auch das aktive Eintreten für die Rechte von Unterdrückten, wo immer sie sich befinden und wer sie auch sind.

Mit den Exodus-Geschichten können Sch zu den hinter diesen stehenden menschlichen Grunderfahrungen einen Zugang finden und die eigenen Erfahrungen mit den Bibeltexten konfrontieren. Sie können diese eigenen Erfahrungen und die Bibeltexte im Rahmen ihrer entwicklungsbedingten Möglichkeiten verstehen lernen und die Verstehensmöglichkeiten durch ihre Auseinandersetzung mit den Erfahrungen anderer erweitern.

Das *Titelbild* (59) bietet Sch den ersten Kontakt mit einer Befreiungserfahrung. Es wurde von chilenischen Jugendlichen für eine Hauskapelle entworfen und gemalt. Diese Jugendlichen lebten selber in einer ausweglos erscheinenden Situation von Armut und Unterdrückung, aus der sie befreit wurden. Ihren Dank an Gott drückten sie gemeinsam mit diesem Altarbild aus.

Auf der *Themenseite* (60–61) lernen Sch Bilder und Berichte über Menschen kennen, die aus verschiedenen Gründen in Not, Unfreiheit und Unterdrückung leben. In weiteren Texte können die Sch Aussagen von Menschen aus unterschiedlichen Zeiten lesen, die ihre Hoffnung auf Befreiung oder ihre Freude und ihren Dank über die erfolgte Rettung ausdrücken.

Die *Ideenseite* (62–63) fordert Sch nun auf, mit diesen Erfahrungen in einen Dialog zu treten und sie mit ihren eigenen Erfahrungen, Erzählwelten und inneren Bildern zu verknüpfen, sodass sie eigene, fremde und in der Bibel formulierte Erfahrungen aufeinander beziehen können.
Außerdem werden die Sch angeregt, einen Blick für Menschen zu entwickeln, die in Unfreiheit und Unterdrückung leben, und sich mit ihnen zu solidarisieren.

Das Anliegen der Ideenseite wird auf *Deuteseite I* (64–65) konkret. Die Sch werden mit dem Fest der Befreiung und Rettung der Israeliten aus der Unterdrückung in Ägypten, dem Pascha-Fest, bekannt gemacht. Dieses Fest beginnt am Seder-Abend mit dem Vortrag einer Geschichte, die die Feiernden an die Unterdrückung und Befreiung erinnert. Sie drücken ihren Dank an ihren Gott aus und verleihen gleichzeitig ihrer Hoffnung auf weitere Rettungstaten Ausdruck.
Die Sch lernen die Unterdrückung kennen, wenn sie sich über die Herrschaftsstrukturen im damaligen Ägypten informieren. Die Berufungsgeschichte am Dornbusch fordert die Sch zur Auseinandersetzung auf. So können sie innerlich auf einen Weg zur Solidarisierung mit Unterdrückten geführt werden, vielleicht sogar Mut bekommen, sich zu engagieren.

Deuteseite II (66–67) zeigt den Sch zwei unterschiedliche Möglichkeiten, wie ein zeitgenössischer Maler und eine Komponistin die biblische Erzählung von der Rettung am Schilfmeer sich zu Eigen gemacht haben und sie auszudrücken vermögen. Die Sch können mit diesen Möglichkeiten in einen Dialog treten und zu eigenen Ausdrucksformen finden. Im Zuge dieser Auseinandersetzung mit der Erzählung von der Rettung am Schilfmeer können die Sch ein Zugang finden zu einer Erfahrung, die die Israeliten in der Bibel die Rettung durch ihren Gott Jahwe nennen.

Durch die Zeiten hindurch haben Menschen diese markante Erfahrung der Rettung am Schilfmeer durch Jahwe in verschiedenen Ausdrucksformen weitervermittelt. Jede dieser Ausdrucksformen

birgt die Möglichkeit, in ihr die existenzielle Erfahrung der Rettung selbst zu entdecken. Auf *Deuteseite III* **(68–69)** wird gezeigt, wie sich die Erzählung von der Rettung am Schilfmeer im Laufe der Geschichte der Israeliten weiterentwickelt und verändert hat, und die Frage entschlüsselt, was am Schilfmeer »wirklich« passiert sein könnte.
Ein Beispiel für diese Neuinterpretation ihrer aktuellen Situationen im Licht der biblischen Erzählung bieten Spirituals der Schwarzen in Nordamerika.

Infoseite **(70–71)** ist den Sch behilflich, sich den notwendigen Einblick in die politisch-gesellschaftlichen Verhältnisse von Ägypten zur Zeit der israelitischen Gefangenschaft zu verschaffen. Gleichzeitig können sie den historischen Hintergrund, der bei der literarischen Ausformulierung des Gottesbundes in der Bibel Pate gestanden hat, entdecken.
Die Sch werden zu einer intensiven Beschäftigung mit dem Bibeltext angeregt und können so den entscheidenden Unterschied des Vasallenbundes und des Gottesbundes der Israeliten erkennen und die befreiende neue Qualität im Zusammenleben des israelitischen Volkes in ihrer Zeit erfassen.

Dass Visionen und Träume wahr werden können, erweist die Geschichte. Die *Stellungnahmen* **(72)** erinnern an unterschiedliche Befreiungssituationen. So erlebten die afrikanischen Sklaven und deren Nachfahren in Nordamerika ihre Freiheit und die Herstellung ihrer vollen Bürgerrechte. Martin Luther King hat dafür sein Leben eingesetzt.
Mit dem Brief von Victor Manuel aus dem chilenischen Jugenddorf »Fray Escoba« wird eine Brücke zum Titelbild geschlagen und noch einmal das Anliegen des Kapitels verdeutlicht. Die Sch sollen wissen, dass sich die biblische Geschichte des Exodus auch heute ereignet. Sie begründet die Hoffnung, dass mit diesem Gott auch aus den Nöten heutiger Menschen Auswege gefunden werden können. Die Exodusgeschichte geht immer dann weiter, wenn Menschen aus Not und Unterdrückung befreit werden.
Die Sch werden angeregt, ihren Dank und ihre Freude über erfahrene Befreiung auszudrücken und sie an den Gott zu adressieren, dem die Zeugen, die in diesem Kapitel zur Sprache kommen, ihre Rettung verdankt wissen.

Verknüpfung mit anderen Themen im Schülerbuch

Kap. 1 Von Gott in Bildern sprechen: Die ambivalenten Seiten Gottes (daseiend und abwesend) wird auf *Deuteseite* 14 durch die biblische Geschichte von Elija angesprochen. Der Gottesname JAHWE (*Infoseite* 21) kommt zur Sprache.

Kap. 2 Christengemeinden entstehen: Die Berufung des Paulus (*Deuteseite* 28–29) kann als Parallele zur Berufung des Moses gelesen werden.

Kap. 5 Orientierung finden: Die zehn Weisungen zum Leben auf *Themenseite* 75 finden sich beim Bundesschluss wieder. Der Aspekt, dem anderen zu dienen und so mitzuarbeiten am Rettungswerk Gottes, wird auf *Deuteseite* 80–81 aufgegriffen.

Kap. 6 Mit Symbolen Welt und Gott entdecken: Die Verbindung zur Taufe kann in der Geschichte vom Durchzug durch das Schilfmeer hergestellt werden (*Deuteseite* 94). Auf *Deuteseite* 98 wird das Symbol des Weges zum Symbol für die Heilsgeschichte erweitert.

Projektideen: Gemeinsam Werte filmen: Die Hoffnung, dass sich alles zum Guten wendet, wird in dem Videoclip zum Lied von Sabrina Setlur ausgedrückt.

Verbindungen mit anderen Fächern

Evangelische Religionslehre: Der Aspekt des Machtmissbrauchs wird an Ägypten mit seiner Machtausübung deutlich (6.4. Mit Macht verantwortlich umgehen – David).

Deutsch: Zugang zu literarischen, also auch biblischen Texten finden (6.2.1).

Fächerkombination Geschichte/Sozialkunde/Erdkunde: Hier wird Wasser als Segen und Fluch erarbeitet (6.4).

Sport: Das Anliegen des Kapitels, gemeinsam Not bewältigen, wird unter dem Aspekt »soziales Lernen in der Gruppe« aufgegriffen (6.2.2 Handeln in der Gemeinschaft – füreinander, miteinander, gegeneinander).

Musik: Lieder berichten von Freude und Leid und überstandenen Nöten (6.4 Musik teilt etwas mit).

Geschichten der Befreiung — Titelseite 59

1. Hintergrund

Auf der Titelseite ist das Altarbild der Hauskapelle eines Heimes für straffällig gewordene Jugendliche in Osorno, Chile, zu sehen. Die Hauskapelle gestalteten die Jugendlichen aktiv mit; dabei entstand auch dieses Altarbild. Es stellt ein Gefängnis dar, das mit starken Gittern eine Befreiung zu verhindern versucht. Unter diesem Fenster erscheint nun ein machtvoller Durchbruch, aus dem eine Taube aus dem Dunkel des Gefängnisses in die Freiheit fliegt. Das Bild ist mit schwarzer Farbe auf eine weiße Mauer gemalt. Zwei Lampen beleuchten es von oben her, sodass es in ein warmes gelbes Licht getaucht wird.

Viele chilenische Jugendliche sind auf Grund der gesellschaftlich-politischen Situation zu einem Leben ohne Perspektiven verurteilt. Sie werden in große Armut hineingeboren, die gleichzeitig durch untragbare Wohnverhältnisse auch hoffnungslose familiäre Verhältnisse mit sich bringt.

Folgende Daten stammen aus einer Studie der Weltbank (World Development Report 1995):
20 Prozent der Bevölkerung mit dem geringsten Einkommen verfügen über 3,3 Prozent des Landeseinkommens. 20 Prozent verfügen über 6,9 Prozent des Landeseinkommens. 20 Prozent verfügen über 11,2 Prozent, 20 Prozent über 18,3 Prozent und das letzte Fünftel hat 66,4 Prozent des Landeseinkommens ... und diese Schere öffnet sich weiter.

»Soziale Entwurzelung, Arbeitslosigkeit, Promiskuität, Alkoholismus ... sind nicht nur Quellen [und Folgen] der Armut, sondern besonders Quellen der Kriminalität. Ein ständiges Anwachsen der Jugendkriminalität stellt uns täglich vor neue Mauern. Aber Hilflosigkeit soll nicht unsere Antwort sein. Der problembeladenen und straffällig gewordenen Jugend wollen wir in Zukunft gezielt die Hand reichen.«
(Aus einem Rundbrief von Pater Kliegel vom 11.12.1990. Pater Kliegel gründete im Rahmen seiner Tätigkeit als Missionar in Osorno im Süden von Chile die »Fundacion Christo Joven«. Dieses Projekt umfasst neben anderen sozialen Einrichtungen für die Ärmsten der Armen auch das Jugenddorf »Ciudad del Adolescentes«: »Fray Escoba«.)

Das Jugenddorf wurde am 30.4.1994 eingeweiht und erhielt den Namen »Fray Escoba« = Bruder Besen nach dem Kosenamen des Hl. Martin de Porres aus Lima/Peru, der wegen seiner Demut und Dienstbereitschaft mit einem Besen dargestellt wird.

Angestrebt wird die »Umformung des Verhaltens des Minderjährigen, damit er den Wert des eigenen Lebens entdecken kann. Der Jugendliche soll sich selber kennen lernen, seine Fähigkeiten, Talente und Interessen wahrnehmen, aus dem Erlernten sein Verhalten verbessern und für andere dann Multiplikator solcher Umwandlung werden.« (Aus dem Rundbrief von Pater Kliegel vom 11.12.1990). Die Möglichkeit dazu bietet das Dorf: durch intensive Betreuung und Gemeinschaftsleben auf der Basis christlicher Grundwerte, schulische Grundausbildung und Anleitung zu verschiedenen Handwerken in eigenen Werkstätten (Bäckerei, Möbelschreinerei, Elektro- und Autowerkstatt, Beerdigungsinstitut, Schafzucht, Schweine- und Hühnerstall, Gärtnerei). Keine Mauern und kein Stacheldraht. ...

Im Jugenddorf verwirklicht sich ein Teil des Auftrages, den die Israeliten seit ihrer Rettung aus Ägypten erkannt haben: Gott steht auf der Seite der Schwachen; deshalb hat der Glaubende sich auf die Seite der Schwachen zu stellen und ihnen das zu ermöglichen, was Gott einst ermöglicht hat: ein Leben in Freiheit, Würde und Selbstbestimmung.

Das *Titelbild* versinnbildlicht einen unerwarteten Weg in die Freiheit. Der Durchbruch durch die starke Mauer, der der Taube nicht von sich aus gelingen kann, steht für die Hilfe Gottes, der für den Glaubenden seine Hand im Spiel hat. Gleichzeitig kann die Taube auch ein Symbol für die Seele der Menschen sein, für ihr innerstes Sein, das sich von keinem noch so gewalttätigen Herrschaftssystem einsperren und unterdrücken lässt. Ein Symbol für Menschen, die im Vertrauen auf Gott noch in der größten Not ihre Hoffnung auf Rettung und Erlösung nicht aufgeben. Das Titelbild spricht alle diese Aspekte an:

Das Gitter: Der Mensch in der Situation der Unfreiheit.

Die unerwartete Möglichkeit eines Weges nach außen: Er kann nicht von uns Menschen alleine geschafft werden.

Das Altarbild zusammen mit dem Ort, wo es sich befindet: Befreite Menschen eröffnen anderen in der konkreten Geschichte Befreiung und Rettung.

2. Einsatzmöglichkeiten im RU

Sich in Not und Unfreiheit einfühlen
Sch finden Zugang zu Menschen, die sich in einer Situation der Not und Unfreiheit befinden.

Ich bin die Taube

- Die Sch betrachten das Bild und äußern sich spontan dazu.
* Sch decken den unteren Teil des Bildes (Loch in der Wand mit Taube) mit einem Blatt ab.
* Sch begeben sich in Gedanken hinter die Gefängnisgitter und überlegen: »Wie fühle ich mich dort?« »Was denke ich?« »Wovor habe ich Angst?« »Was wünsche und erhoffe ich mir?« »Was würde ich am liebsten tun?«
- Sch decken das Bild ganz auf.
* Sch versetzen sich in die Taube hinein: »Ich bin die Taube, was empfinde ich, was denke ich? Aus welcher Situation bin ich ausgebrochen, wie bin ich herausgekommen, wohin fliege ich ...«
* Sch schreiben ihre Einfälle auf AB 6.4.1 *Arbeitshilfen* S. 125 (evtl. vergrößern!). Dazu passende Musik.
* Alle beschrifteten, ausgemalten Tauben werden als Mobile im Zimmer aufgehängt.
- *Alternative:* Sch schreiben Psalmworte auf die Tauben, z.B. Psalm 124 *Themenseite* 61.
- L informiert über die konkrete Entstehungsgeschichte des Titelbildes.
* Sch machen sich Gedanken, warum die Jugendlichen gerade dieses Bild gestaltet haben und was

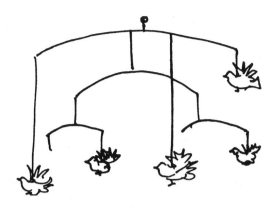

sie damit über ihre Nöte und Hoffnungen aussagen. *Hinweis: Stellungnahmen* 72 bietet einen authentischen Brief eines Jungen, der in diesem Heim lebt. Ideen zur Weiterarbeit mit dem Brief *Arbeitshilfen* S. 148.
- Der Impuls *Ideenseite* 62 regt an, weitere aktuelle Berichte über Menschen zu suchen, die in Not und Unterdrückung leben.
- Sch kleben eine Kopie des Titelbildes oder die Taube in die Mitte eines Plakates und um dieses herum die gefundenen Berichte und Bilder.
- *Hinweis:* Bei den *Stellungnahmen* 72 werden Sch angeregt, ein Dankgebet oder einen eigenen Psalm zu Befreiungserlebnissen zu formulieren.

Themenseite 60–61

1. Hintergrund

Die *Themenseite* bietet Bilder und Texte, die von Not, Leid und Unterdrückung der Menschen aus verschiedenen Zeiten sprechen und von ihrer Hoffnung auf Befreiung und Rettung.

Das *Wandbild* in einem Grab von Theben (um 1460 v.Chr.) zeigt Gefangene bei der Herstellung von Ziegeln, einer Arbeit, zu der die Pharaonen auch Hebräer heranzogen. Links wird aus einem Weiher Wasser geschöpft. Die Männer mischen den Lehm und schütten ihn unter dem wachsamen Auge eines sitzenden Aufsehers in Ziegelformen (oben rechts und Mitte unten). Die Ziegel werden dann zum Trocknen aufgeschichtet (oben Mitte).
Eine Notsituation infolge einer Naturkatastrophe zeigt sich auf dem *Foto eines verzweifelten Mädchens*. Sie hat durch ein Erdbeben in der Nähe der nordiranischen Stadt Rudbar ihre gesamte Familie und ihre Unterkunft verloren und wendet sich in ihrer Not an Gott. Der *Klageruf* aus dem Buch Ijob (6,13) deutet die Situation dieses Mädchens und aller Menschen, die sich in einer ausweglosen Notlage befinden.
Vom Untergang bedrohte Menschen können sich in

Paul Redings *Holzschnitt* wiederfinden. Er zeigt den sinkenden Petrus, der mangels seines Glaubens von den Mächten in Form von Wasserstrudeln überwältigt zu werden droht.
Der Ausschnitt aus *Psalm 124* erinnert die Israeliten an ihre Situation in Ägypten und an die Rettung durch ihren Gott Jahwe. Er kann ein Leitpsalm werden für alle Menschen, die jemals ähnliche Erfahrungen gemacht und Befreiung erlebt haben.
So wie zu allen Zeiten Menschen ihren Nöten, Sorgen, Ängsten und ihren Hoffnungen auf bessere Zeiten Ausdruck verliehen haben, so greift auch die in Frankfurt geborene deutsch-indische Rapperin Sabrina Setlur in ihrem *Lied* »Das will ich sehen« diese Hoffnungen für die Kinder und Jugendlichen unserer Zeit auf. Dass sie dabei die Sprache und Symbolik der Bibel benutzt, wissen nur wenige ihrer jungen Hörerinnen und Hörer.

2. Einsatzmöglichkeiten im RU

**Von der Not
anderer Menschen erfahren** **Ideenseite 62**
- Sch lassen auf sich die Bilder in Ruhe wirken und wählen das aus, das sie besonders anrührt.

Das will ich sehen

Auf *Ideenseite* 63 kannst du die Vorrede von Sabrina Setlur lesen!

Ich will sehen, wie sein Zelt bei den Menschen ist und er bei ihnen weilt.
Das will ich sehen. Ich will sehen,
wie sie seine Völker sind und er selbst bei ihnen ist (vgl. 2 Kor 6,16).
Das will ich sehen. Ich will sehen,
wie Wolf und Lamm einträchtig weiden und der Löwe Stroh frisst wie der Stier
(vgl. Jes 11,6.7).
Ich will sehen, wie kein Schaden gestiftet wird noch irgendwie Verderben auf seinem
ganzen Heiligen Berg (vgl. Jes 11,9 und Jes 65,25.2).
Das will ich sehen. Ich will sehen,
wie er Kriege aufhören lässt bis an das äußerste Ende der Erde (vgl. Ps 46,10).
Das will ich sehen. Ich will sehen,
wie sie ihre Schwerter zu Pflugscharen schmieden (vgl. Micha 4,3).
Das will ich sehen. Ich will sehen,
wie er jede Träne von ihren Augen abwischt und der Tod nicht mehr ist (vgl. Joh 21,4).
Ich will sehen,
dass weder Trauer noch Schmerz noch Geschrei mehr sind, weil sie mit den früheren
Dingen vergangen sind (vgl. Joh 21,4).
Das will ich sehen. Ich will sehen,
wie die Augen der Blinden geöffnet werden und die Ohren der Tauben aufgetan
werden (vgl. Mk 10,46–52).
Ich will sehen,
wie der Lahme klettert wie ein Hirsch und der Stumme jubelt (vgl. Jes 35,5–6).
Das will ich sehen. Ich will sehen,
wie die ganze Erde mit seiner Erkenntnis erfüllt ist, wie die Wasser das ganze Meer
bedecken (vgl. Ps 72,8 und Jes 11,9).
Ich will sehen,
wie sie nicht mehr hungern und auch nicht mehr dürsten.
Das will ich sehen. Ich will sehen,
wie die Sanftmütigen die Erde besitzen.
Das will ich sehen. Ich will sehen,
wie der Gerechte aufblüht wie eine Palme.
Das will ich sehen. Ich will sehen,
wie die Stunde kommt, in der alle, die in den Gedächtnis-Grüften sind, seine Stimme
hören und herauskommen.
Ich will sehen,
wie die Gerechten selbst die Erde besitzen und sie immerdar darauf wohnen werden
(vgl. Jes 60,21 und Ps 37,29).
Das will ich sehen. Ich will sehen,
wie das Meer diejenigen Toten herausgibt, die darin sind, und der Tod und der Hades
diejenigen Toten herausgeben, die darin sind (vgl. Joh 20,12).
Das will ich sehen.

* Der Texter dieses Liedes hat in der Bibel nachgelesen, als er es für Sabrina Setlur
schrieb. Suche die angegebenen Stellen und vergleiche sie mit den Worten, die
Sabrina singt.

– EA: Sch versetzt sich in die Lage der Menschen auf dem ausgewählten Bild und stellt sich vor:
* Was ist passiert?
* Wie fühlen sich die Menschen Situation wohl?
* Was könnte ihnen helfen?
– KG zu jedem Bild: Sch planen gemeinsam, wie sie sich im Kapitel, im Lexikon des Schülerbuchs und darüber hinaus Hintergrundinformation beschaffen können, und verteilen diese Aufgaben unter sich (HA).
– L gibt dazu ggf. Hilfen:
* *Bild 60 oben:* In der Bibel über die Israeliten in Ägypten nachlesen (Ex 1). *Ideenseite 62* zeigt eine weitere Wandmalerei aus Ägypten (Pharao Ramses hält Gefangene beim Schopf) und den Hinweis auf *Deuteseite* 68 (Informationen zur Situation in Ägypten).
Weitere Information zum Aufenthalt der Israeliten in Ägypten: *Arbeitshilfen* S. 142.
* *Foto 60 unten:* Sch sammeln Berichte über Erdbeben und Erdbebenopfer aus Zeitungen und Zeitschriften. Sch zeichnen Radionachrichten auf, befragen Eltern und Lehrkräfte und informieren sich über Ursachen und Hilfsmaßnahmen (ggf. Adressen der Hilfswerke aus *Reli 5 Lexikon* S. 108 heranziehen!).
* *Foto 61 oben:* Albanische Kinder haben während des Krieges im Kosovo ein rettendes internationales Flüchtlingslager in Brazda/Makedonien erreicht. Die für manche Tod und für andere Rettung bringenden Militärhubschrauber haben sie gemalt, um dadurch und durch Gespräche ihre Angst und ihre Albträume loszuwerden.
* *Holzschnitt 61 unten:* Die Perikope vom sinkenden Petrus findet sich bei Mt 14,22–32.

Einen Hoffnungssong texten   Ideenseite 63
– Sch erhalten AB 6.4.2 *Arbeitshilfen* S. 127 und hören das Lied von Sabrina Setlur »Das will ich sehen«. Musik auf der CD »Die neue S-Klasse«.
* Die Sch suchen sich einen Satz oder Abschnitt aus dem Liedtext heraus und ordnen ihn einem Bild *Themenseite* 60–61 zu,
* schreiben ihn auf ein farbiges Blatt und malen ein Bild aus ihrem Erfahrungsbereich dazu,
* suchen Bilder, die zu dem jeweiligen Satz oder Abschnitt passen und gestalten eine Collage (ggf. HA).

– In PA finden Sch die Texte der Bibel, derer sich Sabrina Setlur in ihrem Lied bedient (AB 6.4.2 *Arbeitshilfen* S. 127).
– Die Sch drücken mit Hilfe des Titels von Sabrina Setlur »Das will ich sehen«, ihre eigenen Hoffnungen aus (vgl. *Ideenseite* 63).

Ein Mensch droht zu versinken
– Sch erhalten den Holzschnitt von Paul Reding AB 6.4.3 *Arbeitshilfen* S. 129, gestalten ihn farblich aus (die dunklen, drohenden Gewässer, in denen ein Mensch versinken kann; im Gegensatz dazu die Hilfe und Hoffnung, nach der sich der Mensch streckt). Dazu passende Musik.
– Sch geben ihrer Fassung eine Überschrift.
– Sch gestalten mit ihren Bildern eine gemeinsame Collage: Sie kleben ihre Bilder in Kreisform auf ein schwarzes Plakat. Die dunklen Farben sind in die Mitte, die hellen sternförmig nach außen gerichtet.
– Dazu das Gedicht von Mechthild Schenk »Ich kann viel ertragen« *Stellungnahmen* 72 lesen und lernen (vgl. Schmid, Kap. 8: Ein Grundmodell des Auswendiglernens von Texten im RU, S. 221–239).
– Im UG wird eine Verbindung zu den Menschen am Schilfmeer hergestellt: Den Menschen droht zu allen Zeiten Untergang, aber Rettung ist möglich. Sch legen ihre Bilder zu ihren Wasserwirbelbildern (*Ideenseite* 63 Angst überstehen).

3. Weiterführende Anregungen

Die Erfahrung von Not und Rettung gibt es zu allen Zeiten
Wenn die Sch die Bilder und Texte der *Titelseite* und *Themenseite* in eine zeitliche Reihenfolge bringen, wird deutlich, dass sich Erfahrung von Not und Rettung zu allen Zeiten ereignet und von Menschen zu allen Zeiten unterschiedlich ausgedrückt wird.
Reihenfolge:
Wandbild von Theben: 1460 v.Chr.
Hiob und Psalm: um 400 v.Chr.
Sinkender Petrus: 1976
Iranisches Mädchen: 1989
Sabrina Setlur: 1997
Kosovo: 1999

Eine Landkarte gestalten   Ideenseite 62
Mit Hilfe der Umrisszeichnung von Ägypten und Israel AB 6.4.4 *Arbeitshilfen* S. 131 gestalten Sch eine große Wandkarte:

– Die Umrisskarte auf Folie übertragen (evtl. kopieren). An einer freien Wand ein weißes Plakat in gewünschter Größe befestigen. Die Folie auf dieses Plakat projizieren. Sch zeichnen den Umriss auf dem Plakat nach und gestalten wie geplant.
– Die Karte wird mit passenden Texten und Bildern

Ein Mensch droht zu versinken

der Themenseite, die Sch abmalen oder abschreiben, illustriert (z.B. Bild der Sklaven in Ägypten; Text Ex 1,14).
– Im Laufe der Unterrichtseinheit kommen Texte dazu, die während der Geschichte der Israeliten mit ihrem Gott entstanden sind (*Deuteseite 64–65; Deuteseite 68–69*).

– Um die Landkarte herum werden Texte, Bilder und Lieder angebracht, die Sch im RU zu Not- und Befreiungserfahrungen kennen lernen oder selbst gestalten (z.B. Titelbild, Holzschnitt vom sinkenden Petrus, Lied von Sabrina Setlur oder Sch-Arbeit).

Ideenseite 62–63

Hinweise zur Weiterarbeit mit den Impulsen der *Ideenseite* finden sich auf folgenden Seiten:
Bilder der Unterdrückung finden: S. 134 und S. 143
Eine Landkarte gestalten: S. 128 f. und S. 136
Israel-Stele erforschen: S. 143

Angst überstehen: S. 136
Singen und Sammeln: S. 140
Kraft des Glaubens gegen Unterdrückung: S. 148
Einen eigenen Hoffnungs-Song texten: S. 128

Vergiss nicht, was er dir Gutes getan — Deuteseite I 64–65

1. Hintergrund

Deuteseite I präsentiert die *Erzählung zu Beginn des Sederabends*, hier aus der Sicht eines Mädchens, die als jüngstes Mitglied der Familie die Fragen nach der Besonderheit des Abends stellen muss.

In dieser Erzählung vom Auszug aus Ägypten, in der sich Israel zum ersten Mal als Volk konstituiert, vergegenwärtigen und aktualisieren gläubige Juden ihre Geschichte. Dabei geht es auch um ein Nachdenken darüber, wie man die sich daraus ergebenden Lehren in der jeweils aktuellen Zeit umsetzen kann. Es gibt viele Ebenen, auf denen Befreiung erlebt werden kann, deshalb ist es für jeden Menschen wichtig, immer wieder darüber nachzudenken: »Wer viel vom Auszug aus Ägypten erzählt, ist zu loben« (aus der Haggada).
Das *Pessachfest* (= Frühlingsfest) wird vom 15. – 11. Nissan gefeiert. Nissan fällt im christlichen Kalender in die Monate März und April. Es wird auch das Fest der ungesäuerten Brote genannt. Eine Woche lang dürfen nur ungesäuerte Nahrungsmittel und als Brot die »Mazzen« gegessen werden. Vor Beginn des Festes wird das ganze Haus gereinigt, damit alles Gesäuerte daraus entfernt ist. Es wird während der ganzen Woche besonderes Koch- und Essgeschirr benutzt.
Eröffnet wird diese Festwoche mit dem Sederabend (»Seder« heißt »Ordnung«), mit einer eigenen Liturgie, einem genau vorgeschriebenen Ablauf, mit dem Essen bestimmter Speisen. Im Gedenken an den letzten Abend in Ägypten werden aus der Haggada (d.h. »Erzählung«, Haus- und Familienbuch) die Geschichte des Auszuges der Israeliten vorgelesen und Segenssprüche ausgesprochen. Dazu wird an verschiedenen Stellen der Lesung jeweils ein Becher Wein getrunken. Ein weiterer Becher steht bereit für den Propheten Elija, für den auch die Tür geöffnet wird, da er als Verkünder der messianischen Zeit an diesem Abend besonders erwartet wird. Zum Abschluss wünschen sich die Juden den traditionellen Gruß: »Nächstes Jahr in Jerusalem!« Audruck der als Hoffnung der Juden auf ein Leben in Freiheit und Selbstbestimmtheit.
Die biblische Erzählung auf der *Deuteseite 64–65* umfasst Ex 1,8 – 2,1–10 und Ex 3 und 4,1–17. Inhaltlich geht es um die Situation der *Israeliten in Ägypten* und um die Rettung des Knaben Moses, der schließlich aus dem Nil gezogen wird und am Hofe des Pharao aufwächst. Der zweite Teil der Erzählung berichtet von der Berufung des Moses am Dornbusch durch Jahwe und seinem Aufbruch nach Ägypten um sein Volk zu befreien.
Wie alle Propheten des Alten Testaments reagiert auch Moses auf diese Zumutung Gottes zunächst mit Betroffenheit und Abwehr. Denn Berufung heißt: Er muss seine Sicherheit und Geborgenheit aufgeben, sich dem Tod aussetzen. Dies gelingt nur in einem Akt des totalen Vertrauens auf Gott und seine Hilfe. Moses tut diesen Schritt und wird für sein Volk derjenige, der es aus der Knechtschaft in die Freiheit führt.

2. Einsatzmöglichkeiten im RU

Fragen zum Pessachfest
Sch informieren sich über das Pessachfest.

Der Auszug aus Ägypten in das gelobte Land

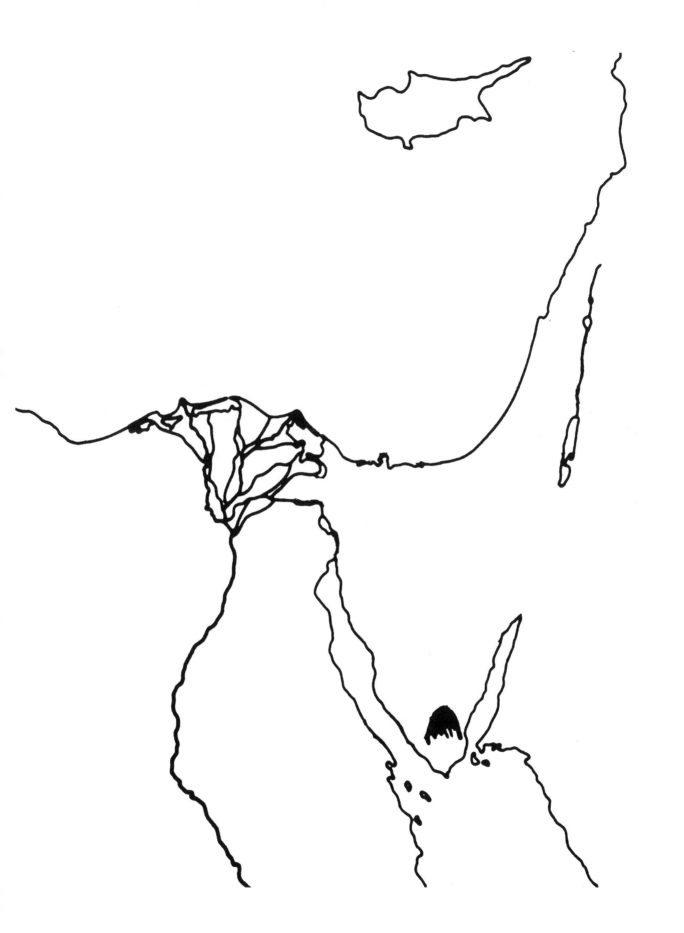

– Sch lesen, wie Bella, ein jüdisches Mädchen und jüngstes Mitglied ihrer Familie, den Seder-Abend erlebt. Sicher ergeben sich spontane Fragen. »Warum muss der/die Jüngste die Fragen stellen?« »Wie heißen die vier Fragen?« »Was bedeutet Seder?« (Pessach s. *Lexikon* S.115 f.).

Die Symbolik des Seder-Tisches
AB 6.4.5 *Arbeitshilfen* S. 133 hilft, sich die Symbolik des Seder-Tisches und die Bedeutung des Festes anzueignen.

Bitterkräuter: (Meerrettich, Huflattich): Sie erinnern an die bittere Zeit in Ägypten.
Charosset: (Fruchtmus aus Nüssen, Äpfeln, Zimt und Wein): Es erinnert an den Lehm, aus dem die Israeliten in Ägypten Ziegel herstellen mussten.
Salzwasser: Es erinnert an die Tränen, die die Israeliten während ihrer Unterdrückung in Ägypten vergossen.
Hartes Ei: Es ist ein Symbol der Fruchtbarkeit und erinnert an die Auferstehung Israels.
Kräuter: Sie erinnern an die Schöpfung durch Gott.
Mazzen: Das ungesäuerte Brot erinnert an den überstürzten Aufbruch aus Ägypten.
Gebratener Knochen: Er erinnert an die Zerstörung des Tempels durch die Römer im Jahre 70 n. Chr. Seit der Zeit essen die Juden zum Paschafest kein Lamm mehr.

Die Rettung des Moses — Ideenseite 62
– Sch lesen den Text (Ex 1,8–2.1–10).
– Sch malen je eine Szene, setzen sie zu der kompletten Geschichte zusammen und kleben sie auf die vorbereitete Landkarte (vgl. *Ideenseite* 62).

Moses am Hof des Pharao (Sarah, Klasse 6 a)

Moses am Hof des Pharao
– Sch informieren sich über die Art der Machtausübung der Pharaonen (Informationen in Bild und Wort auf *Themenseite* 60, *Ideenseite* 62, *Infoseite* 70 und in den *Arbeitshilfen* S. 140 f.).
– Sch malen oder kleben in die Mitte eines Blattes die Abbildung eines Pharao und schreiben dazu, was auch er am Hofe des Pharao lernen wird.
– Sch lesen Ex 2,11–22: Moses erschlägt einen Aufseher und muss vor dem Pharao fliehen.
– Sch erstellen einen Fahndungsaufruf des ägyptischen Pharao nach Moses.

Jahwe beruft Moses
Sch erspüren über verschiedene Wege den Anspruch der Berufung durch Jahwe.
Der Bildimpuls *Deuteseite* 65 regt Sch dazu an, über das Leben des Moses nach der Flucht in der Bibel nachzulesen (Ex 2,15–22).
Sch malen einen brennenden Dornbusch und schreiben die Argumente, die Moses gegen seinen Auftrag vorbringt, um den Dornbusch herum und ergänzen sie mit eigenen Einwänden.
Sch entwerfen eine Rede, in der Moses den Israeliten in Ägypten erklärt, was ihn dazu bewogen hat, dem gefährlichen Auftrag Jahwes nachzukommen.
Sch suchen im Text nach den Hilfsangeboten und Versprechen Jahwes und schreiben diese in den brennenden Dornbusch.

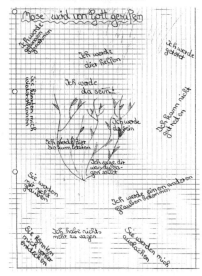

Moses wird von Gott gerufen (Sarah, Klasse 6 a)

Von einer Rettung erzählen — Deuteseite II 66–67

1. Hintergrund

Die Sch lernen anhand des *Farbholzschnittes* von Thomas Zacharias und des *Mirjam-Liedes* zwei zeitgenössische Interpretationen des Schilfmeerwunders kennen und können damit einen eigenen Zugang zum Geschehen am Schilfmeer finden.

Mirjam-Hymnus
»Mirjam sang ihnen vor: Singt dem Herrn ein Lied,

Die symbolischen Speisen am Sederabend

Charosset
_____
_____
_____

Eier
_____
_____
_____

Mazzen
_____
_____
_____

Gebratener Knochen
_____
_____
_____

Bitterkräuter
_____
_____
_____

Salzwasser
_____
_____
_____

Grüne Kräuter
_____
_____
_____

denn er ist hoch und erhaben! Rosse und Wagen warf er ins Meer.« (Ex 15,21)

Dieser Mirjam-Hymnus ist die früheste Antwort auf das Erlebnis am Schilfmeer. Er stellt bereits eine Deutung der Prophetin dar und bekennt, dass die Rettungstat von Jahwe bewirkt ist. Das älteste und wichtigste Glaubenszeugnis vom Befreiungsgeschehen am Meer stammt von einer Frau. Später wird dem Vers 21 die Aussage vorangestellt: »Da nahm die Prophetin Mirjam, die Schwester Aarons, die Pauke zur Hand, und alle Frauen zogen mit Pauken und im Reigen hinter ihr drein.« Die ursprüngliche Erinnerung an Mirjam ist sicher mit dem Titel einer Prophetin verbunden, während die Bezeichnung »Schwester Aarons« im frühen Israel unbekannt war. Dies soll das Prophetin-Sein der Mirjam korrigieren, denn als Schwester untersteht sie der Autorität ihres Bruders. Ursprünglich war Mirjam aber unabhängig, da in keiner der alten Erzählungen etwas über ihre Herkunft, Verwandtschaft oder Heirat berichtet wird (vgl. Wacker).

Übrigens spricht der ägyptische Text von »Ross und Wagen«, die Jahwe ins Meer wirft. Nicht die Vernichtung der Feinde, sondern die Zerstörung der Waffen und damit das Ende des Krieges begründet Mirjams Aufforderung zum Gotteslob.

Die Rettung am Schilfmeer

Das entscheidende Ereignis bei der Befreiung aus Ägypten kann man in der Prosafassung von Ex 14 nachlesen, in der nach bisherigem Erkenntnisstand mindestens zwei literarische Quellen (Jahwist und Priesterschrift, ansatzweise auch Elohist und Ergänzungen) verwoben sind. Die beiden Hymnen in Ex 15 bezeugen Lob und Dank für die erfahrene Hilfe. Das Moseslied (15,1–18) ist wohl eine spätere Ausgestaltung des knappen Mirjamliedes (15,21). Zusätzlich wird das Schilfmeerwunder in vielen Psalmen (z.B. *Themenseite* 61, *Stellungnahmen* 71) und prophetischen Texten erwähnt. (Weitere literaturkritische Informationen vgl. *Arbeitshilfen* S. 137 f.).

Claudia Mitscha-Eibl: Mirjam

Die Musikerin und katholische Theologin Claudia Mitscha-Eibl hat für die dynamische Interpretation der Schilfmeergeschichte in ihrem Mirjam-Lied 1999 den Hanna-Strack-Preis für neue Sprache von Frauen für die Gemeinde erhalten. Das Lied findet sich auf der CD »Und Mirjam schlug die Pauke« (1992), Bezugsadresse: Claudia Mitscha-Eibl, Chimanigasse 1, A-2100 Korneuburg, Fax: 0043/2262/64319.

Thomas Zacharias:
Der Durchzug durch das Schilfmeer

Der Farbholzschnitt interpretiert die Rettung der Israeliten vor den anstürmenden Ägyptern auf eigenwillige Weise. Die passenden Worte zum Bild bieten sich im Siegeslied (Ex 15) an, am besten in der Übersetzung von Martin Buber.

Das Wasser umwogt in großen, bedrohlichen blauvioletten Wirbeln eine von einem gelben warmen Licht umgossene Prozession aus winzigen in Rot getauchten Menschen, die sich auf den nach oben immer schmaler werdenden Ausgang zubewegen. Wasser ist hier der Inbegriff der existenzbedrohenden Gefahr und Jahwe ist der Gott, der in der elementaren Gefährdung einen Weg ins Freie schafft. »Das ist keine Furt, sondern eine unwahrscheinliche, einmalige, von Gottes ›Atem‹ offen gehaltene Möglichkeit des Entkommens« (Günter Lange).

Im unteren Drittel des Bildes wirbeln die zusammenfließenden dunkelgrünen und braunen Wasserstrudel Menschen, Tiere und Wagen durcheinander. Das feindliche Heer der Ägypter, alle Unterdrücke und Peiniger müssen untergehen. Dieses Bild ist aus der Schilfmeersituation übertragbar in spätere Glaubenssituationen, sowohl vom Einzelnen als auch vom ganzen Volk. Die Israeliten haben dies bereits im Schilfmeerhymnus vollzogen (Ex 15,14–17) und später u.a. bei der Durchschreitung des Jordans (Jos 3,15-16; 2 Kö 2,8). Auch in Psalm 69,15-16 bittet ein Verfolgter in seiner Not Jahwe um Hilfe mit Worten, die an die Schilfmeersituation erinnern.

2. Einsatzmöglichkeiten im RU

Auf den Spuren einer Rettungserfahrung

– Sch hören die Geschichte vom Auszug aus Ägypten bis zum Schilfmeer. Die Auswegslosigkeit der Israeliten – vor sich das Meer, hinter sich die Feinde – wird klar. Mehrere Sch (= Israeliten) gehen vor die Tür.

* L übt mit den verbleibenden Sch (zwei Gruppen) folgende Sprechchöre ein:
  1. Gruppe = Meer: »Bei mir müsst ihr ertrinken!«
  2. Gruppe = Ägypter: »Wir kommen gleich und holen euch!«

* Die zwei Gruppen stellen sich mit Abstand einander gegenüber auf. Die »Israeliten« werden hereingeholt und setzen sich in die Mitte zwischen die zwei Gruppen.

* Die zwei Gruppen bewegen sich nun langsam auf die »Israeliten« zu und sprechen – immer lauter werdend – ihren Satz.

– Im Anschluss berichten die »Israeliten« über ihre

Mirjam, die Prophetin, und _____ tanzen

* Setze deinen Namen in die Überschrift und
* erweitere das Bild von den tanzenden Frauen, indem du dich tanzend dazumalst.

Befindlichkeit (oft drücken sie das schon im Spiel aus, indem sie versuchen, aus der Mitte zu entkommen). Im UG wird erarbeitet, dass die Israeliten die Möglichkeit zum »Rette sich, wer kann«, »Den anderen im Stich lassen« hatten. Aber auch das Zusammenbleiben, Aufeinanderschauen, Aufeinander-Vertrauen, Auf-Gott-Vertrauen sind Möglichkeiten, Gefahr durchzustehen. War es diese tiefe Erfahrung, die die Israeliten ihre Rettung durch Gott nannten? Können Menschen das heute noch erleben?

Angst überstehen   **Ideenseite 63**
Bevor der Arbeitsimpuls von *Ideenseite* 63 umgesetzt werden kann, hören Sch von der Rettung am Schilfmeer.

- Sch malen mit einem dunklen Filzstift zu aufwühlender Musik Wirbel auf ein großes weißes Blatt (möglichst die Schulbank mit alten Zeitungen bedecken). Die Augen sind dabei geschlossen.
- Anschließend malen Sch die Wasserwirbel mit Farben der eigenen Wahl aus oder schreiben in die frei gebliebenen Stellen die Ängste und Nöte der Menschen im Meer.
- Die Blätter werden auf dem Fußboden ausgelegt; wer mag, geht durch die Wasserwirbel der Ängste und Nöte hindurch.
- Immer, wenn ein/e Sch hindurchgeschritten ist, wird der Refrain des Liedes »Mirjam« gesungen.

Von der Rettung erzählen
Sch erzählen aus der Perspektive eines Israelitenkindes von der Rettung am Schilfmeer.
- Als Anregung dient der Farbholzschnitt von Thomas Zacharias: Wo war ich auf dem Bild? Wer war bei mir? Was habe ich gesagt, gerufen, geschrien? Was habe ich gefühlt?
- Einige Erzählungen werden auf die Landkarte geklebt (vgl. *Arbeitshilfen* S. 130).

Mirjam, die Prophetin, und ich tanzen
- Das Bild von Marc Chagall »Mirjam« (Tusche, Aquarell, Guache, 35,7 x 27 cm) animiert Sch, sich selber als Tanzende/r um Mirjam zu malen und so das Bild zu erweitern. Sch ergänzen ihren Namen in der Überschrift.
- AB 6.4.6 *Arbeitshilfen* S. 135 (oder eine farbige Postkarte) wird in die Mitte auf ein großes weißes Plakat gelegt. Das Mirjam-Lied wird gesungen. Jeweils beim Refrain legen die Sch ihre Bilder um die tanzende Mirjam.
- Die Bilder werden befestigt, das Gesamtplakat wird farblich zu Ende gestaltet.

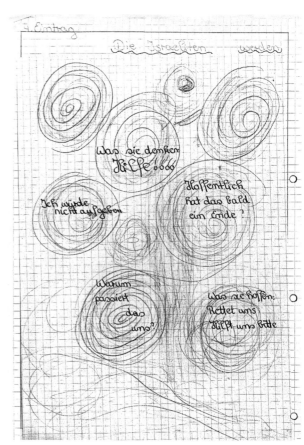

Die Israeliten werden gerettet (Sarah, Klasse 6a)

3. Weiterführende Anregungen

Das Mirjam-Lied tanzen

Aufstellung:	Geschlossener Kreis mit dem Gesicht in TR. Die re Hand ruht auf der li Schulter der/des vorderen Sch; die li Hand liegt auf dem Rücken.
Zu den Strophen:	Im Pilgerschritt: 2 Schritte in TR re - li, 1 Wiegeschr. Am Ende der Strophen zur Mitte wenden, V-Haltung.
Doch Mirjam, Mirjam schlug auf die Pauke	Stampfen: re – li, re – li, re – li: (lang-lang kurz-kurz kurz-lang).
und Mirjam tanzte...	Wiederholen.
Alle, alle fangen zu tanzen an,	Den rechten Fuß einen Schritt nach links vor dem li Fuß aufsetzen.
tanzend zogen sie durchs Meer.	Mit dem linken Fuß einen Schritt nach links zur Seite, der rechte Fuß kreuzt wieder vor dem linken. Bei »Meer« den rechten Fuß beistellen.

Frauen tanzten,
tanzten die Männer
und Wellen, Wolken,
alles tanzt mit.
La, la la la la la lei...

8 Mayimschritte nach rechts: li *vor* rechts, re–seit – li *hinter* rechts, re-seit.
Der Kreis wiegt re-seit – li-seit. Einzelne drehen in die Kreismitte ein und bewegen sich frei.

(Nach: Elke Hirsch: Kommt, singt und tanzt. Materialien für Schule und Gemeinde, Patmos, Düsseldorf 1997, S. 106–110)

Ein Melodrama zu Ex 14 entwickeln
– Mit den Sch eine Perikope aus Ex 14 aussuchen (z.B. Ex 14,19–25).
– 1. Jemand liest den Bibeltext laut vor. Die anderen Sch hören und lesen nicht mit!
– 2. Jede/r liest nun den Text noch einmal still für sich und überlegt:
* Welche Abschnitte/Szenen gibt es?
* Welche Personen kommen vor?
* Welche wörtlichen Reden kommen vor?
– 3. Die Ergebnisse werden gesammelt. Ein Sch hält dies schriftlich fest (TA).
– 4. Rollenverteilung: Wer möchte was übernehmen?
* Erzähler/Erzählerin
* Die Rede einer bestimmen Person?
* »Echo-Lesen« der jeweiligen Personen? (Pro Person ein Echo; Verstärkung kann aber auch aus der ganzen Gruppe kommen).
* Wer übernimmt welche Instrumente? (Alle Sch, die nicht lesen, begleiten das Spiel mit Trommeln, Orffschen Instrumenten, Rasseln, Schnipsen, Klopfen auf Metall oder Holz)
– 5. Probe
* »Echo-Lesen« üben (auf Verstärkung der Worte achten!)
* Musikinstrumente untermalen einzelne Personen, Phasen, Ereignisse.
– 6. Die Gestaltung kann auch im Schulgottesdienst aufgeführt werden.

Die Befreiungsgeschichte wird weitererzählt...   Deuteseite III 68–69

1. Hintergrund

Auf diesen Seiten lernen die Sch historische Hintergründe kennen, in denen sich die Befreiungsgeschichten, insbesondere das Geschehen am Schilfmeer, entwickelt haben. Zudem werden sie darauf aufmerksam, dass sich Unterdrückte und Bedrängte dieser Befreiungsgeschichte erinnern, ihre eigene Notlage in ihrem Licht deuten und dabei die Hoffnung auf Errettung aus den alten Texten schöpfen. Es wird auch deutlich, dass der Gott der Bibel von jeder Generation neu bezeugt werden muss und dieses Zeugnis in Erzählungen weitergegeben werden kann.

Die Rettung am Schilfmeer

In Exodus 14 sind 3 Quellen verarbeitet. Nach der *jahwistischen* Darstellung verfolgt der Pharao die Israeliten. Moses ruft seine Leute auf, sich nicht zu fürchten, da Jahwe für sie kämpfen würde. Ein Ostwind trocknet das Meer aus und die Ägypter flüchten nach einem Gottesschrecken ins Meer und kommen darin um.
In der *Priesterschrift* schreien die Israeliten angesichts des sich nähernden Pharao zu Jahwe. Dieser befiehlt den Durchzug durch das Meer. Moses streckt seine Hand aus, das Wasser spaltet sich und steht wie eine Mauer. Die Ägypter kommen in den wieder zusammenfließenden Gewässern um. Beim *Elohisten* werden die Wagenräder der Ägyptischen Streitwägen gehemmt, sodass sie nicht mehr vorankommen. Bei der Komposition zu einer einzigen Fassung wurde nicht eng harmonisiert, so dass man die einzelnen Tradtionen noch gut erkennen kann.
Heute lokalisiert man den Ort des Geschehens am Sirbonischen See. Ob nun ein Seebeben den trockenen Durchmarsch ermöglichte, wie Strabo es aus der Antike berichtet, anhaltender Südwind Sand herbeitrieb und so eine Furt schuf, wie der »Historiker« Diodor im 30. Kapitel des 1. Buches seiner historischen Bibliothek beschreibt (vgl. AB 6.4.7 *Arbeitshilfen* S. 139), die Israeliten deuteten jedenfalls ihre gelungene Flucht aus der Sklaverei als Wunder und Rettungstat ihres Gottes (vgl. Hermann S. 83 ff.). War die erzählerische Ausgestaltung in der ersten Zeit nach ihrer Rettung nicht von Bedeutung für ihr Gottesverständnis, so gewann sie durch die Landnahme, die mit dem Überschreiten des Jordans vollzogen wurde, an Bedeutung. Später kam während der babylonischen Gefangenschaft die Kenntnis der babylonischen Himmelsgötter dazu, denen man zutraute, die bedrohlichen Fluten zur Rettung der Menschen zu spalten.

Die Israeliten in Babylonien

Die rund vier Jahrhunderte dauernde Epoche des israelitischen Königtums endete mit der endgültigen Eroberung Jerusalems durch den babylonischen König Nebukadnezar II. im Jahre 587/6 v.Chr. Die drei sichtbaren Fundamente des Jahweglaubens zerbrachen: der Tempel, die Daviddynastie und der Besitz des Landes.

Der Glaube der Israeliten ist daran jedoch nicht zerbrochen, wohl auch deshalb, weil die Babylonier nur die Oberschicht deportierten und der größere Teil des Volkes im Land blieb. Über das Ergehen der umgesiedelten Judäer ist wenig bekannt. Sie konnten anscheinend in Ortschaften zusammenleben, wurden allerdings oft als billige Arbeitskräfte benutzt. Aber sie bauten auch Häuser, legten Gärten an und lebten von deren Ertrag (vgl. Jer 29,5). Sogar mit den Daheimgebliebenen konnten sie regen Kontakt pflegen (Jer 21,1 ff.; vgl. Ez 33,21). Die Sehnsucht nach dem Zion jedoch war allgegenwärtig (Ps 137). Dort gab es viele, die aufgrund der Ereignisse den babylonischen Göttern mehr Macht zusprachen als ihrem Gott Jahwe, von dem manche sogar behaupteten, er hätte das Land ganz verlassen (Ez 9,9). Als der Perserkönig Kyros II. 539 v.Chr. Babylon eroberte, erlaubte er den Exilierten die Rückkehr in ihr Heimatland (Kyrosedikt). Viele blieben jedoch freiwillig in der Fremde, da sich die Lebensbedingungen in persischer Zeit günstig gestalteten; es entstand die Diaspora. Diejenigen, die langsam und in einzelnen Schüben heimkehrten, trafen armselige Bedingungen an. Die Israeliten lebten zwar wieder im Lande ihrer Verheißung, wenn auch unter fremden Herren, den Persern. Doch der Tempel, der wieder erbaut worden war (521–515 v.Chr.), stellte nicht mehr das Zentrum eines vereinten Volkes dar und auch das Königtum konnte nicht mehr erneuert werden.

**Der Mythos im Alten Orient:
Marduk und Tiamat**

Der Mensch erlebt die Naturkräfte sowohl schädlich als auch fördernd. Um diese außerhalb seines Machtbereiches stehenden Kräfte zu verstehen und Einfluss auf sie zu nehmen, personifizierte er sie. Die guten Naturkräfte suchte er durch Bitten, Gebete, Lobpreis und Opfer zu beeinflussen. Diese Form der Darstellung nennt man Mythos. Das oberste Ziel ist, der Naturkraft all das abzutrotzen, was zur Fruchtbarkeit der Erde, der Tiere und der Menschen nötig ist, damit das Leben gesichert ist. Zunächst wurden die Vorgänge der Natur in der Mythologie und im Kultus geschichtslos wiederholt. Als bei den Völkern das Geschichtsbewusstsein erwachte, wurde der Naturmythos als ein einmaliges Ereignis in der Vergangenheit dargestellt. In Babylonien z.B. wurde aus dem Jahresmythos, in dem der Sieg des Sonnengottes Marduk über das Meeres- und Flutungeheuer Tiamat im Frühling dargestellt wurde, ein Weltschöpfungsmythos. Der Held des Mythos, Marduk, wird Herr über alle anderen Götter (= Naturkräfte); er wird der Gott der Stadt Babel und des gesamten babylonischen Reiches. Der Schöpfungsmythos diente so auch zur Legitimierung der Weltmachtstellung des babylonischen Reiches. Der Herrscher galt als der erste Mensch im Staate, der als Repräsentant der guten Naturkraft, als Sohn des Naturgottes verehrt wurde. Als solcher stand er mit der Natur im Bunde und war für deren richtige Abläufe verantwortlich, die er durch exakte Rituale, Gebete und Opferungen an den obersten Naturgott sicherstellen musste. Alle, die sich im Einflussbereich dieses Gottes bewegten, besonders die besiegten Völker, waren zur Verehrung verpflichtet. Die Israeliten übertrugen die Züge der Naturgötter im Laufe der Staatswerdung auf Jahwe. Unterscheidend blieb, dass Jahwe nie Naturkraft wurde, sondern als Schöpfer die Naturkräfte geschaffen hatte.

**Zur Situation der schwarzen SklavInnen
in Nordamerika**

Die *Versklavung* von SchwarzafrikanerInnen begann schon in der Mitte des 15. Jh. Zunächst wurden einzelne Menschen als Kuriositäten nach Europa gebracht; aber schnell erkannte man ihren Wert als kostenlose Arbeitskräfte. Schon bald entwickelte sich ein umfangreicher Menschenhandel, der 1501 durch ein Gesetz der spanischen Könige geregelt wurde; dabei ging es um Steuern, die für dieses Geschäft zu entrichten waren. Etwa 100 Jahre später fing man in Nordamerika an, Sklaven einzuführen und sie vor allem auf den Baumwollfarmen der Südstaaten zu beschäftigen. Insgesamt wurden ca. 20 Millionen afrikanische Menschen versklavt.

Das Gesetz, dass ein Sklave durch den Übertritt zum Christentum die Freiheit erhalten konnte, wurde 1667 abgeschafft. Von nun an waren alle leibeigenen Farbigen und ihre Kinder SklavInnen auf Lebenszeit. Die Lebens- und Arbeitsbedingungen waren grausam: Die Besitzer der Sklaven konnten nach Belieben mit ihnen verfahren, sie sogar töten. Widerstand wurde mit größter Brutalität gebrochen. Trotzdem gelang es einzelnen Sklaven zu fliehen. Besonders diejenigen, die sich Kenntnisse und Bildung angeeignet hatten, und christliche Prediger wiesen auf die Gleichheit der Menschen vor Gott hin. Dies weckte die Kräfte der Hoffnung und des Widerstands.

Als der Krieg der Nord- gegen die Südstaaten (1861 – 1865) mit einem Sieg des Nordens endete, wurde in die Verfassung der USA ein Verbot der Sklaverei aufgenommen. Doch bis zum heutigen Tag müssen schwarze und farbige BürgerInnen um die Anerkennung ihrer Rechte kämpfen.

In *Spirituals* stellten die schwarzafrikanischen

Ein gefährlicher See

Dieser Bericht stammt aus einem sehr alten Buch und wurde von Diodor aufgeschrieben:

»Denn zwischen Cölesyrien und Ägypten liegt ein See, der sehr schmal ist, aber erstaunlich tief.... Er wird der Sirbonische See genannt. Er bringt denen, die ihn nicht kennen, ganz unerwartete Gefahren. Der See ist nur sehr schmal, so ähnlich wie ein Band, und ihn umgeben überall große Sandflächen. Wenn nun anhaltende Winde wehen, wird viel Sand hineingewirbelt und man kann das Wasser nicht mehr erkennen. Der See geht dann unmerklich ins Festland über, sodass man ihn nicht mehr unterscheiden kann. Deshalb sind schon viele, die die Besonderheit dieser Gegend nicht kannten, hier mit ganzen Heeren untergegangen. Denn der Sand gibt nach, sobald man ihn nur eben betreten hat und täuscht den, der darüber geht, wie mit böser Absicht. Wenn sie endlich die drohende Gefahr erkannt haben, ist keine Flucht und keine Rettung mehr möglich. Denn der vom Sumpf Verschlungene kann nicht mehr schwimmen, da der Schlamm die Bewegung des Körpers unmöglich macht. Er kann auch nicht mehr heraussteigen, da er nichts Festes zum Drauftreten hat. Der Sand hat sich mit Wasser vermischt, und so kann man weder schwimmen noch gehen. Wer also diese Gegend betritt und zur Tiefe hinabgezogen wird, der hat keinerlei Möglichkeit der Rettung, da auch der Sand an den Rändern mit herabgleitet.«

Ich habe einen Traum

Ich träume davon,
dass eines Tages die Menschen sich erheben und einsehen werden,
dass sie geschaffen sind, um als Geschwister miteinander zu leben.
Ich träume davon,
dass eines Tages jeder Neger in diesem Lande, jeder Farbige in der Welt
auf Grund seines Charakters anstatt seiner Hautfarbe beurteilt wird
und dass jeder Mensch die Würde und den Wert der menschlichen Persönlichkeit achten wird.
Ich träume davon, dass Brüderlichkeit mehr sein wird als ein paar Worte am Ende eines Gebets ...
Ich träume auch heute noch davon,
dass in all unsere Parlamentsgebäude und Rathäuser
Männer gewählt und einziehen werden,
die Gerechtigkeit und Gnade üben und demütig sind vor ihrem Gott.
Ich träume auch heute noch davon,
dass eines Tages der Krieg ein Ende nehmen wird ...

* *Was möchtest du verändern oder ergänzen?*
* *Suche den Satz aus, der dir am schönsten oder am wichtigsten erscheint, schreibe ihn in schöner Schrift auf und gestalte einen Schmuckrand um ihn herum!*

SklavInnen sich und ihre Leidenssituation in die Tradition der Israeliten und drückten damit die eigene Hoffnung auf Befreiung in der Folge der Exodus-Erfahrung aus. Auch im Spiritual »When Israel was in Egypt's Land ...« identifizieren sich die SängerInnen mit dem unterdrückten Gottesvolk, seinem Leiden und seiner Befreiung. Möglicherweise wurde die Gestalt des Moses mit Harriet Tubman in Verbindung gebracht. Diese war eine geflohene Sklavin, die eine Untergrundbewegung organisierte, mit deren Hilfe Tausende von Schwarzen nach Kanada fliehen konnten.

2. Einsatzmöglichkeiten im RU

Rettungsgeschichten erforschen
- Sch bearbeiten den Arbeitsauftrag *Deuteseite* 68.
- UG: Die unterschiedlichen Bilder sind der Impuls für die Weiterarbeit; es gibt mehrere Erzählstränge, die zu einer Geschichte verwoben sind.
- Forschergruppen (4–6 Sch) werden gebildet.
* Eine Gruppe informiert sich über den Sirbonischen See AB 6.4.7 *Arbeitshilfen* S. 139.
* Eine Gruppe sucht auf *Deuteseite* 68–69 (»Die Israeliten in Babylonien« und »Marduk und Tiamat«) nach Aussagen, die auf die Kenntnis des babylonischen Mythos hinweisen.

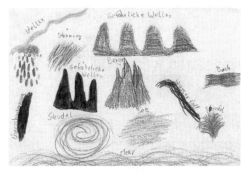

Gefährliche Wasser (Simone, Klasse 6 a)

Rettungslieder kennen lernen Ideenseite 63
AB 6.4.8 *Arbeitshilfen* S. 141 greift das alte Motiv des Mirjam-Liedes aus Ex 15 auf. Allerdings ist aus dem Lied *der* Mirjam ein Lied *an* die Prophetin geworden und der Siegesjubel über die Befreiung von den Ägyptern hat sich in die Freude über die Rettung der Seele vor dem Satan verwandelt.

Es hält den Sch vor Augen, wie sich die menschliche Erfahrung von Hoffnung auf Befreiung immer neu artikuliert. Die letzte Strophe korrespondiert mit *Titelbild* 59 und mit dem Bild *Stellungnahmen* 72 des Martin Luther King: »... An einem schönen Tag spalt ich die Luft mit Flügelschlag...«
- Sch erhalten AB 6.4.8 und erlernen das Spiritual.
- Sch finden weitere Rettungslieder im Buch (z.B. When Israel was in Egypt's Land *Ideenseite* 63, Mirjam-Lied *Deuteseite* 66; ggf. auch *Ich bin der Ich-Bin-da,* Strophen 4 und 5 *Infoseite* 21; Andere Lieder *Reli 5* (!) *Deuteseite* 81).
- Sch bearbeiten die Liedtexte:
* Von welchen Erfahrungen, Gefühlen und Hoffnungen sprechen die Menschen in dem Lied?
* Welcher Teil des Exodus wird im Lied erinnert?
* Wie stellen sich die Menschen Befreiung vor?
* Sch entscheiden, ob sie ein Lied (welches?) auf die Landkarte vom Auszug aus Ägypten kleben wollen.

3. Weiterführende Anregungen

Verstehen, wie ein Mythos entsteht
- Die Sch suchen nach Bildern und Berichten von Überschwemmungskatastrophen.
- Sch malen oder formen die für Menschen bedrohlichen Flut und die den Menschen helfende Sonne (sie bekämpft die Flut, indem sie das Wasser aufsaugt) als Wesen und entwerfen Dramen, die sich zwischen den Kräften abspielen könnten. Als Anregung dient das Siegelbild *Deuteseite* 69.
- Die Bilder oder Figuren werden in die Mitte gelegt. Sch tanzen einen Sonnentanz. (Vorschläge dazu in: Maria-Gabriele Wosien, Sakraler Tanz. Der Reigen im Jahreskreis. Tanzbeispiele mit Tonkassette, München 1988, S. 82–84).
- Sch lesen den Ausschnitt aus dem babylonischen Weltschöpfungsmythos Enuma elisch AB 6.4.9 *Arbeitshilfen* S. 145 und malen Bilder dazu. Als Anregung dient das Siegelbild *Deuteseite* 69.
- Sch finden den tatsächlichen Naturvorgang hinter den Bildern des Mythos heraus. Als Hilfestellung dienen die Informationen über Marduk und Tiamat *Deuteseite* 69.

Der Bund mit Gott   Infoseite 70–71

1. Hintergrund

Der Pharao Ramses II.
Das ägyptische Wort »Pharao« heißt »großes Haus« und bezeichnet den Palast. Nur im AT wird es zum Titel für den Herrscher über Ägypten; in offiziellen Protokollen der ägyptischen Herrscher taucht es nicht auf. In der Geschichte der Israeliten spielt der Pharao eine wichtige Rolle. Sein Name erscheint mehr als hundertmal im Buch Exodus. In

Oh, Mary, don't you weep

traditionell

Oh Mary, don't you weep, don't you mourn;
Oh Mary, don't you weep, don't you mourn;
Pharao's army got drowned,
Oh Mary, don't you weep.
If I could I surely would
Stand on the rock where Moses stood.
Pharao's army got drowned,
Oh Mary, don't you weep.

Oh Mary, don't you weep, don't you mourn;
Oh Mary, don't you weep, don't you mourn;
Pharao's army got drowned,
Oh Mary, don't you weep.
Wonder what Satan's a-grumblin' about,
Chained in Hell and he can't get out.
Pharao's army got drowned.
Oh Mary, don't you weep.

Oh Mary, don't you weep, don't you mourn;
Oh Mary, don't you weep, don't you mourn;
Pharao's army got drowned,
Oh Mary, don't you weep.
Old Satan's mad and I am glad,
Missed that soul he thought he had.
Pharao's army got drowned,
Oh, Mary, don't you weep.

Oh Mary, don't you weep, don't you mourn;
Oh Mary, don't you weep, don't you mourn;
Pharao's army got drowned,
Oh Mary, don't you weep.
Don't know what my mother wants to stay here for,
This old world ain't been friend to you.
Pharao's army got drowned,
Oh, Mary, don't you weep.

Oh Mary, don't you weep, don't you mourn;
Oh Mary, don't you weep, don't you mourn;
Pharao's army got drowned,
Oh Mary, don't you weep.
One of these mornings, bright and fair,
Take my wings and cleave the air.
Pharao's army got drowned,
Oh, Mary, don't you weep.

O Mirjam, weine nicht, stöhne nicht,
Pharaos Heer, das ging unter,
O Mirjam, weine nicht.
Könnte ich, möchte ich unverwandt
Stehn auf dem Fels, wo Moses stand.
Pharaos Heer, das ging unter,
O Mirjam, weine nicht.

O Mirjam, weine nicht, stöhne nicht,
O Mirjam, weine nicht, stöhne nicht,
Pharaos Heer, das ging unter,
O Mirjam, weine nicht.
Warum wohl Satan greint und knurrt:
Ist in der Hölle festgezurrt.
Pharaos Heer, das ging unter,
O Mirjam, weine nicht.

O Mirjam, weine nicht, stöhne nicht,
O Mirjam, weine nicht, stöhne nicht,
Pharaos Heer, das ging unter,
O Mirjam, weine nicht.
Satan tobt und ich bin froh,
Denn meine Seele entkam ihm so.
Pharaos Heer, das ging unter,
O Mirjam, weine nicht.

O Mirjam, weine nicht, stöhne nicht,
O Mirjam, weine nicht, stöhne nicht,
Pharaos Heer, das ging unter,
O Mirjam, weine nicht.
Warum bleibt Mutter weiter hier,
Ist doch die Welt nicht gut zu ihr?
Pharaos Heer, das ging unter,
O Mirjam, weine nicht.

O Mirjam, weine nicht, stöhne nicht,
O Mirjam, weine nicht, stöhne nicht,
Pharaos Heer, das ging unter,
O Mirjam, weine nicht.
An einem schönen hellen Tag
Spalt ich die Luft mit Flügelschlag.
Pharaos Heer, das ging unter,
O Mirjam, weine nicht.

seiner Charakterisierung überwiegen die negativen Aspekte. Der Name Ramses II. ist in der Bibel nicht überliefert. Sie nennt zwar mehrfach einen Ort: als »Land Ramses« (Gen 47,11); als Stätte von Fronarbeit (Ex 1,11); als Ausgangsstation des Auszugs (Ex 12,37; Num 33,3.5). In all diesen Fällen geht es um eine literarische Ebene, die nicht in die früheste Phase der Geschichtsschreibung Israels hineinreicht. Der Ortsname Ramses beruht wohl auf einer Erinnerung, die den Aufenthalt Israels in Ägypten mit der Zeit der Ramessiden (19.–20. Dynastie: 1292–1076 v.Chr.) verband.

Grundsätzlich geht es in der Auseinandersetzung Israels mit dem Pharao darum, dem Leser zu zeigen, wie königliche und politische Macht entgleisen kann, wenn sie sich als Inkarnation Gottes sieht und absolut herrscht. Das Gleiche gilt für die Machthaber in Israel und für alle nachkommenden Herrschaftssysteme.

Israeliten in Ägypten

Das Buch Exodus ist ein Teil des Pentateuchs, der ersten fünf Bücher des AT. Die endgültige Fassung dieser Gruppe von Büchern wurde wohl im 5. Jh. v.Chr. abgeschlossen. Sie entstanden zu verschiedenen Zeiten und aus unterschiedlichen Erzählkränzen (vgl. *Reli 5, Infoseite* 34). Über Jahrhunderte hinweg wurde sie überarbeitet und ergänzt. Im Pentateuch wird Ägypten unterschiedlich dargestellt. Einerseits ist es ein Land der Gastfreundschaft, das Israel vor dem Hungertod rettet (Abraham, Josef). Andererseits gilt es als das Land der Knechtschaft und Unterdrückung, aus dem die Israeliten fliehen. Obwohl außerbiblische Zeugnisse fehlen, die unmittelbar den Aufenthalt der Vorfahren Israels in Ägypten belegen, bestätigen ägyptische Quellen aus dieser Zeit jedoch die allgemeinen Situationsangaben des AT. So ist der Bericht eines ägyptischen Grenzbeamten überliefert, dass Wachen die Nomaden passieren ließen, die auf ägyptisches Gebiet überwechseln wollten, »um sie und ihr Vieh durch den guten Willen des Pharao am Leben zu erhalten« (Werner H. Schmidt: Alttestamentlicher Glaube in seiner Geschichte, Neukirchen-Vluyn ⁶1987, S. 38). Zur drohenden Hungersnot, die den Übergang nach Ägypten notwendig machte, vgl. Gen 12,10; 16,1; 41,57; 42,1 ff.; vgl. Rut 1,1.6).

Ramses II., aber auch andere Pharaonen bedienten sich der »Hapiru«-Leute, um sie zwangsweise für den Bau der Residenzstadt Ramses (Piramesse) einzusetzen; dies belegt eine Nachricht aus einem zeitgenössischen Königsbrief, gemäß dem auch den »Hapiru«-Leuten, die für einen großen Tempelbau »Steine ziehen«, Getreideproviant zufallen sollte. Auf den Namen »Hapiru« geht anscheinend die Bezeichnung »Hebräer« zurück. Diese »Hapiru« galten als Unruhe stiftende Widersacher zwischen den Stadtstaaten in Palästina und wurden als Kriegsbeute nach Ägypten gebracht. Auch die »Schasu«-Leute, unter ihnen ein Sippenverband mit dem Namen Jhw (= Jahwe), scheuten vor Angriffen ins Nildelta nicht zurück. Ramses II. galt als ihr Bezwinger (vgl. Ramses II., in: Themenheft Welt und Umwelt der Bibel).

Ständische Ordnung in Ägypten

Dokumente aus der Zeit Ramses II. und anderer Pharaonen geben Auskunft über die damalige Gesellschaft.

Fronarbeiter wurden für die Schwerstarbeit in der Landwirtschaft und beim Bau der Städte und Prachtbauten eingesetzt. Da es an einheimischen Arbeitskräften mangelte, stellten die Ägypter Einwanderer, Kriegsgefangene und Verurteilte an. Geflohene Arbeiter wurden eingefangen. Gleichwohl durften diese Menschen Land besitzen und Verträge abschließen.

Einfaches Volk: Bauern, kleine Handwerker, Soldaten der beweglichen Truppen und die Besatzungen der Garnisonen.

Die Mittelschicht: konnte sich Denkmäler errichten lassen und so für ihren Ruhm in der Nachwelt sorgen. Sie verfügte über gewisse Bildung und war der Schrift kundig. Dazu gehörten hochspezialisierte Handwerker, Offiziere in der Militärverwaltung, die untere und mittlere Priesterschaft in den Tempeln, Schreiber und Beamte.

Oberschicht: hohe Beamte der Militärverwaltung, hohe Verwaltungsbeamte, der hohe Klerus und die Vorsteher der großen Einrichtungen des Reiches.

Zur Spitze der Führungsschicht gehörten hohe Würdenträger, die das Vertrauen des Pharao besaßen. Ramses II. vergab verantwortungsvolle Posten an Günstlinge; sie führten den Titel eines Mundschenks und waren oft Söhne ausländischer Machthaber, mit denen Ägypten diplomatische Beziehungen unterhielt. Sie wuchsen im Palast auf und wurden auf ihre Karriere im Dienst des Pharao vorbereitet.

Gesellschaftliche Stände in Ägypten

(Pyramide: Pharao, Priester / Beamte / Offiziere, Handwerker / Handwerker, Bauern, Soldaten / Sklaven, Kriegsgefangene)

Der Bundesvertrag im Alten Orient
Der Vergleich der alttestamentarischen Bundesformel mit altorientalischen, besonders hethiti-

schen Staatsverträgen aus dem 14. u. 13. Jh. v.Chr. zeigt viele Gemeinsamkeiten. Man geht daher heute davon aus, dass Israel in einem Teil seiner religiösen Literatur das altorientalische Vertragsformular übernommen hat und es dazu benutzte, mit ihm seine besondere Beziehung zu Jahwe auszudrücken (vgl. McCarthy).

Wenn ein Volk erobert worden war, suchte der Großkönig es auf verschiedene Weise in seinen Herrschaftsbereich einzugliedern: Die Vasallenvölker mussten Heeresdienste leisten und Tribut abliefern; auf Tempeldarstellungen wird deutlich, dass neben den üblichen materiellen Gütern des Landes auch Tiere und Menschen, ja Kinder zum verwaltbaren Eigentum des Großherrschers zählten. Einige häufig in der Bibel verwendete Wörter entstammen dieser Vertragstradition: Der Vasall schuldet seinem Herrn »Liebe«, er soll treu und gehorsam sein, bei dessen Plänen mitmachen, ihm nachfolgen. Im Zusammenhang mit einem eventuellen Abfallen des Vasallen vom Herrscher wird das Wort »Sünde« gebraucht.

Israels Bund mit dem einzigen Gott

Während der Landnahme verehren die Israeliten Jahwe als König, ein solches Gottkönigtum lernten sie über den in Kanaan existierenden Baal-Mythos kennen. Zunächst wurde Jahwe zum König aller Götter, dann wurden die Götter entmachtet und zu Engeln degradiert; Jahwe aber wurde König über *sein* Volk Israel. Das Königtum Jahwes unterscheidet sich grundsätzlich vom Gottkönigtum des Alten Orients, insofern es eine Bindung an die Menschen beinhaltet (»Ihr sollt mein Volk sein, ich will euer Gott sein«). Schließlich wird Jahwe, inspiriert durch die Vorstellung des Alten Orients von der Weltherrschaft, als König über alle Völker der Erde verehrt. Anders als in den sonstigen Religionen des Alten Orients beansprucht Jahwe die Herrschaft allein und übergibt sie nicht einem Menschen. Mit Hilfe der bereits existierenden altorientalischen Staatsverträge beschrieb Israel dieses Verhältnis zu seinem Gott. Auch das stellte eine Besonderheit dar: Der Gott der Israeliten ist kein Naturgott, der sich durch die Perioden der Natur zeigte, sondern er offenbarte sich in der *Geschichte* mit seinem Volk und durch das *Gesetz*. Wer ihn als Herrn anerkannte, auch der König, stand in einem Knechtsverhältnis zu ihm und unterwarf sich seinem Gesetz.

2. Einsatzmöglichkeiten im RU

Die Menschen in Ägypten   Ideenseite 62

Das Bild des *Pharao Ramses*, der Gefangene an den Haaren packt (Museum Kairo) gehört zur stereotypen Ikonografie auf den Pylonen (= großes Eingangstor altägyptischer Tempel und Paläste) und Außenwänden der Tempel. Sch lernen die hierarchische Ordnung Ägyptens kennen.

– Sch entwerfen eine Pyramide und tragen nach Information durch L die ständische Ordnung in Ägypten ein (vgl. *Arbeitshilfen* S. 142).
– Sch lesen den Text Ex 1,8–22 und schreiben die »Klagen in Ägypten« weiter. Dabei formulieren sie mit den Inhalten der Perikope die Klagen. Sch beginnen die Sätze jeweils mit: *Es ist doch so: ...* (z.B. *Es ist doch so: ... Fremde müssen unter harten Bedingungen arbeiten.*)

Die Israel-Stele erforschen

Auf der so genannten *Israel-Stele* (auch Merenptah-Stele) findet sich die erste historische Erwähnung Israels. Der Sohn Ramses' II., Merenptah (1235-1223 v.Chr.) hatte einen Feldzug nach Kanaan unternommen. In seiner Siegesinschrift erscheint zum ersten und einzigen Mal der Name Israel (als Volk und noch nicht als Staat) auf einem ägyptischen Denkmal. Diese Inschrift ist ein Beweis dafür, dass im Lande Kanaan um 1200 v.Chr. Israeliten lebten. Sie ist in Hieroglyphen geschrieben. Der Name ist ab dem »Doppelschilfblatt« (ein Jot) von rechts nach links zu lesen. Dann folgen: eine liegendes »s«, ein »Mund« (= »r«), ein Schilfblatt und Vogelbild (beide stehen für »a«), dann ein weiterer »Mund«, der diesmal aber ein »l« bedeutet. Zusammen heißt das Jsral (= Israel).

Der vollständige Text lautet: »Kanaan wurde von jeglichem Übel betroffen, Aschkelon erobert, Gezer eingenommen. Janoam ist nicht mehr, Jsral ist verwüstet, sein Samen dahin.« (Aharoni/Avi-Jonah S. 39).

Ägyptische Hieroglyphen Jsral auf der so genannten Israel-Stele.

Einen Bund schließen

Sch lernen die altorientalische Bundesformel kennen, die die formale Vorlage für den Gottesbund der Israeliten mit ihrem Gott Jahwe darstellt.

- Sch nennen verschiedene Anlässe, bei denen Menschen sich verbünden, miteinander einen Bund schließen (Freundschaft, Taufbund, Ehe, Kriegsbund; ggf. Rückgriff auf *Deuteseite* 15: Gott als der Treue, und *Arbeitshilfen* S. 24 möglich, vgl. auch *Lexikon* 110).
* Warum schließen Menschen miteinander einen Bund? (Sympathie, gemeinsame Interessen, Liebe, Zuneigung, Vertrauen)
* Wie sollen sich Menschen verhalten, damit ein Bund Bestand hat? (treu, ehrlich, zuverlässig sein).
* Welche äußeren Formen und Zeichen gibt es, um einen Bund zu schließen? (Händedruck, Versprechen, Vertrag, Ringe, andere Zeichen tauschen).
- Sch informieren sich über das altorientalische Vertragsschema *Infoseite* 71.
- Sch suchen in KG (3–4 Sch) nach den Ähnlichkeiten der einzelnen Vertragspunkte mit dem Bibeltext Ex 19 u. 20 (AB 6.4.10 *Arbeitshilfen* S. 147).

Lösung:
Der Großherrscher stellt sich vor: »Ich bin der Große, Ich bin der Herr, Ich bin der Held, Ich bin der König, Ich bin die Sonne...«
Ex 20,2: Ich bin Jahwe, dein Gott.
Der Großherrscher zählt auf, was er dem Vasallenvolk schon Gutes getan hat:
»Ich habe dir bei einer Hungersnot geholfen.
Ich habe dir meine Soldaten geschickt, als du von Feinden angegriffen wurdest.«
Ex 19,4: Ihr habt gesehen, was ich den Ägyptern angetan habe, wie ich euch auf Adlerflügeln getragen und hierher zu mir gebracht habe.
Ex 20,2: ... der dich aus Ägypten geführt hat; aus dem Sklavenhaus.
Der Großherrscher sagt, was er grundsätzlich von dem Vasallen erwartet:
»Ich bin der Herr, du bist mein Sohn, heute habe ich dich gezeugt. Sorge nicht, ich gebe dir alles, was du brauchst. Einen anderen Herrn hast du nicht!«
Ex 20,3.5.23: Du sollst neben mir keine anderen Götter haben. Du sollst dich nicht vor anderen Göttern niederwerfen und dich nicht verpflichten, ihnen zu dienen. Ihr sollt euch neben mir keine Götter aus Silber machen, auch Götter aus Gold sollt ihr euch nicht machen.
Der Herrscher zählt auf, was der Vasall befolgen muss:
»Du musst alle Rechtsvorschriften halten.
Du musst einmal im Jahr bei mir erscheinen und Tribut (= Tiere, Erntefrüchte) abliefern.
Ich schütze dich dafür bedingungslos.
Ich werde dafür sorgen, dass deine Söhne deine Nachfolger werden.
Du musst die Vertragsurkunde regelmäßig deinem versammelten Volk vorlesen.«
Ex 19,5: ...wenn ihr auf meine Stimme hört und meinen Bund haltet, werdet ihr unter allen Völkern mein besonderes Eigentum sein.

Ex 20,7–17: 2.–10. Gebot
Ex 24, 3.7: Darauf nahm er die Urkunde des Bundes und verlas sie vor dem Volk.
Der Vertrag wird auf Bronze, Basalt, Silber gemeißelt und im Tempel des Großherrschers und des Vasallen hinterlegt.
Ex 24,12: ...Ich will dir die Steintafeln übergeben, die Weisung und die Gebote, die ich aufgeschrieben habe. Du sollst das Volk darin unterweisen.
Der Großherrscher ruft die Götter als Zeugen des Vertrages an.
Fehlt, da die Israeliten keine Götter kennen.
Der Großherrscher kündigt dem Vasallen Fluch und Segen an.
Der Vasall erhält sein Land nun als Lehen (= geliehen). Dieses Lehen muss er gut versorgen und dem Herrn Erträge abliefern. Wenn er das nicht macht, wird er bestraft, das Lehen wird ihm weggenommen.
Ex 20,5: ... Bei denen, die mir Feind sind, verfolge ich die Schuld der Väter an den Söhnen, an der dritten und vierten Generation; bei denen, die mich lieben und auf meine Gebote achten, erweise ich Tausenden meine Huld.

Zwei Heldinnen: Schifra und Pua
Sch sammeln Argumente für das Leben in einer unmenschlichen Umgebung.

- Stell dir vor: Die beiden Heldinnen sind mit ihrer Weigerung, die männlichen Neugeborenen der Hebräerinnen zu töten, aufgefallen und müssen sich vor Gericht verteidigen.
- KG sammeln Argumente und bereiten eine Verteidigungsrede vor.
- Mehrere kurze Gerichtsszenen werden im Plenum vorgeführt.

3. Weiterführende Anregungen

Angeregt durch die Bibelerzählung von Schifra und Pua suchen die Sch nach Menschen in der Geschichte, die sich bestehenden Unrechtsverhältnissen entgegengestellt haben.
- In arbeitsteiligen KG planen Sch die Informationsbeschaffung (Eltern, Lexikon, Bücherei, Buchhandlung, Internet, Kontaktadressen) und gestalten informative Plakate mit dem Material.
- Es kann eine Ausstellung im Klassenzimmer oder in der Schule entstehen. Fachübergreifender oder projektartiger Unter-richt bieten sich an.
- Sch wählen eine der im Folgenden genannten Personen aus oder finden einen in ihrer Region verdienten Menschen:
* *Harriet Tubman:* vgl. *Arbeitshilfen* S. 138 f.
* *Hintergrundinformation:* John Franklin/Alfred

Aus dem babylonischen Weltschöpfungsmythos

Da kam Marduk,
der Weise der Götter,
gegen Tiamat zu ziehen,
entschloss er sich.
Als den Ausspruch die Götter sahen,
freuten sie sich und huldigten:
»Marduk ist König!
Geh, der Tiamat Leben schneide ab!«

Sie trafen zusammen,
Tiamat und Marduk.
Es breitete der Herr aus sein Netz,
fing sie darin.
Den Orkan hinter sich,
ließ er vor sich los.
Es öffnete Tiamat ihren Mund,
so weit sie konnte.
Da ließ er den Sturm hinein,
so dass sie ihre Lippen nicht schließen konnte.
Die grimmigen Winde füllten ihren Leib,
Ihr Herz wurde gelähmt,
ihren Mund tat sie weit auf.

Er schoss den Pfeil ab,
zerspaltete ihren Bauch.
Ihr Inneres zerschnitt er,
zerriss ihr Herz.
Als er sie bezwungen hatte,
tilgt er ihr Leben aus.
Er hälftete sie
wie eine Muschel in zwei Teile
und setzte ihre eine Hälfte hin,
den Himmel bedeckte er damit.
Er zog einen Riegel,
postierte Wächter,
ihre Wasser nicht herauszulassen,
bestellte er sie.

Moss: Von der Sklaverei zur Freiheit. Die Geschichte der Schwarzen in den USA, Ullstein TB 26550, Berlin 1999

* *Rosa Parks:* Die »Mutter der schwarzen Bürgerrechtsbewegung« initiierte den ersten Streik von Schwarzen, als sie sich am 1. Dezember 1955 in Montgomery im US-Staat Alabama weigerte, ihren Sitzplatz im Bus für einen weißen Mann zu räumen. Die Näherin wurde daraufhin verhaftet. Aus Protest dagegen boykottierte die schwarze Bevölkerung der Stadt mehr als ein Jahr lang die Busgesellschaft und erzwang so die Aufhebung der Rassentrennungsvorschriften.

Rosa Parks

* *Martin Luther King:* griff diesen Streik auf und wurde zur Symbolfigur des schwarzen Widerstands. Martin King wurde am 15. Januar 1929 in Atlanta geboren und nahm aus Verehrung für den deutschen Kirchenreformer 1935 Luthers Namen an. Als protestantischer Pfarrer wurde er seit den 50er Jahren zum Vorkämpfer der amerikanischen Bürgerrechtsbewegung, die die Rechtsgleichheit für die Schwarzen und die Beseitigung aller Rassenschranken forderte. Er forderte zu passivem Ungehorsam auf und saß deshalb wiederholt im Gefängnis. Nach dem ersten Erfolg der Aufhebung der Rassentrennung in den öffentlichen Verkehrsmitteln von Montgomery (s.o.), versuchten weiße Fanatiker ihn zu töten. 1964 erhielt er den Friedensnobelpreis. Am 4. April 1968 wurde er Opfer eines dieser Attentatsversuche.

* *Clara Asscher-Pinkhof:* Die jüdische Lehrerin begleitete im Mai 1943 ihre SchülerInnen auf dem Weg in das Vernichtungslager Bergen-Belsen. Dort wurde sie bei einer einmaligen Austauschaktion gerettet und erreichte Israel. In ihrem Buch »Sternkinder« (Hamburg 1998) berichtet sie von Menschen, die ihr auf ihrem Weg begegnet sind. Möglicher Auszug (eine Seite) zur gemeinsamen Lektüre: »Ich dachte, sie wären ein Mensch«.

* *Rupert Neudeck:* Der 1939 in Danzig geborene Journalist und Theologe macht auf das Elend der Menschen an den internationalen Brennpunkten aufmerksam. In seinen Büchern klagt er Ungerechtigkeit und Verdrängen an. 1979 gründete er zusammen mit Heinrich Böll das Deutsche Komitee »Ein Schiff für Vietnam«, das später in Cap Anamur/Deutsche Notärzte e.V. umbenannt wurde. Es nahm sich der so genannten Boat People an, jener Flüchtlinge, die zu Tausenden unter schrecklichen Bedingungen auf kleinen Booten im südchinesischen Meer um ihr Leben kämpften (s. *Stellungnahmen* 72).

Rupert Neudeck

Für sein Engagement ist Rupert Neudeck vielfach geehrt worden. Anlässlich des Kosovo-Kriegs geriet er erneut als engagierter Helfer in die Schlagzeilen.

Kontaktadresse: Komitee Cap Anamur, Klingelpütz 25–27, 50670 Köln, Tel. 0221/122166, Fax: 0221/121668, e-Mail: capanamur@t-online-de, Internet: www.cap-anamur.org
Bücher: Abenteuer Humanität. Mit der »Cap Anamur« unterwegs, Münsterschwarzach 1998
Asyl. Das Boot ist nicht voll, 1993 (vergriffen, Bücherei!)
Cineforum 1. Dokumentation zu dem Film »Ein ganz gewöhnliches Leben« von Imre Gyöngyössy und Barna Kabay, 1978, Bezugsadresse: Kath. Akademie Hamburg, Herrengraben 4, 20459 Hamburg, Fax: 040/36 95 21 01.

Eine Befreiungsgeschichte aus unserem Jahrhundert — Stellungnahmen 72

1. Hintergrund

Die Bilder und Texte zeugen von erfahrener Rettung und Befreiung aus Not und Unterdrückung in unserem Jahrhundert. Alle weisen Verbindungen zu den Inhalten des Kapitels auf und eignen sich daher zu Rückblick, Zusammenfassung, Stellungnahme.

2. Einsatzmöglichkeiten im RU

I have a dream (Martin Luther King)
Das Gemälde, das M.L. King im Gefängnis zeigt, stellt eine Parallele zum *Titelbild* dar.
– Sch gestalten eine dritte Variante: befreiende Gedanken können Gefängnismauern überwinden.
– Sch lernen Ausschnitte aus M.L. Kings berühmter Rede (AB 6.4.11 *Arbeitshilfen* S. 139) ken-

Der Bund mit Gott in der Bibel

Der Großherrscher stellt sich vor: »Ich bin der Große,
Ich bin der Herr, Ich bin der Held, Ich bin der König,
Ich bin die Sonne...«
Ex 20,2: _____

Der Großherrscher zählt auf, was er dem Vasallenvolk schon Gutes getan hat:
»Ich habe dir bei einer Hungersnot geholfen.
Ich habe dir meine Soldaten geschickt, als du von Feinden angegriffen wurdest.«
Ex 19,4: _____

Ex 20,2: _____

Der Großherrscher sagt, was er grundsätzlich von dem Vasallen erwartet:
»Ich bin der Herr, du bist mein Sohn, heute habe ich dich gezeugt. Sorge nicht, ich gebe dir alles, was du brauchst. Einen anderen Herrn hast du nicht!«
Ex 20,3.5.23: _____

Der Großherrscher zählt auf, was der Vasall befolgen muss:
»Du musst alle Rechtsvorschriften halten.
Du musst einmal im Jahr bei mir erscheinen und Tribut (= Tiere, Erntefrüchte) abliefern.
Ich schütze dich dafür bedingungslos.
Ich werde dafür sorgen, dass deine Söhne deine Nachfolger werden.
Du musst die Vertragsurkunde regelmäßig deinem versammelten Volk vorlesen.«
Ex 19,5: _____
Ex 20,7–17: _____
Ex 24, 3.7: _____

Der Vertrag hinterlegt. Er wird auf Bronze, Basalt, Silber gemeißelt und im Tempel des Großherrschers und des Vasallen hinterlegt.
Ex 24,12: _____

Der Großherrscher ruft die Götter als Zeugen des Vertrages an.
Fehlt, da die Israeliten keine Götter kennen.

Der Großherrscher kündigt dem Vasallen Fluch und Segen an.
Der Vasall erhält sein Land nun als Lehen (= geliehen). Dieses Lehen muss er gut versorgen und dem Herrn Erträge abliefern. Wenn er das nicht macht, wird er bestraft, das Lehen wird ihm weggenommen.
Ex 20,5: _____

nen, ergänzen ggf. die Perspektive der Frauen (Geschwisterlichkeit, Parlamentarierinnen) und formulieren eine eigene Vision.
* Sch suchen aus der Rede den für sie schönsten/wichtigsten Traum heraus und gestalten ihn.
- Sch lesen »Eine Befreiungsgeschichte aus unserem Jahrhundert«, formulieren die Träume von Victor Manuel in der Ich-Form und schreiben sie in Traumblasen auf blaues Papier.
* Sch formulieren eigene Träume, notieren sie in Sprechblasen auf andersfarbigem Papier und legen sie zu den anderen Träumen.
- Welche Träume haben sich für Martin Luther King und für Victor Manuel schon erfüllt?
- Sch singen das Lied »Finde den Raum, deinen Traum zu entfalten« *Themenseite 75*.

Literatur zu M.L. King:
Der Traum vom Frieden: Martin Luther King, Gütersloher Taschenbuch 470, Gütersloh 1995
Mein Traum vom Ende des Hassens. Texte für heute, Herder Spektrum 4318, Freiburg 1994

Ich kann viel ertragen
Die beiden Strophen des Gedichts bilden eine Analogie: So wie Sterne auch tagsüber da sind, obwohl ich sie dann nicht sehen kann, trägt Gott mich auch dann, wenn es mir nicht bewusst ist.
Sch erkennen, dass Gott uns durch Menschen trägt, die uns Hilfe zukommen lassen. Solche Menschen sind wie Sterne, die gerade wegen der Dunkelheit zu sehen sind.

- Sch ersetzen das Wort »Gott« durch eigene Vorschläge: *Ich kann viel ertragen, weil ... mich trägt.* Sie schreiben so viele Sätze, wie ihnen einfallen.
- Sch schreiben ihre Ergänzungen, die in der Regel Menschen/Namen sind, auf gelbes Papier, schneiden es sternförmig aus und kleben diese Sterne auf ein schwarzes Plakat.

Eine Befreiungsgeschichte aus unserem Jahrhundert
Der Junge Victor Manuel lebt in der Jugendstadt Fray Escoba in Osorno/Chile (vgl. *Arbeitshilfen* S. 124). Er schrieb seine Geschichte für eine Missionszeitschrift auf: Damit ging sein Traum in Erfüllung, einmal in einer Zeitung zu stehen.

- In KG suchen Sch je einen Vers aus Psalm 18 und schreiben ihn in die Mitte eines Plakates. Darum herum notieren sie eine dazu passende Situation aus dem Leben von Victor Manuel.

3. Weiterführende Anregungen

**Kraft des Glaubens
gegen Unterdrückung** **Ideenseite 63**
- Angeregt durch den dritten Arbeitsauftrag suchen Sch nach Menschen in ihrer Umgebung, die sich Unrecht entgegenstellen.
* Diese Ereignisse werden in Geschichten beschrieben und gesammelt.
* Die Geschichten werden nachgestellt und im Rahmen der Projektideen »In einem Sketch neue Wege entdecken« eingesetzt.

Literatur

Aharoni, Yohanan/Avi-Jonah, Michael: Der Bibelatlas. Die Geschichte des Hl. Landes 3000 Jahre v. Christus bis 200 Jahre n. Christus, Augsburg 1998

Exodus – Neue Erinnerungen an eine alte Tradition. Themenheft ru. Zeitschrift für die Praxis des Religionsunterrichts 23(1993)

Herrmann, Siegfried: Israels Aufenthalt in Ägypten (= Stuttgarter Bibelstudien 40), Stuttgart 1970

McCarthy, Dennis J.: Der Gottesbund im Alten Testament (= Stuttgarter Bibelstudien 13), Stuttgart 1966

Niehl, Franz Wendel/Arthur Thömes: 212 Methoden für den Religionsunterricht, München 1998, bes. Kap. 2: Music is my life

Rad, Gerhard von: Theologie des Alten Testaments, Bd. 1, München 1992

Ramses II., König und Gott. Themenheft: Land und Umwelt der Bibel. 2 (1997) Nr. 5

Schmid, Hans: Die Kunst des Unterrichtens. Ein praktischer Leitfaden für den Religionsunterricht, München 1997

Wacker, Marie-Theres: Mirjam – kritischer Mut einer Prophetin, in: Karin Walter (Hg.): Zwischen Ohnmacht und Befreiung. Biblische Frauengestalten, Freiburg 1988, 44-52

5 Orientierung finden

Das Thema im Schülerbuch

Das Lehrplanthema »Mit Anforderungen umgehen – Orientierung finden« spricht einen bedeutenden Leitgedanken heutiger Erziehungs- und Bildungsarbeit der Schule an.

Junge Menschen nehmen traditionelle Verhaltensmuster und vorgegebene Wertvorstellungen vielfach nicht mehr einfach hin. Sie fragen nach dem Sinn, der dahinter steckt. Sie fühlen sich von vielem eingeengt und möchten zunehmend die Dinge selber in die Hand nehmen und eigenverantwortlich handeln. Von verschiedenen Seiten treten aber auch Erwartungen an sie heran. Sie müssen sich zurechtfinden in einer immer komplexer werdenden Welt, ebenso mit ihrer Rolle als Mädchen oder Junge.

Das Kapitel bietet Sch Orientierungshilfen für ihr Handeln an. Sie sollen erkennen, dass Normen nicht nur einengen, sondern auch hilfreich sein können.

Der durch sie eröffnete Freiraum wird auch in den Weisungen der Bibel spürbar. Sie möchten die Menschen ermutigen, ihr Leben aus dem Glauben heraus zu gestalten und drücken letztlich eine anthropologische Grundhaltung aus, die geprägt ist vom Hauptgebot der Gottes- und Nächstenliebe.

Wer auf dem Boden dieser Grundhaltung sein Leben gestalten, d.h. in seiner konkreten Lebenssituation eigenverantwortlich handeln und gute Entscheidungen treffen möchte, muss sich bewusst auch Zeiten des Nachdenkens, der Besinnung und der Meditation setzen. Entscheidungen lassen sich oft nicht spontan fällen. Manchmal müssen viele Faktoren (Werte) miteinander abgewogen werden, um sich mit gutem Gewissen zu entscheiden. Wer ernsthaft in seinem Gewissen um die Wahrheit ringt, kann sich bei seiner konkreten Entscheidung auch von Gott getragen wissen.

Angesprochen ist damit eine mögliche Interpretation der *Titelseite* (**73**) »Spuren auf weißem Grund« von Antoni Tapiès. Die Anordnung der Fußspuren lässt erkennen, dass sich hier jemand auf dem Weg befindet und dabei eine Mitte umkreist.

Die *Themenseite* (**74–75**) greift an zentraler Stelle die Metapher des Umkreisens einer Mitte wieder auf. Die Mitte bildet der Kanon »Finde den Raum«, der von Fußspuren umschlossen wird. Während der Text des Liedes auffordert Raum und Kraft zu finden, das eigene Leben individuell zu entfalten und die Welt sozial und gerecht zu gestalten, zeigen sowohl die Liedform des Kanons als auch die Zusammenstellung des ganzen Elements einen Weg, wie man dies erreichen kann: durch Nachdenken, Besinnung, Begegnung mit Gott.

Die Elemente der *Ideenseite* (**76–77**) zeigen zwei Schwerpunkte auf. Zum einen bieten sie Sch an, ihren eigenen Standort als Junge bzw. Mädchen zu erkunden. Zum anderen regen sie Sch an, Gebote und Regeln richtig einzuschätzen und sie nach ihrem Gültigkeitsgrad zu unterscheiden. Sch sollen erfahren, dass Regeln für das Zusammenleben wichtig sind und sollen spielerisch selber Regeln erfinden.

Die *Deuteseite I* (**78–79**) vertieft das Thema Rolle von Mädchen und Junge. Anhand der Erzählung »Hochzeit« von Maxim Gorki und der Skulptur »Die freie Frau« von Edwina Sandys erkennen Sch, dass sie als Mädchen und Jungen stark vom Rollenverständnis ihrer direkten Umwelt geprägt sind. Viele Verhaltensmuster der Erwachsenen werden unbewusst übernommen. Es ist zwar für die gesunde Entwicklung der Sch notwendig, im Zusammenleben mit ihren Mitmenschen bestimmte Rollen einzunehmen und Rollenerwartungen zu entsprechen. Doch sollten sie ihre Rolle als Mädchen bzw. Junge aktiv und individuell ausgestalten, eigene Konturen zeigen und begrenzende Rollenerwartungen selbstbewusst von sich weisen.

In diesen Kontext lassen sich auch die biblischen Orientierungshilfen der *Deuteseite II* (**80–81**) einordnen. Biblische Weisungen schützen und fördern das Leben der Einzelnen und ermöglichen Gemeinschaft. Im Mittelpunkt des Hauptgebotes der Gottes- und Nächstenliebe (Mt 22,36–39) stehen Gott und der Mensch. Die innere Haltung gegenüber den Mitmenschen soll durch Begegnung und Dienst gekennzeichnet sein (vgl. Mt 22,25–27). Dass biblische Weisungen das Wohl der Menschen im Sinn haben, zeigen die zehn Weisungen (Ex 20,1–17). Die Interpretation von Ernst Lange (75) macht deutlich, dass diese Weisungen das Gelingen des menschlichen Lebens anzielen und zu einem solchen Leben ermutigen wollen.

Durch den Psalm auf der *Deuteseite III* (**82**) sollen Sch erspüren, dass sie auf ihrem Lebensweg nicht alleine sind. Sie sind geliebt und getragen von Gott.

Er ist die Quelle des Lebens. Wenn sie auf ihr Gewissen hören, können sie vertrauensvoll ihre Entscheidungen treffen. Denn das Gewissen als innerste Mitte des Menschen ist der Ort, wo sich Begegnung mit Gott ereignet. Eine Gewissensentscheidung ist immer auch eine aktive Leistung. Sch sollen anhand von zwei Dilemmageschichten erkennen, dass in konkreten Entscheidungssituationen Werte konkurrieren und gegeneinander abgewogen werden müssen.

Die *Infoseite* (**84–85**) erklärt, was Werte sind. Vertieft wird auch das Verhältnis zwischen der Freiheit der Menschen einerseits und den Gesetzen der Gemeinschaft andererseits. Im Mittelpunkt der Infoseite 85 steht eine Art »Leitfaden für Gewissensentscheidungen«, der helfen soll, in der konkreten Lebenssituation mit Gewissheit eine verantwortete Entscheidung zu treffen.

Mit Hilfe der *Stellungnahmen* (**86**) haben Sch die Möglichkeit, das während des Kapitels Gelernte auf kreative Weise anzuwenden und umzusetzen.
Das Lied »Ich lobe meinen Gott« bringt Sch in Erinnerung, dass sie sich dem Leben anvertrauen können. Sie sind von Gott getragen, wenn sie auf ihn vertauen.

Verknüpfungen mit anderen Themen im Schülerbuch

Kap. 1 Von Gott in Bildern sprechen: Bilder, die die Nähe Gottes zu den Menschen beschreiben: Jahwe ist der Ich–bin–da; er kümmert sich um uns, wie Eltern um ihren Säugling, wie der Adler um sein Nest und wie ein Vater um seine Kinder (15).

Kap. 2 Christengemeinden entstehen: Am Leben der ersten christlichen Gemeinden sehen Sch, wie die Christen sich bemühten, das Gebot der Gottes- und Nächstenliebe auch in Konfliktfällen im Alltag umzusetzen (26).

Kap 3 Zeit vertreiben – Zeit gestalten: Auch dies ein Aspekt der Orientierung: Sch setzen sich mit der sinnvollen Gestaltung ihrer Zeit auseinander; Zeit für sich (Selbstliebe), Zeit für andere (Nächstenliebe) und Zeit für Gott (Gottesliebe).

Kap 4 Geschichten der Befreiung: Trotz aller Widrigkeiten können Menschen auf Gott hoffen und ihr Leben wagen. Der christliche Gott ist ein Gott der Befreiung. Im Sinne der ntl. Ethik sind alle Christen aufgerufen, Unrecht anzuklagen und dagegen vorzugehen.

Kap 6 In Symbolen Welt und Gott entdecken: Beziehungen zu Mitmenschen beinhalten auch die symbolische Ebene. Wie wir zum Nächsten stehen, bringt unsere Körperhaltung, Mimik und Gestik zum Ausdruck (90). Der andere nimmt uns wahr in den Rollen, die wir im Alltag annehmen.
Die Nähe Gottes zu den Menschen verdichtet sich in sieben Symbolen, den Sakramenten. Sie stiften Gemeinschaft mit Gott und unter den Menschen (92–99).

Verbindungen mit anderen Fächern

Ethik: »Miteinander auskommen« (6.1), mit Erwartungen umgehen, konkrete Handlungskriterien kennen lernen und entwickeln.
Evangelische Religionslehre: Biblische Weisungen (6.3.2).
Physik/Chemie/Biologie: Die Rollenthematik Mädchen – Junge gehört zur schulischen Familien- und Sexualerziehung (6.4.1).

Orientierung finden   Titelseite 73

1. Hintergrund

Antoni Puig Tàpies: Spuren auf weißem Grund
Zu sehen ist eine annähernd kreisförmige Spur von unterschiedlichen Fußabdrücken, die die Assoziation zu Begriffen wie Weg, Lebensweg oder Auf-dem-Weg-Sein hervorruft. Um größtmögliche Echtheit zu vermitteln, verwendete Tàpies Lehm für die Gestaltung der menschlichen Fußspuren. Manche der Fußspuren scheinen aufgrund ihrer klaren Konturen frisch zu sein, wie gerade erst von Menschen hinterlassen. Andere lassen nicht mehr den klaren Umriss erkennen und wirken dadurch älter, wieder andere sind nur noch vage zu erkennen. Menschliches Handeln hinterlässt Spuren in der Vergangenheit wie auch in der Gegenwart.

Die räumliche Anordnung der Fußspuren kreisend um eine Mitte herum lenkt die Assoziationen weiter: Auf-dem-Weg-Sein und das Umkreisen einer Mitte als Metaphern der Suche, des Nachdenkens, der Besinnung, des Meditierens, des Fragens, der Wahrheitssuche, der Begegnung mit Gott.
Die ausgesparte Mitte des Bildes kann zum einen

als Entscheidungssituation interpretiert werden, der man sich – um möglichst gewissenhaft zu handeln – von außen fragend annähert, zum anderen die Mitte des Menschen, sein Gewissen, der Ort, an dem alles zusammenläuft und Entscheidungen gefällt werden, aber auch als das reine Nichts der Mystiker, das undarstellbare Geheimnis Gottes.

Durch die betont strenge Komposition des Bildes mit seiner herben Schönheit sind die Fußspuren und die umkreiste Mitte eng aufeinander bezogen. Tàpies lehnt ab, das »Eigentliche« hinter den Dingen, getrennt von der Materie zu suchen. Alles ist vielmehr untrennbar miteinander verbunden. Deshalb wird die göttliche Kreisform nicht in der Höhe gesucht; vielmehr wird sie im Blick auf die Erde, die Materie, als »weißer Grund« und tragende Basis erkennbar. Über seinen Anspruch sagt Tàpies: »Ich versuche, den Betrachter zur Reflexion und zur Meditation zu bringen, damit er zu einem höheren Bewusstsein und zu einem tieferen Wissen um die Wirklichkeit gelangt..., um auf diese Weise ein besseres Handeln im Alltag und ein größeres gesellschaftliches Engagement für Gerechtigkeit zu ermöglichen« (vgl. Franz J. van der Grinten/Friedhelm Mennekes, Abstraktion – Kontemplation. Auseinandersetzung mit einem Thema der Gegenwartskunst, Stuttgart 1987).

Antoni Tàpies
Der Maler und Grafiker Antoni Tàpies Puig wurde 1923 in Barcelona geboren. Seine frühen Arbeiten weisen den Einfluss Joan Mirós, Paul Klees und Antonio Gaudís auf. Im Jahre 1948 war er Mitbegründer der vom Surrealismus beeinflussten Künstlergruppe *Dau als Set*, deren Zeitschrift er oftmals illustrierte. Seit den fünfziger Jahren nutzt er für seine Gemälde und Collagen verschiedene Materialien wie Sand oder Zement als Grundierung, sodass seine abstrakten, oft mit mystischen Hieroglyphen versehenen Bilder eine reliefartige Struktur aufweisen. Darüber hinaus schuf Tàpies Assemblagen und verfremdete Objekte, bei denen er auch Textilien, manchmal auch Metall und Holz einsetzte. Deshalb hat man Tàpies einen »Mystiker der Materie« genannt.

2. Einsatzmöglichkeiten im RU

Zur Ruhe kommen – die Mitte finden
Meditative Bildbetrachtung

– Sch sitzen im Stuhlkreis und betrachten das Bild in ihrem Buch.

– Nach einiger Zeit der Stille gibt L folgende oder ähnliche Assoziationen zum Bild. L liest langsam vor und sollte zwischen den einzelnen Sätzen eine kleine Pause einhalten.

Auf dem Bild sehe ich Fußspuren. – Menschen haben sie hinterlassen. – Sie bilden einen Weg. – Menschen sind auf dem Weg. – Einige haben tiefe Eindrücke hinterlassen. – Manche Spuren sehen ganz frisch aus, – andere scheinen älter zu sein. – Ich sehe Spuren, die gerade noch zu erkennen sind, – sie sind vor lange Zeit enstanden. – Ist mein Fußabdruck auch dabei? – Welcher könnte es sein? Welches ist mein nächster Schritt? – Die Spuren kreisen um eine Mitte. – Sie kreisen ein – kreisen – nachdenken – suchen – fragen.

Meine Spuren
Sch machen sich wichtige Ereignisse und Entscheidungen in ihrem Leben bewusst.

– Sch schneiden große und kleinere Fußabdrücke aus Papier aus.
* In Gedanken gehst du dein Leben von heute an zurück in deine Vergangenheit. Schreibe wichtige Entscheidungen jeweils in einen Fußabdruck. Wichtigere Entscheidungen kannst du dadurch kennzeichnen, dass du sie in einen größeren Fußabdruck schreibst.
– Jede/r klebt die eigenen Spuren kreisförmig auf ein farbiges Plakat.

Alternative
– Sch skizzieren ihren Fußabdruck auf einem Blatt und tragen alle für sie wichtigen Entscheidungen darauf ein.
* Durch unterschiedliche Farben soll eine zeitliche Einteilung erfolgen (blau – lange zurückliegend; rot – aktueller).
* Aus den Fußabdrücken aller Sch wird um eine gemeinsame Mitte an der Klassenzimmerwand das Bild von Tàpies nachgestaltet.

Bildvergleich
Sch vergleichen die Bilder von Rupprecht Geiger *Titelseite* 7 und von Antoni Tàpies.

– Welche bildkompositorischen Ähnlichkeiten fallen auf? (Kreisähnliche Form, ausgesparte Mitte, nicht benennbares, interpretationsoffenes Nichts)
– Wo sind Unterschiede benennbar? (Sonnig-gelber Farbrand und Licht-Assoziationen vs. lehmigbraune Fußabdrücke und Erd-Assoziationen)
– Welche Aspekte betonen die Künstler mit ihren Gottes-Bildern jeweils?

Entscheidungen treffen **Infoseite 84–85**

Die räumliche Dimension des Bildes verdeutlicht Sch den Prozess der Entscheidungsfindung.

- Sch wählen eine Entscheidungssituation aus, die sie noch gut in Erinnerung haben. L und Sch klären, ob sie anschließend darüber sprechen oder ob die EA ohne Austausch bleibt.
* Vor kurzem musstest du eine Entscheidung fällen. In welcher Situation hast du dich befunden? Notiere Stichworte in der Mitte deines Fußabdrucks.
* Notiere Gründe, warum du dich so entschieden hast.
* Hast du jemanden um Rat gefragt?
* Welchen Vorteil hattest du durch deine Entscheidung? Welchen Nachteil?
* Hatten andere einen Vorteil bzw. einen Nachteil durch deine Entscheidung?
* Würdest du dich heute anders entscheiden? Wenn ja: warum?
- Alle Ergebnisse schreiben Sch in die »Füße« ihres Blattes. Je nach Verabredung erzählen Sch in der Klasse von ihren Entscheidungen.

Weg-Lieder sammeln und singen
- Sch lernen und singen z.B. »Lass uns in deinem Namen« AB 6.5.9 *Arbeitshilfen* S. 167.
- Sch sammeln – ggf. in Zusammenarbeit mit dem Englischunterricht – aktuelle Songs, die sich mit Entscheidungssituationen oder Fragen zur Orientierung im Leben von Jugendlichen beschäftigen.

3. Weiterführende Anregungen

In die Zukunft schauen
Sch erkennen, dass im Leben jedes Menschen bestimmte Entscheidungen getroffen werden müssen.

- Sch bilden KG und suchen aus den Ergebnissen der Übungen »Meine Spuren« die Entscheidungssituationen heraus, die bei den meisten Sch vorkamen.
- Oder: Sch sammeln Entscheidungssituationen, vor die alle Sch schon einmal gestellt waren.
* Die Gruppen tragen ihre Ergebnisse vor, L hält sie an der Tafel fest.
- Die KG denken an Entscheidungen, die Sch in der Zukunft noch fällen müssen. TA.
- Im UG versuchen Sch aus ihrer heutigen Sicht die zukünftige Entscheidungssituation vorwegzunehmen und überlegen, welche Wahlmöglichkeiten und Handlungsalternativen sie haben werden.

Frei-Räume finden Themenseite 74–75

1. Hintergrund

Regeln bestimmen unser Leben. Auch den Sch begegnen sie überall: in der Familie, in der Schule, im Sportverein, im Straßenverkehr usw. Dabei werden die Regeln im Kindesalter meist stillschweigend akzeptiert und kaum Gegenstand einer Reflexion. Auf der Schwelle zum Jugendalter ändert sich diese Nachahmung. Es wird nachgefragt: Was ist der Sinn dieser oder jener Regel? Gilt sie überhaupt für mich? Die *Themenseite* regt Sch an, sich mit dem Phänomen »Regel« auseinander zu setzen.

Regeln und Normen ordnen das menschliche Zusammenleben und vermitteln zwischen der Freiheit der Einzelnen und den Ansprüchen der Gemeinschaft. Sie sind zeit- und kontextabhängig und bedürfen daher immer wieder der Überprüfung ihrer Dienlichkeit und ihrer Durchsichtigkeit auf die hinter ihnen stehenden Werte.

> **Norm**
> bedeutet im alltäglichen Sprachgebrauch oft einen nach pragmatischen Gesichtspunkten festgelegten Maßstab (etwa DIN-Norm) oder einen Durchschnittswert (vgl. normal). Im Bereich der Ethik meint »Norm« eine Regel, die das Handeln von Einzelnen oder von Gruppen orientiert. Sie beschreibt nicht nur, wie das Verhalten von Menschen tatsächlich aussieht, sondern schreibt ein bestimmtes Verhalten als gesollt und gut vor. Sie gebietet dieses Verhalten und äußert sich daher meist als Gebot oder Verbot.

> **Wert**
> meint allgemein das, was wir als gut und erstrebenswert bezeichnen. Der Wert, den ein Gegenstand für einen Menschen darstellt, ist der Grund dafür, dass der Mensch nach ihm strebt, ihn verwirklichen oder besitzen will. In diesem

Sinne sind Werte gleichbedeutend mit Gütern (etwa Leben, Freiheit, Eigentum, Bildung etc.). Davon sind »sittliche« Werte im engeren Sinne zu unterscheiden. Damit sind menschliche Haltungen und Verhaltensweisen gemeint, die der Mensch in seinem Handeln verwirklicht (etwa: Gerechtigkeit, Treue, Solidarität etc.).

Die Zehn Gebote (Ex 20,1–17)
und andere biblische Weisungen regeln das Zusammenleben der Menschen. Der Einleitungstext der Zehn Weisungen (Gebote) Ex 20,2 benennt den eigentlichen Grund menschlicher Freiheit und – wenn man so will – Regelbefolgung: Gott, der die Israeliten aus der Sklaverei in Ägypten befreit hat. Ohne Ex 20,1–3 wären die Zehn Gebote nicht richtig zu verstehen. Die – vorausgehende – Befreiungstat Jahwes (Indikativ) ist die Grundlage für die – daraus folgende – Beachtung der gemeinschaftsfördernden Regeln (Imperativ). Am Text »Die Zehn Weisungen« von Ernst Lange können Sch diesen Zusammenhang nachvollziehen, sie lernen so die Zehn Gebote in einem neuen Licht verstehen.

Frei-Räume finden
Sch, die auf dem Weg sind, ihr Leben Schritt für Schritt selbst in die Hand zu nehmen, sind dazu auf die Hilfestellung ihrer Mitmenschen angewiesen. Zugleich sollen sie erspüren, dass Zeiten der Ruhe, der Besinnung, des Gebetes ein wichtiger Bestandteil für ein gelingendes Leben sind. Das Kapitel bietet die Möglichkeit, dies auch einzuüben.
Diesem Anliegen möchte das zentrale Element dieser Seite dienen: die Fußspuren in Anlehnung an das Bild von Tàpies, in deren Mitte der Kanon »Finde den Raum« eingebettet ist.

2. Einsatzmöglichkeiten im RU

Regeln von damals
Sch erkennen, dass Regeln abhängig sind von den vorherrschenden Überzeugungen der Zeitepoche, in der sie aufgestellt wurden. Ändern sich diese Überzeugungen, haben die Regeln keine Gültigkeit mehr.
– Sch lesen den Text der Schulordnung von 1913 und bewerten ihn.
* Erzählt, wie es in einer Schule von 1913 zugegangen ist! Wie mag sich ein Sch damals gefühlt haben?
* Sch vergleichen mit ihrer aktuellen Schulordnung.

– Welche Vorstellungen über Frauen und Männer kommen in der Frankfurter Ratsordnung zum Ausdruck?
– Die *Themenseite* enthält einige Regeln, die man auch heute noch annehmen kann.
* Welche der Regeln gilt nicht mehr – warum nicht?

Was soll gelten?   **Ideenseite 76**
Sch lernen Regeln nach ihrem Geltungsgrad zu unterscheiden.

– Im UG suchen Sch nach Regeln, Geboten und Verboten, die sie aus ihrem Alltag kennen. Sie halten sich den Ablauf eines Tages vor Augen und überlegen, welche Regeln ihnen begegnen (Familie, Schule, Freizeit usw.). Auch Regeln, die sie aus dem Kinderalter kennen (z.B. »Geh nicht allein über die Straße!«), oder Regeln, die die Erwachsenenwelt betreffen, sollen genannt werden (z.B. Alkoholgenuss). Die Regeln der *Themenseite* können den Sch auf ihrer Suche Anhaltspunkte geben.
– Die Ergebnisse werden an der Tafel festgehalten unter der Überschrift »Regeln beurteilen«.
Tipp: Zur Vereinfachung der Ergebnissicherung werden Regeln unter ihrem Oberbegriff zusammengefasst: Verkehrsregeln, Hausordnung usw. Besonders markante Regeln aus der direkten Umwelt der Kinder sollten ausgeschrieben werden.
– In GA schreiben Sch einzelnen Regeln – auch die der *Themenseite* – auf Kärtchen und ordnen diese Kärtchen nach folgenden Gesichtspunkten:
  1. Regeln, die für einen bestimmten Lebensabschnitt gelten.
  2. Regeln, die in der Vergangenheit gültig waren.
  3. Regeln, die an einem bestimmten Ort oder für einen bestimmten Bereich gelten.
  4. Regeln, die immer und überall gelten.
  5. Regeln, die ich nicht sinnvoll finde.
– Nicht jede Regel lässt sich eindeutig einordnen. Regeln, die Sch nicht zuordnen können, werden unter der Rubrik Fragezeichen einsortiert.
– Anschließend klärendes UG.

Alternative: zur Arbeit mit den Kärtchen vgl. AB 6.5.1 *Arbeitshilfen* S. 155.

Etwas dürfen   **Ideenseite 76**
Es empfiehlt sich, beide Übungen »Etwas dürfen« – »Sich etwas zutrauen« nacheinander durchzuführen.
– Sch werden sich bewusst, dass sie in ihrem Leben schrittweise selbstständiger geworden sind.

- In EA notieren Sch, was sie im Vergleich zu früher nun selbstständig machen dürfen.
- TA unter der Überschrift »Etwas dürfen«.
- L regt durch gezielte Fragen Diskussion an:
- Aus welchen Gründen durftest du das früher nicht?
- Warum erlauben es dir deine Eltern jetzt?
- Aus welchen Gründen erlauben dir deine Eltern etwas nicht, was Sch deiner Klasse schon dürfen? Findest du das richtig?
- Ist es dir manchmal zu viel, was deine Eltern von dir erwarten?
- Bist du froh darüber, dass du manches noch nicht selbstständig erledigen musst?

Sich etwas zutrauen   **Ideenseite 77**
Sch nennen Dinge, die sie gerne selbstständig erledigen möchten, die ihnen aber noch nicht erlaubt sind, und reflektieren darüber.

Moderationstechnik

Die *Moderationstechnik* eignet sich für Aufgabenstellungen dieser Art besonders gut. Der Entwicklungsprozess des Unterrichtsgeschehens kann über die Strukturierung des Tafelbildes durch Sch aktiv mitgestaltet werden. Durch die verschiedenen Strukturierungsvarianten werden Sch angeregt Stellung zu beziehen und diese zu begründen.

- L zeichnet eine Wolke, schreibt die Überschrift »Sich etwas zutrauen« darauf und befestigt sie an der Tafel.
- L hält für Sch Kärtchen aus Papier (10 x 25 cm) bereit.
- In EA notieren Sch das, was sie sich schon zutrauen, was ihnen aber noch nicht erlaubt ist.
- Sch werten ihre Ergebnisse durch farbige Punkte:
  roter Punkt: wäre wichtig für mich
  blauer Punkt: wäre nicht so wichtig
  grüner Punkt: könnte ich noch zurückstellen, bis ich älter bin
- Die rot gekennzeichneten Ergebnisse schreiben Sch jeweils auf Kärtchen, die an der Tafel in Spalten unter der Wolke angeheftet werden.
- L liest die Karten der Sch der Reihe nach vor. Lässt Sch ihre Karte ggf. erklären und entfernt nach Rücksprache mit den Sch Karten gleichen Inhalts.
- Im UG ordnen Sch und L die Karten unter Oberbegriffen in 3–5 Spalten. (Dieser Schritt kann auch wegfallen).

- Sch nehmen durch farbige Punkte zu den Karten Stellung:
  rot: Das würden meine Eltern (Mutter, Vater) mir erlauben.
  blau: Meine Eltern würden mir das wahrscheinlich nicht erlauben, aber ich könnte mit ihnen reden.
  grün: Unter bestimmten Umständen würden mir das meine Eltern erlauben.
- Sch malen die Punkte auf die Karten an der Tafel, nehmen im UG dazu Stellung und äußern Vermutungen über die Gründe ihrer Eltern.

Freiheit und Gesetze
Anhand von Karikaturen AB 6.5.2 *Arbeitshilfen* S. 157 erarbeiten Sch die Aufgaben und Grenzen von Gesetzen.

- *Karikatur 1:* Gesetze ermöglichen, unbeschadet durch »unbekannte Gewässer« zu steuern. Mögliche Gedankenexperimente:
* 1. Du bist in den Ferien ins Ausland gefahren, bist hungrig und möchtest auf einem Markt Obst einkaufen. Welche Normen und Gebote musst du kennen und helfen dir, dich richtig zu verhalten und dein Ziel zu erreichen? (Wissen über Preis-Leistung; stehen die Preise fest oder wird verhandelt? Darf man das Obst berühren? Musst du es vor dem Verzehr waschen – mit welchem Wasser? Ist es üblich, in der Öffentlichkeit zu essen? Sind Kleidervorschriften in der Öffentlichkeit zu beachten?)
* 2. Du bist neu in der Schule und kommst zum ersten Mal in deine Klasse. Welche geschriebenen und ungeschriebenen Normen und Gebote helfen dir, dich zurechtzufinden? (Gesprächsregeln, Wissen über Klassenhierarchien und Rollen und zugehörige Verhaltenserwartungen).
- *Karikatur 2:* Ein Paragraph/Gesetz, geführt von einer Person, zieht eine nachfolgende am Halsband hinter sich her. Manche steuern das Gesetz und handhaben es zu ihren Gunsten; manche gängelt es wie im Würgegriff. Konkretisieren aus der Sicht der Sch!
- *Karikatur 3:* Ein Paragraph/Gesetz liegt umgefallen am Boden und wird glattgehobelt; es fallen Späne. Manche Gesetze verlieren im Laufe der Zeit ihre Kontur, entweder durch Missachtung, Missbrauch und zu viele Ausnahmeregelungen oder weil sie in gewandelten Kontexten nicht mehr dienen. Sie müssen aufpoliert werden, damit sie (wieder) klar erkennbar sind bzw. so

Regeln sind nicht alle gleich!

Regeln, die zu einer bestimmten Zeit gültig waren:

Regeln, die an einem bestimmten Ort oder für einen bestimmten Bereich gültig sind:

Regeln, die für einen bestimmten Lebensabschnitt gelten:

Regeln, die immer und überall gelten:

abgehobelt werden, dass sie in den regelungsbedürftigen Situationen dienlich sind.
* *Möglichkeit:* Sch überprüfen die Schulordnung: Sind die Regelungen noch tauglich? Welche Paragraphen müssen aufpoliert werden? Welche können entfallen? Ist neuer Regelungsbedarf entstanden?
* *Alternative:* »Abhobeln« der Schulordnung *Themenseite* 74: Welche Regeln sind bis heute sinnvoll, welche nicht?
- *Karikatur 4:* Menschen erklimmen lachend mittels Treppenstufen einen Gesetzesparagraphen, der ihnen Aussicht ermöglicht und Überblick verschafft.
* Sch nennen Gesetze, mit denen sie im Alltag zu tun haben (TA).
* KG erhalten Kopie dieser Karikatur, wählen arbeitsteilig ein Gesetz aus, notieren es in dem Paragraphenzeichen und erarbeiten, welche(r) Wert(e) durch das Gesetz geschützt werden. Diese werden in der Umgebung der hinweisenden Finger notiert. Ggf. können Hürden, die die Gesetzesbefolgung erschweren, in die Treppe rechts geschrieben werden.

Die Zehn Weisungen
Sch lernen die Zehn Gebote verstehen als Weisungen von Gott, die den Menschen ein Leben in Freiheit gewähren.
- Gemeinsam lesen Sch zuerst den Text Ex 20,1–17 in der Bibel, danach den Text von Ernst Lange »Die Zehn Weisungen«.
* Statt von »Zehn Geboten« ist im Text von »Zehn Weisungen« die Rede. Was verändert sich dadurch?
* Die Weisungen sagen auch etwas darüber aus, welche Haltung Gott gegenüber den Menschen einnimmt, wie Gott die Menschen sieht.

Finde den Raum
Sch werden still und denken über sich und ihre Lebensgestaltung nach.
- Sch sitzen im Stuhlkreis, in der Mitte eine Kerze.
- Jede/r Sch legt den Fußabdruck aus Papier vor sich hin.
- Sch nehmen nun eine bequeme Sitzposition ein und kommen zur Ruhe. In dieser Position verbleiben Sch zwei Minuten (Zeit kann je nach Geübtheit der Klasse auch verlängert werden), den Blick auf die Mitte gerichtet.
- Sch singen den Kanon »Finde den Raum«.
- L legt die verschiedenen Sätze des Kanons in die freie Mitte um die Kerze.
- Sch suchen sich einen Satz heraus und denken darüber nach, was er für sie bedeutet und welche Schritte sie tun müssen um ihn umzusetzen.
- Nach einer kurzen Zeit der Stille stehen Sch nacheinander auf, legen ihren Fußabdruck auf den Boden um die Kerze und sagen in einem Satz, welchen Schritt sie tun wollen.
- Zum Schluss singen alle erneut den Kanon.

3. Weiterführende Anregungen

Sich Regeln geben
Stellt euch vor: Eure Lerngruppe muss sich vier Wochen lang am Nordpol (im Urwald, in der Wüste) selbst versorgen. Ihr habt xx Tonnen Proviant zur Verfügung (je nach Gruppengröße und »Einsatzort« genau aufschlüsseln!). Dazu Ausrüstung wie Zelte, passende Kleidung, Gasflaschen und Feuerzeug etc. Stellt Regeln auf, die sicherstellen, dass alle überleben.

Spielregeln erfinden
Sch erfinden Regeln und werden sich der Schwierigkeiten bei der Regelformulierung bewusst.
- KG von 4–6 Sch erhalten AB 6.5.3 *Arbeitshilfen* S. 159 auf DIN-A3-Format vergrößert.
- Sch sollen mit dem Spielplan ein Spiel entwickeln und dazu Spielregeln finden, mittels derer jede/r das Spiel spielen kann.
Die Gruppe kann sich dazu folgende Arbeiten teilen:
Spielsteine basteln, evtl. Spielkarten beschriften, Spielregeln aufschreiben, ordnen und notieren (evtl. am Computer).
- *Tipp*: Es empfiehlt sich, keinen Würfel zuzulassen, damit Sch nach kreativeren Möglichkeiten suchen müssen.
- Sch tauschen ihre Spiele aus und testen sie gemäß der Regeln.
- *Alternative:* L überprüft, ob das Spiel anhand der Spielregeln spielbar ist.

Ideenseite 76–77

Die Anregungen der *Ideenseite* werden in den *Arbeitshilfen* auf folgenden Seiten kommentiert:
Etwas dürfen: S. 153
Sich etwas zutrauen: S. 154
Spannung halten: S. 168
Spielregeln erfinden: S. 156
Was soll gelten?: S. 153
Typisch Mädchen! Typisch Junge!: S. 160

Regeln und Gesetze: ihre Aufgaben, ihre Grenzen

1.

2.

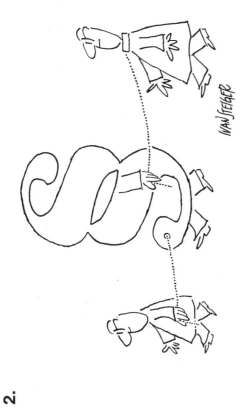

3.

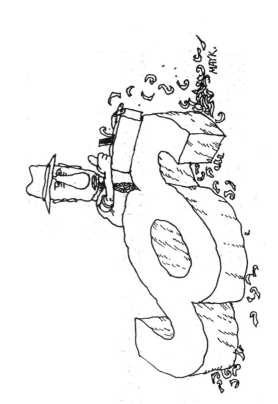

4.

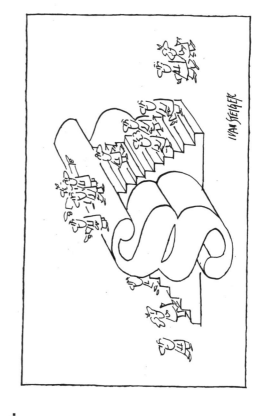

Reli **6**.5.2

Rollen annehmen und gestalten

1. Hintergrund

Die moderne Rollentheorie versucht menschliches Verhalten in seiner Komplexität zu erfassen und zu analysieren. Die Rolle, die ein Mensch einnimmt, ergibt sich aus einer Verknüpfung von Rollenerwartungen auf der einen Seite und individuellen Vorstellungen und Verhaltensweisen auf der anderen Seite. Der Begriff der Rolle ist demnach durch zwei wesentliche Perspektiven gekennzeichnet: der soziologischen, nach der soziale Gegebenheiten die Rollen des Menschen und sein Verhalten beeinflussen, und der psychologischen, nach der der Mensch die Rolle übernimmt, sie verinnerlicht, sie aber auch interpretiert und gestaltet.

Beide Perspektiven sind eng aufeinander bezogen, Rollenerwartung – Rollenübernahme – Rollendistanz sind verschränkt und beeinflussen sich gegenseitig. Sch nehmen wahr, dass ihr soziales Verhalten als Mädchen bzw. Junge zu einem großen Teil auf der Imitation von Rollenmodellen aus der Erwachsenenwelt beruht.

Die Erzählung »Hochzeit« von Maxim Gorki bietet Sch die Möglichkeit sich diese Zusammenhänge bewusst zu machen. Denn dort, wo – wie in der Geschichte – Kinder Szenen aus der Erwachsenenwelt spielen, scheint die Grenze zwischen Realität und Spiel völlig aufgehoben zu sein.

Im Laufe ihres Lebens, aber auch bereits während der Schulzeit nehmen Sch verschiedene, manchmal entgegengesetzte Rollen ein. Für die Persönlichkeitsbildung und Identitätsfindung des Kindes ist dies ein notwendiger Prozess. Dies gilt auch für das Annehmen der und das Hineinwachsen in die Geschlechterrolle. Rollenerwartungen der Mitmenschen geben Sicherheit im Zusammenleben. Das Leben in der Gruppe ist berechenbarer für die Gruppe selbst und für die einzelnen Mitglieder.

Daneben wird deutlich, dass Rollenverständnis und Rollenerwartungen der Umwelt nicht unbedacht übernommen werden sollten, um nicht Fehlentwicklungen im sozialen Miteinander unbewusst weiterzutragen.

Maxim Gorki

Maxim Gorki, bekannter russischer Schriftsteller (geboren 1868 in Nowgorod, gestorben 1936 in Moskau), schildert in vielen seiner Erzählungen alltägliche Situationen aus der bürgerlichen Lebenswelt sowie typische und festgefahrene Verhaltensmuster der Gesellschaft.

Edwina Sandys: Die freie Frau

Die Bildhauerin Edwina Sandys ist die Enkelin des berühmten Politikers Winston Churchill und lebt heute in New York.

Die Skulptur »Freie Frau« ist aus weißem Marmor gefertigt bei einer Größe von 5 Metern. Sie steht vor dem UNO-Zentrum in Wien und wurde dort am 24. Oktober 1989, dem »Tag der Vereinten Nationen«, enthüllt. Aus einer senkrecht aufgerichteten, rechteckigen rauen Marmorfläche ist die Figur herausgeschnitten, fast möchte man sagen »herausgestochen«. Wenn auch nur schemenhaft, so lässt sich die Figur unschwer als Frauengestalt erkennen. Sie steht etwa im rechten Winkel zur Marmorfläche, der sie ihren leeren Umriss hinterlassen hat und durch die nun das Licht des Tages einbricht. Hier die Frau: frei im Raum, aber auch ungeschützt – dort die konturierte Lücke im ehedem ungestalteten Marmor. Beide sind nicht mehr, was sie waren. Der Befreiungsprozess der einen hat auch dem anderen eine Prägung verliehen. Auch die individuellsten Befreiungsprozesse hinterlassen Spuren in ihrer Umgebung.

Wofür steht der Marmorblock? Vielleicht für die Geschlossenheit eines Systems, einer Gesellschaft, die über Generationen bestens funktioniert hat, wenn auch um den Preis, dass ein Teil ihrer Mitglieder – gar die Hälfte der Menschheit! – keine eigene Kontur entwickeln konnte. Ambivalent ist die Skulptur deshalb, weil sie nur »durchblicken« lässt. Sie definiert keinen endgültigen Standpunkt.

Frei sein ist nicht gleichzusetzen mit einem paradiesischen Zustand. Frei werden ist mit einem Geburtsvorgang zu vergleichen. Wer geboren werden will, muss die bergende Umgebung verlassen und sich aussetzen, so wie die Frauenfigur hier sich ausgesetzt hat. Sie ist frei, aber sie hat gleichzeitig auf den bergenden Rahmen verzichtet. Die Stöße des Lebens treffen sie jetzt unvermittelt. Aber auch der Block selbst hat sich verändert. Er hat an Masse eingebüßt, seine Geschlossenheit ist ge-, wenn nicht gar zerstört. Er hat Einschnitte bekommen, aber sie haben ihn geöffnet, ihn durchlässig gemacht für ein Stück freien Himmel.

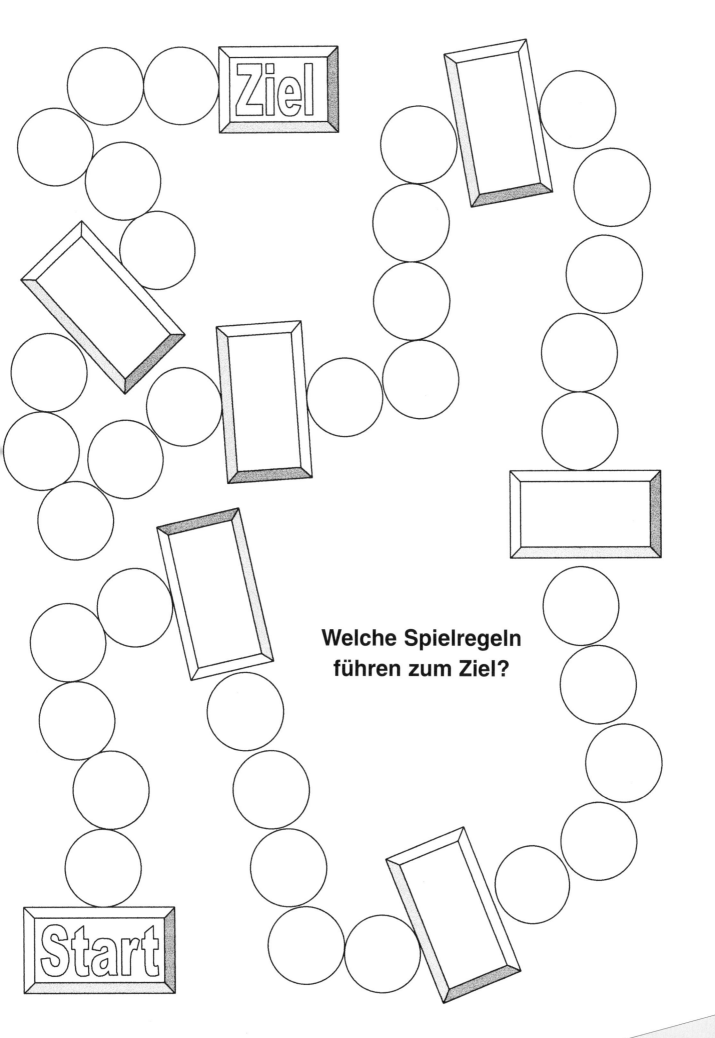

2. Einsatzmöglichkeiten im RU

Rollen spielen   Infoseite 85

Sch werden sich der verschiedenen Rollen bewusst, die sie im Leben einnehmen.

– Sch lesen gemeinsam den Text *Infoseite* 85 »Welche Rollen will ich spielen und wie?«
* Im UG nennen Sch verschiedene Rollen, die sie im Alltag einnehmen (TA!).
– *Alternative:* Sch erhalten die Karikatur AB 6.5.4 *Arbeitshilfen* S. 161 (evtl. vergrößern!).
* In EA notieren sie um die Sprechblasen herum, mit welchen Menschen sie in der jeweiligen Rolle in Beziehung stehen. Die Selbstbezeichnungen in den Sprechblasen können erweitert/verändert werden!
* Mit einem andersfarbigen Stift notieren sie Eigenschaften/Kleidung, die sie in dieser Rolle besonders zeigen/tragen.
* UG: Verschiedene Rollen binden uns in die größeren Zusammenhänge der Familie, des Freundeskreises, der Schule, der Gesellschaft ein. Die Verschiedenheit der Rollen gewährt größeren Spielraum. Es kann aber auch zu Rollenkonflikten kommen, wenn die unterschiedlichen »Rollenmuster« in Widerstreit miteinander geraten.
– Sch nennen Rollen, in denen sie sich besonders wohl fühlen, und Rollen, die sie einengen und die sie umgestalten möchten.
– *Weiterführung*: Sch nennen Rollen, die sie in Zukunft gerne einnehmen möchten, und versuchen den typischen Charakter dieser Rollen im Szenenspiel zum Ausdruck zu bringen.

Typisch Mädchen, typisch Junge   Ideenseite 77

Sch werden sich bewusst, welche Erwartungen sie mit der Mädchen- bzw. Jungenrolle verbinden und tauschen sich darüber aus (zunächst geschlechtshomogene KG!).

* Sch betrachten die Fotos von Junge und Mädchen *Ideenseite* 76–77 und äußern sich dazu.
* Sch führen den Impuls von *Ideenseite* 77 aus.
– *Alternative*: Um die Diskussion zu bereichern, gestalten auch einige Jungen ein Mädchenplakat und Mädchen ein Jungenplakat. Die Jungenplakate der Jungen und der Mädchen werden miteinander besprochen und verglichen, wie auch die Mädchenplakate der Mädchen und Jungen.
– Die so genannte ›Bastelidentität‹ heutiger Sch erstreckt sich auch auf die einst festgefügte Geschlechterrolle. Mit vormaligen Grenzen wird gespielt, verschiedene Stile werden über den Körper, über Kleidung »inszeniert«.
* Sch nennen Musikstars, Schauspieler etc., die mit den Geschlechterrollen spielen.

* Sch beobachten, wodurch das gelingt. Ergeben sich größere Handlungsspielräume?

Wie im richtigen Leben?

Anhand des Rollenspiels der Geschwister aus Gorkis »Hochzeit« werden sich Sch bewusst, dass ihr Verhalten als Mädchen bzw. Junge durch Nachahmung der Erwachsenen zu Stande kommt.

– Sch lesen die Erzählung *Deuteseite* 78 mit verteilten Rollen: Sonja, Petja, Erzähler.
* In EA bearbeiten Sch AB 6.5.5 *Arbeitshilfen* S. 164 zum ersten Teil des Textes.
* Vertiefung und ggf. Ergänzung im UG.
– Der russische Dichter erzählt von Kindern einer vergangenen Zeit, in einem anderen Land, aus reicher Familie. Wie stellst du dir deine Rolle als Frau/als Mann in einer Partnerschaft vor?

Rollen annehmen und gestalten

Sch setzen sich damit auseinander, dass Rollen/erwartungen ihnen einerseits Halt geben, sie andererseits aber auch einengen können. Sch erkennen, dass Rollen aktiv gestaltet werden müssen, damit jede/r individuelle Konturen zeigen kann.

– Im UG beschreiben Sch und L die Skulptur »Freie Frau« von Edwina Sandys.
* Warum trägt die Skulptur den Titel »Freie Frau«?
* Wovon ist die Frau frei?
* Stell dir vor, die Frau würde wieder in den Marmorstein zurücktreten.
* Worauf stehen die Frau und der Marmorblock, aus dem sie herausgetreten ist?
* Wo fühlt sich die Frau wohler?
* Wo möchtest du auf diesem Bild sein?

– Sch notieren alle Rollen, die sie in ihrem Alltag spielen (auch Rollen, in die sie versehentlich geraten sind). (Rolle als Mädchen, Junge; Tochter, Sohn, Schwester, Bruder, Sch, Klassenmitglied, Vereinsmitglied, Musikschülerin, Freund, Angeber, Dummchen, Kasper usw.)
* Sch erhalten eine Kopie der Skulptur von Edwina Sandys.
* Die Rollen, in denen sie sich wohl fühlen, schreiben sie in das Fundament der Skulptur.
* Die Rollen, die sie einengen, in denen sie sich nicht so wohl fühlen, schreiben Sch in den Rahmen, aus dem die Figur herausgetreten ist.
* Sch überlegen, was sie an den letztgenannten Rollen ändern wollen oder welche Rollen sie ganz ablegen wollen. Sie schreiben ihre Ergebnisse in die Figur hinein. (Auch die Rollen, in denen Sch sich wohl fühlen, können in die Überlegung mit einbezogen werden.)
* Wer möchte, liest seine Ergebnisse vor.

Meine Rollen

Freiheit von – Freiheit zu

3. Weiterführende Anregungen

Eine Ausstellung organisieren
- Sch sammeln Gegenstände, die ihrer Meinung nach typisch für Mädchen bzw. Jungen sind. Damit gestalten sie in ihrem Klassenzimmer eine Mädchen- bzw. eine Jungenecke. Nicht konsensfähige Zuordnungen können durch Kommentare in Sprechblasen ergänzt werden.
- Sch laden andere Klassen ein, ihre Ausstellung zu besichtigen.

Wege, die die Bibel weist   Deuteseite II 80–81

1. Hintergrund

Deuteseite II bietet drei Texte aus dem NT an, die den Kerngehalt ntl. Ethik widergeben, das Gebot der Gottes- und Nächstenliebe (Mt 22,36–39). Dieses Gebot wird in ntl. Texten immer wieder von wechselnden Blickwinkeln aus entfaltet und konkretisiert.

So auch in diesem Kapitel. Das Handeln der Christen wird aus dem Liebesgebot motiviert. Alle Regeln und Normen (auch die so genannte goldene Regel Mt 7,12) sind tiefer verankert im Liebesgebot.

Wie Menschen nach dem Gebot der Gottes- und Nächstenliebe leben können, können Sch exemplarisch an den drei NT-Texten erschließen. Die Darstellungen der Fußwaschungen veranschaulicht das Gebot und bringt es den Sch auf emotionale Weise nahe.

Das Gebot der Gottes- und Nächstenliebe (Mt 22,36–39)

Beim Gebot der Gottes- und Nächstenliebe handelt es sich um den Kernsatz ntl. Ethik.

Der Aufbau der Perikope ist sehr einfach. Einer der Pharisäer stellt eine präzise Frage, die von Jesus grundsätzlich und ohne Polemik beantwortet wird. Der Text wurde aus der Mk-Vorlage (12,28ff.) als der älteren Fassung gestaltet. Im Gegensatz zu Mk kommt es Mt auf Konfrontation an. In Auseinandersetzung mit den Pharisäern soll ein grundsätzlicher Standpunkt zum Gesetz und den Propheten geboten werden. Das Tückische der Fragestellung liegt darin, dass die Angabe eines größten (wichtigsten) Gebotes das formale Gesetzesverständnis jüdischer Gelehrter mit ihren vielen Einzelgeboten kritisiert.

Das wichtigste und erste Gebot ist das Gebot der Gottesliebe (vgl. Dtn 6,5). Herz, Seele und Gedanken sind geistige Kräfte, die alles Streben, Wollen, Fühlen und Denken des Menschen bezeichnen. Gegenüber Dtn 6,5 nennt Mt auch die Gedanken. Hiermit ist der Intellekt des Menschen angesprochen, der mit einbezogen ist in das liebende Ausgerichtetsein auf Gott.

Das Unerwartete an der Antwort Jesu besteht darin, dass er das Gebot der Nächstenliebe gleichwertig neben das Gebot der Gottesliebe stellt. Das Gebot der Nächstenliebe – im AT bei Lev 19,18 – wird aus dem dortigen Zusammenhang gelöst und direkt neben Dtn 6,5 gestellt.

Die übrigen Gebote sind dadurch nicht überholt und überflüssig. Aber Gottes- und Nächstenliebe überragen alle anderen Gebote, weil sie das Kriterium sind, an dem jene gemessen werden. Das sittliche Tun des Menschen soll von der Liebe zu Gott und den Nächsten geprägt sein.

Das Dreiecksverhältnis Gott – Nächster – Ich ist ein dynamisches Gefüge. So kann die Nächstenliebe auch ein Zugang zur Gottesliebe sein. Doch ist die Nächstenliebe wiederum nur möglich, weil Gott sich in seiner Liebe den Menschen eröffnet hat in seinem Sohn Jesus Christus. Gottesliebe und Nächstenliebe können nicht gegeneinander ausgespielt werden, sie gehören untrennbar zusammen.

Die goldene Regel Mt 7,12

Die goldene Regel bietet ebenfalls eine Kurzformel ntl. Ethik. Mt gibt eine verständliche Kurzformel sittlichen Handelns, die in engem Zusammenhang mit dem Gebot der Gottes- und Nächstenliebe zu sehen ist. Die goldene Regel animiert zu konkretem Handeln, zum Liebeshandeln gegenüber den Nächsten im Horizont der Gottesliebe.

Die Bedeutung des Gebotes liegt darin, dass alle großen Religionen es lehren. Das Gebot findet sich im Judentum zur Zeit Jesu bei Rabbi Hillel sowohl in negativer Form: »Was dir verhasst ist, tue auch deinem Nächsten nicht an (bSchab 31a)« als auch in positiver Form: »Wie du wünschst, dass dich kein Übel trifft, sondern du an allem Guten teilhast, so tue auch du gegen deine Untergebenen und die Sünder (Arist 207)«.

Übernommen wurde die Regel aus dem griechischen Raum; als älteste Quelle gilt Herodot: »Ich will nicht tun, was ich am Nachbarn tadle« (Herodot 3,142,3). Schon für Konfuzius ist eine solche Regel bezeugt: »Was du selbst nicht willst, das tue auch keinem anderen.«

Wie im richtigen Leben?

1. Wie wollen die Kinder Sonja und Petja in Gorkis Erzählung nach der Hochzeit leben? Was unternehmen sie gemeinsam?

_____
_____

Was macht Sonja als verheiratete Frau?   Was macht Petja als verheirateter Mann?

_____
_____
_____
_____

2. Wer von beiden stellt die Fragen, was sie nach der Hochzeit machen sollen? ☐ *Sonja* ☐ *Petja*

   Wer gibt die Antworten auf die Fragen? ☐ *Sonja* ☐ *Petja* ☐ *beide*

3. Woher weiß Petja, wie man als verheiratetes Paar miteinander lebt?

_____

4. Aus welchen Gründen bringt Sonja keine eigenen Ideen für ihre Rolle als verheiratete Frau ein und übernimmt alles, was Petja sagt?

   ☐ *Sie hat nicht genug Selbstbewusstsein um ihre eigenen Ideen zu sagen.*
   ☐ *Sie hat sich gar keine eigenen Gedanken gemacht, weil sie es gewohnt ist, dass in ihrer Familie dies die Männer übernehmen.*
   ☐ *Sie möchte ihre eigenen Gedanken äußern, doch für Petja ist sie ein Dummchen, er wird kaum auf ihre Ideen eingehen.*

5. Warum bestimmt Petja über die Rolle von Sonja und fragt sie nicht nach ihrer Meinung?

   ☐ *Als Junge muss er bestimmen, was getan wird. Ein Mädchen darf nicht über einen Jungen bestimmen.*
   ☐ *In seiner Familie kommt es gar nicht darauf an, Sonja zu fragen.*
   ☐ *Mädchen und Frauen sind dümmer als Männer, deswegen erwarten sie sogar, dass der Mann die Entscheidungen trifft.*

Beschreibe, wie Sonja und Petja miteinander umgehen.

_____
_____

Vom Herrschen und vom Dienen (Lk 22, 25–27)
Lk hat bei der Gestaltung seines Textes das christliche Gemeindeleben vor Augen.

Mit den Mahnworten 25–27 weist Lk auf eine Gefahr hin: Streitigkeiten zerstören die geschwisterliche Einigkeit, ohne die es keine Eucharistie geben kann. Es geht Lk um die Grundhaltung bei der Feier des Abendmahls, die zugleich allgemeine Gültigkeit besitzt. Der Streitgegenstand »wer ist der Größte?« ist wohl ein Problem, das im damaligen Gemeindeleben häufig aufgetreten ist (vgl. Jak 2,2–4). Durch die Einbettung des Textes in das Abendmahlsgeschehen wirft Lk die Frage nach dem Vorrang des Amtes mit auf.

Der Vorrang des Amtes wird nicht bestritten, doch gibt Vers 25 ein konkretes Beispiel für ein falsches Verständnis von Größe und Vorrang. Er verweist auf das Herrscherverhalten der weltlichen Machthaber. Vers 26 entwirft positiv das Gesicht einer neuen Gemeindeordnung. Durch den Liebesdienst Jesu sind die Gemeindemitglieder aufgerufen, dem Beispiel Jesu zu folgen. Die abendlichen Zusammentreffen zur Feier der Agape waren der Ort für Hilfeleistungen an die Bedürftigen.

Den Hintergrund für die Szenerie in Vers 27 bildet das antike Gastmahl, sodass die Begriffe »größer«, »bei Tisch sitzen« und »dienen« gesellschaftliche Kategorien darstellen. Größer ist gleichbedeutend mit mächtiger und einflussreicher. Diese gesellschaftliche Werteordnung stellt Jesus auf den Kopf, indem er sein eigenes Verhalten anführt. Es geht um die grundsätzliche Einstellung gegenüber den Mitmenschen, die im NT in verschiedenen Zusammenhängen und von wechselnden Perspektiven aus behandelt wird (so genannter Liebespatriarchalismus, der die gesellschaftliche und familiäre Hierarchie nicht umstürzt, sondern ihre Härten durch die Haltung und Werke der Nächstenliebe mildert).

Fußwaschung
Romanische Kirchendecke, 1130, St. Martin in Zillis/Graubünden

Ein großes weites Tal mit dem Dorf Zillis öffnet sich dem Reisenden, wenn er, von Norden kommend, das Tal des Hinterrheins mit seiner tiefen Schlucht der Via Mala überwunden hat. Schon die Römer kannten diesen Pfad über die Alpen, der das Bodenseegebiet mit Oberitalien verbindet. Die äußere Schlichtheit der romanischen Martinskirche in Zillis verrät nichts von dem kunsthistorischen Reichtum, der sich in ihrem Inneren auftut. Die Kirche ist auch innen schlicht: ein rechteckiger Saalbau, dessen Anfänge schon um 500 anzusetzen sind, zuletzt erweitert durch einen gotischen Chor um 1500. Die Decke aber ist von einzigartiger Bedeutung für die europäische Kunstgeschichte – eine flache Holzdecke, bemalt mit 153 quadratischen Bildern in der Anordnung 17 x 9, jedes Einzelne gerahmt mit Wellen-, Zacken- oder Blattornamentik. Das Leben und Wirken Christi ist das Thema dieses Bildprogramms, das, im Osten beginnend, zeilenmäßig von links nach rechts zu lesen ist. Die Randbilder, die an den Wänden entlanglaufen, bilden den Rah-men des Geschehens. In den vier Ecken sind Engel als Personifikationen der vier Winde zu sehen. Zwischen ihnen erstreckt sich die Meereszone mit Fabelwesen, Wasserungeheuern und anderem Getier. In diesem Kosmos des Mittelalters spielt sich die Heilsgeschichte ab. Sie holt weit aus bei den Vorfahren Jesu: David, Salomon und Rehabeam. Bevor das eigentliche christologische Programm mit der Verkündigung Marias beginnt, erscheinen noch Synagoge und Ecclesia als Vertreterinnen des alten und neuen Bundes.

Die Fußwaschung *Deuteseite* 81 hat ihren Platz weit hinten, in der viertletzten Zeile von Westen her. Die Decke befindet sich in 8 m Höhe, die einzelnen Bilder haben eine Seitenlänge von 90 cm. So deutlich und mühelos zugänglich wie auf der Reproduktion ist das Bild also in Wirklichkeit nicht. Der mittelalterliche Mensch hatte die Heilsgeschichte als Dach über sich, die Details haben sich ihm, wenn überhaupt, vielleicht erst in Jahren erschlossen.

Das einzelne Bild steht also nicht für sich allein, sondern ist Teil einer Erzählung. Damit es trotz der Entfernung entziffert werden kann, bedurfte es einer klaren, dekorativen Darstellungsweise. Deswegen sind die Figuren mit ausdrucksstarken Linien umrissen, sodass der Eindruck von kolorierten Federzeichnungen entsteht. Der Maler beherrschte den Strich souverän und steigerte ihn fast bis ins Kalligrafische. An Gegenständen ist nur angeführt, was zum Dekodieren der Szene unbedingt nötig ist.

Drei Figuren füllen das Bild: Christus die linke und zwei Apostel die rechte Bildhälfte. Der einzige Gegenstand ist die bildsemantisch unbedingt notwendige Waschschüssel. Nicht einmal ein Sitzschemel ist abgebildet, obwohl die rechte Figur – es ist Petrus – eindeutig in sitzender Haltung dargestellt ist. Den Hintergrund bilden lediglich vier waagerecht verlaufende Streifen in den Farben Hellbraun, Hellblau, Olivgrün und Rotbraun. Nur der untere rotbraune Streifen lässt in zarten Andeutungen etwas Pflanzli-

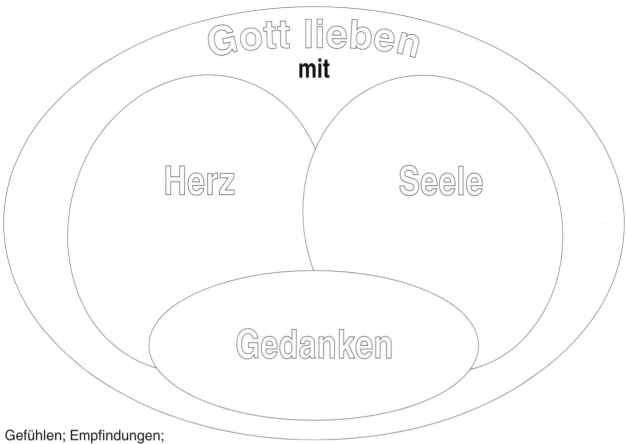

Gefühlen; Empfindungen;
Mittelpunkt; Innerstem;
Leben; Innenleben;
Temperament; Charakter;
Gesinnung;
Überzeugungen;
Intelligenz; Ideen;
Denken; Verstand;
Gemüt

Goldene Regel

Alles, was ihr von anderen erwartet, das tut auch ihnen. *(Mt 7,12)*

Was dir verhasst ist, tue auch deinem Nächsten nicht an. *(Rabbi Hillel)*

Was du selbst nicht willst, das tue auch keinem anderen. *(Konfuzius)*

Ich will nicht tun, was ich am Nachbarn tadle. *(Herodot 3,142,3)*

ches erkennen, das ist bei allen anderen Bildern genauso. Der Maler hat warme, gedämpfte, erdige Farben bevorzugt und starke Effekte vermieden. Die Farbtöne des Hintergrundes werden in kräftiger Ausführung auch für die Figuren verwendet. Jesus trägt über einem erdfarbenen Ärmelhemd eine rotbraune Toga, Petrus eine ebensolche über einem weißen Ärmelhemd. Der Jünger, der als Halbfigur rechts hinter Petrus steht, ist nur mit einem erdfarbenen Ärmelhemd bekleidet. Ihm ist in diesem Geschehen eine Nebenrolle zugewiesen, eindeutig ist er Petrus zugeordnet. Die gleiche Haltung der rechten Hand, der gleiche fragende Blick auf Jesus gerichtet, scheint er die Skepsis des Petrus zu verdoppeln bzw. zu wiederholen. Was hier dargestellt ist, ist eine Momentaufnahme: »Niemals sollst du mir die Füße waschen!« (Joh 13,8). Ahnen die Jünger, dass der Dienst, der hier an Petrus geschieht, zum Maßstab werden wird für die, die in seiner Nachfolge stehen? Jesus, der über seiner Toga noch einen Lendenschurz trägt, will sich gerade mit beiden Händen zur Schüssel herunterbeugen, in die Petrus bereits seinen rechten Fuß getaucht hat. Diese Schüssel bildet das Zentrum des Bildes. Sie ist mehr als eine gewöhnliche Schüssel; sie ist Symbolträgerin. Deswegen gleicht sie einem kostbaren liturgischen Gefäß. Soll damit zum Ausdruck gebracht werden, dass Johannes anstelle des Einsetzungsberichtes die Fußwaschungsszene erzählt, dass also Gottesdienst und Dienst am Nächsten den gleichen Rang einnehmen?

Hinter dieser Momentaufnahme wird in der Gestik der beiden Jünger gleichzeitig eine Demonstration sichtbar. Die Hand des beigeordneten Jüngers und die beiden Hände des Petrus mögen zwar in einer ersten Bedeutungsschicht eine abwehrende Geste sein, in einer tieferen Bedeutungsschicht aber weisen sie in einer Linie auf Christus, als wollten sie sagen: »Dieser ist es! Der Erlöser der Welt!«

Auch wenn dieses Bild klar und einfach ist, so kann man es dennoch nicht als naiv bezeichnen. Deutlich erkennbar ist die Nähe zur Buchkunst. Der Stil ist in der ottonischen Wand- und Buchmalerei vorgebildet, die von der Reichenau aus ihre Verbreitung fand. Ottonische Malerei ist Mönchskunst. Im Gegensatz zur Karolingischen Kunst verzichet sie auf Räumlichkeit und wendet sich wieder bewusst der Zweidimensionalität, der Flächenkunst, zu. Ottonische Kunst ist klarer, asketischer als die karolingische und betont mehr die Oberflächenstruktur. Die Ottonik will den körperlichen Eindruck möglichst gering halten, um damit den Taten und Gesten Jesu Raum- und Zeitlosigkeit zu verleihen. Die Fußwaschungsszene ist daher wie alle Szenen der Holzdecke von Zillis Ausdruck des neuen Zeitalters.

2. Einsatzmöglichkeiten im RU

Gott lieben
Durch die Umgestaltung setzen sich Sch mit dem Liebesgebot auseinander.

– Der Text Mt 22,36–39 wird gemeinsam gelesen.
* Wie heißt das erste und wichtigste Gebot?
– Auf AB 6.5.6 *Arbeitshilfen* S. 165 findest du unter der Grafik verschiedene Begriffe. Ordne sie den Wörtern Herz, Seele und Gedanken zu, indem du sie in den jeweiligen Kreis schreibst.
* Finde zusätzliche Begriffe und ordne sie zu.
* Schreibe nun zusammen mit deinem Banknachbarn das Liebesgebot neu. Ersetze dabei die Wörter Herz, Seele und Gedanken durch einen der zugeordneten Begriffe. Beginne folgendermaßen: Du sollst den Herrn, deinen Gott, lieben mit ... .
* Die Ergebnisse der PA werden vorgelesen.
– Sch erlernen und singen das Lied »Worauf sollen wir hören?«, Gotteslob 623, und kreieren weitere Strophen. Vgl. auch AB 6.5.9, S. 167.
* Sie fertigen Collagen an, indem sie einzelne Liedzeilen kontrastieren, z.B.: »So viele Reden... «, »So viele Straßen... «, »So viele Programme ...«.

3. Weiterführende Anregungen

Woran hängt dein Herz?
Sch erkennen, dass manche Dinge oder Lebewesen für Menschen zu Göttern werden können, und diskutieren über das richtige Verhältnis zu lieb gewonnenen Sachen.

– Sch zeichnen in ihr Heft ein Siegerpodest (vom ersten bis zum siebten Platz).
– Sch sammeln auf einem Notizblatt alles, was in ihrem Leben besonders wichtig ist, auf was sie nicht verzichten wollen.
– Sch gewichten ihre Notizen und vergeben die Rangfolge 1 bis 7 durch Eintragungen in das Siegerpodest.

Herr, gib du uns Augen, die den Nachbarn sehn

T: Friedrich Walz
M: aus Neuseeland

Herr, gib du uns Augen, die den Nachbarn sehn,
Ohren, die ihn hören und ihn auch verstehn.

Hände, die es lernen, wie man hilft und heilt;
Füße, die nicht zögern, wenn die Hilfe eilt.

Herzen, die sich freuen, wenn ein andrer lacht;
einen Mund zu reden, was ihn glücklich macht.

Dank für alle Gaben, hilf uns wachsam sein,
zeig uns, Herr, wir haben nichts für uns allein.

Lass uns in deinem Namen, Herr

T/M: Kurt Rommel

Kv Lass uns in deinem Namen, Herr, die nötigen Schritte tun.

1. Gib uns den Mut, voll Glauben, Herr, heute und morgen zu handeln.

2. Gib uns den Mut, voll Liebe, Herr, heute die Wahrheit zu leben.

3. Gib uns den Mut, voll Hoffnung, Herr, heute von vorn zu beginnen.

4. Gib uns den Mut, voll Glauben, Herr, mit dir zu Menschen zu werden.

– Sch lesen ihre Ergebnisse vor.

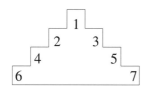

– L zeigt den Satz von Martin Luther: »Woran du dein Herz hängst, ist in Wahrheit dein Gott«.
– Im UG wird dieser Satz diskutiert in Bezug auf die Ergebnisse auf dem Siegerpodest.

Vorsicht: Den Sch soll nicht der Eindruck vermittelt werden, dass das, was für sie wichtig ist, schlecht ist. Es besteht aber beim Menschen die Gefahr, dass bestimmte Interessen oder Dinge ihn so stark in ihren Bann ziehen, dass er den Blick für Gott, die Mitmenschen und letztlich für sich selbst verliert. Auf diesen Zusammenhang soll die Diskussion gelenkt werden.

Die Spannung halten   **Ideenseite 76**
Sch erfahren, dass das Leben in Gemeinschaft von jeder und jedem ein bestimmtes Maß an Einfühlungsvermögen und Handeln erfordert.
Hinweis: Zu dieser Übung benötigt man ein Seil; pro Sch sollte man einen Meter Seillänge einrechnen. L kann sich mit Sch in den Kreis stellen. Die Übung lässt sich gut im Freien durchführen (z.B. Pausenhof). Vgl. *Arbeitshilfen* S. 14.

– L legt das Seil auf dem Boden zu einem Kreis. Sch verteilen sich im Kreis um das Seil.
– Sch heben das Seil vom Boden auf, stellen sich gerade hin, die Beine leicht gegrätscht, die Arme nach vorne durchgestreckt und versuchen das Seil zu straffen und zu einem Kreis zu formen.
– Jede/r soll das Gefühl haben, locker und sicher zu stehen, die anderen zu halten und von allen anderen gehalten zu werden.
* Welche Fähigkeiten sind notwendig, um einen schönen Kreis zu bekommen?
* Welche Regeln helfen, dieses Ziel zu erreichen?
* Welche Beziehungen haben die Regeln zum Gebot der Nächstenliebe?

Über Nächstenliebe schreiben und singen
– Anna/Michael haben einen Brief von ihrer Brieffreundin Mary/ihrem Brieffreund Johnny aus Kanada bekommen. Sie werden gefragt, was sie unter Nächstenliebe verstehen. Anna/Michael beantworten die Anfragen mit einem konkreten Beispiel aus ihrem Alltag. Wer möchte, liest den Antwortbrief vor. (Achtung, dass nicht bloß das Religionsstunden-Ich aktiviert wird!)

– Sch singen das Lied AB 6.5.8 *Arbeitshilfen* S. 167: »Herr, gib du uns Augen, die den Nachbarn sehn«. Im UG werden die einzelnen Strophen besprochen.

Was ich von meinem Nächsten erwarte
Sch verstehen den Sinn der goldenen Regel.

– UG: Wer ist mein Nächster?
– L nennt verschiedene Bereiche aus der Lebenswelt der Sch, Sch benennen den jeweiligen Nächsten (z. B. in der Schule: Banknachbar; beim Spielen: Freundin oder Freund; beim Sport: Gegner oder Mannschaftskamerad; zu Hause: Familienmitglied; auf der Straße: Verkehrsteilnehmer usw.)
– Sch suchen sich einen Bereich heraus, überlegen und erzählen, was sie von ihrem Nächsten erwarten.
– L schreibt nun die goldene Regel an die Tafel: Alles, was ihr von anderen erwartet, das tut auch ihnen.
* Weshalb wird die Regel goldene Regel genannt?
* Wann gilt diese Regel?
– Wende diese Regel auf unsere Ergebnisse an!

Goldene Regel(n)?
Sch vergleichen die goldene Regel des NT mit der aus anderen Religionen. Sch erkennen, dass die goldene Regel mit dem Liebesgebot zusammenhängt und dort ihre Verankerung hat.

– AB 6.5.7 *Arbeitshilfen* S. 165 bietet Formulierungen, die die goldene Regel des NT vorbereitet haben. Sie stammen aus anderen Religionen oder von Philosophen.
* Vergleiche sie mit der goldenen Regel!
* Weshalb gleichen sich die Regeln? Wo entdeckst du Unterschiede?
* Finde eine Regel auf dem Arbeitsblatt, die alle anderen Regeln beinhaltet.
– UG: Zusammenhang der goldenen Regel mit dem Liebesgebot Mt 22,36–39.

Damit das Leben gelingt
– Sch erhalten von L ein Kopie mit den Zehn Geboten der Einheitsübersetzung.
– Sch nennen Gründe, warum die einzelnen Gebote dazu beitragen, dass das Leben besser gelingt.
– Sch vergleichen den Text der Einheitsübersetzung mit der Umformulierung durch E. Lange *Themenseite 75*.
– In GA versuchen Sch nun selbst die Gebote neu zu formulieren. Jede Gruppe sucht sich 2–3 Gebote heraus. Die neu formulierten Gebote

schreiben Sch jeweils auf einen Plakatstreifen, der an der Klassenzimmerwand platziert wird.

Herrschen – aber wie?
Sch werden sich bewusst, wie christliche Herrschaft gestaltet wird.

– Sch lesen den Text im Buch Lk 22,25–27 gemeinsam durch.
– Im UG suchen Sch nach Gründen, warum Jesus die Art, wie manche Könige und Mächtige über ihre Völker herrschen, ablehnt (TA).
– L berichtet den Sch, dass es auch unter den frühen Christen verschiedene Aufgaben und Ämter gab. Das lehnte Jesus nicht ab. Doch die Leiter in den christlichen Gemeinden sollten nicht so herrschen wie die Herrscher der Welt.
– Jesus beschreibt im Text eine andere Art zu herrschen. Wie sieht sie aus?
* Es kann dir eine Hilfe sein, wenn du nach Gegenbegriffen zu den Begriffen an der Tafel suchst.

– Mit den Ergebnissen gestalten die Sch ein Plakat um den Begriff »herrschen« herum.

Dienen – aber wie?   *Stellungnahmen 86*
Sch werden sich bewusst, was Jesus mit dem Wort »dienen« meinte.* Sch finden die Antwort in Lk 22, 25–27.
– Ggf. den Arbeitsimpuls »Dienen bedeutet mehr« *Stellungnahmen* 86 aufgreifen.

Fußwaschung
– Sch lesen die Geschichte nach, auf die sich das Bild *Deuteseite* 81 bezieht: Joh 13,1–20.
* Der Künstler hat die Hände auf diesem Bild besonders groß gemalt. Das hat eine Bedeutung!
* Hinter den Gesichtern der beiden Jünger kannst du vielleicht ihre Gedanken lesen. Sch schneiden Sprechblasen aus, beschriften sie und legen sie in das Bild hinein.
* Welcher Satz der Doppelseite (80–81) könnte als Überschrift für dieses Bild dienen?

Gewissen: eine Gewissheit, die frei macht   Deuteseite III 82–83

1. Hintergrund

Das Thema Gewissen – Gewissensentscheidung ist dort zentral, wo es um die Orientierung Jugendlicher geht. Um in der Komplexität der Alltagssituationen eigenständige Entscheidungen treffen zu können, brauchen Sch ein entsprechendes Wissen über Zusammenhänge und Kriterien zur Entscheidungsfindung.

Gewissen
Der Begriff Gewissen, griech. »syn-eidesis«, lat. »conscientia«, bedeutet so viel wie »Mitwissen«, »Zusammenwirkende Erkenntnis«, »Bewusstsein«. Gemeint ist ein komplexer Prozess, bei dem bis zur endgültigen Entscheidung viele Informationen, Erfahrungen, Werte-Abwägen, Überzeugungen zusammenwirken. Es gehört zu den wesentlichen Kennzeichen der Person, auf Grund des Gewissens sich selbst gegenübertreten zu können, um sich mit eigenen Entscheidungen und mit eigenem Verhalten auseinander zu setzen. Diese Entscheidungen bedürfen der »Ver-antwortung« gegenüber sich selbst und den An-sprüchen anderer. Für gläubige Menschen zählt dazu auch der Anspruch Gottes, vermittelt durch Umwelt und Mitmenschen. Das Gewissen ist der »Ort«, wo dieser Anspruch wahrgenommen werden kann. Eine echte Gewissensentscheidung ist deshalb auch nur dann gegeben, wenn sich ein Mensch die Zeit nimmt, Entscheidungen von besonderer Reichweite bewusst zu fällen und sich mit seiner ganzen Person zu zeigen. Von Gewissen spricht man daher lieber nicht als »Ort« *im* Menschen, sondern besser als »Ort« *des* Menschen, wenn er seine ureigenste Fähigkeit einsetzt.

Der Ausschnitt aus *Psalm 36* kann Sch anregen zur Ruhe zu kommen. Sie können erfahren, dass sie auf ihrem Lebensweg nicht alleine sind. Der Mensch kann sich bei seinen Gewissensentscheidungen getragen wissen von Gottes Weisheit und Gerechtigkeit. Nicht die Angst, etwas Falsches zu tun, sondern die Lust, sein Leben im Vertrauen auf Gott eigenständig zu gestalten, ist eine Aussage dieses Psalms.

Freiheit der Entscheidung
Unter Wahlfreiheit versteht man die Möglichkeit der Menschen, sich zwischen Alternativen zu entscheiden und eine von beiden zu wählen. Wir sind als Menschen nicht auf ein bestimmtes Verhalten eindeutig festgelegt. Wir können immer auch anders handeln als wir es tatsächlich tun. Wir sprechen hier auch von der *Freiheit von ...* Zwängen, Notwendigkeiten, Festgelegtem. Damit aber sind wir uns auch selbst

aufgegeben. Wir selbst müssen durch unsere Wahl bestimmen, was wir tun und wer wir sein wollen.

Freiheit der Entschiedenheit
In jeder Entscheidung legen wir uns immer auch fest. Wir gehen Bindungen und Verbindlichkeiten ein. Wir schließen Möglichkeiten aus. Und doch bedeutet das nicht, dass eine frei gewählte Bindung uns immer frei macht. Wir werden vielmehr in eine neue Form der Freiheit hineingeführt: in die Freiheit der Entschiedenheit. Wir sprechen auch von der *Freiheit zu...*

Entscheidungssituationen stellen sich Sch meist komplex dar. Eine Entscheidung ist eine aktive Leistung durch das Abwägen von Werten. Werte, die jeder für sich erstrebenswert sind, erfahren in der Entscheidungssituation eine bestimmte Dringlichkeit, sodass der höher eingeschätzte Wert dem niedrigeren vorgezogen werden sollte. *Deuteseite 83* bietet Sch an, sich mit Wertvorstellungen auseinander zusetzen, eine persönliche Werteskala zu erstellen und den Prozess des Abwägens von Werten an konkreten Beispielen (Dilemmageschichten 83) einzuüben, um zu einer Entscheidung zu kommen.

Dilemma-Methode
Die auf der Kohlbergschen Stufentheorie des moralischen Urteils basierende Dilemmadiskussion zielt auf eine schrittweise Weiterentwicklung der Sch durch interaktive Auseinandersetzung. Die Dilemma-Methode ist ganzheitlich, schüleraktiv und macht die subjektiven Schüleräußerungen zum Ausgangspunkt der Unterrichtsarbeit. Verschiedene Untersuchungen konnten zeigen, dass konstruierte Geschichten mit fachspezifischen Inhalten aus Religion, Ethik, Literatur oder echte Dilemma-Geschichten aus der täglichen Erfahrungswelt der Sch eine Veränderung zu höherer Stufe und eine Demokratisierung der Schulwelt bewirken und zu einer »von Fürsorge getragenen Gerechtigkeit« (Oser 1988) beitragen.
Denn Sch berühren bei der Auseinandersetzung mit Dilemma-Geschichten kognitive, kommunikative und affektive Lernziele, wenn sie
– Argumente und Begründungen formulieren und präzisieren,
– Positionen begründen und miteinander vergleichen,
– soziale, Normen- und Wertekonflikte erkennen,
– die Pluralität verschiedener Positionen und Interessen erkennen und tolerieren,
– Widersprüche zwischen moralischer Erlaubtheit und handlungspraktischer Umsetzung erkennen,
– sich der eigenen Motive und Wertvorstellungen bewusst werden und sie reflektieren,
– sich in Perspektivenübernahme üben, Kommunikations- und Kooperationsbereitschaft entwickeln, um Konflikte demokratisch austragen zu können.

Mögliche Struktur einer Dilemma-Stunde
1. Konfrontationsphase:
– Präsentation der Geschichte
– Klärung von Sach- und Verständnisfragen
– Verständniskontrolle durch Erarbeiten zentraler Aussagen
2. Erste Standortbestimmung:
– spontane Entscheidungen und Begründungen
– Feststellen der Gruppierungen in der Klasse
– notfalls Problemsituation so abwandeln, dass eine Opposition entsteht
3. Gruppenarbeit:
– Perspektivübernahme
– Handlungsfolgen bedenken
– Werte entecken und konkurrierende Werte abwägen
– zu einer begründeten Entscheidung kommen
4. Präsentations- und Argumentationsphase:
– Vorstellung der Ergebnisse/Plakate und Erläuterung der Begründungen im Plenum
– Diskussion über die Begründungen
– ggf. Aufzeigen von Begründungsfehlern und Widersprüchen
– Wertediskussion, Herausarbeiten von angesprochenen Werten
– Abschlussabstimmung, um eventuelle Positionswechsel sichtbar zu machen.
(vgl. Stephan Vogt, Die Dilemma-Methode. Unterrichtsbeispiele für den RU, in: rabs 31 (1999) 44–50).

2. Einsatzmöglichkeiten im RU

Still werden und hören
Sch werden still, um die Worte des Psalms zu verinnerlichen.
– L verteilt je eine Zeile des Psalms an Sch.
– Sch setzen sich in Stuhlkreis, in dessen Mitte eine Kerze steht.

– L lädt Sch ein, nach jeder vorgelesenen Zeile in Ruhe über den Gehalt der Worte nachzudenken.
– Sch werden still (2–5 Minuten).
– Erste Zeile wird von Sch langsam vorgelesen. Danach kehrt Stille ein.
Dieser Vorgang wiederholt sich nach jedem Vorlesen einer Zeile.
– L liest langsam alle Zeilen des Psalms vor.
– Jede/r Sch kann eine Psalmaussage, die sie oder ihn besonders angesprochen hat, wiederholen.
– Zurück am eigenen Tisch, nennt, wer mag, die Gefühle, die der Text wachgerufen hat.
– Abschließend setzen Sch ihren Lieblingspsalmvers zeichnerisch um.

Werte entdecken **Infoseite 85**
Sch entdecken Werte hinter ihren alltäglichen Handlungen.

– Sch lesen den Text »Was sind Werte?« *Infoseite 84*.
– Sch notieren fünf alltägliche Tätigkeiten. Z.B.: Ich putze mir die Zähne. Ich gehe zur Schule.
– Sch untersuchen, warum sie diese Tätigkeiten verrichten, und decken die Werte, die dahinter stehen, auf.

Was ist mir wertvoll? **Infoseite 84**
Sch werden sich bewusst, welche Werte ihnen wichtig sind, und gewichten sie.

– Sch lesen den Text »Was sind Werte?« *Infoseite 84* und klären Fragen im UG.
– Sch notieren, welche Werte ihnen wichtig sind. Dabei können sie die genannten Werte *Deuteseite 83* aufgreifen, aber auch weitere Werte finden.
– TA: »Was ist mir wertvoll?« und individuelle Einstufung im Heft.
Versuche die Werte aus deiner Sicht zu gewichten, indem du sie mit Zahlen von eins bis fünf kennzeichnest.
1 der wichtigste Wert für mich;
2 Werte, die für mich große Bedeutung haben;
3 Werte, die für ein gutes menschliches Miteinander nötig sind;
4 Werte, die eigentlich selbstverständlich sind;
5 Werte, die für mich keine oder kaum eine Bedeutung haben;
– Im UG stellen Sch ihre Ergebnisse vor, begründen sie und befragen sich gegenseitig.
– Als Abschluss zeichnen Sch die Waage *Deuteseite 83* in ihr Heft und platzieren ihren wichtigsten Wert in der einen Schale und nicht so gewichtige Werte in der andere Schale der Waage.

Werte abwägen **Infoseite 84**
Sch erinnern sich, dass in konkreten Alltagssituationen verschiedene Werte miteinander konkurrieren, und wägen ab, um zu einer Entscheidung zu kommen.

– Sch erlesen den Text »Werte abwägen« *Infoseite 84* und geben die Situation des Beispieltextes wieder.
* Welche Werte konkurrieren miteinander?
* L stellt die konkurrierenden Werte gegenüber (TA).
* Sch ergänzen Werte, die evtl. noch mit im Spiel sind.
– Mögliche *Weiterführung*:
– Wie hättest du dich in der Beispielsituation entschieden? Begründe kurz.
– Wer kennt ein weiteres Fallbeispiel?

Gewissen: Metaphernmeditation
– Sch sammeln ihr Vorwissen in Form einer Metaphernmeditation »Das Gewissen ist für mich wie... « oder »Mein Gewissen meldet sich... «
– Zur Gewissensentscheidung vgl. *Infoseite* 85 und *Arbeitshilfen* S. 173 f.

Dilemma-Geschichte: Was ist schlimmer?
– Sch erlesen den Text »Was ist schlimmer?« Ggf. Klärung von Sachfragen.
– Sch werten die Taten der beiden Männer spontan und geben dazu eine erste Begründung ab.
– Einteilung von KG gemäß eventuell unterschiedlicher Beurteilung.

* 1. Versetzt euch in die Lage von Karl. Sammelt Argumente für seine Handlung. Bedenkt die Folgen seiner Tat.
* 2. Versetzt euch in die Lage von Robert. Sammelt Argumente auch für seine Handlung. Bedenkt die Folgen.
* 3. Versetzt euch in die Lage des alten Mannes. Warum hat er Robert wohl geholfen? Wie wird er sich fühlen, wenn er erfährt, dass er sein Geld nicht zurückbekommt?
* 4. Welche Werte hat Karl missachtet und wie ist seine Tat zu nennen? (Schutz des Eigentums; Einbruch, Diebstahl)
* 5. Welche Werte hat Robert missachtet und wie ist seine Tat zu nennen? (Ehrlichkeit, Vertrauen, Schutz des Eigentums; Betrug, Vertrauensbruch, Diebstahl)
* 6. Was ist schlimmer?
Robert hat mehrere, Karl hat einen Wert verletzt.
– Komplexer wird die Diskussion, wenn Sch über den knappen Text der Dilemma-Geschichte hinausdenken: Wird das Geschäft nachts oder tags-

über mit der Gefahr der Geiselnahme (Bedrohung von Leib und Leben) überfallen? Wird ein einzelner, gut versicherter Geschäftsmann geschädigt oder der Fortbestand einer Firma riskiert? Ist der hilfsbereite Mann so reich, dass er den Schaden verschmerzen kann?

Dilemma-Geschichte: Was soll Judith tun?
– Sch lesen die Dilemma-Geschichte *Deuteseite* 83, klären den Inhalt und nehmen spontan Stellung, indem sie den letzten Satz vervollständigen.
– Sch bearbeiten die Aufgaben des AB 6.5.10, *Arbeitshilfen* S. 173 in KG.
– Sch schreiben die Begründung(en) ihrer Entscheidung(en) zu Frage 5 auf Plakate.
– Ein/e Sch stellt das Plakat der Klasse vor.
– Mögliche Antworten zu Frage 3: Liebe, Respekt, Zuverlässigkeit, Verständnis, Vertrauen, Ehrlichkeit, Offenheit...;
zu Frage 4: Vertrauensbruch und Unzuverlässigkeit können zu Misstrauen und Unsicherheit führen.
– Als Hintergrundinformation kann der Text »Eine Gewissensentscheidung treffen« *Infoseite* 85 dienen. Vgl. *Arbeitshilfen* S. 169.

3. Weiterführende Anregungen

Du gehörst doch zur Bande, oder?
Paul Maar erzählt in dem (inzwischen vergriffenen) Jugendbuch »Andere Kinder wohnen auch bei ihren Eltern« von den Nöten des 12-jährigen Kilian. Die für den Unterricht daraus ausgewählten Passagen (S. 61–64, S. 73–77) zeigen erzählerisch sehr gut, was es mit dem Gewissen auf sich hat, vgl. AB 6.5.11 *Arbeitshilfen* S. 176 f.

Zur Geschichte: Kilian Busser hat seit seiner Geburt zwölf Jahre bei seinen Großeltern auf dem Land in Niklasweiler gelebt. Dort konnte er eine »geschützte Kindheit« bei den sehr geduldigen Großeltern verbringen. Schließlich haben ihn seine Eltern in die Stadt geholt, damit er die Realschule besuchen kann und bessere Berufschancen hat. Doch Kilian kann und will sich nicht eingewöhnen. Die Stadt ist ungewohnt und er hat Heimweh; er hat seine Freunde verloren. Die Eltern sind im Umgang mit ihrem Sohn ungewohnt streng und legen viel Wert auf die schulischen Leistungen, die ihnen nicht genügen. Die Situation eskaliert schließlich, als Kilian das Klassenziel nicht erreicht und nach Niklasweiler ausbricht. Dort muss er erkennen, dass sich seine Freunde in den zwei Jahren verändert haben, er auf dem Land keinen zukunftsweisenden Beruf erlernen kann und sich dort auch nicht mehr zu Hause fühlt wie früher. Er merkt, wie er erwachsen wird und seine Entscheidungen selbst treffen muss. Er kehrt zurück, obwohl es ihm seine Eltern freigestellt haben, wo er wohnen möchte.

Zu den ausgewählten Textpassagen: Früher wäre Kilian nie auf die Idee gekommen, unerlaubt den Unterricht zu verlassen. Nun lässt er sich aber darauf ein, weil er nicht als Feigling dastehen will. Außerdem erlebt er im Sportunterricht nur Misserfolge, was ihm bis dahin noch nie widerfahren war. Da Kilian gedanklich immer noch in Niklasweiler lebt und ihm die dortige Erziehung nachhängt, die überbehütend war, merkt er nicht, wie seine Kameraden im Kaufhaus stehlen. Er beginnt selbst zu stehlen, weil er gedrängt wird und weil die Anstifter die Einzigen sind, bei denen er das Gefühl hat, dazuzugehören. Welche konkreten Auswirkungen das Gewissen zeigt, wird in Kilians Nervosität beim Stehlen und der anschließenden Reaktion deutlich: Er legt das Gestohlene zurück, was er den Klassenkameraden Hecht und Plattschek verschweigt. Sie sind die einzigen Menschen in der Stadt, die ihn gelobt haben. Fortan zieht Kilian öfter mit den beiden durch verschiedene Läden. Um sein Gewissen »auszuschalten«, entwickelt er ein Gedankenspiel, das ihn in die Rolle eines Detektivs versetzt, der einer gefährlichen Verbrecherbande nachspioniert. Diese Rolle kommt an ihre Grenzen, als Hecht und Plattschek planen, einen Schallplattenspieler zu stehlen. Kilian wehrt sich, den Diebstahl mitzumachen. Seine Begründung: »Das darf man nicht machen«, hält er nicht durch und verrät sich zudem beinahe. Kilian wird in den folgenden Tagen krank und kann deshalb nicht mitmachen. Das ist sein Glück, da man die beiden Diebe erwischt und von der Schule verweist. Dennoch wird Kilian verdächtigt und seine Eltern werden über den Verdacht informiert, was seine häusliche Situation noch verschlimmert.

Einsatzmöglichkeiten im RU:
Sch setzen sich anhand eines erzählenden Textes mit der Wirkung und Ausbildung des Gewissens auseinander.
– L liefert kurze Vorinformation über den Zusammenhang der Erzählung und Kilians Situation.
– *Erster Abschnitt:* Dann hätten sie mich ausgelacht
* Kilian bemerkt nicht, dass seine beiden Klassenkameraden stehlen. Finde Gründe dafür!
* Kilian meint, die Verkäuferin sieht ihm bestimmt an, dass er etwas Verbotenes vorhat. Wie kommt er darauf?

Was soll Judith tun?

1. Versetz dich in Judiths Lage!
   Wie mag sie sich fühlen,
   was mag sie denken?

2. Versetz dich in die Lage von
   Judiths Mutter.
   Finde Gründe, warum sie wohl
   ihre Meinung geändert, ihr
   Versprechen gebrochen hat.
   Welchen Wert hat sie wichtiger
   eingeschätzt?

3. Was sollte eine gute Mutter in der
   Beziehung zu ihrer Tochter beachten?
   Was sollte eine gute Tochter in der
   Beziehung zu ihrer Mutter beachten?

4. Bedenke die Folgen, wenn ein
   Versprechen nicht gehalten wird:
   was passiert?
   Ist »ein Versprechen halten«
   ein hoher Wert für dich?
   Welche anderen Werte
   stehen damit in Zusammenhang?

5. Was soll Judith tun?

6. Vergleiche deine jetzige Antwort
   mit deiner spontanen Reaktion vorhin!

In der rechten Spalte kannst du deine Überlegungen in Stichworten notieren.

* Kilian begibt sich ein zweites Mal in Gefahr, als er das gestohlene Bonbon zurücklegt.
– *Zweiter Abschnitt:* Kilians Gedankenspiel vom getarnten Detektiv
* Kilian nennt Gründe für sein Gedankenspiel. Finde sie heraus!
* Durch das Aufschreiben möchte Kilian das »Spiel« echter machen. Was sagst du zu seiner Einstellung, es sei ein »Spiel«?
– *Dritter Abschnitt:* Was habt ihr denn vor?
* Wie kommt Kilian darauf zu sagen, dass man den Plattenspieler nicht stehlen darf?
* Warum lässt er sich trotzdem dazu überreden?
– Sch diskutieren und/oder veranstalten ein Rollenspiel:
* Hat sich Kilian Busser schuldig gemacht, indem er sich der Bande anschloss?
– Wie hätte er sich evtl. anders verhalten können?
* Trägt er die Verantwortung allein oder haben Eltern, Lehrer, Mitschüler auch Schuld daran?

Das Gewissen bilden   Infoseite 84–85

1. Hintergrund

Die *Infoseite* bietet Texte, die wichtige Zusammenhänge erläutern und Lerninhalte aus dem Kapitel informativ und kompakt darstellen. Sie sind im Zusammenhang der jeweiligen Themenaspekte einsetzbar und als Lernwissen zur Vorbereitung von Proben hilfreich.

Die *Karikatur* von Marie Marcks verweist auf Begrenzungen der Freiheit, die hier Altersstufen zugeordnet werden: eigenes Unvermögen (mangelnde Fähigkeiten und fehlende Kenntnisse), Einschränkungen durch andere (Menschen, Normen und Gesetze), fehlender Wille oder nicht ausreichende Willenskraft. Damit sind zugleich drei Lernfelder zur Gewissensbildung angezeigt (Idealvorstellungen!):
– sich sachkundig machen und die eigenen Fähigkeiten weiterentwickeln,
– gültige Normen kennen lernen und sie in konkreten Situationen prüfen, nachdenklich handeln; sie ggf. mit anderen weiter entwickeln,
– die eigene Willenskraft stärken, zu Erkanntem stehen, Zivilcourage einüben (vgl. *Reli 7*, Kap. 2).

2. Einsatzmöglichkeiten im RU

Ich kann, darf, will!
Sch lernen altersstufenabhängige Einschränkungen der Freiheit kennen und erörtern, ob und wie sich die Grenzen erweitern lassen.
– Drei KG erhalten je einen vergrößerten Teil der Comic-Folge.
– Sch konkretisieren die abgebildete Situation im KG-Gespräch und notieren ihre Ergebnisse auf dem Blatt.
– Welche Gründe stehen hinter den Ausrufen »Ich kann nicht«, »Ich darf nicht«, »Ich will nicht mehr«?
– Was müsste geschehen, was müssten die Personen tun um sagen zu können: »Ich kann«, »Ich darf«, »Ich will wieder«? Welche eigenen Schritte und welche Hilfestellung durch andere (wen?) wären dazu nötig?
– Vorstellung der Ergebnisse in der Klasse, mit gegenseitiger Befragung.
– Diskussion: Diese Ausrufe hört man nicht nur von Babies, Kindern und Jugendlichen. (Können, Dürfen, Sollen, Wollen sind personale Vollzüge, die – mit wachsender Verantwortung – jede Altersphase prägen; lebenslanges Lernen; nicht abgeschlossene Gewissensbildung.)

Freiheit und Gesetze
Sch verstehen, dass Gesetze notwendig sind, weil sie allen Menschen Freiräume garantieren, um sich frei entwickeln zu können, und zwar so, dass die Gemeinschaft nicht zerstört wird.

– Sch erarbeiten gemeinsam den Text »Freiheit und Gesetze« *Infoseite* 84 und ggf. die Lexikonstichworte »Gesetz« und »Gewissen«.
– AB 6.5.12 *Arbeitshilfen* S. 179 kann der Überprüfung dienen.
– Zeitungsanalyse: Sch finden in Tageszeitungen Meldungen über Gesetzesübertretungen und ihre Folgen. Es entstehen Collagen, geordnet entweder nach der Art der übertretenen Gesetze oder der Folgen.
– In multikulturell zusammengesetzten Lerngruppen: Sch vergleichen ausgewählte Gesetze ihrer Herkunftsländer und prüfen, wie sie welche Freiheiten schützen und wie sie das Zusammenleben regeln.
– Sch befragen Großeltern oder andere ältere Menschen: Welche Gesetzesänderung seit ihrer Jugend begrüßen sie? Warum?
– Pro- und Contra-Diskussion der These: »Gesetze ermöglichen die Freiheit der Menschen«. Zuvor Sammlung der Argumente in zwei KG.

Eine Gewissensentscheidung treffen
Der Sachtext bietet eine Zusammenfassung von Lerninhalten und gleichzeitig einen Leitfaden, der Sch helfen kann, in schwierigen Entscheidungssituationen zurechtzukommen.

– Sch erlesen den Text gemeinsam und nennen die Bausteine zu einer Gewissensentscheidung. (Die Bausteine geben keine zwingende Reihenfolge vor! Im Prozess der Gewissensentscheidung können sie mehrfach zum Tragen kommen.)
– Sch sammeln mögliche krisenhafte Entscheidungssituationen (TA).
– Bearbeitung in KG: Sch konkretisieren eine Entscheidungssituation zu einem ausgeschmückten Fallbeispiel »Was soll Julia/Peter tun?« und konkretisieren die Bausteine für eine Gewissensentscheidung:
  * Wen kann Julia/Peter zur Besprechung aufsuchen?
  * Welche Folgen hat die eine oder die andere Entscheidung?
  * Welche Information ist hilfreich?
  * Gibt es Gebote und Gesetze, die eine solche Entscheidung regeln helfen?
  * Welche Werte stehen hinter den Gesetzen und Geboten?
  * Welche Werte werden bei der Entscheidung abgewogen?
– Es kommt bei dieser Übung nicht darauf an, eine abschließende Entscheidung zu fällen; vielmehr sollen die einzelnen Bausteine und ihr »Ertrag« für eine begründete und gereifte Entscheidung deutlich werden.

3. Weiterführende Anregungen

Einen Entscheidungsträger interviewen
Sch besuchen einen Entscheidungsträger (z.B. Gemeinderätin, Bürgermeister, Pfarrer, Polizist, Krankenschwester) in ihrer Stadt oder Gemeinde. Vgl. *Projektideen* in *Arbeitshilfen* S. 206.

Damit ich frei bin   Stellungnahmen 86–97

1. Hintergrund

Kinder haben Rechte
Seit 1989 gibt es ein weltweites Grundgesetz für Kinder: die UN-Kinderrechtskonvention. Sie wurde von den Vereinten Nationen verabschiedet und 1992 von der Bundesregierung unterschrieben. In 54 Artikeln legt die Konvention die Rechte von Kindern und Jugendlichen fest.
Auf der ganzen Welt setzen sich Kinder und Erwachsene dafür ein, dass die Kinderrechte verwirklicht werden. In Deutschland haben sich dazu über 90 Organisationen in der National Coalition zusammengeschlossen.
Stanislaw Jerzy Lecs pointierte Aussage führt die häufig gebrauchte Rede vom »reinen Gewissen« ad absurdum. »Rein« ist hier kein Qualitätsurteil, sondern eine kritische Anfrage. Lec wendet sich gegen Menschen, die ihre »Hände in Unschuld waschen«, indem sie sich aus allem heraushalten, nicht Stellung beziehen. Wer grundlegende Entscheidungen trifft, muss manchmal das kleinere von zwei Übeln wählen. Wichtig ist, nicht aus Skrupulantentum gar nicht zu handeln, sondern begründet und entschieden eine Wahl zu treffen und dem eigenen Gewissen zu folgen.

2. Einsatzmöglichkeiten im RU

Werte entdecken
Sch entdecken die Werte, die hinter den Zehn Geboten stehen.
– L teilt den Text der Zehn Weisungen (Einheitsübersetzung) aus.
– Sch untersuchen in GA die einzelnen Gebote hinsichtlich der Werte, die durch sie geschützt werden.
– Die GA soll arbeitsgleich sein, da von den Sch verschiedene Ergebnisse erwartet werden können, die das anschließende Gespräch bereichern.

Dienen bedeutet mehr
– Sch schreiben das Gedicht *Deuteseite* 80 weiter, indem sie weitere Ausdrucksformen des »Dienens« erarbeiten.
– Ihr eigenes Gedicht schreiben Sch in Schönschrift auf ein Blatt und verzieren es farbig.
– Falls die Möglichkeit besteht, gestalten Sch ihr Gedicht am Computer.

Sich einsetzen
Sch werden sich bewusst, dass sie sich für die Beachtung der Rechte der Kinder einsetzen können.

– UG: Wie beschaffen wir uns Informationen über die »Rechte der Kinder«?

Du gehörst doch zur Bande, oder?

Dann hätten sie mich ausgelacht

»Los, komm mit!«, sagte Plattschek und nahm mir damit meine Entscheidung ab. Zusammen mit den beiden ging ich in den Umkleideraum, zog meine Kleider über die Turnsachen, nahm meine Büchertasche und ging durch den Nebeneingang hinaus.

»Wir gehen in den Kaufhof«, bestimmte Hecht. Wir gingen die Schillerstraße entlang zum Kaufhof.
Vor dem Eingang hielt mich Plattschek am Ärmel fest.
»Jetzt pass auf, was kommt!«, sagte er und grinste zu Hecht hinüber. »Pass mal auf, ob du drinnen was merkst!«
»Was soll ich denn merken?«, fragte ich.
Er gab keine Antwort und schob sich zwischen die Leute, die sich ins Kaufhaus drängten. Die beiden gingen durch verschiedene Abteilungen. Ich trottete hinter ihnen her. Als wir das Heißluftgebläse am Ausgang wieder hinter uns hatten, fragte Hecht:
»Na, hast du was gemerkt?«
Ich zuckte mit der Schulter. Ich wusste nicht, was sie meinten.
»Und was ist das?«, fragte Hecht und zog eine Tafel Schokolade aus der Tasche seines wattierten Anoraks.
»Und das? Und das?«, fragte Plattschek triumphierend und zog ebenfalls eine Tafel Schokolade und einen Beutel Hustenbonbons aus der Tasche.
»Und das?«, machte Hecht ihm nach und zeigte eine Rolle Drops.
»Habt... habt ihr das geklaut?«, fragte ich fassungslos.
Die beiden lachten wiehernd los und zogen mich mit sich fort.
»Ist gut, was? Merkt kein Mensch! Magst'n Stück Schokolade oder lieber einen Drops?«
»Schokolade«, sagte ich, immer noch verblüfft. »Das würde ich mich nie trauen, was ihr da macht.«
»Quatsch! Natürlich würdest du dich das getraun«, meinte Plattschek. »Probier's doch mal aus! Wirst sehn, es geht.«
»Ja klar«, sagte Hecht und blieb stehen. »Probier's doch gleich mal aus!«
»Du musst es machen, wenn die Verkäuferin wegschaut«, erklärte Plattschek und blieb auch stehen. »Dann musst du noch schauen, ob der Hausdetektiv nicht in der Nähe ist. Den zeig ich dir. Den erkennt man gleich.«
»Ich will aber nicht«, sagte ich. »Ich mag Schokolade überhaupt nicht so gern.«
»Dann nimmst du Bonbons oder Kaugummi. Das ist das Wenigste. Nur mal sehen, ob du dich traust. Los, komm mit, versuch's mal!«
Widerstrebend ging ich hinter den beiden noch einmal zur Süßwarenabteilung.
»Der Detektiv ist nicht da. Jetzt kannst du's machen«, flüsterte Hecht und stieß mich an. Er und Plattschek starrten mich so gebannt an, dass ich meinte, die Verkäuferin müsse einfach merken, dass ich irgendetwas Verbotenes vorhatte. Ich ging langsam zum Verkaufstisch mit den Bonbons. Kurz bevor ich ihn erreicht hatte, machte ich einen Bogen und ging wieder zurück.
»Was ist denn? Warum hast du's nicht gemacht?«, fragte Plattschek halblaut.
»Die Verkäuferin hat geguckt«, behauptete ich.
»Quatsch! Die hat sich im Ohr gebohrt. Die hat an was ganz anderes gedacht«, sagte Hecht. »Los, mach's jetzt, wir wollen gehn!«
Mit hochrotem Kopf und vor Aufregung zitternden Fingern stand ich vor dem Verkaufstisch. Die Verkäuferin musste es doch einfach merken! Langsam streckte ich meine Hand aus. Die Verkäuferin drehte sich noch mehr um und wandte mir den Rücken zu. Ich fasste in die aufgehäuften Süßigkeiten, nahm mir ein Pfefferminzbonbon heraus, schob es in die Tasche und ging zu den anderen zurück.
»Na siehst du, du hast dich getraut«, sagte Plattschek anerkennend.
»Gut gemacht«, sagte Hecht. Dann gingen wir aus dem Kaufhaus. Draußen wollten die beiden weitergehen. Aber ich hielt sie zurück.
»Wartet ihr hier eine Minute auf mich?«, fragte ich. »Ich muss mal schnell. Ich bin sofort wieder da.«
Ehe sie antworten konnten, war ich schon ins Kaufhaus zurückgerannt. Ich hetzte zurück in die Süßwarenabteilung. Zu dem Tisch, von dem ich das Pfefferminzbonbon genommen hatte.
Die Verkäuferin schaute immer noch in die andere Richtung. Vorsichtig ging ich zum Tisch, fasste in die Tasche und legte blitzschnell das Bonbon zurück zu den anderen. Erstens wollte ich nicht klauen. Zweitens konnte ich die englischen Pfefferminzbonbons sowieso nicht ausstehen. Die schmeckten immer so scharf.
Als ich zu den anderen zurückkam, tat ich so, als sei ich auf dem Klo gewesen. Wenn ich ihnen gesagt hätte, was ich in Wirklichkeit getan hatte, hätten sie mich ausgelacht. Hecht hätte wahrscheinlich gesagt: »Du bist der größte Blödmann, dem ich je ein Stück Schokolade geschenkt hab!« Plattschek hätte ihm zugestimmt.

***

Kilians Gedankenspiel vom getarnten Detektiv

Ich fühlte mich überhaupt nicht wohl, wenn ich nach der Schule hinter den beiden in einen Laden ging, in dem sie klauen wollten. Deswegen erfand ich ein neues Gedankenspiel. So wurde die Sache wenigstens ein bisschen spannend. Ich spielte, ich wäre ein Detektiv und hätte mich in eine gefährliche Verbrecherbande eingeschlichen, um sie zu überführen. Damit der Detektiv nicht entlarvt wurde, musste er die Rolle eines Diebes spielen. Ab und zu nahm ich deswegen eine Kleinigkeit mit, ein Bonbon oder ein Paar Schnürsenkel, und zeigte es den anderen draußen als Beweis meiner diebischen Gesinnung. In den meisten Fällen legte ich die Beute in einem unbeobachteten Augenblick wieder dahin zurück, wo ich sie hergenommen hatte.

Ich spielte meine Rolle mit solchem Ernst, dass ich mir einen kleinen Block und einen Kugelschreiber anschaffte und genau Buch führte.

Mittwoch, 7. März. Hecht: 2 Tafeln Schokolade, 1 Taschenmesser gestohlen.
Platte, genannt Plattschek: Bonbons, Schokolade, Kaugummis gestohlen.
Beobachtet von Detektiv Kilian Busser

Mit der Zeit hatte ich immer größere und teurere Sachen ins Buch einzutragen.
Freitag, 18. Mai. Hecht: 1 Taschenlampe, 2 kl. Schallplatten, 1 Hemd (kurze Ärmel) gestohlen.
Platte: 2 Schallplatten, 1 Mickymausheft gestohlen.
Beobachtet von Detektiv Kilian Busser.

Ich hatte nicht vor, die beiden zu verraten. Das Aufschreiben diente einfach dazu, das Spiel echter zu machen.

***

Was habt ihr denn vor?
Es war Ende Juni, an einem Donnerstag, als Hecht mich in der Pause anstieß, sich vorsichtig umschaute und halblaut sagte: »Nach der Schule müssen wir was besprechen!«
Es gab eigentlich keinen Grund, warum er so leise reden musste. Es hörte niemand zu. Außerdem hätte ich nach der Schule sowieso auf ihn und Plattschek gewartet. Trotzdem spielte ich mit, machte ein Verschwörergesicht und flüsterte: »Okay!« Dann ging ich möglichst unbeteiligt zum anderen Ende des Pausenhofs und aß mein Mettwurstbrot weiter.
Nach der Schule gingen wir nicht wie üblich in die Stadt. Wir kletterten über einen Zaun, der um ein unbebautes Grundstück gezogen war, und setzten uns ins Gras. Ich merkte, dass sie irgendetwas vorhatten. Irgend etwas war im Gange.
Hecht fing an, mit einem Messer, das er am Vortag geklaut hatte, nach einem Holzschuppen zu werfen. Ich wurde ungeduldig. Wir waren sicher nicht hergekommen, um Hechts Messerwürfe zu bewundern.
»Was ist'n los?«, fragte ich schließlich Plattschek. »Was habt ihr denn vor? Erzähl doch mal!«
Hecht hörte mit dem Messerwerfen auf und kniete sich vor uns ins Gras.
»Am Samstag drehen wir das große Ding«, sagte er großspurig. »Am Samstag Nachmittag haben wir alle drei einen Plattenspieler.«
»Wie denn?«, fragte ich entsetzt. »Willst du die klauen? Das geht nicht!«
Die beiden sahen sich verständnisvoll an.
»Warum nicht?«, fragte Plattschek.
»Das ist doch viel zu gefährlich. Wie wollt ihr denn einen Plattenspieler rausschleppen. Das sieht doch ein blinder Verkäufer ohne Krückstock!«, sagte ich aufgeregt.
»Das denkst du!«, meinte Hecht überlegen. Wir holen ihn natürlich nicht während der Geschäftszeit raus. Wir sind doch nicht bescheuert. Wir machen's nachher. Verstehst du: Nach-her!«
»Wie denn?« Ich war erschüttert.
»Wir haben's schon ausprobiert, beim Plattenladen«, erzählte Plattschek. »Ich war dort auf dem Klo. Ich hab den Fenstergriff gedreht, aber das Fenster zugelassen. Es hat keiner gemerkt. Am nächsten Tag war der Griff immer noch nicht zugedreht. Wir hätten leicht einsteigen können durchs Klofenster. Das geht in den Hof. Da wohnt keiner. Da ist nur das Lager und so was.«
»Am Samstag machen wir's wieder«, fuhr Hecht fort. »Wenn sie am Nachmittag alle aus dem Laden sind, steigen wir drei rein und holen uns für jeden einen Plattenspieler raus.«
»Da mach ich nicht mit«, sagte ich bestimmt. »Das darf man nicht machen.«
»Darf man nicht machen!«, äffte Plattschek mich nach. »Wozu haben wir denn unsere Schallplatten, wenn wir sie nicht hören?«
»Ich hab keine Schallplatten«, sagte ich.
»Du hast doch auch eine geklaut«, erinnerte mich Hecht.
»Die hab ich verloren.« In Wirklichkeit hatte ich sie wieder in den Kasten gestellt, nachdem die beiden aus dem Laden gegangen waren.
»Dann kriegst du ein paar von mir«, bot mir Plattschek an. »Kannst sogar deine Lieblingsplatte haben. Da hab ich aus Versehen zweimal die Gleiche mitgenommen.«
»Ich kann doch nicht einfach einen Plattenspieler mit heimbringen. Was soll ich denn meinem Vater sagen, wo der her ist?«
»Ich sag einfach, den hat mir ein Freund geliehen«, sagte Hecht. »Meine Mutter versteht sowieso nichts davon. Die weiß nicht, ob so was zehn Mark wert ist oder hundert.
»Und dein Vater?«
»Wir sind doch geschieden«, sagte Hecht.
»Mein Vater glaubt das nie«, erklärte ich ihm. »Der merkt sofort, was los ist!«
»Na gut, brauchst ja keinen mitzunehmen, wenn du keinen willst«, bestimmte Plattschek. »Aber du musst mitgehen und aufpassen, wenn einer kommt. Dann musst du uns warnen.«
»Du gehörst doch zur Bande, oder?«, fragte Hecht mit leicht drohendem Unterton.
»Natürlich!«, versicherte ich.
»Am Samstag früh besprechen wir alles noch einmal ganz genau. Du musst halt am Samstag Nachmittag in die Stadt kommen. Wenn du willst, kann ich dich ja abholen.«, sagte Hecht. »Ich sag deiner Mutter, dass wir zusammen Englisch machen wollen.«
Dann stiegen wir über den Zaun auf die Straße zurück und gingen nach Hause.

Paul Maar

(Lexikon; Jugendleiter/in; UNICEF: Kinderhilfswerk der Vereinten Nationen, Höninger Weg 104, 50969 Köln; Internet: http://www.unicef.de; e-Mail: unicef@t-online.de; notfalls informiert L)
- In PA konkretisieren sie einzelne Artikel durch Fallbeispiele (es bieten sich an: Artikel 1, 2, 3, 6, 12, 14, 24, 27, 28, 31).
* Welcher Wert soll geschützt werden?
* In arbeitsteiligen KG entstehen Bilder oder Collagen zu einem oder zwei Artikel(n).
* Sch werden aufmerksam auf ihre Möglichkeiten, die Rechte der Kinder im Alltag zu schützen.

Das reine Gewissen
- Sch wählen eine bedeutsame Entscheidungssituation aus, die im RU bereits behandelt wurde.
* PA: Was geschieht, wenn jemand in dieser Situation keine Entscheidung fällt, nicht handelt?
  (Mögliche Antworten, je nach Fallbeispiel: Unrecht nicht widerstehen, Schaden nicht verhindern, schicksalsgläubig in ungewollte Situationen geraten)
* UG: Lieber handelnd das kleinere Übel wählen als dem größeren Übel nicht-handelnd zuzuschauen.
  Hinweis: Beachten, dass Sch nur für das verantwortlich sind, worauf sie tatsächlich Einfluss haben!

Damit ich frei bin
Sch werden sich bewusst, dass Gott ein Gott der Liebe ist, der möchte, dass das Leben der Menschen gelingt.

- Sch erhalten AB 4.5.13 *Arbeitshilfen* S. 161 und konkretisieren die Situation.
* Für welche Grenzen, Beengungen könnten die ›Käfige‹ stehen? Sch beschriften die Käfige entsprechend.
* Was könnte der Angesprochene antworten? Sch geben ihm eine Sprechblase.
- Die Karikatur kann auch zum Thema Rollen, Rollenerwartungen eingesetzt werden, vgl. AB 6.5.4 *Arbeitshilfen* S. 161.
- Sch singen das Lied »Ich lobe meinen Gott« und texten weitere Strophen.
* Sch finden die Bildworte des Textes (aus der Tiefe holen, Fesseln lösen, Schweigen brechen usw.) und gestalten dazu eine Collage.

Literatur

Ernst, Stephan/Ägidius Engel: Grundkurs christliche Ethik. Werkbuch für Schule, Gemeinde und Erwachsenenbildung, München 1998, bes.
Kap. 4: Welche Orientierung finde ich in mir selbst? Das eigene Gewissen
Kap. 5: Wie entscheide ich im Konfliktfall richtig? Kriterien für gut und böse
Kap. 6: Dürfen sich Normen und Werte wandeln? Die Rolle der Erfahrung
Kap. 8: Freiheit, die mich handeln lässt. Die Bedeutung des Glaubens für das Handeln

Freiheit und Gesetze

Es gehört zur Freiheit, dass wir zwischen verschiedenen Möglichkeiten auswählen können. Wir müssen entscheiden, welche Kleidung, welches Fahrrad, welche

vielen Menschen zusammen, die alle möglichst frei leben möchten. Deshalb muss jede/r verantwortlich und rücksichtsvoll mit der eigenen Freiheit umgehen.
Wenn du in einem frei stehenden Einfamilienhaus lebst, kannst du so laut fernsehen, wie du willst. Wohnst du aber in einem Mietshaus, kannst du den Ton nicht voll

vereinbart Regeln. Sie sollen dafür sorgen, dass alle gut miteinander auskommen und nicht manche sich ungestraft mehr Freiheit nehmen als andere.

machen und uns eine eigene Meinung bilden. Es wäre schlimm, wenn wir nur tun und denken dürften, was andere uns vorgeben oder von uns erwarten. Je mehr Freiheit wir haben, umso mehr können wir über uns selbst und unser Leben bestimmen.
In der Schule, im Sportverein, in unserer Gemeinde oder der Stadt leben wir nun mit

Freundin oder welchen Freund, welchen Beruf ... wir wählen.
Zur Freiheit gehört aber auch, dass wir uns zu bestimmten Themen Gedanken

aufdrehen, denn du würdest damit den Nachbarn die Freiheit nehmen ungestört zu arbeiten, zu essen oder zu lesen.
Um allen Menschen gleiche Freiheitsräume zu garantieren, erlässt der Staat Gesetze,

ein Verein eine Satzung, der Vermieter legt eine Hausordnung fest und eine Gruppe

*Was ist denn hier passiert? Der Text über Freiheit und Gesetze ist ja völlig durcheinander geraten!
Bringe die einzelnen Textteile in die richtige Reihenfolge, indem du sie nummerierst!*

6 In Symbolen Welt und Gott entdecken

Das Thema im Schülerbuch

Symbole umgeben uns in vielen Lebensbereichen. Sie sind nicht nur vorgegeben, jede/r Einzelne entwirft, versteht und gebraucht sie auf je eigene Weise. Dies gilt in besonderem Maß für die Welt von Kindern und Jugendlichen. Einerseits beziehen sie sich auf bereits vorhandene Symbole, um sich auszudrücken, Kommunikation zu gestalten und Konflikte zu bewältigen, andererseits entwickeln sie auch neue, eigene Symbolformen, die sie als Ausdruck einer eigenen Kultur begreifen. Die Doppelung von tradierter und kreativer Symbolwelt betrifft auch Religion und Religiosität: Religiöse Überlieferungen bieten Symbole als eine wichtige Denk- und Mitteilungsform an; subjektive Religiosität benötigt nicht nur die Kompetenz, sich in tradierte Angebote hineinzuversetzen, sondern auch eigene religiös-symbolische Verstehens- und Äußerungsformen zu gestalten. Der dynamische, zeit- und kontextgebundene Charakter der Symbole bedeutet, dass alles zum Symbol werden kann. Das weite Feld der Gegenstands-, Wort-, Beziehungs- und Handlungssymbole lässt sich nicht definitorisch festlegen. Die notwendige Auswahl kann und braucht nicht repräsentativ zu sein, sie orientiert sich vielmehr an dem Ziel, in die religiöse Überlieferung, für die sie einen besonderen Wert besitzt, einzuführen und für sie eine Erschließungshilfe zu sein.

Symbole entfalten ihre Kraft nicht aus sich heraus. Sie benötigen einen Kontext, der ihre Bedeutung und ihren Hinweischarakter eröffnet. Dies können Kontexte vor allem dann leisten, wenn sie mit einem Symbol umgehen, es also in eine deutende Praxis hineinstellen. Für die Erschließung der symbolischen Kraft des Wassers z.B. ist es wesentlich, ob es in alltäglichen, physikalischen oder religiösen Kontexten behandelt wird. Da das Symbol sich erst im kontextuellen, praktischen Umgang entfaltet, reicht es im Unterricht nicht aus, ein Symbol zu beschreiben. Es kommt vielmehr darauf an, die Funktion von Symbolen erkennen und beurteilen zu können. Gebrauche ich das Symbol »Fegefeuer«, um angstbesetzte Vorstellungen zu verlängern oder möchte ich damit die Läuterung von Schuld in ein Bild bringen? Befördert die Vorstellung vom »Himmel« meine Konsumhaltung, um möglichst viel Himmel jetzt schon einkaufen zu können, oder befähigt mich das Himmelssymbol, meine Sehnsüchte wahrzunehmen und in der Konfrontation mit religiöser Tradition zu formen oder partiell zu revidieren? Zu fragen ist in erster Linie nicht, was ein Symbol ist und was es bedeutet, sondern, wozu und in welchem Zusammenhang ich ein Symbol gebrauche.

Von dieser Fragestellung aus ergeben sich für den RU drei Lernebenen: Den Gebrauch von Symbolen

– *kennen zu lernen* meint, ihn als Antwort auf eine Frage zu begreifen: Aufgrund welcher Motive und Bedürfnisse greifen Menschen in religiösen Kontexten zu Symbolen und was sagen sie mit ihnen aus?

– *selbst zu erneuern* will Sch anregen, für eigene Fragen und Erkenntnisse die symbolische Kraft von Worten, Gegenständen, Tönen, Farben u.Ä. zu vertiefen. Eine Auseinandersetzung mit Symbolen der christlichen Tradition klärt, ergänzt und korrigiert die eigenen Bilder. Auf diese Weise kann es gelingen, die bereits vorhandene Symbolisierungskompetenz der Sch ernst zu nehmen und zur produktiven Erneuerung religiöser Aussageformen beizutragen.

– *zu kritisieren* bedeutet, seinen Erfahrungsbezug und einige soziale sowie individuelle Wirkungen zu bearbeiten.

Für diese Intentionen bietet das Schulbuchkapitel die Arbeit mit Gegenständen an, die in der christlichen Tradition eine spezifische symbolische Ausrichtung erhalten haben. Biblische, hagiografische und vor allem sakramentale Kontexte wollen zeigen, auf welche Weise und mit welchen Inhalten das Christentum die Zuwendung Gottes an die Menschen vermittelt. Für Sch, die in ihrer frühpubertären Phase häufig beginnen, ein anthropomorphes Gottesbild abzulegen, kann diese theologische Kontextualisierung der Symbole ein Schritt sein, der ihren Umgang mit dem Unverfügbaren und der Transzendenz weiterentwickelt.

Das Bild der *Titelseite* (**87**) zeigt den antiken Ursprung des Wortes Symbol: Eine Tonscheibe wird von zwei Menschen, die sich trennen, zerbrochen. Die beiden Teile dienen als Erkennungszeichen bei einer späteren Begegnung.

Die *Themenseite* (**88–89**) bildet eine ganze Reihe individuell, sozial und religiös symbolträchtiger Gegenstände, Situationen und Körpersprache ab. Durch sie können die Sch bemerken, wie breit gestreut Symbole in alltäglichen Vollzügen vorkommen.

Die Schulglocke

Im Vergleich zu reinen Wortsymbolen bieten Gegenstandssymbole einen größeren sinnlichen Reiz. Wasser, Baum, Weg, Haus, Brücke, Licht, Brot usw. werden zudem durch den christlichen Kontext mannigfaltig symbolisiert. Beide Aspekte legen es nahe, eine didaktische Annäherung an religiöse Symbolisierungen über Gegenstände zu versuchen, die in sakramentalen Vollzügen zu Handlungssymbolen werden. Die vier *Deuteseiten* (**92–99**) greifen dies auf, indem zwei biografisch-religiöse Symbole – Tür und Weg – zwei sakramental akzentuierte Symbole – Wasser und Brot – einrahmen. Das Ziel ihrer Bearbeitung besteht nicht darin, fertige Symboldeutungen zu erhalten, sondern Sch vor dem Hintergrund überlieferter Deutungen zu eigenen Symbolisierungen anzuregen. Dafür sind narrative, ikonografische, biblische und assoziative Elemente geeignet, wenn der Umgang mit ihnen Räume der Aneignung entstehen lässt. Ob es wichtiger ist, alle vier Symbole zu bearbeiten oder durch Reduktion Formen der Vertiefung anzubieten, liegt in der didaktischen Entscheidung der Lehrenden.

Selbstverständlich kommt die persönliche Aneignung von Symbolisierungen, die von anderen Menschen und Traditionen schon geleistet wurden, nicht ohne Informationen aus. Um den einladenden Charakter der Deuteseiten nicht zu unterbrechen, sind die notwendigsten Erklärungen auf den *Infoseiten* (**100–103**) gebündelt. In diesen Arbeitshilfen ist ihnen kein eigener Abschnitt gewidmet, sondern sie werden an thematisch passenden Stellen mit entsprechenden Hinweisen integriert.

Die abschließenden *Stellungnahmen* (**104**) werfen einen Blick auf die vielfältige Präsenz und Wirksamkeit verschiedener Symbole. Sie fordern von den Sch Kenntnisse und fördern einen bedachten Umgang mit Zeichen und Symbolen in Alltag und Religion.

Verknüpfungen mit anderen Themen im Schulbuch

Symbolverstehen, Symbolkritik und die Fähigkeit, Symbole zu gestalten und sie eigenständig und kreativ in das Leben zu integrieren, sind grundlegend für jede Kommunikation und in besonderem Maße für religiöse Kompetenz. Darum ergeben sich von diesem Schulbuchthema her Bezüge zu allen Themen des Religionsunterrichts, besonders dichte zu Kap. 1 »Von Gott in Bildern sprechen« und zu Kap. 4 »Geschichten der Befreiung«. Ohne Verständnis für Symbole lassen sich biblische Texte, sakramentale und liturgische Vollzüge, die Sprache der Gesten, Bilder der Kunst etc. kaum verstehen. Es sprechen gute Gründe dafür, dieses letzte Thema im Schulbuch evtl. am Anfang des Schuljahres zu bearbeiten.

Verbindungen mit anderen Fächern

Ethik: 6.6.1: Christentum ist greifbar und gegenwärtig – Symbole
Deutsch: 6.1.3: Kreativ mit Sprache umgehen; 6.2.1: Zugang zu literarischen Texten finden
Physik/Chemie/Biologie: 6.1: Lebensgrundlage Wasser
Geschichte/Sozialkunde/Erdkunde: 6.4: Wasser
Da das Thema Wasser in diesen beiden Fächergruppen behandelt wird, kann in Verbindung mit dem Thema Taufe/Wassersymbolik der unterschiedliche Zugang zum Phänomen Wasser erarbeitet werden.
Musik: 6.2: Musik und Programm – vgl. den Vorschlag zu Musorgskijs »Das große Tor von Kiew«
Kunst: 6.1: Ausdrucksvoll ins Bild setzen; 6.4: Kunst im Mittelalter – vgl. Symbolik des Kirchenportals

In Symbolen Gott und Welt entdecken — Titelseite 87

1. Hintergrund

»Zwei Freunde im alten Griechenland nehmen Abschied voneinander. Sie ritzen ihre Namen auf eine Tonscherbe und brechen sie in zwei Stücke. Jeder nimmt eine Hälfte mit; jeder weiß, dass er den Freund lange nicht sehen wird. Das Brechen von Ton und Namen drückt den Schmerz des Abschieds aus. Das sorgfältige Bewahren bringt Treue zum Ausdruck. Jede Hälfte verweist auf die Freundschaft, die gestern erlebt wurde, und ist zugleich ein Zeichen der Hoffnung auf die Freundschaft, die morgen neu erfahren werden kann. Der zerbrochene Teil der Tonscherbe (des Ringes oder der Schale) ist zwar selbst nicht Freundschaft, aber er ist ein sinnliches Erkennungszeichen, das abwesende Freundschaft vergegenwärtigen, in die Gegenwart hineinziehen kann. Nach langer Zeit treffen sich die Freunde wieder: Bei einer Schale Wein setzen sie die Tonstücke wieder zusammen.

Ton und Namen ergänzen sich wieder. Sie feiern das Glück der Wiedervereinigung der Getrennten« (P. Biehl, Symbole geben zu lernen I, S.46, vgl. *Infoseite* 100).
Diese kleine Erzählung illustriert den Wortsinn des Begriffs Symbol: »symballein« heißt zusammenwerfen, zusammenfallen oder vereinigen. Entsprechend meint das Substantiv »symbolon« das Zusammengefügte.
Symbolisieren ist ein Vorgang, der etwas zueinander bringt, was vorher getrennt war. Ein Gegenbegriff heißt »diaballein«, als Substantiv »diabolos«, der trennt, auseinander wirft, was zusammengehört.
An der Erzählung lassen sich drei grundlegende Merkmale des Symbols erkennen. Zum einen weisen die Hälften der Tonscherbe über sich hinaus auf die Freundschaft beider Menschen. Zum anderen machen sie diese Freundschaft gegenwärtig. Wenn einer der beiden Freunde eine Scherbe anschaut, wird er sofort an das durch sie Symbolisierte erinnert. Schließlich wird deutlich, dass der Gehalt der Tonscherben nur den Besitzern zugänglich ist, weil sie den zunächst bedeutungslosen Gegenständen in ihrem Kontext einen Sinn verliehen haben. Der Klärung und Verdeutlichung dieser Merkmale widmet sich die Bearbeitung der Titelseite.

2. Einsatzmöglichkeiten im RU

Zwei Freunde trennen sich
Sch erhalten folgenden Arbeitsauftrag:
»Zwei Freundinnen oder Freunde kennen und mögen sich. Wegen eines Umzuges müssen sie sich trennen. Sie werden sich sehr lange nicht wiedersehen. In dieser Zeit wachsen sie und verändern sich. Sie verabreden ein Symbol, das nur sie kennen, das sie mit sich führen können und an dem sie sich wiedererkennen werden. Sie bringen zu ihrer letzten Begegnung Mal- und Schreibstifte, ein Blatt Papier und eine Schere mit. Was können sie tun?«
Hilfsmittel: Schreib- und Malstifte, Papier, Schere
In Partnerarbeit überlegen Sch, wie sie die Aufgabe nach den gestellten Bedingungen in ästhetisch ansprechender Weise lösen. Die Ergebnisse werden im Plenum vorgestellt und besprochen.
Nun betrachten Sch das Bild der Titelseite, deuten es und lesen die beiden Symboltexte auf der *Infoseite* 100.
Um auch die Titelzeile mit dem Bild verknüpfen zu können, ist ggf. ein Hinweis auf die Unsichtbarkeit Gottes angebracht, der sich den Menschen gerade in dieser transzendenten Eigenschaft zeigen will.

Partner- oder Freundschaft symbolisieren
Die Gruppe teilt sich in Paare auf. Einige Paare sind durch Freundschaft miteinander verbunden, andere bilden eine Partnerschaft nur für diesen Teil der Schulstunde. Alle Paaren gestalten mit Papier, Malstiften und Schere ein Symbol, das ihre Beziehung ausdrückt. Die gestalteten Blätter werden durchgeschnitten und unsortiert in der Mitte des Stuhlkreises verstreut. Nun wählen Sch zwei Hälften, die nicht von ihnen sind, aber zusammengehören. Sie versuchen das fremde Symbol zu deuten. Nach einigen Versuchen werden sie von den Autoren korrigiert oder bestätigt.
In den Klassen, die diese Aufgabe bisher durchführten, zeigte sich immer, dass die Freundschaftssymbole schwieriger zu deuten waren als die Partnerschaftssymbole. Die Gruppe erklärt diesen Befund. Farben und Formen des Titelbildes werden nun herangezogen und parallel zu den eigenen Zeichnungen gedeutet.

Aus einem Zeichen ein Symbol machen
In der gängigen Terminologie werden Zeichen den Symbolen insofern gegenübergestellt, als die eindimensionale Bedeutung der Zeichen gelernt werden kann, während sich die Mehrdimensionalität des Symbols nur erspüren und erfahren lässt. Allerdings kann jedes Zeichen je nach Kontext und Umgang mit ihm auch zum Symbol werden.
AB 6.6.1 *Arbeitshilfen* S. 181 kann diesen Vorgang verdeutlichen. Abgebildet ist eine Klingel. In der Schule bezeichnet sie den Beginn und das Ende einer Unterrichtsstunde. Für viele Sch hat sie an besonderen Tagen eine besondere Bedeutung:
– Sie kann ganz am Ende des Schuljahres ein Symbol der Hoffnung sein, weil sie endlich das Schuljahr beendet und die Ferien einläutet.
– Während einer Probe kann sie zu früh ertönen und die Grenzen der eigenen Leistungsfähigkeit – mit vielen möglichen Folgen – symbolisieren.
– Sie beschließt eine Pause, in der es auf dem Schulhof zu Auseinandersetzungen kam und signalisiert damit den schützenden Raum des Klassenzimmers.
– Am Morgen läutet sie einen Schultag ein, für den es nicht mehr gelungen ist, die Hausaufgaben rechtzeitig abzuschreiben, womit ein kleines Verhängnis begonnen haben könnte.

Aufgabe ist, dass Sch einen emotional bewegenden Eindruck im Zusammenhang mit der Schulglocke notieren, an den sie sich erinnern. Damit beschreiben sie den Übergang von einem allgemeinen Zeichen zu einem persönlichen Symbol.
Falls einigen Sch nichts einfällt, kann die Klingel

durch eine Ziffer (z.B. 1 oder 5) ersetzt werden, weil sie im schulischen Rahmen ähnliche Übergänge ermöglicht.

Nachdem im Plenum einige Erzählungen vorgelesen wurden, lässt sich zusammenfassen, wie das Zeichen der Schulglocke sich in der Erfahrung der einzelnen Sch verändert hat.

Da das AB parallel zum Titelbild gestaltet ist, haben Sch es im Zusammenhang mit den beiden Symboltexten auf der *Infoseite* 100 nicht mehr schwer, den Begriff »symbolisieren« zu umschreiben.

Symbole wahrnehmen   Themenseite 88–89

1. Hintergrund

Genauso wesentlich wie die Fähigkeit zu eigenem Symbolisieren ist es, eine *Wahrnehmungskompetenz für die Symbole* anderer Menschen, Gruppen und Traditionen auszubilden. Diese Kompetenz
– *erleichtert die Kommunikation* in einer Gruppe, die sich auf eine Symbolik beruft. Gegenseitiges Verstehen ohne umständliche Erklärung wird ebenso möglich wie die Steigerung nonverbaler Kommunikationsanteile.
– *vertieft Verstehensmöglichkeiten*, weil Symbole Sinndimensionen und Werthaltungen einbringen, die sich verbal nur schwer erschließen lassen.
– *verstärkt den Zusammenhalt* einer Gruppe, weil mit ihnen ein Erkennungsmerkmal gegeben ist, auf das sich die Mitglieder beziehen und durch das häufig – auch in Jugendgruppen – die Mitgliedschaft erst hergestellt und besiegelt wird.
– *erweitert die Zugänge* zu den Bedeutungsvariationen von Gegenständen, Worten und Handlungen, weil durch sie mehr ausgesagt wird, als auf den ersten Blick sichtbar ist.

Um diese Kompetenz im schulischen Unterricht zu fördern, bieten sich primär zwei Wege an:
– Hintergründiges Sehen und Hören können durch Auffälligkeiten, Verfremdungen oder durch einen spezifischen Kontext, in den das Sichtbare oder Hörbare hineingestellt wird, gefördert werden.
– Hintergründiges Erzählen eröffnet mehrere Bedeutungsebenen. Langsames, lakonisches Erzählen, das auf dramatisierende und psychologisierende Ausschmückungen durch viele Adjektive, Superlative und Detailreichtum verzichtet, eignet sich besonders. Diese Erzählungen sollen weniger Erlebnisse wiedergeben und erschöpfend beschreiben, sondern durch Leerstellen und Mehrdeutigkeiten die Kreativität der Zuhörer und Zuhörerinnen anregen. Deutungen entziehen sich dem Schema von richtig oder falsch. Ihre Qualität misst sich vielmehr an ihrem direkten Erfahrungsbezug, der Bedeutungen herstellt.

2. Einsatzmöglichkeiten im RU

Hintergründig Erzählen I: Eine Karikatur
Karikaturen ermöglichen durch ihre Verfremdungen und symbolische Pointierungen den Einstieg in hintergründiges Erzählen. Die Karikatur auf AB 6.6.2 *Arbeitshilfen* S. 185 hat ihren Witz nur, wenn der Gegenstand als Symbol erkannt wird. So steht der aus einem brennenden Haus herabfallende Tresor für eine besitzorientierte Werthaltung, die in einer extremen Situation besonders krass zum Ausdruck kommt. Die Bearbeitung des AB steht nicht unter dem Thema »Werte«, es soll vielmehr die Erzählweise der Karikatur deutlich werden, damit sie in ähnlich hintergründiger Weise auf die Zeichnung der Themenseite angewendet werden kann.

– Simulationsspiel: »Ihr wohnt im vierten Stock eines Wohnhauses. Das Haus brennt. Ihr habt keine Möglichkeit mehr, über die Treppe das Haus zu verlassen. Unten stehen Feuerwehrleute mit einem Sprungtuch. Was ist zu retten?« Die Einfälle der Sch werden notiert und sortiert.
– Betrachtung der Karikatur: Wofür steht der Tresor? Was denken die Bewohner/die Feuerwehrleute? Ist der Tresor ein Symbol?
– Falls die Lerngruppe über entsprechende Übung verfügt, können Sch die Situation in einem kleinen Rollenspiel darstellen.
– Nun wird die *Themenseite* herangezogen. Sch suchen sich einen Gegenstand/ eine Situation, zu der sie ähnlich Hintergründiges erzählen können: Was steht hinter der Situation/dem Gegenstand?
– Die Erzählungen werden gesammelt und den Gegenständen/Situationen zugeordnet.
– Sch stellen eine Beziehung zum Wort »Symbol« oder zum *Titelbild* des Kapitels her.

Hintergründig Erzählen II: Eine Legende
Die »Legende von den Steinen« AB 6.6.3 *Arbeitshilfen* S. 187 macht auf elementare Weise mit symbolisierendem, hintergründigen Erzählen vertraut, weil der große Stein und die vielen kleinen Steine in einen persönlich bedeutungsvollen Kontext ver-

setzt werden. Die Bearbeitung greift nicht das Thema »Schuld« auf, sondern versucht, die Form des Erzählens exemplarisch vorzustellen, damit Sch sie auf einzelne Elemente der *Themenseite* übertragen können.

– Sch lesen die Legende und ergänzen sie.
– Einzelne Weiterführungen werden vorgelesen und auf ihre Stimmigkeit überprüft.
– Die *Themenseite* wird mit dem Auftrag herangezogen, eine Situation/einen Gegenstand zu suchen, zu der/dem Sch etwas Hintergründiges, persönlich Bedeutsames erzählen können.
– Sch tragen ihre Erzählungen unkommentiert vor.
– Mit Hilfe der *Titelseite* kann der Begriff »Symbol« auf die Erzählungen angewendet werden.

Woran dein Herz hängt   Ideenseite 91

Die Bildergeschichte leitet zu bedeutungsvollem Erzählen an. Die Anregung, eine eigene Geschichte zu erzählen, kann sich darauf beziehen, woran
– eine oder ein Sch ihr/sein Herz hängt,
– eine Beziehung ihren sichtbaren Ausdruck findet,
– eine Gruppe ihre Identität festmacht.

Da es ggf. um recht persönliche Zeugnisse geht, stehen Sch verschiedene Gestaltungsformen zur Verfügung:

– Parallel zur Schulbuchseite eine Bildergeschichte zeichnen,
– eine Geschichte verfassen,
– ein ausdrucksstarkes, farbiges Bild malen.

Sch präsentieren ihre Zeugnisse ohne Bewertung. Der Übergang zur *Themenseite* kann nun unter der gleichen Fragestellung erfolgen:
Findet ihr Gegenstände/Situationen, in denen deutlich wird, was für euch oder andere wichtig ist?

Mit dem Körper sprechen   Ideenseite 90

Diese Aufforderung kann – je nach darstellerischer Kompetenz und Temperament – durch verschiedene Gesten und Körperhaltungen des/der Lehrenden oder einzelner Sch eingeleitet werden. Mit der *Themenseite* verbindet sich diese Übung auf zwei Ebenen:

– Zum einen fassen Sch Körpersprache als eindeutiges Zeichen oder mehrdeutiges Symbol auf und versuchen andere Symbole auf der *Themenseite* zu beschreiben.
– Zum anderen integrieren Sch Gegenstände in ihre Körperhaltung. Auf der *Themenseite* finden sich dann symbolisch verstandene Gegenstände auch ohne Körperhaltung.

Ideenseite 90–91

Folgende Impulse der *Ideenseite* werden in den *Arbeitshilfen* weitergeführt:

Deine Gefühle ausdrücken: S. 189
Mit dem Körper sprechen: S. 186
Woran dein Herz hängt: S. 186

Offen werden für Gott   Deuteseite I 92–93

1. Hintergrund

»Wo die Güte und die Liebe, da ist Gott« und die Überzeugung von der Unsichtbarkeit Gottes bilden die Pole für eine religiöse Interpretation der Doppelseite. Beide Aspekte werden durch die symbolisierte Tür wahrgenommen und differenziert. In der Erzählung von Gero und seinem Großvater bildet die zunächst geschlossene und verbotene Tür die durch die eigene Lebensgeschichte gegebene Verheißung einer Zuwendung. Für sie muss nur die Tür gegen das Verbot und im Vertrauen auf die Verheißung geöffnet werden. Wenn der eingangs zitierte Satz vom Ort Gottes in der Zuwendung stimmt, ist diese Erzählung für die christliche Türsymbolik bedeutsam, nicht obwohl, sondern weil sie ohne direkte religiöse Begriffe und Anspielungen auskommt. Offen werden für Gott, die Türen zum ganz Anderen aufschließen meint u.a. den von Gero gegangenen Weg. Noch indirekter und zarter muss in diesem Kontext das Bild gesehen werden. Es stammt von der amerikanischen Malerin Georgia O'Keeffe (1887–1986), die einen Teil ihres Lebens im sonnigen New Mexico auf einer umgebauten Farm verbracht hat. Das Bild bezieht sich auf die typische Bauweise der Farmen in dieser Gegend: Das Haus ist von einer bräunlich schimmernden Mauer umgeben, zwischen Haus und Mauer liegen Hof und Garten. Unterschiedlich große Türen in der Mauer gewähren Einlass. Vom Haus aus wirft das Bild über den unbedachten Innenhof einen Blick auf die Tür in der Mauer. Blauer Himmel, sonniges Licht, warme Farbtöne umgeben eine Tür, die weder offen ist noch den Rahmen ganz ausfüllt. Dadurch gestattet sie einen ambivalenten, dem Charakter einer fast geschlossenen Tür widerspre

Die Legende von den Steinen

Nach Leo Tolstoi

Zwei Frauen kamen zu einem Mönch und baten um Belehrung. Die eine hielt sich für eine große Sünderin. Sie hatte in der Jugend ihren Mann betrogen und quälte sich sehr. Die Zweite dagegen, die immer nach dem Gesetz gelebt hatte, machte sich wegen ihrer Sünden keine besonderen Vorwürfe. Sie war mit sich zufrieden. Der Mönch fragte die beiden Frauen über ihr Leben aus. Die eine bekannte ihm unter Tränen ihre große Sünde. Sie hielt ihre Sünde für so groß, dass sie keine Vergebung erwartete; die Zweite sagte, dass sie keine besondere Sünde begangen habe. Der Mönch sagte zu der Ersten: »Geh nach draußen und such dir einen so schweren Stein, dass du ihn gerade noch tragen kannst und bring ihn mir. ... Und du«, sagte er zu der zweiten Frau, die sich keiner großen Sünde bewusst war, »bringe mir auch Steine, so viele du tragen kannst, aber lauter kleine.«

Die Frauen gingen nach draußen und führten den Befehl des Mönches aus. Die eine brachte einen großen Stein, die andere einen ganzen Sack voll kleiner Steine. Der Mönch betrachtete die Steine und sagte: »Jetzt macht Folgendes: Tragt die Steine zurück und legt jeden wieder an den Platz, wo ihr ihn aufgelesen habt; und wenn ihr sie richtig hingelegt habt, kommt zu mir.«

Die Frauen gingen, um den Befehl des Mönchs auszuführen. Die Erste fand mit Leichtigkeit den Platz, wo sie den Stein weggenommen hatte und legte ihn hin. Aber die Zweite konnte sich um keinen Preis erinnern, wo sie diesen oder jenen Stein weggenommen hatte und kehrte deshalb, ohne den Befehl ausgeführt zu haben, zum Mönch zurück.

»Siehst du«, sagte der Mönch, »genauso ist es auch mit den Sünden. Du hast den großen und schweren Stein leicht an seinen früheren Ort zurückgelegt, weil du wusstest, wo du ihn weggenommen hast. Du aber konntest es nicht, weil du nicht mehr wusstest, wo du sie weggenommen hast. So ist es auch mit den Sünden.«

»Du«, sagte der Mönch zur ersten Frau,

_____

_____

_____

_____

_____

_____

»Du aber«, sagte der Mönch zur zweiten Frau,

_____

_____

_____

_____

_____

_____

* *Was hat der Mönch zu den beiden Frauen gesagt? Du kannst es ergänzen.*

chenden Ausblick in noch mehr Helle, als der Innenraum zu bieten vermag. Die Tür und ihre Dunkelheit sind aufgebrochen. Maltechnisch wird dieser Eindruck durch die Absicht unterstützt, auf die traditionell durch Perspektive hergestellte Dreidimensionalität zu verzichten und innerhalb der gewollten Zweidimensionalität doch so etwas wie Tiefe durchschimmern zu lassen. Ausblick, Sehnsucht, begrenzte Weite sind Themen, die hier in spannungsreicher Weise ins Bild gesetzt werden.

2. Einsatzmöglichkeiten im RU

Türpantomime

Um sich der Türsymbolik anzunähern, eignet sich eine körperbezogene Umgangsform, die unterschiedliche Funktionen und Gestalten der Tür darstellt. Türen (er)öffnen und schließen Räume, laden ein oder weisen ab, gewähren Intimität oder Zugang, bergen Geheimnisse oder lüften sie, sind bewacht oder alleine gelassen, flächig oder differenziert gestaltet, symbolisieren Reichtum, Bescheidenheit oder einfach nur Funktionalität. Große Tore, schmale Pforten, Schwingtüren, Drehtüren, runde, eckige Türen, Holz-, Stahl- und Glastüren ... sind nur einige ihrer möglichen Gestalten.

- In KG zu 4–5 Sch wird zunächst überlegt, welche Formen und Aufgaben Türen besitzen. Dies kann gesammelt und notiert werden, damit alle Gruppen ausreichende Anregungen für ihre pantomimischen Darstellungen haben.
- Die KG probieren einige Formen stehend, sitzend, liegend aus.
- Nach der Präsentation im Plenum versuchen die anderen Sch, Form und Aufgabe so exakt wie möglich zu beschreiben.
- Im Anschluss kann die Erzählung »Die Tür« gemeinsam gelesen werden.

Türbilder zur Erzählung

Da die Tür im Mittelpunkt der Erzählung von Gero und seinem Großvater steht, muss sie auch das Zentrum der Textbearbeitung bilden. Die doppelte Funktion der abweisenden Grenze und geöffneten Möglichkeit von Gemeinschaft kann in einer bildhaft-farbsymbolischen Umsetzung besonders sinnfällig werden.

- Sch benötigen zwei weiße DIN-A4-Blätter, Wasserfarben, Klebstoff und eine Schere.
- Sie lesen gemeinsam die Erzählung »Die Tür« und fassen sie zusammen. Der Schwerpunkt liegt auf der unterschiedlichen Funktion der Tür.

- Auf das erste Blatt malen sie – möglichst in einer oder zwei Farbe(n) – die Tür und ihre Umgebung in ihrer geschlossenen, abweisenden Form. Sobald die Farbe getrocknet ist, schneiden sie in der Mitte des Blattes auf drei Seiten die Form der Tür aus. Die linke, vertikale Seite bleibt fest, damit sich diese Tür auf- und zuklappen lässt.
- Nun legen sie das erste Blatt auf das zweite, klappen die eingeschnittene Tür auf und zeichnen deren Umrisse mit zartem Bleistiftstrich auf das zweite Blatt.
- Welche Farbe erhält der Türausschnitt auf dem zweiten Blatt, den man sieht, wenn beide Blätter aufeinander geklebt sind und die Tür aufgeklappt ist? Wie kann auf diese Weise die Erzählung ins Bild gebracht werden?
- *Vertiefung:* Sch geben ihren Blättern einen Titel: »Wo eine Tür aufgeht und ... , da ist Gott!« Ein Gespräch über diesen Titel in Verbindung mit der Erzählung und dem Gottesbild (Anwesenheit, Unsichtbarkeit Gottes) der Sch kann folgen.

Bildcollage

Da das Bild von Georgia O'Keeffe eine Symbolik der Tür eher andeutet als entfaltet, ist der gängige Weg von der Betrachtung zur Interpretation eher schwierig. Eine Interpretation nachzuvollziehen und umzusetzen ist ein ebenso angemessener Weg.

- Sch betrachten das Bild, nennen einige Fragen und Auffälligkeiten, in die L Aspekte der Beschreibung und Deutung einfließen lässt.
- KG von 4–6 Sch erhalten je eine Kopie (Farbkopie?) des Bildes sowie ein weißes DIN-A3-Blatt oder einen Tapetenausschnitt.
- In Form einer Schreib- und Malbesinnung schreiben oder zeichnen Sch in der KG ihre Erlebnisse und Assoziationen mit Türen um das in die Mitte geklebte Bild von O´Keeffe herum.
- Inhaltlich kann diese Bearbeitung durch Überschriften – pro Gruppe eine andere Überschrift – pointiert werden: *Vorschläge:* Sehnsucht, Weite, Ins Licht, Durchbruch, Offen-sein – Zu-sein, ...

3. Weiterführende Anregungen

Besuch eines Kirchenportals

Falls sich in der Umgebung der Schule ein symbolisch interessantes Kirchenportal findet, kann es aufgesucht und gedeutet werden. Hilfen bietet der Text »Symbol: Kirchentür« auf der *Infoseite* 101, die Unterrichtssequenz »Kirchen haben Geschichte(n)« aus *Reli 5*, die einen Überblick über die Epochen des Kirchenbaus enthält, sowie örtliche Informationstexte. Dort können

- Kundige über die Gestalt und die Symbolik des Portals befragt werden,
- Sch Skizzen einzelner Details herstellen und sie mit Hilfe von Symbollexika o.ä. deuten,
- verschiedene Körperhaltungen (mehrfach hindurch gehen, stehen, sich in das Portal legen) Begegnungsweisen mit dem ggf. großen oder prächtigen Portal fördern,
- empfundene und erfahrene Bezüge zwischen Innen und Außen (Licht-, Geräusch- und Temperaturunterschiede, Raumgefühl, Atmosphäre) beschrieben werden.

Mit Gesten sich ausdrücken
Sch probieren Gesten der Einladung, des Abweisens, des Hinausweisens aus und überlegen: Welche Geste passt am besten zu dieser Tür?

Modest P. Musorgskij: Das große Tor von Kiew
In der Orchesterfassung (z.B. von M. Ravel) klingt das letzte Stück aus M. Musorgskijs »Bilder einer Ausstellung«, das den Titel »Das große Tor von Kiew« trägt, besonders eindrucksvoll. Falls es mit der nötigen Lautstärke und Qualität gehört werden kann, stellen sich durch die großen Klangräume Assoziationen von entsprechenden Toren und Räumen ein. In seinem monumentalen Zuschnitt bildet dieses Musikstück einen Kontrast zu den zarten und intimen Eindrücken der Erzählung und des Bildes von Georgia O'Keeffe. Daher bringt es eine weitere Dimension der Türsymbolik ein und kann so einzelne Sch deutlicher ansprechen (oder abstoßen).

- Zunächst hören Sch die Musik in Ruhe.
- Sie äußern erste Eindrücke und versuchen die Wirkung zu beschreiben.
- Zum zweiten Durchgang schreiben oder zeichnen Sch entweder ihre Vorstellung des Tores oder das Bild, das sich ihnen zeigt, wenn sie durch das Tor schauen.
Alternative: Schreiben und/oder Malen stehen unter dem Titel: »Hinter dem Tor liegt eine neue Welt«.
- Falls möglich, kann ein drittes Hören zur Weiterarbeit oder Korrektur der eigenen Darstellung verwendet werden.
- Sch stellen ihre Arbeiten im Plenum vor.
- Danach vergleichen sie ihre Arbeiten mit dem Bild im Schulbuch.

Wasser macht lebendig Deuteseite II 94–95

1. Hintergrund

Wasser und Leben gehören zusammen. Dies gilt in beide Richtungen: Wasser ermöglicht und vernichtet Leben. Trinken – ertrinken, schwimmen – untergehen, erblühen – überfluten, reinigen – verunreinigen, fließend – reißend bilden nur einige von vielen Gegensatzpaaren, die sich mit dem Gedanken an Wasser einstellen. Da Wasser die Lebenssubstanz schlechthin ist und es gleichzeitig ambivalent erfahren wird, liegt seine Symbolisierung in den Kulturen und Religionen der Welt in der Eigenart des Elements selbst begründet. Selbst die moderne Lebenswelt, die Wasser fast ständig verfügbar gemacht und vielfach gezähmt hat, wird immer wieder mit der unberechenbaren Kraft des Wassers konfrontiert. Manchmal staunen wir darüber. Die Präsenz des Wassers wird auch durch Zahlen illustriert: Etwa 70 % der Erdoberfläche, gut 60 % des menschlichen Körpers bestehen aus Wasser. Der menschliche Stoffwechsel hängt vom Wasser ab, der Mindestbedarf an Wasser beträgt ca. 2,5 Liter am Tag. Auch die Bibel spiegelt die zentrale Qualität des Wassers wider, denn das Wort »Wasser« findet sich über 500-mal allein im Alten Testament. Mit dem Wasser verbundene Schöpfungs-, Untergangs-, Rettungs- und Ermächtigungserzählungen gehören zum Grundbestand des religionspädagogischen Umgangs mit der Bibel. Durch diese Erzählungen hindurch zieht sich die Auffassung, dass Gott die Quelle allen lebendigen Wassers ist. Durch Wasser schenkt Gott Heil, Fruchtbarkeit, Leben und Segen. In der christlichen Tradition drückt sich die symbolische Kraft des Wassers z.B. in der Taufe aus. In ihr ist die ambivalente Wirkung des Wassers gegenwärtig. Denn mit dem Überfließen des Wassers geht der alte Mensch in seiner Hinfälligkeit und Endlichkeit unter. Zugleich ist er hineingenommen in das alle Formen des Todes überwindende Leben. Um dies zu verstehen, müssen einige Voraussetzungen geklärt werden:

In der Taufe wird Wasser von einem Gegenstands- zu einem Bekenntnis- und Handlungssymbol. Der Überfluss des Wassers macht zeichenhaft wirklich, was als Bekenntnis ausgesagt wird.

Die Taufe macht das einmalige und endgültige Ja Gottes zur und zum Getauften deutlich. Sie ist ›überflüssig‹, weil dieses immer und ohne Bedingung gilt. Sie ist notwendig, weil Gottes Zuwendung sich im Zeichen zeigt und realisiert.

Die Einmaligkeit des Taufsakraments – im Gegensatz z.B. zur mehrmaligen Eucharistie – begründet sich in seiner Dynamik. Erst die einmalige und unwiderrufliche Zusage des Lebens setzt eine

Lebendigkeit frei, die entwickelt und entfaltet werden kann. Deshalb zeigen sich im Moment der Taufe Gott und Leben im Überfluss. Daraus kann der Mensch zehren.

Die Eingliederung des Täuflings in die Gemeinschaft der Gläubigen stellt den sozialen und sakramentalen Bezug für diese Entfaltung her.

Da Gott im Überfluss da ist, braucht die Taufe als sinnfälliges Zeichen tatsächlich überfließendes Wasser.

Die religionsunterrichtliche Förderung eines lebendigen, dynamischen Taufverständnisses setzt sowohl beim Durst nach Wasser und Leben als auch bei der mehrdimensionalen Wirkung des Wassers an. Nicht zuletzt ist die Bearbeitung dieses Themas auch eine Form der Tauferinnerung.

2. Einsatzmöglichkeiten im RU

Durst – eine Standfigur

Durst ist elementar und kann genauso quälend sein, wie das Durstlöschen befreiend sein kann. Das Durstdenkmal aus Bad Kreuznach bringt den verlangenden, unbedingten Charakter des Durstes durch die Konkurrenzsituation zweier durstender Menschen intensiv zum Ausdruck.

- Stillephase oder Brainstorming zum Stichwort »Durst haben«.
- Sch betrachten still die Abbildung des Denkmals.
- In Dreiergruppen (Künstler, Trinkender, Dürstender) gestalten sie die Plastik nach oder formen sie nach ihren Vorstellungen um. Durst als dringendes Bedürfnis soll möglichst deutlich sichtbar sein.
- Im Plenum stellen Sch ihre Standfigur vor und vergleichen die einzelnen Formen. Ein Gespräch kann die beiden Figuren in ihren Handlungen näher charakterisieren.
- *Vertiefung:* Danach lesen sie die Psalmverse (*Deuteseite* 94) und suchen die Verse heraus, die den Durst nicht auf das Wasser beziehen. Nach was kann es Menschen dürsten? Sch sammeln Stichworte und versuchen die neuen Sätze (z.B. Mich dürstet nach Freundschaft, Anerkennung ...) erneut als Standbild darzustellen.

Wasser-Elfchen

Deuteseite 94 fordert Sch auf, von ihren Erfahrungen mit Wasser zu berichten. Das Bild von Georgia O'Keeffe ist ein Ausgangspunkt für visuelle Darstellungen.

Eine ästhetisch einfühlsame und doch pointierte Form des sprachlichen Ausdrucks bilden Gedichte aus elf Worten (sg. Elfchen). Es handelt sich um Fünfzeiler. Die erste Zeile besteht aus einem Wort (Titel), die nächsten Zeilen bestehen nacheinander aus zwei, drei und vier Worten, die letzte Zeile schließt resümierend wieder mit einem Wort.

Beispiele:

Wasser
es fließt
durch die landschaft
manchmal sauber, manchmal verschmutzt
Fluss

Wasser
es tröpfelt
auf meinen kopf
ich fühle mich wohl
Regen

Groß- und Kleinschreibung können die inhaltliche Entwicklung akzentuieren. Erste und letzte Zeile können auch mit Verben oder Adjektiven besetzt werden.

- Sch lassen sich von dem satten Blau des Bildes *Deuteseite* 94 zu eigenen Gedanken und Erlebnissen, die ihren Umgang mit Wasser betreffen, anregen.
- *Binnendifferenzierte Weiterarbeit:*
  * Sch setzen ihre Erfahrungen in Zeichnungen um.
  * Sch malen mit Wasserfarben fließende Wasserbilder. Entscheidend ist die passende Abstimmung der Farben.
  * Sch dichten Elfchen, wofür sie zunächst mit der Gedichtform bekannt gemacht werden. Als Hilfe lassen sich zunächst substantivische, adjektivische und verbale Wortfelder sammeln und aufschreiben, die ein Vokabular zur Verfügung stellen, das anregt, auch überschritten werden kann.
- Die Beiträge werden gesammelt und verglichen. Vor ihrem Hintergrund bespricht die Gruppe den positiven wie den negativen Zusammenhang von Wasser und Leben.
- Als Ergebnis wird die Überschrift der Doppelseite modifiziert und differenziert.

Lied: Frisches Wasser flutet

Das Lied »Frisches Wasser flutet« AB 6.6.4 *Arbeitshilfen* S. 191 expliziert die vielfältige Symbolik der Leben spendenden Wirkung des Wassers. Es bedient sich der Allegorie als bestimmendes Stilmittel. Allegorien können übersetzt werden. Dafür bieten die Verben am Ende der ersten Zeile jeder Strophe den Anhaltspunkt:

1. fluten – Mauern gehen unter – Verständigung

Frisches Wasser flutet

T: Engelbert Groß
M: Helmut Engels
© Verlag Butzon & Bercker, Kevelaer

2. frisches wasser mundet
   mitten in der stadt
   bleiben menschen durstig
   trocknen manche aus
   reichen wir erfrischung
   machen andre stark
   glückt die heile zukunft
   grünt und blüht die neue stadt

3. frisches wasser reinigt
   mitten in der stadt
   fließen ab die schwärzen
   klären dunkel sich
   strahlen nun die menschen
   stehen jetzt im licht
   glückt die heile zukunft
   grünt und blüht jerusalem

4. frisches wasser fruchtet
   mitten in der stadt
   treiben samen wurzeln
   stoßen steine durch
   grünen menschen menschen
   reichen sich die hand
   glückt die heile zukunft
   grünt und blüht das fest der welt

5. frisches wasser sprudelt
   mitten in der stadt
   werden wüsten fruchtbar
   kommen blumen hoch
   wachsen nun oasen
   spüren menschen gott
   glückt die heile zukunft
   grünt und blüht die neue stadt

2. munden – machen andere stark – füreinander sorgen
3. reinigen – fließen ab die Schwärzen – Vergebung, sich verzeihen
4. fruchten – treiben Samen wurzeln, Menschen reichen sich die Hand – Mensch in der Natur, Verantwortung
5. sprudeln – Wüsten werden fruchtbar – von Gott gewirktes Leben

Der Text des Liedes bündelt verschiedene Wirkweisen des Wassers und transformiert sie in verschiedene Lebensbereiche. Deshalb eignet es sich als Bindeglied zwischen der Bearbeitung der Wassersymbolik und der Taufe.

Die Melodie besitzt einen regelmäßigen Aufbau und einen geringen Tonumfang. Wenn es zügig gesungen wird, kommt der Rhythmus in Schwung. Der retardierende Schluss der letzten drei Takte ist ungewöhnlich, da er die entstandene Regelmäßigkeit abbricht. Er möchte die Textaussage hervorheben.

– Der Einstieg in die Liedbearbeitung erfolgt über die Musik.: auf Silbe vorsingen, wiederholen, Tempo steigern, evtl. Grundschlag klatschen oder schnipsen.
– Sch lesen den Text langsam und stolpern über verschiedene Aussagen. Die Fragen und Unklarheiten werden festgehalten.
– Die Strophen werden übersetzt, indem Sch ihnen eine Überschrift geben. Nachdem die Gruppe sich auf passende Themen geeinigt hat, werden sie zu den Strophen auf das Blatt übertragen.
– Mit oder ohne Instrumental- und Rhythmusbegleitung wird das Lied gesungen.

Spiralrätsel: Taufe deuten
Zur Deutung der Taufe benötigen Sch eine Sensibilisierung sowie Informationen. Die Sensibilisierung erfolgt über die Materialien zum (über)fließenden Wasser *Deuteseite* 95, Informationen bieten die Sachtexte zu Sakrament und Taufe *Infoseite* 102. AB 6.6.5 *Arbeitshilfen* S. 193 regt Sch zur Wiederholung und Integration beider Elemente an.
Lösungen: 1. Symbol 2.Psalm 3. Kopf 4. Brunnen 5. fließen 6. Taufe 7. Gemeinschaft 8. Gerechtigkeit; *Lösungswort:* Sakrament.

Wir brauchen Brot zum Leben — Deuteseite III 96–97

1. Hintergrund

»Der Mensch lebt nicht vom Brot allein!« Dieser biblische Satz (vgl. Mt 4,4) verweist traditionellerweise auf die Bedeutung immaterieller Gehalte und Formen des Lebens, Brot wird zum Zeichen für die Orientierung am Materiellen. Das Symbolkapitel legt eine andere Deutung nahe: Wenn Brot als Grundnahrungsmittel alles symbolisiert, was Menschen zum Leben brauchen, steht der Begriff »Brot« für all dies. Symbolisch aufgefasstes Brot nährt nicht nur den Körper, es erhält vielmehr den ganzen Menschen am Leben. Diese Auffassung hat im christlichen Kontext ihren Ursprung in der Feier der Eucharistie. Wo Jesus Christus sich den Menschen im Zeichen des Brotes ganz hingibt, kann dieses Brot nicht nur Nahrung für den Körper sein. Die christliche Symbolisierung greift altorientalische und antike Bewertungen von Brot (und Wein) direkt auf, denn Brot galt auch dort schon als Gabe Gottes und als Frucht der menschlichen Arbeit zugleich. Einem Hungrigen Brot zu verweigern, ist deshalb mindestens ebenso verwerflich wie sein Diebstahl. Brot teilen bedeutet Leben (mit)teilen, wo Brot geteilt wird, beginnt ein Fest. Soll diese Grundauffassung in einer Situation, in der Brot als körperliches Nahrungsmittel im Überfluss vorhanden ist, vermittelt werden, müssen Sch zunächst die symbolisch-christliche Bedeutung von Brot erfahren. Diesem Ziel folgen die Texte der Doppelseite.

Sieger Köder: Das Mahl mit den Sündern
Das Bild des schwäbischen Priesterkünstlers Siger Köder »Das Mahl mit den Sündern« führt diese Deutung in einer spezifisch eucharistischen Weise fort. In Abgrenzung zu traditionellen Abendmahlsdarstellungen mit den 12 Aposteln sind nur sieben eigentümliche Gestalten zu sehen:
Vorne rechts sitzt ein Schwarzer in Sträflingskleidung. Sein rechter Arm ist verbunden, vielleicht ist die Hand verstümmelt. Da das Gemälde aus dem Jahr 1973 stammt, liegt es nahe, an einen Kämpfer gegen Apartheid und für die Würde der Schwarzen zu denken. Die vornehme, weiße Frau stellt einen spannungsreichen Kontrast her. Sie macht aber deutlich, dass alle Menschen – auch die Reichen – an den Tisch Jesu geladen sind.

Spiralrätsel

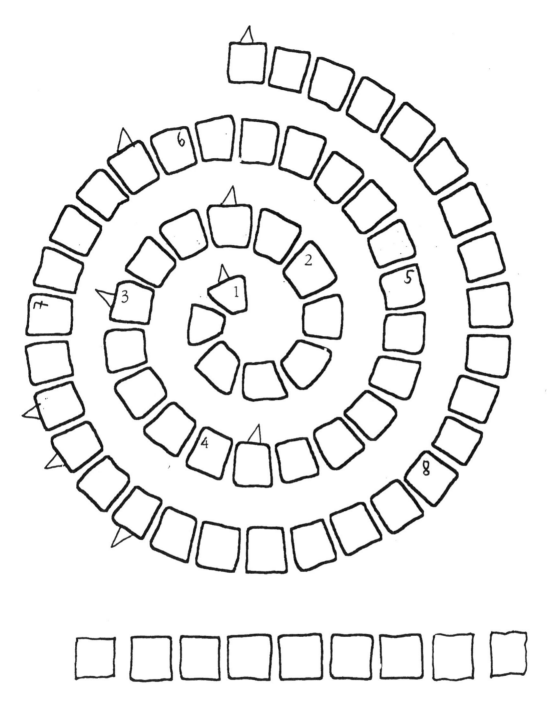

Trage in die Rätsel-Spirale die gesuchten Wörter entgegen dem Uhrzeigersinn ein. Die Buchstaben aus den Kästchen mit dem Dreieck ergeben das Lösungswort.

1. Es verbindet zwei Seiten, eine sichtbare und eine unsichtbare.
2. Liedbezeichnung aus dem Alten Testament.
3. Über diesen Körperteil wird bei der Taufe Wasser gegossen.
4. Aus ihm lässt sich Wasser schöpfen.
5. Im Fluss macht Wasser dies.
6. Dadurch werden Menschen zu Gliedern der Kirche.
7. Kirche ist nicht nur ein Gebäude, sondern zuerst eine _____ der Gläubigen.
8. Danach dürstet es den Psalmbeter.

Die Brille und der skeptische Gestus ihres Nachbarn weisen auf einen Intellektuellen hin. Auf der vom Betrachter aus gegenüberliegenden Seite ist ein Clown zu erkennen, zu dessen Anliegen es gehört, die widersprüchliche Wirklichkeit durch Parodie und Komik bewusst zu machen. Zu dieser Widersprüchlichkeit gehören die beiden Frauen zu seiner Rechten. Die eine alt und vornübergebeugt, die andere jung und attraktiv (evtl. praktiziert sie kein allzu honoriges Gewerbe) teilen trotz ihrer vielfachen Gegensätzlichkeit das Schicksal, dass beide eher am Rand der Gesellschaft stehen. Am Gebetsmantel – dem Tallit – offenbart sich der letzte der Gruppe als jüdischer Rabbiner. Auch er ist an den Tisch Jesu geladen. Überraschenderweise scheint Jesus zu fehlen. Doch sind am vorderen Bildrand seine Hände (in der rechten Hand ein Brotteil) zu sehen. Seinen Platz nehmen wir also beim Betrachten ein. Die zusammengewürfelte Gruppe hat – mit Ausnahme der gebeugten Frau – eine Blickrichtung: Alle schauen zum Gastgeber, als ob von ihm etwas zu erwarten wäre. Wenn es stimmt, dass die Betrachtenden den Platz Jesu Christi einnehmen, scheinen die Personen etwas von Jesus durch uns zu erhoffen. Für diese Menschen Brot zu teilen, kann nur wirksam sein, wenn Brot in seiner vollen Symbolik aufgenommen wird: Der Mensch lebt vom Brot.

2. Einsatzmöglichkeiten im RU

Da die *Deuteseite* schon umfangreiche methodische Anregungen für den Umgang mit den Materialien enthält, beschränken sich die folgenden Beispiele auf zusätzliche, ggf. alternative Impulse.

Brainstorming:
Der Mensch lebt nicht vom Brot allein

- Über diesen Satz an der Tafel, auf Tapete oder Folie denken Sch nach (Warum gilt er? Wovon leben Menschen noch? Was meint hier Brot?) und schreiben ihre Assoziationen auf.
- Die Beiträge werden inhaltlich einander zugeordnet.
- Sch lesen das Gedicht *Deuteseite* 97 und vergleichen den Inhalt mit ihren Ergebnissen.
- Was meint Brot im Gedicht, was im Satz, der ihrem Brainstorming zu Grunde liegt? Wie wird Brot jeweils symbolisiert?

Gegengeschichte:
Das Fest kann nicht stattfinden

Da der Inhalt der Erzählung »Brot, Orangen, Schokolade« *Deuteseite* 96 schnell zustimmungswürdig erscheint und Kopfnicken auslöst, kann sein Gehalt durch eine Gegenerzählung deutlicher herausgearbeitet werden. »Das Fest kann nicht stattfinden« auf AB 6.6.6 *Arbeitshilfen* S. 195 schildert kurz und einprägsam, wie ein Fest, das erst durch Teilen – alle Teilnehmenden bringen füreinander etwas Wein mit – stattfinden kann, an der mangelnden Bereitschaft scheitert.

- Sch lesen nacheinander beide Erzählungen und interpretieren sie jeweils vom Stichwort »Fest« her. Warum findet für Tanguy und Günther ein Fest statt, warum fällt die Hochzeitsfeier aus?
- Was symbolisieren Brot, Orangen und Schokolade einerseits und Wein andererseits?
- *Vertiefung:* Die Einsetzungsworte des Abendmahls bündeln Brot, Wein, Teilen und Fest auf intensive Weise. Weil Jesus Christus sich selbst in den Zeichen von Brot und Wein (mit)teilt, kann für die Menschen ein Fest, ein neuer Bund entstehen. Der Vergleich der beiden Erzählungen wird um die Einsetzungsworte erweitert. Wichtig ist, dass Sch den liturgischen Rahmen der Worte berücksichtigen und auf diese Weise eine Verbindung zum Stichwort »Fest« herstellen.

Bildvergleich zum Abendmahl

- Sch beschreiben die Einzelheiten des Bildes »Das Mahl mit den Sündern« von Sieger Köder. Die Personen mit den sie kennzeichnenden Details (Hilfe durch L) sind ebenso wichtig wie ihre Blickrichtung und der nur in seinen Händen sichtbare Jesus.

- Sch suchen sich zwei oder drei Personen aus, schlüpfen in ihre Rolle und stellen sich vor: »Ich bin ... . Zu meiner (Lebens)Geschichte gehört ... . Nur in ganz und gar unstimmigen Fällen müssen sie korrigiert werden, da bei dieser Vorstellung Fantasie und Assoziationsfähigkeit gefragt sind.

- Um die provokative Aussage des Bildes zu akzentuieren, vergleichen Sch es mit einer traditionellen Abendmahlsdarstellung. Sie sind recht häufig auch in Kirchen zu finden. AB 6.6.7 *Arbeitshilfen* S. 197 zeigt eine klassische Variante, ein Tafelbild von etwa 1311. Jesus und sein Lieblingsjünger in der Mitte, eine lange, horizontal angeordnete Tafel, um die die anderen Jünger in Gruppen positioniert sind, das Lamm in der Mitte des Tisches, Brot, Besteck, Krüge. Histori-

Das Fest kann nicht stattfinden

Da sollte irgendwo ein großes Fest stattfinden. Ein Hochzeitsfest. Aber das Brautpaar war sehr arm. Darum hatten sie auf Einladungskärtchen geschrieben, jeder solle bitte eine Flasche Wein mitbringen und am Eingang in ein großes Fass schütten. So sollten alle zu einem frohen Fest beitragen.

Als alle versammelt waren, schöpften die Serviererinnen aus dem Fass. Und als die Gäste zum Wohl des Brautpaares anstießen und tranken, da versteinerten alle Gesichter: Denn jeder hatte nur Wasser im Glas.

Jetzt bereute wohl jeder seine Überlegung. »Ach, die eine Flasche Wasser, die ich hineingieße, wird schon niemand merken. Die anderen bringen ja Wein mit.« Aber leider hatten alle so gedacht. Alle wollten auf Kosten der anderen mitfeiern.

Und so konnte das große, schöne Fest nicht stattfinden!

Chinesische Parabel

* Dies ist eine Gegengeschichte zu der Erzählung von Tanguy Deuteseite 96.
  Dort konnte ein Fest stattfinden, hier nicht.

* Beide Erzählungen hängen mit dem letzten Abendmahl Jesu und seiner Jünger zusammen:

> »Er nahm beim Mahl das Brot und sagte Dank,
> brach das Brot, reichte es seinen Jüngern und sprach:
> Nehmet und esset alle davon:
> Das ist mein Leib, der für euch hingegeben wird.
>
> Ebenso nahm er den Kelch mit Wein, dankte wiederum,
> reichte den Kelch seinen Jüngern und sprach:
> Nehmet und trinket alle daraus:
> Das ist der Kelch des Neuen Bundes, mein Blut,
> das für euch und für alle vergossen wird
> zur Vergebung der Sünden.
> Tut dies zu meinem Gedächtnis.«

sierend und theologisch zugleich versucht das Bild einen Eindruck des letzten Abendmahles zu vermitteln und durch die Jünger den kirchlichen Charakter des Geschehens zu verdeutlichen. Sch schauen sich auch hier die Details an und identifizieren Jesus in der Mitte.

- Bildvergleich: Was ist beim Bild von Sieger Köder anders? Die Einzelheiten werden aufgelistet.
- Welche Position hast du in beiden Bildern?
- Wie deuten beide Bilder das Abendmahl?
- Was bedeuten in beiden Bildern die Worte Jesu: »Das ist mein Leib, der für euch hingegeben wird?«
- Ergänzend ziehen Sch die entsprechenden Texte auf den *Infoseiten* heran.

3. Weiterführende Anregungen

Ein Brotfrühstück gestalten
Das Foto *Deuteseite* 96 regt zu einem gemeinsamen Brotfrühstück an.

Verschiedene Brotsorten, Brotlieder (»Wenn das Brot, das wir teilen« »Danke für das Brot« »Brich mit dem Hungrigen dein Brot«), Brotgebete, Brottexte (z.B. aus dem Schulbuch) können Gestaltungselemente des gemeinsamen Frühstücks sein, bei dem es darauf ankommt, die Brotsymbolik (teilen, nehmen und geben, lachen und schweigen, Leben schmecken und genießen) in eine Form zu bringen. Gute Organisation, dramaturgisch aufgebauter Ablauf sowie ein ästhetisch anmutendes Ambiente sind dafür gute und wichtige Elemente.

Unterwegs sein

Deuteseite IV 98–99

1. Hintergrund

Symbolisiert Brot die Qualität und Intensität des Lebens, so erschließt »Weg« das Leben als Raum und Bewegung. Um unterwegs sein zu können, braucht es Wege, die begehbar sind, die Anfang und Ziel kennen. Kinder und vor allem Jugendliche suchen nach eigenen, manchmal neuen Wegen. Dafür bietet ihnen die moderne Lebenswelt eine große Zahl an, die einerseits viele Möglichkeiten eröffnen, bei denen andererseits aber Beginn und Ende unbekannt sind. Der Entscheidungs- und Informationsdruck für die Auswahl der Wege hat sich erhöht. In der Spannung von den vielen nebeneinander liegenden Wegen und dem Weg mit Anfang und Ziel steht auch die Doppelseite mit der Christophorus-Legende und dem Bild »Hauptweg und Nebenwege« von Paul Klee.
Die *Legende*, in der sich Ophorus zu Christophorus wandelt, symbolisiert den suchenden und gerichteten Lebensweg. Ihr Ursprung geht wahrscheinlich auf eine Gestalt im 3. Jh. n.Chr. in Kleinasien zurück. Die immer wieder angereicherte Ausgestaltung dieser Figur ließ eine Legende entstehen, die das Paradox christlicher Existenz auf den Punkt bringt: Der Starke stellt sich in den Dienst des Schwachen, um dort Stärke zu erfahren. Gott zeigt seine Stärke im Kleinen und Ohnmächtigen. Der Weg dorthin ist nicht leicht, denn gleich und gleich gesellt sich gern, d.h. der Starke sucht nach noch mehr Stärke. Diese Ausgangsposition gibt der Legende ihre Dynamik, die sich in gut nachvollziehbaren Stationen (König, böser Geist, Einsiedler) entfaltet. Am Ende klärt der Gang durch das Wasser die Suche, neues Leben beginnt. – Legenden stellen Vorbilder dar, die zur Nachfolge aufrufen und orientieren. Dazu benutzen sie eine symbolische Erzählweise (Weg, Kreuz, Wasser, Kind), die in jeder Gegenwart neu wirken kann.
Die Gegenwart der Sch, die ihren Lebensweg suchen, kommt in der Vielfalt der angebotenen Wege in Paul Klees *Bild* in den Blick. Beeindruckt vom Nil, den er auf einer Ägyptenreise bewundert hat, laufen die einzelnen Bildfelder in gebrochen Schüben auf ein blaues horizontales Band am oberen Bildrand zu. Von oben herab gesehen läuft der mittlere Pfad gradlinig auf die Horizontale zu, die anderen Felder umgeben diesen Pfad in differenzierten Formen und kräftigeren Farben. Die unterschiedliche Farbkraft nimmt die Dominanz des Hauptweges ein wenig zurück, andererseits wird er dadurch deutlicher konturiert. Das Bild erlaubt eine Parallelisierung von Landschafts- und Lebenswegen, Geradlinigkeit und Gebrochenheit, Ziel- und Desorientierung.

2. Einsatzmöglichkeiten im RU

Das Leben in Schneckenhauslinien
Von den vielen Möglichkeiten, den eigenen Lebensweg grafisch darzustellen (Linie, Kurve mit Höhen und Tiefen, Treppe, Pfeil), wird den Sch hier die Gestalt eines Schneckenhauses angeboten. Sie hat einen Anfang (außen oder innen), bringt Entwicklung plastisch zum Ausdruck und lässt Wiederholungen und Bezüge zu. Zudem interpretiert sie den Weg des Christophorus.

Bildvergleich zum Abendmahl

– Sch erhalten eine vergrößerte Kopie der Schneckenhauslinien AB 6.6.8 *Arbeitshilfen* S. 199 und füllen sie in EA mit frei gewählten Daten, Erfahrungen und Situationen ihres Lebens aus.
* Wo wählen sie den Beginn, welche Entwicklungen halten sie für wahrscheinlich, welche Wegrichtung ergibt sich daraus?
* Sch stellen ihre Arbeiten vor und vergleichen sie.
– *Vertiefung:* Was ergibt sich für die Betrachtung des Lebens, wenn es in andere grafische Formen umgesetzt wird? L macht Vorschläge (HA!).

Labyrinth: Der Weg des Christophorus
Der Lebensweg des Christophorus führt von einem Ausgangspunkt über einige Umwege zum Zentrum. Als grafische Gestalt bietet sich das Labyrinth an.

– Von ihren eigenen Arbeiten her (vgl. Das Leben in Schneckenhauslinien) haben Sch gelernt, Leben als »Unterwegs sein« zu sehen.
– Sch lesen die Legende *Deuteseite* 98 und erzählen den Lebensweg des Christophorus nach. Die Stationen werden durch Kurzbeschreibungen oder Überschriften an der Tafel festgehalten.
– Sch erhalten eine vergrößerte Kopie des AB 6.6.9 *Arbeitshilfen* S. 199 und tragen in das Labyrinth den Weg des Christophorus ein.
* Zunächst machen sie sich mit der Gestalt vertraut, indem sie entweder mit dem Finger, dem umgedrehten Bleistift oder mit einer kleinen Kugel der Bahn des Labyrinths folgen.
* Entweder schreiben sie einzelne Stationen in die Zwischenräume hinein
* oder sie geben den einzelnen Wegstrecken Farben und malen die Zwischenräume farbig aus.

Sch entscheiden, welche Farbe den Wegen und Stationen zuzuordnen sind und welche Strecke im Labyrinth für sie vorgesehen ist. Eine kurze schriftliche oder gezeichnete Erläuterung kann am Rand erfolgen.
– Sch stellen ihre Ergebnisse vor, vergleichen sie sowohl untereinander als auch mit ihren eigenen Schneckenhausbiografien. Lassen sich die Einsichten aus dem Labyrinthweg des Christophorus auf den eigenen Weg übertragen?

– *Die besondere Aktion:* Da viele Schulhöfe einen recht tristen Eindruck machen, könnte die Religruppe ihn mit einem Labyrinth gestalten. Zwei bis drei Liter Farbe, Maßbänder und ausreichend Platz genügen, um mit einem begehbaren Labyrinth den Schulhof attraktiver zu machen. Es kann vielfältig genutzt werden.

Bildbeschreibung: Lebenswege
– Sch schauen sich das Bild »Hauptweg und Nebenwege« von Paul Klee in Ruhe genau an.
– Sie beschreiben den Verlauf einzelner Wege, achten auf die Formen und die Farben.
– Welche Bedeutung gewinnt das Bild (Komposition, Formen, Farben), wenn du darin Lebenswege erblickst?
– Kommt deinem Lebensweg einer der Wege oder die gesamte Bildstruktur besonders nahe?
– Vergleiche den labyrinthförmigen Lebensweg des Christophorus mit diesem Bild! Achte auf den oberen horizontalen Bildrand!
– Würdest du deinen Lebensweg, nachdem du Christophorus und dieses Bild bearbeitet hast, in eine neue grafische Gestalt bringen?

Puzzle

Stellungnahmen 104

Die Anregungen der Puzzleteile sind von unterschiedlichem Umfang und Anspruch. Sie kommen der Heterogenität einer Klasse entgegen. Mit ihnen geht die Gruppe differenziert um: Einzelne Sch benötigen nur ein Teil, andere können mehrere Teile bearbeiten. Für die Sammelaufgaben aus Zeitungen und Zeitschriften, von Texten, Bildern und Liedern kann eine etwas längerfristige Hausaufgabe förderlich sein.
Falls die eine oder andere Anregung nicht passt (z.B. Firmung, wenn die Firmkatechese noch nicht durchgeführt wurde), können sie auch ersetzt werden, z.B.
– Zeichne die Themenseite dieses Kapitels neu!
– Gestalte eine Collage aus Farben, Formen und Bildern zu Taufe und Eucharistie (Wasser, Brot)!

– Fertige ein (Kreuzwort)Rätsel zum Kapitel an!
– Bitte einen Menschen, der einer anderen Religion angehört, um ein sichtbares Symbol und versuche seine Deutung in deine Worte zu fassen.
– Schreibe eine kleine Symbolgeschichte auf! Möglicher Titel: Wenn die Tür oder das Wasser der Taufe oder das Brot erzählen könnte.

Für die Einzelarbeit, aber auch für den Gesamteindruck des zusammengesetzten Puzzles sind möglichst großformatige Teile vorteilhaft vgl. AB 6.6.10 *Arbeitshilfen* S. 201.

Schneckenhauslinie und Labyrinth

Literatur

Biehl, Peter (unter Mitarbeit von Ute Hinze und Rudolf Tammeus): Symbole geben zu lernen. Einführung in die Symboldidaktik anhand der Symbole Hand, Haus und Weg (WdL 6), Neukirchen-Vluyn 1989

Biehl, Peter (unter Mitarbeit von Ute Hinze, Rudolf Tammeus und Dirk Tiedemann): Symbole geben zu lernen II. Zum Beispiel: Brot, Wasser und Kreuz. Beiträge zur Symbol- und Sakramentendidaktik (WdL 9), Neukirchen-Vluyn 1993

Bihler, Elsbeth: Symbole des Lebens – Symbole des Glaubens. Werkbuch für Religionsunterricht und Katechese Bd. 1–3, Limburg 1994–95

Czauderna, Guntram: Sakramente im Religionsunterricht, Altenberge 1998

Früchtel, Ursula: Mit der Bibel Symbole entdecken, Göttingen 1991

Halbfas, Hubertus: Religionsunterricht in der Grundschule, Lehrerhandbuch Bd. 1–4, Düsseldorf 1983–1986

Schmitz, Gustav: Symbole – Urbilder des Lebens, Urbilder des Glaubens Bd.1. Ein unterrichtspraktisches Handbuch mit Arbeitsblättern für die Klassen 5 bis 10, Limburg 1998

Symbol-Puzzle

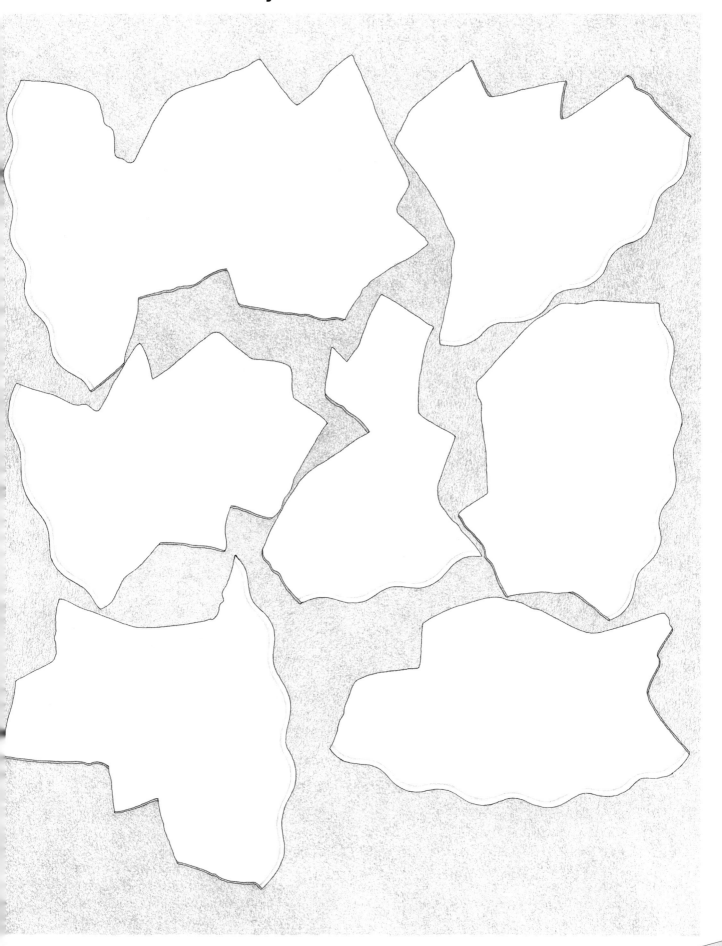

7 Gemeinsam Werte ins Bild rücken
Projektideen 105–109

1. Hintergrund

Werte

Werte sind »positive und grundlegende Maßstäbe zur Orientierung für menschliches Handeln; sie weisen auf entsprechende Ziele hin und vermitteln auch Verhaltenssicherheit. Insofern ist der Wert das eigentlich Normierende« (Gründel nach Hohenadel/Wick 23). Ein Wert, z.B. Gerechtigkeit, kann sich in verschiedenen Normen (Gesetzen, Konventionen, Spielregeln etc.) konkretisieren. Diese Normen können beispielsweise lauten: »Gleiche Rechte für Mann und Frau«, »Gleicher Lohn für gleiche Arbeit«, »Gleicher Bewertungsmaßstab für alle Schüler/innen«. Somit ist der Wertbegriff umfassender als der Normbegriff. Problematisch wird es dann, wenn der hinter der konkreten Norm stehende Wert für eine Gesellschaft nicht mehr von Bedeutung ist. Dadurch wird die Erfüllung der Norm zur bloßen Pflichtübung, bzw. die Norm wird nicht mehr erfüllt, weil in der Erfüllung kein Sinn mehr gesehen wird.

In der auf *Projektseite* 107 vorgestellten Situation des Nikodemus geht es um Jesu Haltung gegenüber den religiösen Gesetzen seiner Zeit. Jesu Haltung gegenüber dem alttestamentlichen Gesetz wird vor allem in der Bergpredigt greifbar. Einerseits betont er: »Denkt nicht, ich sei gekommen, um das Gesetz und die Propheten aufzuheben« (Mt 5,17). Andererseits fordert er die größere Gerechtigkeit: »Darum sage ich euch, wenn eure Gerechtigkeit nicht weit größer ist als die der Schriftgelehrten und Pharisäer, werdet ihr nicht in das Himmelreich kommen« (Mt 5,20).
Mit einem Nein gegenüber einer bloß äußerlichen Pflichterfüllung sagt Jesus: Die bloße Erfüllung des Gesetzes bringt kein Heil. »Vielmehr entscheidet sich das Verhältnis des Menschen zu Gott im Glauben als jenem existenziellen Verhältnis zur Person Jesu als dem Messias« (Gründel 82).
Heutigen Sch muss zunächst einmal die Tragweite der Handlungen Jesu vermittelt werden.

Jesu Umgang mit Gesetzen und Geboten seiner Zeit – zwei Beispiele

Zöllner und Sünder

Der Zöllner Zachäus z.B. hat als Zollpächter die Oberaufsicht über das Zollwesen einer bestimmten Gegend. Diesem Amt verdankt er seinen Reichtum, da die Zölle üblicherweise mit erpresserischen Methoden eingetrieben wurden. Das Gewerbe des Zöllners hatte nach jüdischem Recht den Verlust der bürgerlichen Ehrenrechte zur Folge. Zöllner wurden zu den Menschengruppen gerechnet, für die es schwer, wenn nicht unmöglich ist, Buße zu erlangen. Die Pharisäer duldeten keinen Zöllner in ihren Reihen. Daher war Jesu Verhalten in ihren Augen ein schweres Ärgernis (vgl. LThK, Bd.10, 1402).

In Jesu Verhalten gegenüber Zöllnern oder anderen Ausgestoßenen zeigt sich, welche Werte für sein Handeln bestimmend waren. Jesus verkündete und zeigte, dass Gott sich vorbehaltlos allen Menschen zuwendet, diese zur Umkehr ruft und keine von Menschen gesetzten Ausgrenzungen gelten lässt. Für alle, die sich in die Nachfolge Jesu begeben, heißt das, dass auch sie Ausgrenzungen überwinden sollten, da der Wert, um den es hier geht, letztlich in Gott selbst begründet liegt. So heißt es in der Bergpredigt: »Denn er [Gott] lässt seine Sonne aufgehen über Bösen und Guten und er lässt regnen über Gerechte und Ungerechte. [...] Ihr sollt also vollkommen sein, wie es auch euer himmlischer Vater ist« (Mt 5,45.48) oder wie Lukas in der Feldrede betont: »Seid barmherzig, wie es auch euer Vater ist« (Lk 6,36).

Das Sabbatgebot

Eine weitere Gelegenheit, die hinter Jesu Handeln stehenden Werte zu ergründen, bietet eine Auseinandersetzung mit Jesu Umgang mit dem Sabbatgebot.
Durch Krankenheilungen am Sabbat (Mk 3,1–6) wendet sich Jesus gegen einen lebensfeindlichen Legalismus. Hier kann thematisiert werden, dass jede Religion immer wieder in Gefahr ist, in ein rein legalistisches Denken abzugleiten und das Eigentliche aus dem Blick zu verlieren. Es gab kasuistische Diskussionen zwischen verschiedenen rabbinischen Schulen, ob es am Sabbat erlaubt sei, Trauernde zu trösten und Kranke zu besuchen.

Ärztliche Hilfe war nur bei Lebensgefahr erlaubt. Dieses Kriterium der Lebensgefahr wurde zwischen den rabbinischen Schulen zum Diskussionsgegenstand. Jesus vertrat eine »befreiende Einstellung zum Sabbat und zum Gesetz«. Jesus zeigte also, dass sich einzelne konkrete Normen vom zu Grunde liegenden Wert entfernt haben bzw. dass die Einhaltung der Normen den zu Grunde liegenden Wert sogar verstellen kann (vgl. Joachim Gnilka: Das Evangelium nach Markus (Mk 1–8,26), EKK II/1, Zürich/Einsiedeln/Köln 1978).

Verhalten bei Wertkonflikten

Lawrence Kohlberg hat untersucht, wie Menschen moralischer Dilemmata lösen, d.h. Konflikte zwischen zwei moralischen Normen oder den ihnen zu Grunde liegenden Werten bewältigen. Er fand eine stufenweise Entwicklung und unterscheidet folgende drei Niveaus:

1. Das vormoralische Niveau
Hier werden Entscheidungen durch Berufung auf Autoritäten oder mit Bezugnahme auf die eigene Interessenlage begründet.

2. Das konventionelle Niveau weist zwei Stufen auf:
a) Auf der ersten Stufe wird nach Lösungen gesucht, »die die guten Sozialbeziehungen zu wichtigen Sozialpartnern erhalten oder wiederherstellen" (Bucher/ Montada 35). Bezugspunkt ist dabei die Familie bzw. sind andere wichtige Bezugspersonen.
b) Auf der zweiten Stufe des konventionellen Niveaus wird nicht nur auf die Belange von Bezugspersonen geachtet, es werden auch die Interessen übergreifender Systeme, z.B. des Staates, einzelner Institutionen oder ganzer Gemeinschaften berücksichtigt. Die Sicherung des vorgegebenen Rechtssystems wird zum höchsten Gebot (law-and-order-Haltung). Ein Abweichen von vorgegebenen Normen wird unter keinen Umständen gebilligt.

3. Das postkonventionelle Niveau
Hier wird nun erkannt, dass Normen auch geändert werden können und dass das Bestehende nicht unreflektiert verteidigt werden muss. Auf diesem Niveau wird aber auch erkannt, dass es Prinzipien und Rechte gibt, die nicht verhandelbar sind: Die Menschenrechte zum Beipiel dürfen nicht durch Mehrheitsbeschlüsse außer Kraft gesetzt werden. Grundrechte haben Vorrang vor positivem Recht.

Auf diesem Niveau wird auch auf das Verfahren der Entscheidungsfindung Wert gelegt: Alle, die von einer Entscheidung betroffen sind, sollen ein Mitspracherecht haben.

Dieses Modell der moralischen Entwicklung, zu dessen Stufen keine Altersangaben gemacht werden können, beginnt bei egozentrischem Denken und endet universalistisch.

Hier lässt sich ein Bezugspunkt zum Handeln Jesu finden, der sich nicht bloß an Autoritäten orientierte, dem es nicht um jeden Preis um die Einhaltung bestehender Regeln ging, sondern dem es letztlich um die immer wieder neue und stets herausfordernde Umsetzung des Doppelgebotes der Gottes- und Nächstenliebe für alle Menschen ging.

Filmen im Unterricht

Filmerfahrungen spielen in Gesprächen mit SchülerInnen eine wichtige Rolle. Filme vermitteln nämlich nicht nur Erfahrungen aus zweiter Hand. Das Betrachten eines Films ist schon eine Erfahrung an sich. Diese Erfahrungen spielen auch mit, wenn man mit Video in der Schule arbeitet. Dabei kopieren SchülerInnen Gestus, Stimme und Szenen ihrer Fernseherfahrungen.

Folgende Tipps können bei der Arbeit mit Filmen an der Schule hilfreich sein.

1. Entwurf der Filmhandlung. Festlegen der Figuren und Handlungsorte. Die Drehorte in der Schule oder in unmittelbarer Nähe der Schule suchen, sonst geht zuviel Zeit mit Herumgehen und Fahren verloren. Handlung in überschaubare Szenen aufteilen. Diese Szenen werden von SchülerInnen arbeitsteilig in Drehbuchszenen übersetzt.
2. Beim Drehen haben SchülerInnen oft zusätzliche Einfälle. Es ist sinnvoller, trotzdem eng am vorher angefertigten Drehbuch zu bleiben.
3. Der Film ist keine Theateraufführung. Das Theater lebt von der Übertreibung, der Film dagegen ist eher beiläufig. Die SchülerInnen sollen natürlich wirken. Das wird am besten durch Improvisation erreicht.
4. Beim Filmen: Kamera auf Aufnahme stellen, 2–3 Sekunden warten und dann erst mit dem Spielen beginnen. Am Ende die Kamera nachlaufen lassen. Das erleichtert den Filmschnitt.

5. Beim Schneiden des Films sich zunächst einen Überblick über die Reihenfolge der aufgenommenen Szenen verschaffen. Dann sich in Stichworten die einzelnen Szenen notieren, sie nummerieren und die Nummer des Zählwerks dazuschreiben. Festlegen, in welcher Reihenfolge die Szenen montiert werden sollen.
Hinweis: Wichtiger als das Produkt ist die Arbeit am Film mit den SchülerInnen!
(Rendle 186 f.)

2. Einsatzmöglichkeiten im RU

»Nachrichten aus der Schule« senden
Sch sollen sich bewusst werden, dass Werte und Normen das Zusammenleben regeln und erleichtern.

– Die beobachteten Ereignisse aus der Schule, in denen Werte verletzt wurden, werden katalogisiert:
* Welche Werte wurden verletzt?
* Wer war daran beteiligt?
* Wie war der Verlauf des Ereignisses?
* Welche Folgen hat das für das Zusammenleben in der Schule?

– Jedes Ereignis wird von einer Gruppe bearbeitet.
* Sch erstellen den Nachrichtentext.
* Sch malen dazu ein entsprechendes Bild. (Dabei darauf achten, dass das Bild klar zum Ausdruck bringt, um was es geht. Zum Beispiel auf *Projektseite* 106: Schneebälle malen, die einem Verbotsschild entsprechend durchgestrichen sind.)
* Sch wählen eine/n Nachrichtensprecher/in aus ihrer Gruppe.

Zur Videoaufnahme s. Hinweise auf S. 203 f.

Nachrichten sind nicht neutral!
Sch sollen ein Ereignis aus unterschiedlichen Blickwinkeln darstellen und sich dadurch bewusst werden, dass auch hinter scheinbar neutralen Nachrichten Aussageabsichten stecken.

Beispiel: Schneeballwerfen in der Schule, dargestellt
– aus der Sicht von SchülerInnen. Sie berichten vom Spaß und empfinden das durch die Schule ausgesprochene Verbot als Einschränkung ihrer Lebensfreude. Als Bild oder Videoszene kann eine Sch-Gruppe bei einer fröhlichen Schneeballschlacht dargestellt werden (Werte: Gestaltungsfreiheit, Lebensfreude).

– aus der Sicht eines verletzten Sch, der von einem Schneeball getroffen wurde. Entsprechend wird Sch gezeigt und seine/ihre Stellungnahme dazu. Entsprechenden Nachrichtentext entwerfen (Werte: Gesundheit, Sicherheit).

– aus der Sicht der Schulleitung. Es wird von der Verantwortung gegenüber den SchülerInnen und den Eltern berichtet (Werte: Gesundheit, Sicherheit, Gleichbehandlung aller).

Planung mit Hilfe des Schaubildes:
SENDER/IN: SchülerInnen; LehrerInnen.
PRODUKT: Nachrichten über Missachtung eines Wertes.
MEDIEN: Fernseher in der Schule.
ABSICHT: »Wir wollen euch beeinflussen, dass das Verbot nicht so ernst genommen wird.«
»Wir wollen euch mahnen und die Folgen vor Augen führen, damit ihr den Wert nicht mehr missachtet.«
»Wir wollen euch über den Sinn des Verbotes informieren.«
EMPFÄNGER/IN: SchülerInnen und LehrerInnen.

Zur Videoaufnahme s. Hinweise S. 203 f.

Einen Videoclip drehen
Die Sch sollen Aussagen eines Liedes mit Bildern aus dem Leben verknüpfen und dadurch die motivierende Kraft positiver Bilder und einer biblischen Vision nachvollziehen.

– Die Sch hören das Lied von Sabrina Setlur. Mit Hilfe des dazugehörigen Textes, (Ausschnitt: *Themenseite* 60 f.; vollständiger Text: *Arbeitshilfen* S. 127) sammeln Sch Poster, malen große Bilder oder entwerfen Szenen, die das Gegenteil dessen, was in den Strophen des Liedes dargestellt wird, vor Augen stellen.
– Gemeinsam wird nun entschieden und eingeübt, wann die entsprechende Gestaltung im Lied erscheinen soll. Erfahrungsgemäß ist es nicht schwer, eine Schülerin zu motivieren, Sabrina Setlur zu mimen, da sie ja im Karaoke-Verfahren »singen« darf. Eventuell können ihr Klassenkameradinnen beim Schminken helfen, evtl. kann auch noch eine entsprechende Perücke herbeigeschafft werden.

Zur Videoaufnahme s. Hinweise S. 203 f.

Ein Theaterstück gestalten
Sch sollen einen vorgegebenen Konflikt darstellen und spielerisch aufarbeiten.
Für die Durchführung sind mindestens zwei Unterrichtsstunden nötig.

– Sch lesen auf der *Projektseite* 107 den Konflikt. Die handelnden Personen werden kurz charakterisiert. Die Rollen werden verteilt. Die SpielerInnen erhalten Zusatzinformationen (AB 6.7.1 *Arbeitshilfen* S. 207) und suchen sich einen oder zwei Berater, mit denen sie ihre Rolle durchsprechen. Die übrigen Sch erhalten Beobachtungsaufgaben für die einzelnen Spieler, die Szenen und das gesamte Rollenspiel.
– Die Szenen werden gespielt und anschließend berichten die Beobachter über ihre Eindrücke.

Hinweis: Die Szenen können mit neuer Besetzung mehrmals gespielt werden. Sie werden gewiss einen anderen Verlauf nehmen.

Zur Videoaufnahme s. Hinweise auf S. 203 f.

In einem Sketch neue Wege entdecken
Sch sollen Wege entdecken, wie eine Gewaltspirale durch entsprechendes Verhalten durchbrochen werden kann.

– Sch lesen die Fallvorgabe *Projektseite* 108. Gemeinsam werden die Stellen notiert, an denen die Gewaltspirale unterbrochen werden kann. (... überall ist blaue Tinte. ... reißt Manfred seinen Rucksack aus der Hand und schleudert ihn weg etc.)
– Sch gehen in Gruppen zusammen und suchen sich entsprechende Handlungsvorgaben an der Spirale *Projektseite* 108. Sie entwerfen zu den Handlungsvorgaben (sich entschuldigen, etwas Unerwartetes tun...) eine ausformulierte Möglichkeit. Dabei können auch Mit-Sch vorkommen.
– Jede Gruppe spielt ihren Sketch vor.
– Soll dazu ein Video gedreht werden, empfiehlt es sich, den von der Gruppe ausgewählten besten Sketch mit dem besten Weg zum Abbruch der Gewaltspirale zu filmen.
Es können auch die besten Vorschläge aus den verschiedenen Gruppen zu einem Sketch zusammengestellt werden und dieser auf Video aufgenommen werden.

Zur Videoaufnahme s. Hinweis S. 203 f.

Mit einer Talkshow zu Entscheidungen kommen
Sch sollen sich spielerisch mit Wegen auseinandersetzen, wie man Unterdrückung und Gewalt begegnen kann. Sie tun dies im Rahmen einer durch Regeln festgelegte, standardisierten Kommunikationssituation.

Die Gattung Talkshow kennen nahezu alle Sch. Talkshows laufen nach folgendem Muster ab: Ein Moderator unterhält sich mit Gästen über ein vorgegebenes Thema. Manchmal steht ein Experte als Ratgeber zur Verfügung. Das Publikum hat die Aufgabe, in entsprechenden Situationen zu klatschen, zu pfeifen oder das Gesagte zu kommentieren.
Es ist sinnvoll, typische Merkmale der Talkshow vorher im Unterricht zu behandeln. Dazu können Sendungen unter verschiedenen Aspekten besprochen werden:
– Um was geht es in den Sendungen (Schicksalsvermarktung, Anteilnahme, Lebenshilfe, Unterhaltung)?
– Warum treten Menschen in diesen Shows auf, warum sehen sich Menschen diese Sendungen an?

Folgende Punkte sind zur Vorbereitung hilfreich:

– Die Sch lesen den Text (*Projektseite* 109).

– Die verschiedenen Rollen werden festgelegt: Talkmaster, Talkgäste (Zeloten, JesusanhängerInnen, nicht mehr als jeweils 2–3, darunter Benjamin und Andreas), Publikum.

– Die Talkgäste setzen sich nun in den zwei Gruppen zusammen und bestimmen ihre Rolle. Der Talkmaster weiß über die verschiedenen Rollen Bescheid.

– Das »Publikum« erhält Beobachtungsaufgaben:
* Schreibe die Argumente der Zeloten auf:
  Für Gewalt: ...
* Schreibe die Argumente der Jesusanhänger auf:
  Gegen Gewalt: ...

– Diese Argumente können später auf einem Plakat gesammelt und ausgestellt werden.
– Vor der Aufführung wird die Zeit genau festgelegt. Der Raum muss ausgewählt und gestaltet werden. Der Ablauf der Talkshow wird festgelegt:
* Talkmaster begrüßt Publikum und erklärt, worum es in der Talkshow geht.
* Talkmaster begrüßt die Gäste und stellt jede/n Einzelne/n kurz vor.

* Talkmaster hat sich eine Einstiegsfrage überlegt, die er an die Gäste richtet. (Z.B.: »Benjamin, Sie sind Fischer von Beruf und leiden mit ihrer Familie sehr unter den hohen Steuern. Was tun Sie dagegen?«)

– Abschließend Metareflexion: (Wie) hat die Gattung Talkshow die Konfliktlösung beeinflusst? (Kurze Statements, Zwang zu unterhaltsamem Charakter, Sympathiebekundungen des Publikums gesteuert)

Zur Videoaufnahme s. Hinweise S. 203 f.

Ein Interview führen
Sch lernen Verantwortliche kennen, die für Entscheidungen in ihrer Gemeinde zuständig sind.

Bevor eine Gruppe das Interview vorbereitet, sollte L den/die Bürgermeister/in oder andere zuständige Personen fragen, ob sie für ein Interview zur Verfügung stehen. So lässt sich Frust bei den SchülerInnen vermeiden, wenn ihnen das Gespräch verweigert wird, und die Bereitschaft der Ämter zur Kooperation wird erhöht.

– Sch bereiten genügend Fragen für den Interviewpartner vor, damit in der Situation kein Leerlauf entsteht.

3. Weitere Projektideen zu anderen Themen des Schülerbuches

Mit anderen Gruppen spielen
An einem Schulvormittag werden andere Klassen zum Spielen eingeladen und wird so eine gemeinsame Freizeitgestaltung eingeübt.

– Die Gruppe bereitet in KG jeweils eine Spiele-Ecke im Klassen-/Religionszimmer oder auch in der Aula vor. Dazu werden Tische zusammengestellt, Stühle bereitgestellt und das jeweilige Spiel hergerichtet. (Hier sollten nur Spiele angeboten werden, die am Tisch gespielt werden können: Brettspiele, Kartenspiele, Wackelturm etc.)
– Jede KG ist für ihren Tisch verantwortlich. Sch begrüßen ihre Gäste, erklären – wenn nötig – das Spiel. Wenn ein Platz frei ist, können sie selbst mitspielen.
– Im Spiele-Raum können auch Getränke angeboten werden.

Hinweis: Es ist sinnvoll, jede einzelne Klasse der Schule gesondert mit Einladungskarten einzuladen und eine Zeit festzulegen, in der die jeweilige Klasse zum Spielen kommen kann. So wird nicht der gesamte Unterrichtsablauf an der Schule gestört. Sinnvoll sind eine, höchstens zwei Schulstunden pro Klasse.

Literatur

Bucher, Anton/ Montada, Leo: Wie entwickeln sich Vorstellungen von Gerechtigkeit? In: KatBl 124(1999)35–39

Gründel, Johannes: Normen im Wandel. Eine Orientierungshilfe für christliches Leben heute, München ²1984

Hohenadel, Maria/ Wick, Reinhold: Wertorientierung und Normenbegründung. Elemente zur Unterrichtsgestaltung nach dem Lehrplan Katholische Religionslehre, Kath. Schulkommisariat in Bayern, 3/94

Neumüller, Gebhard (Hg): Spielen im Religionsunterricht. Ein Praxisbuch, München 1997

Niehl, Franz W./Tömmes, A.: 212 Methoden für den Religionsuntericht, Kösel-Verlag, München 1998

Rendle, L./Kuld, L./Heinemann, U./Moos, B./Müller, A.: Ganzheitliche Methoden im Religionsunterricht, Ein Praxisbuch, Kösel-Verlag, München 1996, S. 186–196: Arbeiten mit Filmen

Eine Talkshow vorbereiten

Thema: Zeloten widersetzen sich mit Gewalt der Unterdrückung durch die Römer. JesusanhängerInnen gehen den Weg des gewaltlosen Widerstands und mildern die Folgen der Gewalt durch Liebe, Hilfe und Zuwendung zu den Unterdrückten.

Talkgäste: Zeloten: Name: ....

Wie lebt er/sie? ....
....
....

Welchen Charakter hat er/sie?/Wie verhält er/sie sich?
....
....

Welche Gründe hat er/sie für sein Verhalten als Anhänger der Zeloten?
....
....
....
....

Jesusanhänger: Name: ....

Wie lebt er/sie: ....
....
....

Welchen Charakter hat er/sie?/Wie verhält er/sie sich?
....
....

Welche Gründe hat er/sie für sein Verhalten als Jesusanhänger?
....
....
....
....

Quellenverzeichnis

6.1.1 Michael Ende, Das Schnurpsenbuch © 1979 by K. Thienemanns Verlag, Stuttgart - Wien – **6.1.2** nach einer Idee von Rudolf Tammens (Hg.): Religionsunterricht praktisch, 7. Schuljahr, Vandenhoeck& Ruprecht, Göttingen 1977, S. 188 – **6.1.4** Sigrid Berg, Biblische Bilder und Symbole erfahren, Kösel-Verlag, München 1996, S. 18 f. – **6.1.5** T: Alois Albrecht, M: Ludger Edelkötter, © Impulse Musikverlag, Drensteinfurt – **S. 22** und **6.1.6** Sigrid Berg, Biblische Bilder und Symbole erfahren, Kösel-Verlag, München 1996, S. 98 – **6.1.7** Adolf Exeler, Gott, der uns entgegen kommt, Verlag Herder, Freiburg 1981 – **6.1.8** T/M: Franz Kett. In: Religionspädagogische Praxis, Handreichung für elementare Religionspädagogik, Jg. 1983, Nr. II, RPA Verlag Religionspädagogische Arbeitshilfen, Landshut, S. 52 – **S. 26** © Maria A. Behnke, Hildesheim – **6.1.10** Foto: Josef Mense, Kassel –**S. 34** Welt und Umwelt der Bibel 4 (1998) Nr. 11, S. 46 © Katholisches Bibelwerk, Stuttgart –**S. 35** Werner Laubi, Jahreslauf und Fruchtbarkeit, in: Erzählbuch zur Bibel Bd.1, hg. v. W. Neidhardt, Ernst Kaufmann-Verlag, Stuttgart/Lahr 1975, S. 131 – **6.1.11** Alte Pinakothek, München – **6.2.3** Kösel-Archiv – **6.2.4** Kontakte. Mitteilung für Religionslehrer im Bistum Augsburg – **6.2.5** In: Sandro Carletti, Führer durch die Priscilla-Katakombe, dt. Ausgabe übersetzt von Josef Fink, Fotos: Avincenzo Biolghini, Päpstliche Kommission für christliche Archäologie, Vatikanstadt 1980, S. 31, S. 48 – **6.2.6** ebd. S. 18, S. 10 – **6.2.7** ebd. S. 10, S. 48 – Kösel-Archiv – **S. 64** (Abb.) Kösel-Archiv – Texte und **6.2.9** Blasig/Bohusch, Von Jesus bis heute. 46 Kapitel aus der Geschichte des Christentums, Kösel-Verlag, München 1973. S. 25 f. – **6.2.10** Kösel-Archiv – **6.2.12** Oberösterreichisches Landesmuseum, Linz – Foto: Manfred Eberlein, München – Gäubodenmuseum Straubing, Katalog Nr. 13 (1988), S. 70, Abb. 3 – **6.2.13** Kösel-Archiv **6.2.14** Kösel-Archiv (6) – **6.2.18** Illustration: Eva Amode, München – **6.2.19** Kontakte. Mitteilungen für Religionslehrer im Bistum Augsburg – **6.3.1** nach: Ingrid Pape, Zeigerlose Uhr mit Maske (Details). Original in Privatbesitz – **S. 96** Wagenbach Verlag, Berlin – **6.3.4** P. Dr. Andreas Laun OSFS, In: Das Licht, Juli/August 1979, Franz-Sales-Verlag, Eichstätt – **6.3.6** Tiki Küstenmacher © Wolfgang Baaske, München – **6.3.8** Fotos: Paul Ekman, USA – **6.3.11** In: Hans-Joachim Gelberg (Hg.): Oder die Entdeckung der Welt, Beltz Verlag, Weinheim/ Basel 1997, Programm Beltz und Gelberg, Weinheim – **6.3.12** Illustration: Andreas A. Dorfey, München – **6.3.13** Illustration: Eva Amode, München – **6.4.1** Detail aus einem von Jugendlichen gestalteten Altarbild im Jugenddorf Fray Escoba in Osorno/Chile – **6.4.2** Sabrina Setlur: CD Die neue S-Klasse © Polygram Songs Musikverlag, Hamburg – **6.4.3** Paul Reding, © VG Bild-Kunst, Bonn 1999 – **6.4.5** Illustration: Elisabeth Althaus, München – **6.4.6** Marc Chagall: Verve Bibel II © VG Bild-Kunst, Bonn 1999 – **S. 143** Welt und Umwelt der Bibel 2(1997) Nr. 5, S. 27 © Katholisches Bibelwerk, Stuttgart – **S. 146** SWP v. 1.9.1994, überregionaler Teil: »Blick in die Welt« – Foto: Jürgen Escher, Herford – **6.4.11** in: Mein Traum vom Ende des Hassens. Texte für heute, Herder Spektrum 4318, Freiburg 1994 – **6.5.2** Ivan Steiger (3) – © Janusz Majewski und Frankfurter Allgemeine Zeitung vom 17.4.1985 – **6.5.4** Stauber © Wolfgang Baaske, München – **6.5.8** Ev. Gesangbuch, Nr. 649. T: Friedrich Walz, M: aus Neuseeland © Strube Verlag, München – **6.5.9** T/M: Kurt Rommel © Strube Verlag, München – **S. 170** © Stephan Vogt – **6.5.11** In: Paul Maar, Andere Kinder wohnen auch bei ihren Eltern, Oetinger Verlag, Hamburg – **6.5.13** Liebermann © Wolfgang Baaske, München – **6.6.1** Foto: Diane Weber, München; Illustration: Maria Ackmann, Hagen – **6.6.2** Chaval. In: Zum Lachen und zum Heulen. © Diogenes Verlag, Zürich 21994 – **6.6.3** Quelle nicht zu rekonstruieren – **6.6.4** T: Engelbert Groß, M: Helmut Engels. In: Groß, Engelbert/Engels, Helmut, Gott spielt uns den Akkord der Freiheit. © Verlag Butzon & Bercker, Kevelaer 1980, S. 98 (gekürzt) – **6.6.6** nach: Mitten unter euch. Bußfeiern zur Vorbereitung auf die Geburt des Herrn, Heerlen/NL 1975 – **6.6.7** Tafelbild aus der »Maesta« des Duccio di Buoninsegna, um 1311. Dommuseum Siena. Kösel-Archiv – **6.6.9** Labyrinth von Chartres

Alle Bibeltexte gemäß der Einheitsübersetzung © Katholisches Bibelwerk, Stuttgart
Alle nicht gekennzeichneten Beiträge des Buches stammen von den Autorinnen, Autoren und der Herausgeberin und sind als solche urheberrechtlich geschützt.
Abdruckanfragen sind an den Verlag zu richten.
Trotz intensiver Recherche konnten einzelne Rechtsinhaber nicht ermittelt werden. Für Hinweise sind wir dankbar. Sollte sich ein nachweisbarer Rechtsinhaber melden, zahlen wir das übliche Honorar.